lonely planet

牙买加

Negril & West Coast
内格里尔和西部海岸
146页

Montego Bay & Northwest Coast
蒙特哥贝和西北沿海
115页

Ocho Rios, Port Antonio & North Coast
奥乔里奥斯、安东尼奥港和北部海岸
78页

South Coast & Central Highlands
南部沿海和中央高地
169页

Kingston, Blue Mountains & Southeast Coast
金斯敦、蓝山和东南沿海
38页

本书作者

保罗·克拉默(Paul Clammer)

布伦丹·塞恩斯伯里(Brendan Sainsbury)

计划你的行程

HOLGER LEUE/GETTY IMAGES ©
安东尼奥港，见100页

DOUGLAS PEARSON/GETTY IMAGES ©
内格里尔，见147页

在路上

目录

欢迎来牙买加

一直以来，牙买加都是加勒比地区旅游业王冠上的一颗明珠。其实，这里除了海滩和一站式度假村外，还有更多东西值得你去探索。

上帝的花园

如果问问定居海外的牙买加人最怀念祖国的哪一点？答案一定是那里的风光。牙买加宛如一座巨大的绿色花园，是加勒比地区最美丽的岛屿之一。晶莹的海水冲刷过片片珊瑚礁，冲上柔软的沙滩。沿着地势继续向上是红色的土壤和茂密的香蕉林，其后则是陡峭的山区。这个美丽怡人的国家能够给人视觉和灵魂的双重盛宴。对外国人来说，牙买加文化也许不易理解，但你要知道他们的文化最终关乎的是赞美自己的土地，而这种自然韵律也在方方面面影响着岛屿生活。

探险者乐园

牙买加是探险者的天堂：你可以尝试水下活动、徒步旅行、河上乘木筏，也可以带上头灯去地下探索，或者在公路上自驾或骑行。除了那些广为人知的迷人海滩，还可以去看看这座岛屿上游客罕至的地方。不过，这里要说明一点：牙买加的户外运动绝对不会强求人人都健壮如博尔特。乘坐木筏旅行（有专人划船）不需要耗费体力，而且，即使是身体状况一般的人也能完成牙买加最有名的徒步路线，即从茂密的山区登上蓝山峰。

听岛上韵律

鲍勃·马利是从牙买加走出的第一个来自发展中国家的全球巨星。他的出现并非毫无原因——这座小岛有着深厚的音乐渊源。这种渊源向上可追溯至西非民谣，向后则到现代舞厅的电子音乐。简而言之，牙买加是音乐的源泉。这不仅体现在各种音响系统中的低音乐器，还体现在其帕托阿语的抒情性以及岛上许多教堂中传出的福音音乐当中。在牙买加，音乐就是生活，你也会伴着音乐摇摆起来。

加勒比风味

正如牙买加文化一样，这里的食物也是克里奥尔式的大杂烩，兼具旧世界与新世界的特色。非洲的辣椒面演变为美味的烟熏香料，山药、大米和大蕉是各种各样炖菜的食材，也常与当地水域中丰富的鱼类相搭配。多得出奇的热带水果缀满枝头，置身其中，再喝上一杯朗姆酒，你就能明白并感受到牙买加文化如何能在融入加勒比大环境的同时，仍然保留那份本色。

我为什么爱牙买加

本书作者 保罗·克拉默

在游历牙买加之前，我对这里的印象还停留在20世纪70年代的危机和鲍勃·马利的最后一张黑胶唱片中。彼时，我并没有意识到自己这种先入为主的看法早已过时。置身其中之后，我才恍然大悟。在我去过的所有国家中，牙买加无疑是最生机勃勃又美妙绝伦的，你一定要亲身体验过金斯敦的舞厅街头狂欢派对才能相信这一点。想想看，这个国家的雨林中究竟藏着多少个瀑布？牙买加醇香如朗姆酒，热情如辣烤肉，一下便捕获了我的心。媒体可能会说这里不太安全，但你在这里可能遭遇的最严重的“犯罪”就是：一不留神，你的心就被偷去啦。

作者详细信息见247页

上图：拉斯特法里派的雷鬼音乐家

牙买加

CARIBBEAN SEA
加勒比海
78°W
18°N
科克皮特地区
在牙买加最荒野的地带徒步(143页)
蒙特哥贝
在最盛大的雷鬼音乐节尽情狂欢(117页)
内格里尔
与玳瑁海龟共舞(147页)
阿普尔顿朗姆酒庄园
这里酒香迷人，小心别饮酒过量(179页)
特雷热海滩
与各国诗人、艺术家同游(188页)
阿利盖特庞德
在沙滩边享用牙买加的海鲜盛宴(194页)
Montego Bay
蒙特哥贝
Donald Sangster International Airport
唐纳德桑格斯特国际机场
Falmouth
法尔茅斯
Lucea
卢西
Sandy Bay
Montego Bay
Queen of Spain's Valley
Discovery Bay
迪斯卡弗里贝
Clark's Town
克拉克镇
Brown's Town
布朗镇
HANOVER
汉诺威
Great River
Montego River
Martha Brae River
Long Bay
长湾
Negril
内格里尔
ST JAMES
圣詹姆斯
TRELAWNY
特里洛尼
Cockpit Country
科克皮特地区
Albert Town
Cabarita River
WESTMORELAND
威斯特摩兰
Ferris Cross
Dry Harbour Mountains
德拉哈勃山
Southwest Point
Savanna-la-Mar
滨海萨凡纳
Christiana
ST ELIZABETH
圣伊丽莎白
Black River
黑河
Black River Great Morass
黑河大沼泽地
MANCHESTER
曼彻斯特
Black River
布莱克里弗(黑河)
Santa Cruz Mountains
圣克鲁斯山脉
Malvern
Mandeville
曼德维尔
Milk River
Treasure Beach
特雷热海滩
Alligator Pond
阿利盖特庞德
Long Bay
长湾
A1
A2
B3
B5
B6
B7
B8
B9
B10
B11
海拔
2000m
1500m
1000m
750m
500m
250m
0

0 50 km
0 30 miles
蓝色潟湖
在著名的蓝洞潜水(106页)
蓝山峰
感受牙买加最棒的日出(74页)
瑞奇瀑布
从绝美的小瀑布上纵情一跃(110页)
Firefly
重新定义历史的丰富与典雅(93页)
St Ann's Bay
圣安斯贝
Ocho Rios
奥乔里奥斯
Oracabessa
Port Maria
玛丽娅港
Annotto Bay
Palmetto Bay
Buff Bay
Hope Bay
Port Antonio
安东尼奥港
Boston Bay
波士顿湾
Jamaica Channel
牙买加海峡
Dunn's River Falls
邓斯河瀑布
ST ANN
圣安
Moneague
White River
Rio Nuevo
ST MARY
圣玛丽
Highgate
Annotto Bay
Buff Bay
Orange Bay
Linstead
ST CATHERINE
圣凯瑟琳
PORTLAND
波特兰
Blue Mountain Peak
蓝山峰
(2256m)
Swift River
Rio Grande
John Crow Mountains
Long Bay
长湾
Kensington
Newcastle
纽卡斯尔
Blue Mountains
蓝山
ST ANDREW
圣安德鲁
Spanish Town
西班牙镇
Rio Cobre
May Pen
梅彭
KINGSTON
金斯敦
Hagley Gap
ST THOMAS
圣托马斯
Yallahs River
Morant River
Plantain Garden River
Holland Bay
18°N
Kingston Harbour
Salt Island Creek
Port Royal
罗亚尔港
Norman Manley International Airport
诺曼·曼利国际机场
Cow Bay
Morant Bay
Morant Bay
莫兰特湾
Morant Point
Portland Bight
波特兰湾保护区
Portland Point
金斯敦
在街头派对中忘情热舞，直到天明(39页)
罗亚尔港
追随海盗亨利·摩根的足迹(61页)
格兰德河
穿越树木丛生的河流，体验漂流的乐趣(113页)
CARIBBEAN SEA
加勒比海
77°W

牙买加 Top 15

1

雷鬼律动

1 如果存在一种文化潮流可以将牙买加和世界其他地方区别开来，那一定是雷鬼音乐——它几乎和这座岛融为一体了。牙买加一年里与雷鬼音乐相关的盛大活动有两项，整个国家都释放着对节奏的热爱。两个活动都值得你专程前往——每年1月在圣安区举行的Rebel Salute音乐节（见96页）和炙热仲夏在蒙特哥贝举办的雷鬼音乐节。在律动的人群和无休止的舞蹈中尽情挥洒汗水吧！图为雷鬼音乐节。

最佳海滩

2 根据岛屿地形的不同，牙买加的海滩给人以不同的体验。从罗亚尔港出发，只有乘船才能到达精巧美丽的珊瑚岛（见64页），这里是浮潜和野餐的理想之所。赫尔希尔海滩（见63页）的潮水随着金斯敦人的来去起起伏伏，伴着喧闹的音乐声。那里的小木屋炸鱼生意火爆。在北部岸边的温尼弗里德海滩（见106页），蔚蓝色的海水和周末举行的派对吸引着当地人。水上摩托纵横穿梭在内格里尔的七英里海滩（见147页）上，人们则躺在白色的月牙形沙滩上享受日光浴。图为内格里尔七英里海滩。

SHELBY SOBLICK/GETTY IMAGES ©

2

MARK BASSETT/ALAMY ©

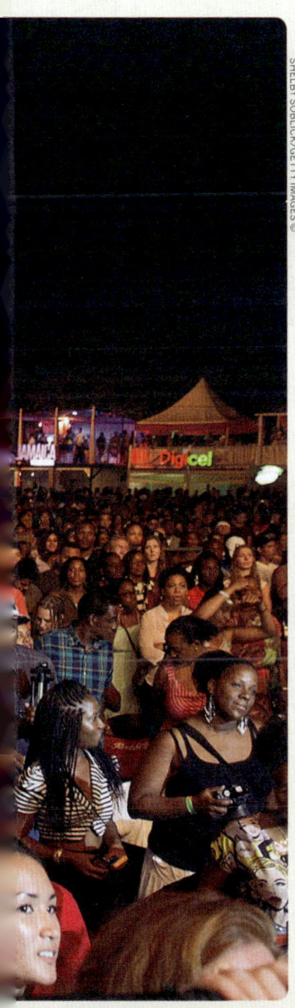

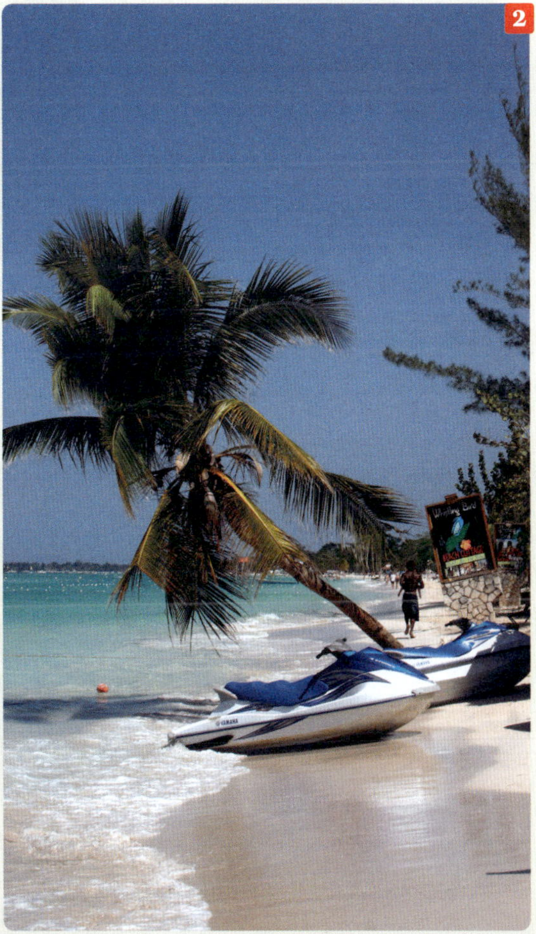

RICK ELKINS/GETTY IMAGES ©

瑞奇瀑布

3 在牙买加的东海岸，绕过绵延的丛林和海滩，你会到达一个游客罕至的地方。在那里你会发现，群山之上有牙买加最美丽的瀑布之一（见110页）。除此之外，这座岛还拥有很多其他美丽壮观的瀑布。雇一位导游（相信我们，你肯定用得上），攀上易滑的岩石，踩着绿油油的苔藓，跳进山间清凉的泉水池塘里。在有些地方，你甚至可以穿过连续泻落的雪白泡沫，潜到水下的隧道中。

攀登蓝山峰

4 夜间爬上牙买加最高点（见74页）观赏日出，一路上无数萤火虫会为你点亮前进的道路，让你体验不一样的旅行。当你慢慢向上攀登的时候，热带植被逐渐减少，最后你会发现周围都是覆盖着地衣的矮树以及高大的蕨类植物。在山顶黎明前的寒意中，你要全神贯注，静待太阳的第一缕光芒洒向身边的茂密山林，然后依次照亮远方的咖啡种植园和遥远的古巴。

金斯敦夜生活

5 无论去夜店还是参加街头派对（见56页），都是一场可以让你摆脱拘束、尽情挥洒汗水的盛事。只要打扮得时髦漂亮点儿，然后跟着当地人做就可以了。街头舞蹈中，两个巨大的扩音器相对放置，整条街道都随着低音音乐震动。若是去室内的夜店也会有类似的感受。但你要做好心理准备，因为当地人想要看你到底跳得如何，所以很可能一下子把你拉进舞动的人群中。尽情地扭动摇摆吧，这里的舞蹈一定是你所见过最直率、最奔放的。

5

6

MICHAEL LAWRENCE/GETTY IMAGES ©

格里尔

在内格里尔，你可以漫步于七英里海滩的白沙滩，淡然地经过一丝不享受日光浴的人们；欣赏在夕阳中的悬崖；或者投大海去涤荡你的心灵，这能让你远离尘世喧嚣（见页）。你还可以穿好潜水，获得潜水执照，然后在牙买加最西端的旅游胜蓝色的海水中观看海龟慢速芭蕾”。如果你不喜肺潜水，干脆拿根管子去，与五颜六色的鱼群共。

鲍勃·马利博物馆

7 马利故居（见49页）中到处都是纪念品，但最受游客欢迎的还是那间保持原样的卧室，里面的装饰品对这位艺术家具有精神层面的意义。在那间小厨房里，他曾经烹饪素食；他曾经躺在那张吊床上面，望着远处的群山寻找灵感。你一定会被那间布满弹孔的房间所吸引，马利夫妻二人差点在此被刺杀。这里亲切融洽的环境和朴实无华的私人物品充分展现了马利坎坷的一生。

完美海滩酒店

8 牙买加南部海岸的特雷热海滩（见18[…]页）提供本国最优质、最多样化的住宿。这里虽然没有大型全包式度假村，却拥有安静友好的客栈、由剧院设计师所创造的极富艺术气息的环境、颇受预算不多背包客欢迎的拉斯特法里派静修地，以及不少私人别墅。其中有些还是牙买加最经典、最优雅奢华的住所。除了床位和浴室，一些地方还会提供其他有趣的服务，如烹饪课程、屋顶瑜伽，还有农产品采摘烹制宴会和观影之夜。

DOUG PEARSON/GETTY IMAGES ©

9

格兰德河漂流

9 在好莱坞影星埃罗尔·弗林等多位名人的影响下，有眼光的游客都瞄准了“浪漫月色漂流之旅”。这趟旅程是从Berridale出发，途经格兰德河流域（见110页），到达圣玛格丽特湾漂流人休息站的水上之旅。如今，这种体验已经不像弗林所处的时代那么有“私人定制”感了。作为牙买加特色旅游活动之一，大部分人都能承受格兰德河漂流的价格。但是如果碰上满月之日，你最好还是选择亲自撑船而行——那时水面变成一片银白，有种难以言喻的浪漫。

阿普尔顿朗姆酒庄园

10 说到牙买加的酒，人们普遍会联想到红带啤酒。可到了这里你会发现，朗姆酒才是当地的灵魂，它能提供更多元化的畅饮体验。当然，我们并不是说阿普尔顿生产的朗姆酒是这座岛上最好的，但目前为止它最容易买到。这种烈酒有不同样式的瓶装版，每种都可以在中央高地的阿普尔顿朗姆酒庄园（见179页）中尝到。这里会提供很多朗姆酒，所以要是某天的旅行中被安排了品酒，之后就不要尝试去做别的事情了！

曼德维尔咖啡

11 曼德维尔（见183页）是岛上第五大城市，也是凉爽的中央高地的非官方首府。这里居住着很多退休的牙买加人，他们在海外发家后回到家乡。这里还有不少西方志愿者和援助机构的工作人员。因此，就曼德维尔这座城镇的规模而言，它会让你产生一种身处世界性城市的感觉。布鲁姆菲尔德宅邸供应上乘的酒吧餐饮。在这里你有机会和当地的精英阶层亲密接触，还可以趁着金色的阳光驱散环绕山间的雾霭时，啜饮一口当地生产的咖啡。图为当地人在采摘咖啡豆。

马龙人文化

12 17世纪和18世纪，逃亡的非洲黑人奴隶顽强抵抗英国殖民者，并最终取得了胜利，赢得了自治。牙买加文化中的神秘主义在马龙人定居处重新焕发了勃勃生机。阿坤鹏村（见180页）、摩尔镇（见111页）和查尔斯镇（见113页）的马龙人后裔如今仍旧受到1739年条约的庇护，他们自豪地延续着古老的生活方式。这里的土地都为社区所有，当地人十分乐意带你四处转转。这里仍然使用着土药方（bush medicine），山中古老的马龙人小径也供游人徒步游览。图为摩尔镇。

11

12

CHRISTOPHER P. BAKER/GETTY IMAGES ©

STUART DEE/GETTY IMAGES ©

体验海盗生活

13 罗亚尔港（见61页）静谧的渔村在昔日的辉煌过后，如今只剩下些许当年的痕迹。要知道，它曾经是加勒比地区的海盗中心，被称为“地球上最邪恶的城市”。你可以追随亨利·摩根爵士早年的足迹，沿着查尔斯堡垒的城垛漫步，那里仍然陈列着驱逐侵略者的大炮；在吉迪弹火仓库中走得晕头转向、左倾右斜但又乐在其中；或者去海事博物馆欣赏一下财宝。发生在1692年的一场大地震致使该镇2/3的地方沉入水下，这些宝贝是之后被抢救出来的。图为查尔斯堡垒。

科克皮特地区

14 在加勒比地区，牙买加内陆的科克皮特地区地势最为崎岖不平，数个丛林密布的圆形山丘和极深极陡的峡谷间隔分布。雨水在山间积存下来，渗透进岩石里，形成了很多像瑞士奶酪一般密密麻麻的落水孔洞。你可以在科克皮特地区边缘地带的古道或林间小道上徒步，但要想获得彻底的野外体验，就要雇一名导游，去炎热难走且常年杂草丛生的特洛伊-温莎小径（见142页）走一趟。图为好望庄园。

大沼泽观鳄鱼

15 想要探索牙买加的野外，这是最受欢迎的方式之一：在黑河大沼泽地（见176页）乘船出发，穿行在蜘蛛网一般密集的红树林和爬满西班牙苔藓的树丛中，头顶上有白鹭拍着翅膀飞过。导游可能会为你介绍河两岸售卖袋装辣虾（当地人把shrimp读成swimp）的当地妇女，或者在凶猛的鳄鱼张大嘴游过时指给你看。

行前参考

更多信息见生存指南（见223页）

货币

牙买加元（J$）和美元（US$）

语言

英语和帕托阿语（pah-twa）

签证

中国公民自2014年4月10日起赴牙买加旅行停留30日之内不需要签证。但由于国内暂无直飞牙买加的航班，若选择从美国、加拿大转机，则仍需办理美、加签证。

现金

大城市里经常能够见到自动柜员机、银行和货币兑换处，乡村则比较少见。大酒店、景区和餐馆中倾向于使用美元。

手机

开通了国际漫游的中国旅行者手机可以在当地漫游通话。当地的SIM卡在大多数国家的解锁手机中均可使用。

时间

美国东部标准时间（GMT/UTC减5小时）。比北京时间晚13个小时。

何时去

Montego Bay
蒙特哥贝
12月至次年3月前往

Ocho Rios
奥乔里奥斯
1月至4月前往

Negril
内格里尔
2月至4月前往

Port Antonio
安东尼奥港
2月至5月前往

Kingston
金斯敦
3月至5月前往

热带气候，雨季和旱季
热带气候，全年降雨

旺季（12月至次年3月）

- 此时天气晴朗温暖，海岸地区尤其如此。除了安东尼奥港和东北部沿海以外，降雨较少。
- 夜晚气温较低，山区尤甚。

平季（4月和5月）

- 此时是旅游的好时节，天气比较干燥（安东尼奥港除外）。
- 住宿价格较低。
- 游客会少很多，在大型景区和邮轮口岸尤为明显。

淡季（6月至11月）

- 除了南部海岸，全岛时有大雨。
- 8月至10月会有暴风雨甚至飓风。
- 牙买加人最喜爱的节日一般都在仲夏时分。

参考网站

孤独星球（Lonely Planet; www.lonelyplanet.com/jamaica）有关牙买加旅游的介绍，还有很受欢迎的荆棘树（Thorn Tree）电子公告栏。

牙买加国家遗产信托（Jamaica National Heritage Trust; www.jnht.com）是了解牙买加历史和建筑遗迹的绝佳向导。

新闻集锦日报（Jamaica Gleaner; www.jamaica-gleaner.com）是这座岛上最值得信赖的报纸。

游览牙买加（Visit Jamaica; www.visitjamaica.com）提供旅游局版本的牙买加旅游信息，但其中罗列的信息可能有些过时。

重要号码

牙买加的国家代码是☎876，若在其国内拨打则可以省略。

救护车	☎110
电话号码查询服务	☎114
国际电话话务员	☎113
警察局	☎119
旅游局	☎929-9200

汇率

人民币	CNY1	J$18.51
港币	HKD1	J$14.92
新台币	TWD1	J$3.70
澳门元	MOP1	J$14.48
新加坡元	SGD1	J$85.54
美元	USD1	J$115.64

最新汇率可以通过网站www.xe.com查询。

每日费用

经济型：少于US$100

➡ 在金斯敦、蒙特哥贝、内格里尔和奥乔里奥斯以外的地方，物价稍低

➡ 一盘牙买加烟熏肉（jerk）：US$3.50

➡ 专线出租车：US$1~2

➡ 双人间：US$50

中档：介于US$100~200

➡ 主要景点的门票：US$20

➡ 短程出租车：US$20

➡ 中档餐馆就餐：$20

➡ 可以与他人合租别墅，用中等价位享受豪华房间

高档：US$300以上

➡ 包车出行

➡ 高级餐厅：US$30起

➡ 豪华宾馆：US$200起

营业时间

全年营业时间会有所不同。我们给出的是旺季的营业时间，平季和淡季一般来说会相应缩短。另外餐馆、酒吧和夜店的营业时间尤其不固定。

银行 周一至周五 8:30~13:30和15:30~16:30

餐馆 正午至14:30和19:30至午夜

咖啡馆 7:30~20:00

酒吧和夜店 22:00至次日4:00

商店 周一至周六 9:00~13:00和16:00~20:00

抵达牙买加

中牙两国之间尚未开通直飞航线。目前从中国前往最便捷的路线是经由美国或加拿大转机。这条路线飞行和等候时间相对较短，可控制在24个小时以内，且基本每天都有航班，机票价格也相对便宜。

蒙特哥贝唐纳德桑格斯特国际机场（Donald Sangster International Airport, Montego Bay; ☎952-3124; www.mbjairport.com）乘坐出租车到达蒙特哥贝需要US$10至US$20，到内格里尔需要US$80至US$100，到特雷热海滩需要US$100至US$120。专线出租车从机场入口处的加油站附近出发，开往Hip Strip（J$100）。

金斯敦诺曼曼利国际机场（Norman Manley International Airport, Kingston; ☎924-8452; www.nmia.aero）乘坐出租车到新金斯敦（New Kingston）需要花费US$30至US$35。98路公共汽车（J$100）开往Kingston Pde。站牌在机场到达大厅的对面。

当地交通

牙买加的公共交通由公共汽车、小型公共汽车和专线出租车组成，都往返于金斯敦和岛上的各个其他地点之间。

公共汽车 这是在各个城镇间旅行的廉价之选，但大部分时间里十分拥挤，司机开车也很猛。也可以选择稍微贵一些但更准点的长途客车。

小汽车 可以让你按照自己的步调旅行，满足你尽可能不使用公共交通游览各个区域的要求。每一个城镇和城市里都能租到汽车。靠左边行驶。

专线出租车 在邻近的镇子和城市内部及其之间按照固定线路行驶，便宜又方便。

更多**当地交通**信息，见231页。

如果你喜欢

潜水和浮潜

潜水中心主要集中在西北沿海，在任何地方都能找到浮潜的机会。无论是潜水或是浮潜，很快你就会发现这里有无数种生机勃勃的小型鱼类，水的能见度也非常好。

蒙特哥贝 蒙特哥贝海洋公园和博格潟湖有大片受保护的水域，为本地的绿色生态环境加分不少。（见117页）

艾恩肖尔 与蒙特哥贝合作运营。这里的热门景点有海岬和寡妇洞水下的隧道等。（见124页）

内格里尔 水比较平静，对于有意考取水肺潜水员资格证的新手来说是理想之地。（见151页）

奥乔里奥斯 礁石从奥乔里奥斯延伸至加利纳角，是潜水和浮潜探险的好去处。（见84页）

音乐

这里的每个人都热爱音乐，牙买加人可以称得上世界上受音乐影响最大的民族之一。无论是当地的音乐盛会还是国际音乐节，背景里永远充斥着节奏鼓点和低音乐器的声音。

金斯敦派对 是金斯敦市区的音乐盛会，缔造了无数传奇，让街头变成沸腾的歌舞厅。（见39页）

雷鬼音乐节 提供了全世界最正宗的雷鬼音乐体验，其特色是既有最动听、最怀旧的甜蜜之声，也有舞厅里喧嚣的节奏。（见126页）

Rebel Salute音乐节 每年1月在北部海岸举行，是牙买加最盛大的根雷鬼（roots reggae，雷鬼中最知名的一种）节日。（见96页）

阿尔法现场音乐节 期间，这座岛上最有音乐影响力的男校每周都会有乐队公开演出，你可以见证金斯敦的明日之星冉冉升起。（见48页）

历史遗址

探索牙买加厚重复杂的历史有多种方式，既可以参观美丽的殖民地时期建筑，也可以参加社区旅游项目，细细品味牙买加的历史。

法尔茅斯 一座友好的小镇。位于北部海岸，拥有牙买加最为集中的历史建筑。（见136页）

罗亚尔港 距离金斯敦有一段距离，是海盗的老巢，街上到处都是乔治亚式建筑。（见62页）

Outameni 一座无与伦比又无所不包的博物馆，其中有多媒体设备，用戏剧的方式呈现出牙买加历史和民族的完整风貌。（见139页）

阿坤鹏村 一座孤零零的边区村落，是马龙人生活的地方。现代的居民是马龙人的后裔，至今保持着深厚的非洲文化根基。（见180页）

野生动植物

牙买加拥有各种野生动物，包括美洲鳄、色彩斑斓的鸟类以及栖息在附近水域的海洋生物，如海豚、海龟等。种类之多，超乎想象。

黑河大沼泽地 在看起来像是侏罗纪时代的沼泽中乘船行进已经够棒了。几十只几乎保留了史前样貌的鳄鱼更是锦上添花。（见176页）

温莎观鸟地 在地势崎岖的科克皮特地区向令人望而生畏的丛林进发，同训练有素的鸟类学家一起寻找各种鸟类。（见144页）

罗克兰兹饲鸟站 在安彻维，为了让观鸟者一睹牙买加蜂鸟（hummingbirds）娇小的姿态，牙买加设立了这项有些古怪的草根旅游项目。（见143页）

坎农谷湿地 一条条蜿蜒幽深的小路通向了这片湿地，如同推开伊甸之窗。丛林藤蔓围绕的池塘边常有海牛（manatees）造访。（见65页）

饮食

这座花园般的岛屿上生

图：伊苏瀑布（见179页）
图：烟熏鸡

活着非洲人、中国人、印度人、西班牙人和英国人，各种文化相互交融，因此你应该能够想到这里的食物也有一些有趣的演变。

波士顿湾 据说这里是牙买加最著名的香料——烟熏香料的诞生地，自然也是品尝这种香料的最佳之地了。（见109页）

阿普尔顿朗姆酒庄园 在中央高地啜上几口朗姆酒，你就会明白这酒有多么的浓烈、多么带劲儿了。（见179页）

金斯敦的顶级餐饮 这个国家的首都是品尝高档加勒比佳肴的好地方。（见53页）

蓝山咖啡 在金斯敦上的种植园参加一个"品尝现磨咖啡"之旅，那里生长着世界上最独特的咖啡。（见70页）

瀑布和河流

历史上，牙买加的河流是这个国家最重要的动脉。如今，这些河流则成为游乐场，为游客提供游览加勒比地区最壮观瀑布的机会。

伊苏瀑布 位于圣伊丽莎白区十分隐蔽的地方，让你产生这条瀑布是从伊甸园飞泻而下的感觉。（见179页）

玛莎布里河 在这条翡翠绿的隧道下撑船要格外轻柔，这条河离蒙特哥贝不远，如天堂一般宁静。（见138页）

瑞奇瀑布 水自高耸的瀑布泻落后，从池中溢出，流进茂密的丛林。这或许是牙买加最美丽的瀑布。（见110页）

邓斯河瀑布 这里有时候人会很多，不过在瀑布旁攀岩戏水仍然很有乐趣。（见79页）

每月热门

最佳节庆

共度好时光节，2月

牙买加狂欢节，2月

体坛新秀大赛，3月

卡拉巴什国际文学节，5月

雷鬼音乐节，7月

1月

1月是旅游的高峰时段，因为此时降雨较少，天气也晴朗温暖，舒适宜人。

Rebel Salute音乐节

牙买加最盛大的根雷鬼音乐会每年1月的第二个周六在北部海岸圣安区的Richmond Estate庄园举行。详情请登录www.rebelsaluteja.com查询。

牙买加爵士乐和布鲁斯音乐节

在蒙特哥贝的玫瑰庄园附近，当地甚至国际闻名的艺术家们会在壮观华丽的户外舞台上展示各种各样的音乐。举办时间是1月的最后一周。详情请登录www.jamaicajazzandblues.com查询。

2月

此时天气仍然比较干燥，阳光明媚，岛屿东部地区开始举行一些重要的文化节日。

共度好时光节（Fi Wi Sinting）

这个节日（名称意为“它是我们的”）已经发展成为牙买加庆祝非洲文化遗产的最盛大活动，届时将有音乐、手工艺品、食品、贾卡努舞蹈、门特音乐等展示活动以及讲故事环节。在波特兰区的霍普贝举办。详情请登录www.fiwisinting.com查询。

牙买加狂欢节

这个狂欢节吸引了成千上万身着奇装异服的狂欢者走上金斯敦、蒙特哥贝和奥乔里奥斯的街头。有时一直延续至3月。详情请登录www.bacchanaljamaica.com查询。

3月

此时旅游旺季基本结束，你会发现牙买加没有那么拥挤了，而且依然能够享受不错的天气。在首都，健身成为人们主要考虑的内容了。

体坛新秀大赛（Boys & Girls Championships）

这项已有百年历史的活动在复活节前的一周举行，为期4天，是牙买加体育王冠上的一颗明珠。大约有30,000名观众（还有体育星探）在国家体育馆内观看赛事，人人都希望能见证下一个尤赛恩·博尔特的诞生。详情请登录www.issasports.com查询。

金斯敦城市赛跑

3月的第一周，金斯敦人会穿上跑鞋，准备参加十分受欢迎的金斯敦城市赛跑，同时这也是项募集资金的慈善赛事。详情请登录www.kingstoncityrun.com查询。

4月

虽然这是牙买加旅游平季的开始，不过天气大部分时间还是比较干燥。此时游客数量锐减，住宿费也大幅下降。

特里洛尼红薯节（Trelawny Yam Festival）

在淳朴美丽的阿尔伯特镇，有平托红薯赛跑、盛装打扮的山羊和驴，还有红薯国王和王后的加冕，这或许是整座岛上所有节庆中最奇异、最独特的了。详情请登录www.stea.net查询。

5月

雨季实际是从5月开始的，不过在牙买加最顶级的文学节期间，南部还是干燥的。

卡拉巴什国际文学节

这项颇具创新精神的文学节吸引了牙买加最好的创作者，国外受到热捧的当红知识界人士也会来到特雷热海滩发表意见。详情请登录www.calabashfestival.org查询。

牙买加观察家报美食奖

这项活动由享有盛誉的《观察家报》举办，是加勒比地区最具权威的烹饪盛事。世界各地的人才齐聚金斯敦，万众瞩目。当地的餐馆主人也都会在厨房里使出他们的看家本领。详情请登录www.jamaicaobserver.com/foodawards查询。

6月

因为下雨，又湿又热的潮湿天气开始占据主导，但是海岸的海风和内陆山间的寒意又让一切保持清爽。

加勒比时装周

拿到加勒比时装周的入场券并非易事，不过在整个金斯敦的富人区和上流人士生活的市郊都能感受到时装周的氛围。详情请登录www.caribbeanfashionweek.com查询。

7月

还真是热啊！而且不只天气热，一年之中岛上最棒的音乐节也会在此时升温。雨季仍在继续。

雷鬼音乐节

该音乐节可以说是所有雷鬼音乐节之母，7月下旬在蒙特哥贝举行。巨星云集，演出精彩纷呈，绝对是一场令人难忘的派对。即使你没有到音乐会现场也能参与其中，因为整个蒙特哥贝已变成音乐的海洋。详情请登录www.reggaesumfeset.com查询。

8月

此时是牙买加最炎热的时候，估计也最为潮湿。实际上，降雨云可能会聚集成预兆凶险的暴风云。但岛上的庆祝活动并没有放慢节奏。

独立日

8月6日是牙买加从大英帝国独立的日子，届时会有盛大的游行和激情的演说。在金斯敦地区尤为如此。全岛范围内都有独立日的庆祝活动。

10月

这个月份雨下得很猛烈，海岸附近或许会聚集起飓风。对于旅行有利的一面是住宿费用会极其便宜。

牙买加咖啡节

10月的第一周举行，成千上万的咖啡爱好者汇集在金斯敦达芳宅邸宽阔的草坪上，畅饮闻名全球的牙买加咖啡，尽情享用各种饮料、烈酒、冰激凌、雪茄和当地经典美食。

11月

降雨开始减少，不过东北部降雨量仍然很大。本月也是享受淡季价格的最后一段时间。

餐厅周

牙买加餐厅周是近些年来逐步形成的，主办者显然希望它能成长为具有国际声望的活动。活动期间，将展示金斯敦、奥乔里奥斯和蒙特哥贝参与活动的餐馆所烹制的菜肴。详情请登录http://go-jamaica.com/rw查询。

12月

天气再一次变得干燥起来，让人感觉清爽，因此各个景区也开始提价。圣诞节期间，成千上万在美国、加拿大和英国的牙买加人都会返回故乡，与家人团聚。

LTM国家舞剧

牙买加人对于社会讽刺的理解很直率、无厘头又有趣。每年12月至次年1月，金斯敦都会上演载歌载舞的时事讽刺剧。这是加勒比地区最棒的剧目之一。详情请登录www.ltmpantomine.com查询。

国家博览会

在这项双年展盛事中，金斯敦国家美术馆会展出牙买加资深和新锐艺术家的作品。该展览是加勒比地区最令人期待的文化活动之一。目前的周期是每逢双数年举办。详情请登录www.natgalja.org.jm查询。

旅行线路

1周 蒙特哥贝及周边

80%的外国游客是从**蒙特哥贝**开始牙买加之旅的。到博士镇洞穴海滩（Doctor's Cave Beach）体验水上运动，然后去市区的萨姆·沙普广场（Sam Sharpe Sq），在那里欣赏历史建筑，感受真正的牙买加式城市喧嚣。这些活动会使你备感疲惫还是鼓舞精神？无论如何，都要在Hip Strip吃上一顿可口的饭菜来结束这一天的旅程。

第二天早上，在蒙特哥贝的海滩上放松一下，可以享用一杯冰镇的红带啤酒以及一碟烟熏肉作为午餐，但是不要流连太久。从蒙特哥贝向东进发，你会见到两座壮美的宅子：声名远播（或是臭名远扬）的**玫瑰庄园**与本真质朴的**格林伍德宅邸**，我们更推荐后者。在西部海岸吃顿午餐，然后在沙滩上稍事休息。夜晚在**发光潟湖**上乘船出游。

接下来的一天，步行游览**法尔茅斯**和褪色的乔治亚式建筑，给自己上一堂关于牙买加历史的速成课。然后观看**Outameni**精彩绝伦的文化演出。在**玛莎布里河**来个漂流之旅，作为本次行程的结尾。

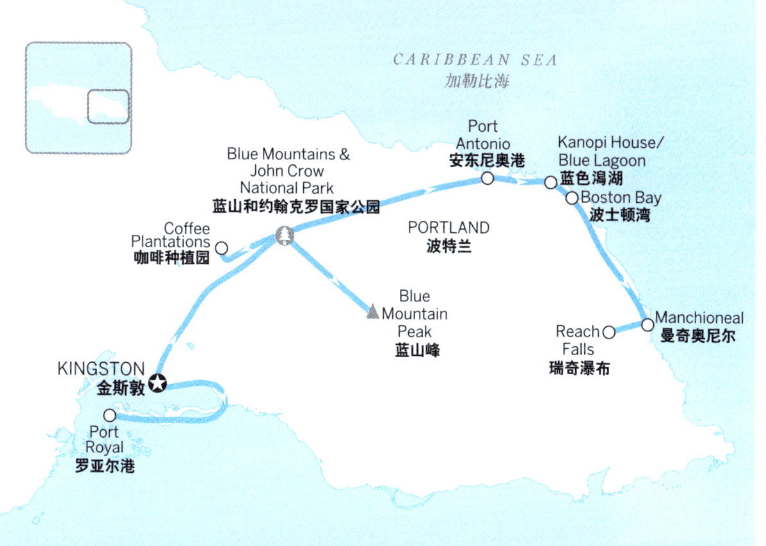

金斯敦、蓝山和波特兰

首先抵达**金斯敦**，在这里停留3天，一边观光一边享受美食以及热闹非凡的夜生活。不要错过国家美术馆。参观具有历史意义的达芳宅邸，享受美味的牙买加式馅儿饼和冰激凌。之后前往鲍勃·马利博物馆。几小时后，在Red Bones Blues café边享用晚餐边享受现场音乐，再去参加个舞厅派对，继续享受加勒比地区最具活力的夜生活。要想体验精彩的一日游，可以游览**罗亚尔港**。这里曾是海盗和私掠船的老巢，如今已被地震摧毁了。

城市另一边绵延的山丘向你发出召唤，那就悄悄走入蓝山吧。欣赏美得摄人心魄的景色，在**蓝山和约翰克罗国家公园**的徒步小径上漫步，呼吸清新的山间空气。这里主要的游览项目就是早起登上牙买加的最高峰**蓝山峰**。如果你真心实意地热爱探险，可以从高地上骑着自行车俯冲下来；如果你不太能接受这样的活动，则可以前往几家**咖啡种植园**中的一家，观看加勒比地区最珍贵的咖啡是如何从咖啡豆制作而成的，并享受愉悦的一天。

从蓝山下来可以去波特兰区，那里可是北部海岸最美丽的地带。在**安东尼奥港**极有氛围的街道上散步，然后选择城镇东部众多气氛融洽的旅店住宿，或者在这个港口充满历史情调的街区住下来。在安东尼奥港东部，你会发现很多拥有一流海滩的迷人社区，还有很多美丽的地方让人驻足不前。

你可以在海岸一带走马观花或者闲庭信步，不过需要留出足够的时间。比如说你有5天旅行时间，在此期间你可以去**蓝色泻湖**潜水，在华美的**Kanopi House**留宿，然后去烟熏香料烹饪之乡**波士顿湾**参观。之后别忘了在**曼奇奥尼尔**停留，因为这里是欣赏宏伟的**瑞奇瀑布**的绝佳地点，它可是岛上最美的瀑布之一。

阳光灿烂的南部

从**布卢菲尔兹**开始你的旅程，在那里你会见到一片片绵延不断的海滩，还有雷鬼音乐巨星彼得·托什的陵墓。我们建议你在当地找一个拉斯特法里派信徒运营的家庭旅馆作为住宿地，在那里你能体验到南部海岸闲适的生活节奏。

在这个安静的钓鱼海滩停留1天至3天，然后继续到**黑河**旅行。黑河是一座静谧的港口小镇，拥有别致的历史建筑和古色古香的酒店。这里是乘船进入**黑河大沼泽地**中红树林沼泽的门户。黑河大沼泽地是一片秀美壮丽的湿地，常有人见到鳄鱼在此出没。在河上进行的旅程会花上你一天的时间，之后你还可以去参观Ashton Great House宅邸。

早上向北前往**昆特斯中部**，在交叉路口的餐馆饱餐一顿令人难忘的胡椒虾（pepper shrimp），下午再去一览美丽的**伊苏瀑布**。在**阿普尔顿朗姆酒庄园**润润喉咙，然后再向南前往**特雷热海滩**。在这座人人亲密无间又热情好客的社区停留一阵子，但也有人不知不觉地就能在这里过上一个月。一定要乘船去一次Pelican Bar酒吧，那可是全世界最酷的酒吧之一。它坐落在沙洲的一座高脚屋之上，距离海岸有1公里远。

在特雷热海滩还可以去**情人跳**，见识一下令人赞叹不已的沿海地带景色。你可以花上一整天时间在**后海滨**（Back Seaside）优美的牧场上散散步。沿着海岸线继续走，就能到达**阿利盖特庞德**的渔村。在这里你可以享受传统的乡村生活、欣赏保留完好的自然风光，这种体验远非旅行社团队游可比。你还可以在海滩边超棒的餐馆Little Ochie饱餐一顿海鲜盛宴。

如果你自己有车，最好是四轮驱动的，并且对自己的驾驶技术比较自信，就可以从阿利盖特庞德向东驶到“孤独之路”（lonely road）。这条路附近的确比较偏远，但你会发现，这里有原生态、空旷的海滩，还有很多壶穴，其中最有名的是**阿利盖特洞**，那是一片小型保护区，时不时有海牛出没。

奥乔里奥斯和中部海岸

从游客众多的小镇**奥乔里奥斯**开始本次旅程。花两天时间在奥乔里奥斯周围放松，尽情享受旅游项目中的各种活动。一定要去**神秘岭**和令人惊叹的**邓斯河瀑布**游览。

沿着海岸线继续前行至**奥拉卡贝萨**，看看与詹姆斯·邦德系列作者伊恩·弗莱明有关的景点，比如《黄金眼》中的精致旅馆；再慕剧作家诺埃尔·科沃德（Noël Coward）之名去**加利纳角**游览，他之前的房产Firefly现如今是一座很棒的博物馆。

然后掉头往回走，经过奥乔里奥斯之后在圣安斯贝（St Ann's Bay）停留，参观一下哥伦布和马科斯·加维的纪念碑，然后到**梅马塞维利亚宅邸和遗产公园**骑马观光。

接下来前往**逍遥海湾**，在那里你可以吃得香睡得好，养足精神去探访奇妙的**绿洞洞穴**，然后继续去迪斯卡弗里贝（Discovery Bay）游览，欣赏**Puerto Seco海滩**淳朴又迷人的风景。

浅探科克皮特地区

从蒙特哥贝离开后，前往**好望庄园**。这是一座漂亮的房子，有大片的种植园。请享受骑马的乐趣、在阳台上用午餐的情调和无穷尽的美景。

穿过一片片甘蔗田，一条小路会带你来到**温莎**。在这里的旅馆入住，每天清晨醒来便能听到鸟啼。然后和一名拉斯特法里导游一同去探索温莎洞穴，或者去游览温莎宅邸，了解这里关于保护环境和标记鸟类所做的工作。

要有心理准备，徒步游览并非易事，但绝对值得前往。你可以在温莎雇个导游，走一走连接北部的温莎和南部的特洛伊的古老行军路——但要做好准备应付糟糕的路况。虽然可能精疲力竭，但你一定会情绪高昂地继续前行。向东便是Clark's Town镇，然后到达**特洛伊**，这部分旅程完全让人置身于美景之中。继续向南，一定要在**阿坤鹏村**稍做停留，在这里你可以见到牙买加仅存的马龙人（逃亡黑奴后裔）。

这条旅游线路可以乘坐专线出租车到达。但是只有租一辆四驱车，你才会深入目的地，最充分地享受此次旅行。

计划你的行程

和当地人吃喝

了解牙买加最好的方式之一就是通过这里的美食，在岛上边逛边吃是个不错的选择。你可以以一顿特色早餐西非荔枝果（Ackee）烩咸鱼开始自己的一天，再以咖喱羊肉作为午餐，最后吃一顿无盐烹制的素食晚餐。真的，在任何全包式度假村里住上一个月，你对牙买加的了解都不如这一天来得多。牙买加的热带气候让人们一年到头都能吃到充足而新鲜优质的食物，这里的美食节也需要特别关注。

舌尖上的一年

波特兰烧烤节（7月）

波特兰区是牙买加烟熏烤肉的故乡，节庆在其全境举行，所有食品都是加了辣酱烧烤的。

牙买加咖啡节（10月）

咖啡种植者、咖啡豆烘烤工人和咖啡师在金斯敦欢聚一堂，颂扬与咖啡有关的一切，从蓝山咖啡豆到咖啡杯应有尽有。

罗亚尔港海鲜节（10月）

这座海盗旧都城距首都金斯敦非常近，在这里可以享受到渔民刚刚捕捞出来的绝佳海鲜（以及音乐）。

牙买加美食周（11月）

这项活动在金斯敦、蒙特哥贝和奥乔里奥斯都会举办，是牙买加岛上最大型的烹饪艺术盛典。

吃在牙买加

牙买加最佳食物

西非荔枝果烩咸鱼 这是牙买加早餐的首选。西非荔枝果烹制之后和炒鸡蛋惊人的相似，咸鱼片又给清淡宜人的西非荔枝果增加了不少滋味。通常还会配套供应玉米烤饼以及一种类似菠菜的蔬菜（callaloo）。

类面包食物（Breadkind）这是一个包罗万象的术语，指能够补充淀粉的食物，其中包括山药、面包果（breadfruit）、木薯饼（bammy）、甜味油炸玉米面包（festival）、玉米烤饼（玉米包）和蒸香蕉等。尽管实际上大米和豌豆（或大米和豆类）不属于类面包食物，不过它们也是主要选择之一。

酱汁炖菜（Brown stew）这种菜肴更多时候是一种酱汁而不是炖菜，是美味和甜味（有时候还有点刺激性气味）的绝妙组合，对于不喜欢辣菜的人来说不失为一种好的选择。

咖喱 在牙买加，各种咖喱都很受欢迎，但是咖喱羊肉无疑是其中最受欢迎的。羊肉在烹制时会切成小块，但是保留骨头。这里的咖喱不像起源地印度本土那么辣。

油炸醋熘鱼（Escoveitch）这道菜是从西班牙的犹

太人那里传来的，经过了腌制——通常情况下将鱼进行腌渍——然后再辅以醋、洋葱、胡萝卜和苏格兰灯笼椒（Scotch bonnet peppers）进行调味。

烟熏烤肉（Jerk）这是牙买加最具标志性的食物，先用一种能让人的舌头都火辣辣的调料腌制肉、鱼，然后在户外把灯笼椒枝子点着慢火熏烤，且使其口味独具特色。每一个厨师都有个人的独家秘方，但是有一种尝起来像是肉桂、丁香和肉豆蔻混合物的深色浆果——多香果却是每个厨师的必备品。

牛尾（Oxtail）牛尾和棉豆（butter bean）一起小火慢炖，配上米饭一起食用，让牙买加全国人民为之着迷。

小馅饼（Patties）这是一种美味的馅饼，馅料可以是辣牛肉、蔬菜、鱼和虾。牙买加人最喜爱的是一种馅饼三明治：用两片厚厚的椰子面包（coco bread，一种加了椰奶烘焙的甜面包）夹着一个馅饼。Juici Patties and Tastee Patty是牙买加值得信赖的食品连锁店，销售馅饼和牙买加其他可外带的菜肴。

Rundown chicken 这种鸡是用椰奶调味的，通常配合玉米烤饼一起享用。有人说，这道菜的名字和捕捉鸡的方式有关。

鱼茶（Fish tea）用这种当地人最喜爱的灵丹妙药"让你的胃暖起来"。它其实是一种用鱼熬制的清汤。

水果和蔬菜

"所有水果都熟了。"这是牙买加人表达"一切都好"的一种说法，同样也指牙买加水果的状态。这座岛屿是热带水果的天堂，每一种都品尝一下，然后找出你的最爱是一项庄重、健康并且有收获的任务。不要只尝试那些常见的，比如椰子、香蕉、木瓜和芒果；试试品尝一下没有吃过的金星果（star apple）、刺果番荔枝（soursop）、欧塔尼克柑（ortanique）、人心果（naseberry）和李叶豆（tinkin' toe，俗名脚趾果）。

无盐蔬菜（I-tal）出于拉斯特法里主义的原因，牙买加格外受素食主义者欢迎。无盐蔬菜饮食[I-tal，是由vital（即"维持生命所必需的"）一词演化而来]衍生出了数不清的禁忌条例，比如：无盐、无化学添加剂、无肉食或乳制品（后者被视为"白色的血液"）、无酒精、香烟和毒品（大麻除外）。因此，水果、蔬菜、大豆、面筋和草药占据了主导。因为无盐蔬菜很受欢迎，因此很多餐馆都在他们的菜单中提供了这种饮食选择。备受喜爱的菜肴包括咖喱茄子、红薯泥和清蒸蔬菜。

饮品

无酒精饮品

咖啡 牙买加的蓝山咖啡被视为世界上最奇异也是最昂贵的咖啡之一。这种咖啡相对来说比较温和清淡，有一种发霉的、几乎像木头一样的味道，还有一种辨识度极高的气味。大多数高级酒店和餐馆都把蓝山咖啡当作是正餐的一部分。而大多数小型酒店提供的咖啡要稍微次些，有的是牙买加其他地方产的咖啡，有的则是一种叫作"sacrilege"的速溶咖啡粉。需要注意的是，如果你要的是白咖啡（加牛奶的咖啡），牙买加人会自动理解为50%的热牛奶加50%的咖啡。

茶叶 "茶"这个词在牙买加指的是一个大类别，（通常情况下）指所有热的无酒精饮品，并且牙买加人会把所有东西都做成茶。角叉菜（Irish moss）经常和朗姆酒、牛奶和香料掺到一起。姜、薄荷、大麻，甚至是鱼都可以煮成茶。

冷饮 牙买加人最喜欢吃"skyjuice"来降温，这是一种在街边小摊上售卖的刨冰甜筒，有水果糖浆和酸橙汁口味的。你还会见到"清凉饮料"（bellywash）的字样，那是当地人对"酸橙汽水"的叫法。

Ting 一种瓶装的葡萄柚苏打汽水，是牙买加特

价格区间

下列价格是牙买加餐馆一顿餐食的平均花费。记住，每单餐馆会征收16.5%的税和10%的服务费。

➡ **经济型**

$ 低于US$15（J$1600）

➡ **中档**

$$ US$15至US$25（J$1600至J$2600）

➡ **高档**

$$$ 高于US$25（J$2600）

牙买加水果入门

西非荔枝果（ackee）	这种水果黄色的果肉十分美味，也是很受欢迎的早餐食物，并且总会和咸鱼一起食用。
佛手瓜（chocho）	又名christophine或chayote，是一种果肉像南瓜一样的葫芦，经常做在汤里作为肉食的配餐。也可以用来制作辣泡菜。
番石榴（guava）	一种小的卵形或圆形水果，有麝香般的甜美香气。其果肉呈粉红色的粒状，小小的种子嵌在里面，排列得十分规律。它通常用在果汁和潘趣酒（punch，一种果汁饮料）、糖浆、果酱、酸辣酱甚至冰激凌中。
格尼帕果（guinep）	一种小的绿色水果（读作gi-nep），像葡萄一样成簇生长，7月至11月之间都能买到。每一串上面粉红色的果粒你都可以一下填进口中。这种水果多汁有弹性，味道吃起来介于无花果和草莓之间。要注意，中央有个大果核。
菠萝蜜（jackfruit）	一种黄色的水果，生长在菠萝蜜树巨大的果荚之中。菠萝蜜种子可以烤或者煮。
芒果	一种赏心悦目的水果，尺寸颜色各异，既有黄色也有黑色。揉一揉手套革般的外皮让果肉变软，然后可以像吃蛋奶糕一样吸着吃或用勺子舀着吃。你可以根据香味来挑选芒果。
人心果（naseberry）	一种香甜的棕黄色水果，吃起来有点像桃子，生长在一种常青树上。又叫sapodilla。
木瓜	表皮有很多颜色（从黄到玫红），果皮下像瓜肉一样滑爽，颜色介于淡灰的绿黄色和朱红色之间。中央的空腔中就像装着黑色种子的宝库，其种子可以食用。柔和香甜的气味是购买时选择木瓜的关键。
灯笼椒（scotch bonnet pepper）	灯笼椒最为人所知的是，吃下去以后先是品尝到它美味的柑橘味道，然后整个口腔甚至脑袋都像着火了一般。这是一种小辣椒，有黄色、橙色和红色。
刺果番荔枝（soursop）	形状长得难看又不规则，肉质松软，气味芬芳诱人，但是比较酸。吃起来有点像番石榴和菠萝。
金星果（star apple）	表皮似深紫色的皮革，大小同网球差不多，果肉具胶黏性，由内而外颜色不同（白、粉、淡紫、紫）。中央亮闪闪的种子形成了星形。这种水果口味清淡，微微发甜。
番荔枝（sweetsop）	一种心形、团块状的水果，蛋奶糕一般的香甜果肉包裹着果核。
丑橘（ugli）	这种水果的名字起得很贴切。在藤蔓上看起来很丑——表皮长满了疣，绿色和橙色斑驳，像是畸形的葡萄柚。但是金色的果肉酸甜可口，果汁满溢，十分美味。

有的一种软饮料，不过百事可乐在这里也很受欢迎（出人意料地难寻到可口可乐）。

椰汁 沿街叫卖商贩直接售卖椰子中的椰汁，椰汁中含有白色的"果冻状果肉"。

植物根补品（Roots tonics）这种补品是用植物的根制成的，比如生的月亮树（moon bush）、可乐果树皮（cola bark）、菝葜（sarsaparilla）和蒲公英，在小商店中广泛销售，或者在路边按照手工分好的一批批售卖。这种补品吃起来像土，但味道还不错。

酒精饮品

朗姆酒 牙买加以其朗姆酒为傲。滑爽色深的阿普尔顿朗姆酒是最为著名的品牌，无论是单独啜饮或者混合饮用都口味绝佳。你甚至可以去生产这种酒的庄园里（见179页）游览一番。Wray & Nephew公司酒精量超过标准的白色朗姆酒就好像拳击比赛中的致命一击——这种酒都是用小杯盛的，但如果你一饮而尽，那你肯定要早回家了。可以将这种酒和姜汁啤酒甚至是牛奶混合饮用（叫作“cow and cane”）。

啤酒 红带是牙买加的著名啤酒，口味清爽香甜，吃过烟熏香料做的食品后喝这种啤酒正好解辣。Real Rock啤酒是当地一种口感更加醇厚的贮藏啤酒，Dragon Stout啤酒也很受欢迎。喜力啤酒（Heineken）和吉尼斯黑啤酒（Guinness）是持执照在当地酿造的。

自炊

杂货商店的食品大都比较昂贵，因为许多罐头和袋装零售商品都是进口的。整座岛上的市场和路边小摊的新鲜水果、蔬菜和香料都非常便宜。只要把买回来的食物彻底洗干净就行了！从当地渔民那里总能买到鲜鱼（有的季节还有龙虾）。

烹饪课程和团队游

学会如何以牙买加方式来烹饪，让你的厨房热闹起来。学习烹饪的好去处有特雷热海滩烹饪班（Treasure Beach Cooking；见194页；位于特雷热海滩）以及Hotel Mocking Bird Hill酒店（见100页；安东尼奥港附近）。

若想一边旅行一边品尝美食，可以加入特设的烹饪团队游。尤其推荐金斯敦的牙买加文化事业（Jamaica Cultural Enterprises；见50页）和法尔茅斯的法尔茅斯遗产步行游览（Falmouth Heritage Walks；见137页）所提供的团队游。不要忘了去蓝山（见67页）品尝咖啡，还有阿普尔顿制糖庄园和朗姆酒厂（见179页）提供的团队游。

计划你的行程

户外活动

牙买加位于加勒比海地区，但这里能够带给你的不仅是沙滩上的日光浴，还有山地车、漂流、骑马、观鸟等活动。你可以到山上去进行一次天然的徒步游，也可以到水下探索沉船和珊瑚。

佳中选优

最佳岩壁潜水

海岬（The Point，见124页）沿着珊瑚包裹的海堤，在鲨鱼和沙洲之间游泳。

最佳沉船潜水

The Kathryn（见84页）在奥乔里奥斯附近的一座暗礁上，于一艘扫雷舰的残骸旁潜水。

最佳长途徒步

蓝山峰（见73页）爬上山顶，欣赏牙买加最壮丽的日出景色。

最佳短途旅行

后海滨（Back Seaside，见188页）在特雷热海滩附近低矮的群山和柔和的风中漫步。

最佳河上漂流

格兰德河（见113页）前往东部几个区域那丛林覆盖、雨水浸透的绿色水道。

最佳野生动物观赏

黑河大沼泽地（见176页）乘船从特雷热海滩出发，途中和跃起的海豚为伴，到达一条有很多张着大嘴晒太阳的鳄鱼的河流。

观鸟

在野外，你只需带上一副好用的双筒望远镜，再雇一名导游便可在岛上观鸟。行程既有US$25一次的1小时短途旅行，也有US$75去灌木丛中半天时间的观鸟活动。

去哪里

最佳地点：

- **黑河大沼泽地**（见176页）
- **蓝山**（见67页）
- **科克皮特地区**（见144页）
- **内格里尔大沼泽地**（见162页）
- **格兰德河流域**（见112页）

何时去

牙买加最佳的观鸟时间是12月至次年6月。在这期间，可以看到鸟类炫耀它们最美的羽毛。这时刚好是旱季，你不太会把自己的双筒望远镜弄湿。加勒比赏鸟路径（www.caribbeanbirdingtrail.org）提供好用的网络信息，也是覆盖加勒比海流域的一个环境保护和生态游组织。

运营商

推荐的运营商如下：

- **Ann Sutton**（☎904-5454；asutton@cwjam

aica.com）总部设在曼德维尔的马歇尔农庄（Marshall's Pen），在牙买加主要经营观鸟团队游已超过30年。

➡ **Arrowhead Birding Tours**（www.arrowheadbirding.com）从金斯敦出发，为期1天至8天的团队游。

➡ **霍普花园**（Hope Gardens；见50页）每个月第一个周六组织观鸟团队游。

➡ **Hotel Mocking Bird Hill**（见108页）该酒店位于安东尼奥港以外，因其备受赞誉的定制观鸟团队游而闻名。

➡ **Rocklands Bird Sanctuary**（☎952-2009）蒙特哥贝附近。

洞穴探险

牙买加石灰石洞穴和山洞密布，其中大部分都有精美的石笋和钟乳石、地下溪流，甚至还有瀑布。牙买加洞穴组织（见221页）提供了探索洞穴、落水洞和地下河的机会。这一组织定期派遣考察队调研岛上洞穴。参加半日短途洞穴探险，预计每人至少支付给导游US$50；如果你想花更长时间进行深入的洞穴探险，全天远足雇佣导游的价钱从US$70至US$85不等。

去哪里

在以下洞穴中都可以找到配导游的团队游：

➡ **福克斯洞穴**（Fox Caves，见112页）位于格兰德河流域

➡ **绿洞洞穴**（Green Grotto，见98页）位于迪斯卡弗里贝

➡ **罗灵河**（Roaring River，见167页）位于滨海萨凡纳

➡ **温莎洞穴**（Windsor Caves，见145页）位于科克皮特地区

对于高级洞穴探险者，推荐如下：

➡ **科菲河洞穴**（Coffee River Caves，见182页）位于特洛伊

➡ **古尔瑞洞穴**（Gourie Caves，见182页）位于克里斯蒂安娜（Christiana）

➡ **彼得金罗塔洞穴**（Peterkin-Rota Caves，见143页）位于圣詹姆斯区（St James）

骑自行车

大部分酒店和小客栈里都能租到自行车。如果你想要更专业点，可以考虑把自己的山地自行车或者多用途自行车带过来。注意，需要十分结实的轮子才能应对满是坑洞的道路。事先向航空公司确认自行车的携带要求。要记住，无论什么时候，都要在自行车上配上一个车前灯以及一对后视镜。如果你参加的是fixie野营队，要注意牙买加的山丘众多，交通状况不可预测，因此骑固定齿轮自行车尤其困难。

可供参考的网上资源包括**牙买加自行车联合会**（www.jamaicacycling.com；14C Benson Ave，Kingston）和**圣玛丽区越野自行车协会**（☎470-8139；www.smorba.com）。

运营商

从蓝山的Hardwar Gap（1700米）出发的下山之旅非常受欢迎（但是不适合胆量较小者）。

蓝山自行车团队游（☎974-7075；www.bmtoursja.com；121 Main St，Ocho Rios）运营方可以在金斯敦或者奥乔里奥斯接你，然后转至Hardwar Gap。奥乔里奥斯周边还有其他团队游可供选择。另见**Mount Edge B&B**（见69页）。

潜水和浮潜

早在20世纪60年代，潜水就已经是牙买加的旅游项目之一了。也正是从那个时候开始，第一批潜水设施在蒙特哥贝出现。内格里尔至奥乔里奥斯之间的西北海岸附近有暗礁和蒙特哥贝海洋公园，这一地理优势使得这片地区始终是牙买加潜水文化的中心。法律规定，在牙买加水域的所有潜水活动都必须在专业指导下进行，并且下潜深度严格限制在30米之内。

去哪里

潜水点：

➡ **机场暗礁**（Airport Reef，见124页）

➡ **玫瑰庄园暗礁**（Rose Hall Reef，见124页）

➡ **王座洞**（the Throne，见151页）

浮潜点：

➡ **贝尔蒙特海滩**（Belmont Beach，见172页）

➡ **七英里海滩**（长滩，见147页）

何时去

浮潜的最佳时段是1月至4月，那时候气候最为干燥，暴风雨的可能性最低。

运营商

蒙特哥贝

➡ **Dressel Divers**（见124页）

➡ **Jamaica Scuba Divers**（☎Falmouth 342-617-2500；Negril 957-3039）总部设在法尔茅斯、内格里尔和逍遥海湾，但是也有去蒙特哥贝的潜水游。

➡ **Resort Divers**（见124页）

内格里尔

➡ **Marine Life Divers**（见151页）

➡ **Sundivers Negril**（☎957-4503；www.sundiversnegril.com；Point Village Resort，Long Bay）

奥乔里奥斯

➡ **Garfield Diving Station**（见84页）

➡ **Resort Divers**（见84页）

钓鱼

开曼海沟（Cayman Trench）距离牙买加西部海岸仅有3公里多，全年都可以进行深水垂钓。牙买加北部海岸附近的水域同样适宜垂钓；一个被称为“马林巷”（Marlin Alley）的深壑也有众多垂钓者。可以通过蒙特哥贝、内格里尔、奥乔里奥斯和安东尼奥港的酒店或者直接通过运营商租船，每半天US$500至US$550，全天US$900至US$1200。一艘包租船包括船长、钓鱼器具、鱼饵和船员。大部分要求预付费用的50%作为押金。

潜水费用估算

1只气瓶潜水 US$50
2只气瓶潜水 US$95
浮潜游 约US$30
专业潜水教练协会或国际潜水教练员协会课程 约US$420
租用面具、蛙鞋、呼吸管、浮力控制装置和调节器通常需要再多$15。

何时去

夏季（6月至8月）是垂钓的最佳时间，但蒙特哥贝的主要锦标赛都在9月下旬和10月举行。

运营商

安东尼奥港

➡ **埃罗尔弗林码头**（Errol Flynn Marina，见231页）

蒙特哥贝

➡ **蒙特哥贝游艇俱乐部**（Montego Bay Yacht Club，见231页）

徒步

徒步是牙买加深度游的绝佳方式。但是要记住，如果要去丛林和山区，最好雇一名导游。因为那里极容易迷路，有个向导能让你和当地人有所交流就再好不过了。雇佣一位当地专业人士每日预计至少花费US$45。如果有机会深入探索那些尤为险峻的地区，这个价钱应该很划算。

去哪里

最完备的徒步区域是蓝山和约翰克罗国家公园（John Crow National Park），其次是波特兰区的格兰德河流域，有的徒步探险会从那里一直延伸至蓝山和约翰克罗山。偏远的科克皮特地区拥有丛林覆盖的石灰岩山脉，其景色或许是整个岛上最引人注目的。该区域的小型社区旅游设施也正在建设中。

➡ **最佳短途游** 攀登至蓝山峰（见73页）。在日出时分登上蓝山峰是整个加勒比地区最振奋人心的经历之一。为了爬山你要在十分“不人道”的时间起床，但当你在山峰上俯视全岛（如果天气晴朗最远能望到古巴）时，就会觉得一切付出都是值得的。

➡ **最佳远足游** 行程从南科克皮特地区的特洛伊出发，一直到北科克皮特地区的温莎洞穴（见142页）。这趟徒步跨越了牙买加景色最优美、地形最险峻的地区。需要雇个导游，不然就太冒险了。

➡ **最佳徒步观鸟游** 这片区域位于北科克皮特地区的温莎周边，可以与温莎研究中心（Windsor Research Centre，见144页）的生物学家一同前往。这趟步行中乐趣多多（不过你需要身体健康），而且能和科学家同行会让你受益匪浅。

何时去

徒步的最佳时段也是1月至4月。天气最为干燥，暴风雨的可能性最低。

运营商

➡ **Grand Valley Tours**（见103页地图；☎993-4116，美国 401-647-4730；www.portantoniojamaica.com/gvt.html；12 West St）承接去往Scatter和福克斯洞穴（Fox Caves）的远足，以及到达摩尔镇、南妮瀑布（Nanny Falls）、南妮镇（Nanny Town）和白河小径（WHite River Trail）沿线的徒步。

➡ **牙买加保护和发展信托基金会**（Jamaica Conservation & Development Trust；☎960-2848；www.jcdt.org.jm；29 Dumbarton Ave，Kingston 10）负责管理以及监管蓝山和约翰克罗国家公园，也提供导游及线路建议。

➡ **马龙人古径**（Original Trails of the Maroons；☎475-3046；www.jamaicanmaroons.com）这是一项由一名外籍人士和当地阿坤鹏村社区合作而形成的优秀生态游项目。该项目提供了阿坤鹏村的文化之旅，可以安排当地导游陪同的团队游，探索科克皮特地区的内陆崎岖地带。

切勿擅离常规路线

不管走到哪里，一定要确保自己行走在既有路径上。牙买加的山区地形实在变幻莫测，不适合脱离既定路线到处闲逛。因为一路上都覆盖着厚厚的植被，下面可能就是看不见的落水洞和裂隙。出发前可以找当地人问问路况，听听他们的建议。即使你已经了解了线路，也要找一位优秀的导游同行。

如果前往边远地区，不要忘了携带下列物品：

➡ 登山靴

➡ 蚊帐

➡ 杀虫剂

➡ 饮用水

➡ 防晒霜

骑马

骑马是一项很受欢迎的旅游项目，尤其是在海岸沿线。你可以骑着马步入海中，或者探索一些更大的种植园。一次2小时的骑马远足游大约需要花费US$60至US$70。可靠的运营商包括：

➡ **Braco Stables**（见141页）位于法尔茅斯附近

➡ **Chukka Caribbean Adventure Tours**（见84页）位于奥乔里奥斯

➡ **Hooves**（见84页）位于圣安斯贝

➡ **罗德哈尔种植园**（见164页）位于内格里尔

漂流

乘坐竹筏顺河而下，20世纪三四十年代好莱坞红极一时的性感男星埃罗尔·弗林（Errol Flynn）是第一个体验到这种乐趣的人。如今，你可以坐在铺着软垫的凸起座位上，让“船长”撑船带你穿过崎岖不平的浅滩和小瀑布。

去哪里

牙买加的最佳河上漂流活动在西北部的山区内部，位于大河（Great River）和玛莎布里河（见138页）附近。若是参加蒙特哥贝和艾恩肖尔的一日游，上述两个地方都能轻松到达。如果你在牙买加岛屿东侧，可以前往格兰德河流域（见113页），因为这里位于金斯敦和安东尼奥港一日游能到达的范围之内。

何时去

享受漂流的最佳时间是旱季（12月至次年4月），那时河水不会太泛滥。不过，如果你想体验激浪漂流，那就在夏天来吧。

运营商

➡ **Mountain Valley Rafting**（☎956-4920；Lethe Estate；单人/双人 US$50/80）若想去内陆的大河上漂流，选择蒙特哥贝和艾恩肖尔的一日游即可轻松到达。

➡ **Rafters Village**（☎940-6398，952-0889；www.jamaicarafting.com；66 Claude Clarke Ave，Montego Bay；每筏乘坐1~2人；US$60）若想去西北海岸法尔茅斯附近的玛莎布里河进行河上漂流，可以选择蒙特哥贝和艾恩肖尔的一日游。

➡ **Rio Grande Experience**（☎993-5778；Berridale；每筏 US$65）在牙买加东部内陆的格兰德河上漂流，首选到安东尼奥港的一日游，次之是金斯敦。

冲浪和风筝冲浪

夏季从东边来的信风赋予牙买加绝佳的冲浪条件。这项运动最专业的经营者无疑是**Jamnesia Surf Club**（☎750-0103；http://jamnesiasurf.com），他们在金斯敦以东13公里处的**布尔湾**（Bull Bay）开办了一个冲浪训练营。

波士顿湾（见109页）位于安东尼奥港以东14公里处，拥有极好的平稳波浪。海滩上还有一座小棚屋，低价出租冲浪板。

牙买加风筝冲浪（见139页）位于法尔茅斯旁边的发光潟湖，是牙买加新兴的风筝冲浪大本营。

地区速览

金斯敦、蓝山和东南沿海

夜生活
历史
徒步

派对起舞

金斯敦是一座“不眠之都”，一周之中每一个晚上都有派对可以参加：既有正式的夜店，也有街头的音乐盛会，还有舞厅和雷鬼音乐中响当当的大人物参与的舞台演出。去参加市中心的派对之前，一定要确保和一名友好的当地人同行。

海盗和遗迹

游览罗亚尔港，在那里寻找海盗昔日的辉煌。在西班牙镇这个牙买加旧都里漫步，徜徉在建筑遗迹之间。也可以步行游览金斯敦市中心的街道。了解这座城市的历史，就等于通读了融进这座首都大街小巷的国家历史。

蓝山

蓝山有很多条徒步路径，可以满足各类游客的需要。其中就包括岛上最受欢迎的登山线路——夜间攀登牙买加的最高峰蓝山峰。每天清晨，这里也会成为牙买加最棒的野生动物观测地。

见38页

奥乔里奥斯、安东尼奥港和北部海岸

活动
风景
历史

冒险天堂

在整个牙买加，奥乔里奥斯地区可能是在相对较小区域内整合了最多活动和项目的地方。除了该国最有人气的瀑布——邓斯河瀑布以外，北部海岸还有山顶探险乐园、不错的潜水点以及骑马探险、全地形车探险和滑索游等活动，吸引了众多热爱运动的游客。

如画的水景

瑞奇瀑布无疑是加勒比地区最壮丽的瀑布之一。可以乘木筏在格兰德河漂流，或者在僻静秀丽的长湾里放松休息。比起人满为患的西北沿海，来波特兰区参与户外项目的游客较少。

殖民地风情

探访圣安斯贝的早期殖民地梅马塞维利亚宅邸，这是“向风马龙人”的坚固堡垒。可以置身“共度好时光节”，探求牙买加最深的非洲根源。

见78页

蒙特哥贝和西北沿海

活动
历史
徒步

水上运动

蒙特哥贝的沙滩已经不错了，但是别处的海滩要更胜一筹。我们强烈推荐游客在发光潟湖中游泳，在玛莎布里河中体验漂流。这里有导游陪同活动的基础设施是整座岛上最完善的。

旧日法尔茅斯

嘈杂但热闹的法尔茅斯是牙买加历史保存最完整的城镇。艾恩肖尔附近有保护起来的宅邸。在Outameni有美妙的历史文化表演。

洞穴探险和观鸟

深入蒙特哥贝南部的科克皮特地区去寻找迷人的洞穴，在温莎和阿尔伯特镇周围享受牙买加最棒的观鸟体验。要是想更轻松一些，你可以尝试在忘川周边的山上惬意地散步。

见115页

内格里尔和西部海岸

活动
就餐
夜生活

从黎明到黄昏

在这里，你可以乘坐水上摩托、驾帆伞滑翔，也可以尝试悬崖跳水等各种活动。但是内格里尔更多的乐趣在于，在热闹的一天即将结束时，什么也不做，静静地欣赏完美落下的夕阳。

落日晚餐

内格里尔的美味就餐地简直数不胜数，既有长湾上那种简单、满足海滩游玩需求的餐食，也有更经典的创意菜，还有位于西区（West End）的高档餐馆。在这里，岛屿西部海岸附近的落日造就了牙买加最浪漫的就餐体验。

内格里尔派对

如果你想在牙买加参加海滩派对，没有一个地方比内格里尔更好。在沙滩上享受宁静的氛围，或者参加提供朗姆酒的热闹派对，这里总有娱乐活动能够让你开心起来。

见146页

南部沿海和中央高地

风景
文化
放松

极致户外运动

从中央高地广泛分布的洞穴到壮丽的伊苏瀑布，都可以进行户外运动。还有一些更轻松随意的选择，比如情人跳附近起伏的牧场。

马龙人文化

阿坤鹏村位于令人印象深刻的南科克皮特地区，是在牙买加接触马龙人的最佳地点。如果你对知识和学术有更高的追求，可以前往特雷热海滩参加卡拉巴什国际文学节。在特雷热海滩和周边，轻松悠闲的度假胜地吸引了很多牙买加的知识分子。

刺激一刻

鳄鱼们看上去都很悠闲。它们在黑河中自由自在，却又令人不寒而栗。你知道怎样才能比它们更放松吗？那就是在特雷热海滩找一处完美的住所，忘我地住上几天、几周甚至几个月……

见169页

在路上

金斯敦、蓝山和东南沿海

包括 ➡

最佳餐饮

- Andy' s（见54页）
- Sonya' s Homestyle Cooking（见54页）
- Kushites（见54页）
- Moby Dick（见53页）
- Gloria' s（见63页）
- Terra Nova Hotel（见55页）

最佳住宿

- Reggae Hostel（见52页）
- Neita' s Nest（见52页）
- Jamnesia Surf Camp（见61页）
- 斯特罗伯里山（见75页）
- Lime Tree Farm（见73页）
- Mount Edge B&B（见69页）

为何去

金斯敦展示了牙买加最原始、最纯粹的一面，它充满了野性的力量，与岛上其他地区安逸舒适的村落和度假酒店形成了鲜明对比。它是世界上最震撼人心的几种音乐的发源地，热闹的夜店和街头狂欢聚会向我们证明：这里的节拍依然奔放有力。金斯敦聚集了来自世界各地的人们，菜肴也融汇各国风味，不过美术馆和博物馆仍然保留着不折不扣的牙买加特色。

金斯敦是探索牙买加东南角的理想之地。在这里，你可以充分领略牙买加风情：距离首都不远处就有几处沙滩，罗亚尔港海盗雄风不复往昔，西班牙镇沙砾遍布，牙买加的历史因而更加清晰；蓝山雄伟壮丽、层林密布，你可以躲进自然的怀抱；沿着古老的马龙小径徒步远行，或是走进忙碌的咖啡种植园中，品尝一杯香醇的咖啡。

何时去

金斯敦

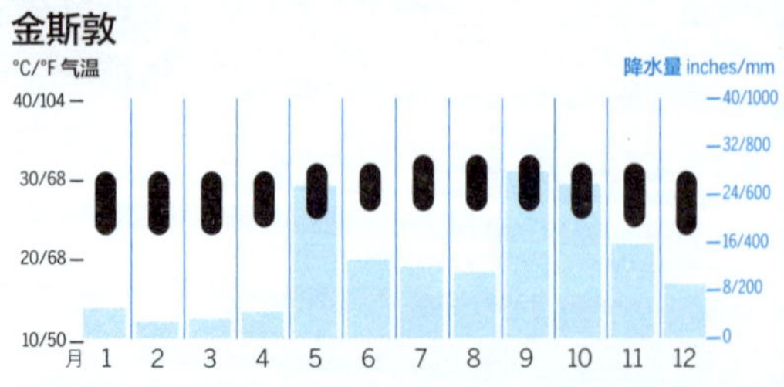

2月 属于狂欢节和雷鬼音乐的月份，可以尽情享受音乐和派对。

11月至次年4月 观光的最佳时期。12月，岛上的大明星们将汇聚在斯廷（Sting）。

12月至次年3月，7月至9月 冲浪的最佳时期，其他月份几乎没有浪。

金斯敦

人口 662,400

背靠蓝山，面朝世界上第七大天然港，让金斯敦拥有极其优越的自然环境。但同时它的规模之大、喧闹程度之高以及交通之复杂也令人不知所措。这座城市是整个岛屿的经济和文化中心，是将音乐和政治融为一体的大熔炉。就像品尝辛辣的烤肉一定要搭配冰镇红带啤酒一样，要领略现代牙买加的万千风情，金斯敦是必访之地。

金斯敦有两种面貌。市中心耸立着历史建筑、公寓大楼、银行、街头市场以及加勒比地区最棒的美术馆。城区以帕拉德（Parade）为中心，带有一种颓废的魅力，一路延伸至海湾公园。城区西侧是特伦奇镇（Trench Town）和蒂沃利公园（Tivoli Gardens）的贫民区，很多房屋没有自来水，而且法治薄弱。

相比之下，市郊住宅区拥有金斯敦最棒的酒店和餐馆。大部分限于新金斯敦（New Kingston）地区，其中解放公园（Emancipation Park）周围更是耸立着鳞次栉比的高楼。除鲍勃·马利博物馆和达芳宅邸两个必游景点外，市郊住宅区在外交和商业上的地位也让它具有包容的世界风范。更远处的山麓地带拥有金斯敦最独一无二的景观，人们可以在此俯视整座首都。

市郊住宅区和市中心截然不同，但两者放在一起，就构成了一座混乱却又魅力十足的城市。金斯敦永远不会让人感到乏味，我们建议你在这里畅游一番。

历史

1655年，英国占领牙买加。当时，金斯敦被称为“猪爬”（Hog Crawle），比养猪场好不到哪去。1692年的一场地震将罗亚尔港夷为平地，但这也促使城市规划者行动起来，转而推动金斯敦的发展。

18世纪，金斯敦成为西半球最繁忙的港口之一，同时也是奴隶贸易的重要中转站。到1872年，它已经成为牙买加殖民地的正式首都。

1907年，一场地震摧毁了城市的大部分地区，金斯敦的有钱人向市郊住宅区转移。市中心成为新拉斯特法里教（Rastafarian）运动、工会及政治党派的发源地。

20世纪60年代，港口规模进一步扩大，码头区得到整修。然而，随着大型邮轮进驻金斯敦港，繁华的景象也延伸到农村的贫困地区，棚户区日渐扩大。

失业率大幅上升，犯罪率也随之增长。动荡不安的20世纪70年代催生了许多得到政治支持的犯罪组织。时至今日，这些组织之

游览金斯敦

两日游

参观**鲍勃·马利博物馆**，看看这位最受爱戴的“牙买加之子”生活过的地方。走进**牙买加国家美术馆**，听一听关于牙买加美术的速成课。游览殖民地时期的美丽住宅**达芳宅邸**。在**Red Bones Blues Café**享用一顿回味无穷的美餐，又或者品尝**Andy's**的本地最佳烤肉。夜晚，到城中**Famous**或**Quad**的夜场大汗淋漓地尽情狂欢。

四日游

前往**罗亚尔港**，一窥牙买加往日的海盗历史。乘船去小小的**珊瑚岛**，了解一下什么是太阳崇拜。漫步金斯敦城区，领略牙买加历史。到**特伦奇镇文化园和村庄**，探索是什么影响了年轻的鲍勃·马利，或者去**塔夫贡录音工作室**看看鲍勃的儿子齐格（Ziggy）又有什么新作。去Weddy Weddy Wednesdays或Rae Town's Oldies Night参加**牙买加式音乐派对**（周日）。

七日游

前往**赫尔希尔海滩休闲区**，来一次金斯敦海滩之旅。或者登上**蓝山**，与自然亲密接触，还可以攀登牙买加最高峰。

金斯敦、蓝山和东南沿海亮点

❶ 在鲍勃·马利的故居和工作室——**鲍勃·马利博物馆**（见49页）深入了解牙买加这位最受尊敬的当代英雄的生活。

❷ 在享誉世界的**牙买加国家美术馆**（见43页），观赏牙买加美术家的作品。

❸ 在Weddy Weddy Wednesdays或Rae Town' s Oldies Night的**牙买加式音乐派对**（见56页）上狂欢一番。

❹ 在前海盗之都**罗亚尔港**（见61页）追寻海盗黑胡子（Blackbeard）和亨利·摩根（Henry Morgan）的足迹。

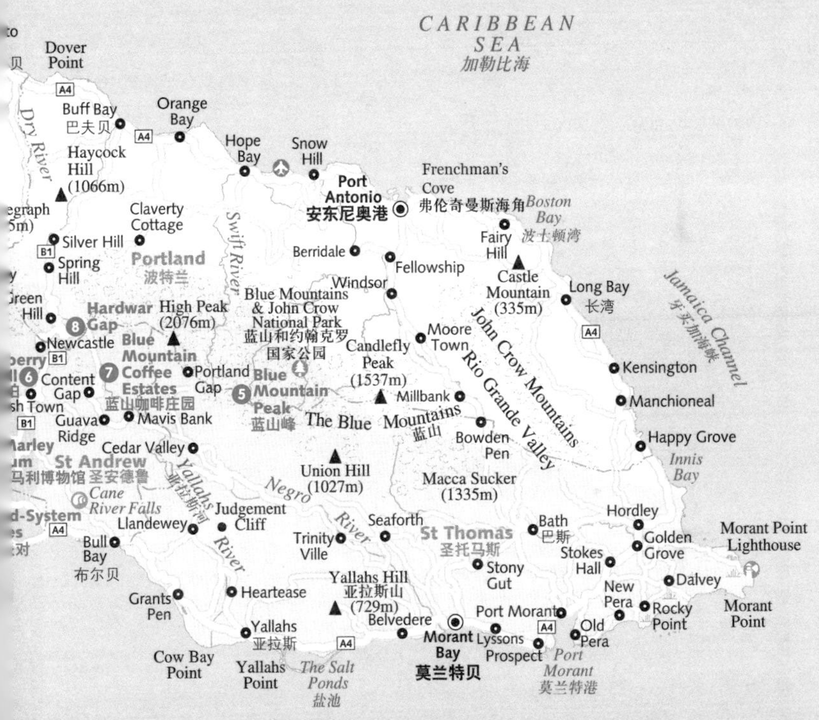

5 于破晓前出发，攀登牙买加最高峰——**蓝山峰**（见74页）。

6 在位于爱尔兰镇附近的**斯特罗伯里山**（见75页）品尝大餐，享受水疗护理，或者度过一个浪漫的夜晚。它是牙买加最好的酒店之一。

7 去一家**蓝山咖啡庄园**（见70页），见证红色浆果摇身一变，成为世界顶级咖啡豆的过程。

8 从**Hardwar Gap**（见74页）出发，骑车尖叫着从高高的山上飞驰而下，穿过一座座咖啡种植园和村庄，体验心跳加速的刺激。

Kingston 金斯敦

间火药味十足的关系网络仍然困扰着这座城市。商业活动开始从市中心向新金斯敦转移，中产阶级也随之离开。

从那时起，金斯敦动荡不安的形象令旅游者望而却步。但随着20世纪90年代开始的现代化进程，港口规模持续扩大，一系列复兴的迹象表明，金斯敦最终再次步入了发展正轨。

Kingston 金斯敦

景点

市中心

★牙买加国家美术馆 美术馆

（National Gallery of Jamaica；见44页地图；导览游 922-1561；www.natgalja.org.jm；12 Ocean Blvd；门票 J$400，45分钟导览游 J$2000；周二至周四 10:00~16:30，周五 至16:00，周六 至15:00）牙买加国家美术馆收藏的是牙买加美术的精华之作，一定要去看一看。这些收藏品不仅为国际艺术潮流增添了鲜明的牙买加色彩，同时也展现了牙买加艺术的活力及现状。

展品依照时间顺序布置，首先是泰诺（Taíno）雕刻和英国18世纪传统风景画。这些风景画本身相当美丽，但是却掩盖了这样一个事实：它们所描绘的很多都是奴隶种植园的景象。10个陈列室展示了牙买加流派1922年至今的作品。亮点包括埃德娜·曼利（Edna Manley）风格大胆的现代主义雕塑、约翰·邓克利（John Dunkley）、大卫·波廷杰（David Pottinger）和复兴派主教马里卡·“卡波”·雷诺兹（Mallica ‘Kapo’ Reynolds）等画家色彩艳丽的“直觉”画作等。后面的陈列室呈现了“牙买加人民的牙买加艺术”截至目前的发展历程，展出卡尔·亚伯拉罕斯（Carl Abrahams）抽象的宗教绘画、科林·加兰（Colin Garland）的超现实主义习作、大卫·博克瑟（David Boxer）超凡脱俗的作品以及现实主义者巴林顿·沃森（Barrington Watson）的画作。

临时展区常常举办牙买加最棒的当代美术作品的展览，其中就有极具艺术价值的全国双年展。该展览每两年举办一次，只在偶数年份的12月中旬到次年3月间举办。

★自由大厅 博物馆

（Liberty Hall；见44页地图；948-8639；http://libertyhall-ioj.org.jm；76 King St；成人票/儿童票 J$400/200；周一至周四 9:30~16:30，周五 至15:30）自由大厅在一座绿树成荫的庭院尽头，装饰有鲜艳亮丽的马赛克，墙壁上绘有“黑人权利运动之父”马科斯·加维（Marcus Garvey）的壁画。20世纪30年代，这里是加维创立的黑人联合促进会的总部所在地。如今，自由大厅中有一座很棒的多媒体博物馆，介绍了加维的生平及成就。在这里，游客可以了解他身为泛非主义创始人所带来的影响。

与加维生活的时代一样，自由大厅提供社区外展服务，为周边地区的儿童和计算机培训班提供课外辅导。这里还有很棒的参考图书馆，主要提供关于加维、非洲历史以及民族迁移的资料。

牙买加博物馆 博物馆

（Institute of Jamaica；见44页地图；922-0620；www.instituteofjamaica.org.jm；10-16 East St；成人票/儿童票 J$400/200）牙买加博物馆相当于牙买加小型的大英博物馆或史密森尼博物馆（Smithsonian），由三栋互不相连的建筑物组成。博物馆举办常设展览和临时展览。从Tower St拐角处的单独入口进入自然历史博物馆后，在这里买票。

楼下是有关自然历史和农业的小型展览，楼上是临时展区。顶层的音乐博物馆虽然不大，展览内容却十分详尽，展出许多传统乐

Downtown Kingston 金斯敦市中心

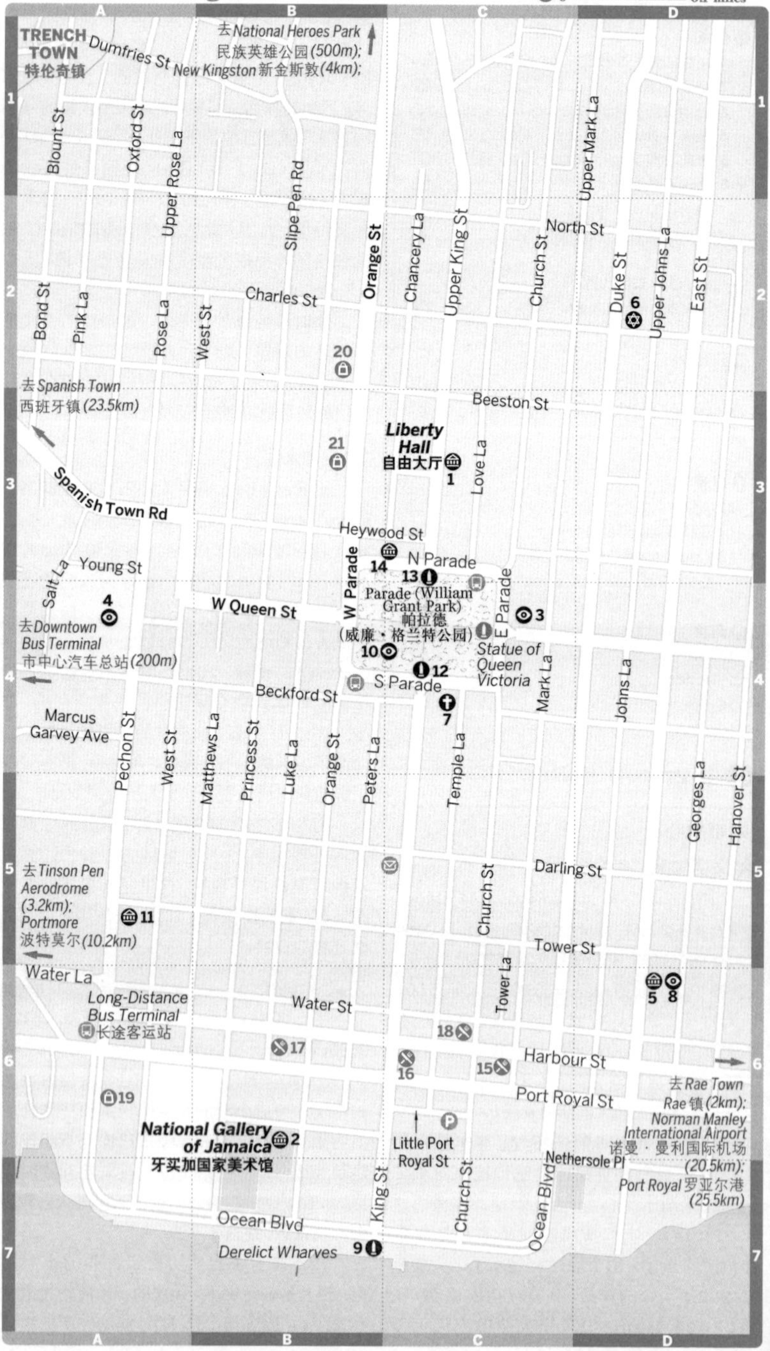

0 200 m
0 0.1 miles

TRENCH TOWN 特伦奇镇
Dumfries St
去National Heroes Park 民族英雄公园(500m); New Kingston新金斯敦(4km);
Blount St
Oxford St
Upper Rose La
Slipe Pen Rd
Orange St
Chancery La
Upper King St
Church St
Upper Mark La
North St
Duke St
Upper Johns La
East St
Bond St
Pink La
Rose La
West St
Charles St
6
20
去Spanish Town 西班牙镇(23.5km)
Beeston St
Liberty Hall 自由大厅
1
21
Love La
Spanish Town Rd
Heywood St
14
N Parade
13
Young St
Salt La
4
W Queen St
W Parade
Parade (William Grant Park) 帕拉德（威廉·格兰特公园）
E Parade
3
去Downtown Bus Terminal 市中心汽车总站(200m)
10
Statue of Queen Victoria
12
S Parade
Beckford St
7
Mark La
Johns La
Marcus Garvey Ave
Pechon St
West St
Matthews La
Princess St
Luke La
Orange St
Peters La
Temple La
Georges La
Hanover St
去Tinson Pen Aerodrome (3.2km); Portmore 波特莫尔(10.2km)
11
Church St
Darling St
Tower St
Tower La
Water La
Long-Distance Bus Terminal 长途客运站
Water St
5
8
18
17
16
15
Harbour St
Port Royal St
19
去Rae Town Rae镇(2km); Norman Manley International Airport 诺曼·曼利国际机场(20.5km); Port Royal罗亚尔港(25.5km)
National Gallery of Jamaica 牙买加国家美术馆
2
Little Port Royal St
Nethersole Pl
King St
Church St
Ocean Blvd
Ocean Blvd
Derelict Wharves
9

Downtown Kingston 金斯敦市中心

◎ 重要景点

1	自由大厅	C3
2	牙买加国家美术馆	B6

◎ 景点

3	科克纪念馆	C4
4	加冕市场	A4
5	牙买加博物馆	D6
6	犹太教堂	D2
7	金斯敦教区教堂	C4
8	国家图书馆	D6
9	黑人觉醒雕像	B7
10	帕拉德	C4
11	石塔	A5
12	亚历山大·布斯塔曼特雕像	C4
13	诺曼·曼利雕像	C4
14	沃德剧院	C3

就餐

15	Chung's	C6
16	Juici Patties	C6
17	Moby Dick	B6
18	Swiss Stores	C6

购物

19	Crafts Market	A6
20	Rockers International	B2
21	Techniques Records	B3

器，介绍了牙买加音乐从库米纳（Kumina）、门特（mento）、斯卡（ska）到雷鬼和舞厅音乐的发展历程。隔壁的非洲展主要展出来自非洲各国的武器、雕塑以及一些精美的工艺品。

临时展品一般都是精品，可以上网了解更多信息。近期值得期待的展览包括牙买加独立的"牙买加风雨五十载"、"历史上的拉斯特法里教"和"雷鬼音乐与社会变迁"。

中央建筑内还有**国家图书馆**（National Library；见44页地图；www.nlj.org.jm）。图书馆拥有加勒比海地区最丰富的藏书：各类书籍、地图、海图以及关于西印度（West India）的历史文献等。

帕拉德 广场

（Parade；William Grant Park；见44页地图）

威廉·格兰特公园（William Grant Park）更常见的名字是"帕拉德"，位于市区繁华的中心地带。公园所在地最初是一座建于1694年的堡垒，上面的枪口一律对准港口。堡垒于1870年被维多利亚公园所替代。一百年后，人们为了纪念黑人民族主义者和工人领袖威廉·格兰特爵士，将公园改成了今天的名字。北侧和南侧的出口分别树立着格兰特爵士的表亲**诺曼·曼利**（Norman Manley；见44页地图）和政治对手**亚历山大·布斯塔曼特**（Alexander Bustamante；见44页地图）的纪念碑。广场中心矗立着一座巨大的喷泉。

帕拉德北侧是著名的**沃德剧院**（Ward Theatre；见44页地图；www.wardtheatrefoundation.com；North Parade）。剧院建于1911年，过去每年都会举办节礼日（Boxing Day）默剧表演，毫不留情地讽刺社会现状。令人遗憾的是，虽然人们有重塑剧院往日辉煌的打算，剧院却已经因为年久失修而摇摇欲坠。目前，你能看到的只是建筑物白蓝相间却满是裂痕的外表。

面向公园东南角的白色炫目建筑是**金斯敦教区教堂**（Kingston Parish Church；见44页地图），重建于1907年地震老教堂被毁之后。注意那座可以追溯到1699年的坟墓，原来的教堂也是同一年建造的。本鲍上将（Admiral Benbow）是18世纪初英国皇家海军驻西印度群岛司令，他的坟墓离主祭坛不远，这里还设立了牌匾纪念西印度殖民军团士兵。

面向帕拉德东侧有一栋犬牙交错的红砖建筑——建于1840年的**科克纪念馆**（Coke Memorial Hall；见44页地图），以加勒比地区卫理公会创立者托马斯·科克（Thomas Coke）的名字命名。

帕拉德南侧挤满了街头小摊，还有震耳欲聋的雷鬼音乐。这就是"弯腰广场"（Ben Dung Plaza），顾客必须弯下腰才能够到小贩放在地上的商品。从这里出发沿King St能够抵达海滨，也可以到达埃德娜·曼利创作的**黑人觉醒雕像**（Negro Aroused statue；见44页地图；King St）。雕像刻画了一名身体蜷缩的黑人奋力摆脱束缚的样子。这里摆放的是复制品，原作收藏于牙买加国家美术馆。

加冕市场 市场

（Coronation Market；见44页地图）铸铁框

Uptown Kingston 金斯敦城郊住宅区

架的大厅是加勒比讲英语地区的最大市场。加冕市场在牙买加文化中占有重要一席：它既是整个国家的"腹地"，又是金斯敦原来的商业中心。似乎有一半的牙买加人来这里购物（周日除外）。市场人声鼎沸，商品琳琅满目。人们在这里讨价还价，相当热闹。不过，请不要随身携带贵重物品，提防扒手。

塔夫贡录音工作室

录音室

（Tuff Gong Recording Studios；见42页地图；923-9380；www.tuffgong.com；220 Marcus

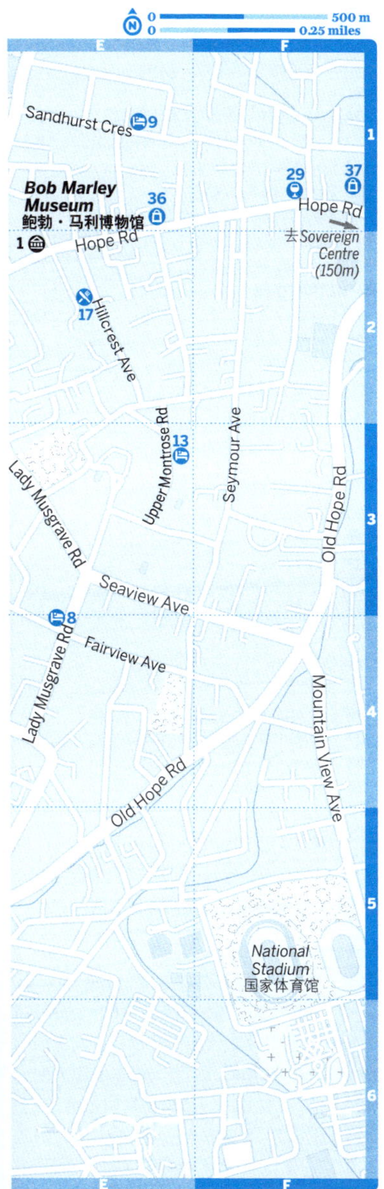

Garvey Dr; 团队游 J$700)塔夫贡是加勒比地区最大、最具影响力的录音室之一。鲍勃·马利最喜欢在这里录音，目前录音室由他的儿子齐格经营。游客必须打电话预约才可以进行45分钟的游览，会有导游讲解音乐制作的整个流程。如果有人正在录音，你可能无法参观整个录音室。

特伦奇镇文化园

社区项目

（Trench Town Culture Yard; 见42页地图）20世纪30年代，英国人开始了一项备受重视的安居工程，特伦奇镇也就此诞生。人们普遍认为正是这座小镇孕育了斯卡、慢拍摇滚乐（rocksteady）以及雷鬼音乐。特伦奇镇在无数雷鬼歌曲中成为不朽，尤其是鲍勃·马利的“No Woman No Cry”。这首深刻尖锐的赞歌由马利的导师文森特·“塔塔”·福特（Vincent ‘Tata’ Ford）在一间狭小的卧室中创作完成，这间卧室就是如今的**特伦奇镇博物馆**（Trench Town Museum; 见42页地图; ☎859-6741; www.trenchtowncultureyard.com; 6-10 Lower First St; 庭院和博物馆 J$1000; 周边导览游 J$1500; ⏲8:00~18:00）。

博物馆收藏有哭泣者乐队（Wailers）的纪念品，还有一辆锈迹斑斑的大众巴士残骸。这辆大众巴士20世纪60年代为哭泣者乐队所有。博物馆中小小的卧室是鲍勃成名前与妻子丽塔·马利（Rita Marley）的住所。这趟旅行相当轻松，游客会被带往礼品店。

特伦奇镇开发协会也设在此处。它承担着将鲍勃故居转变为社区遗产的任务，致力于促进社会正义，提升独立自主能力。协会与附近的**特伦奇镇阅览中心**（Trench Town Reading Centre; www.trenchtownreadingcentre.com; First St）共同合作。阅览中心旨在用知识武装该地区年轻人的头脑，而不是让他们拿起武器，发动战争。

出发前做好充分的准备。虽然游览很安全，但不建议一个人到特伦奇镇周边其他地方闲逛。

民族英雄公园

公园

（National Heroes Park; 见42页地图）民族英雄公园占地30公顷，整体呈椭圆状。这里的民族英雄碑为纪念牙买加的七位民族英雄而建造。亚历山大·布斯塔曼特爵士、诺曼·曼利和马库斯·加维都埋葬在这里。公园中还耸立着1865年莫兰特贝叛乱（Morant Bay Rebellion）中南妮（Nanny）、萨姆·沙普（Sam Sharpe）、保罗·伯格（Paul Bogle）和

Uptown Kingston 金斯敦城郊住宅区

重要景点

1 鲍勃·马利博物馆 E2
2 达芳宅邸 C3

景点

3 解放公园 C5
4 总督府 D1
5 利特尔剧院 D6
6 圣安德鲁区教堂 A3

活动、课程和团队游

7 Sun Venture Tours A5

住宿

8 Eden Gardens E4
9 Hotel Prestige E1
10 Indies Hotel B4
11 Jamaica Pegasus C5
12 Knutsford Court Hotel B4
13 Mikuzi Guest House E3
14 Spanish Court Hotel D4
15 Terra Nova All-Suite Hotel B2

就餐

16 Akbar B4
17 Chez Maria E2
18 Devon House Bakery C3
Devon House I-Scream （见18）
Grog Shoppe （见18）
19 Hot Pot C5
20 Kushites C3
21 Red Bones Blues Café D3
22 Sonya's Homestyle Cooking B2
23 So-So Seafood Bar & Grill B4
24 South Avenue Grill B2
25 Sweetwood Jerk C5
26 Taka's East Japanese Restaurant A1
Terra Nova All-Suite Hotel （见15）

饮品和夜生活

27 Cuddy'z C4
28 Deck D4
29 Medusa F1
Red Bones Blues Café （见21）
Tracks & Records （见26）

娱乐

Fiction （见26）
30 Limelight A3
31 Privilege C4
32 Quad C4
33 Savannah Plaza B2
34 Stone Love HQ A2

购物

35 Bookland C4
36 Bookophilia E1
37 Contemporary Art Centre F1
38 Mutual Gallery D5
39 New Kingston Shopping Centre C4

乔治·威廉·戈登（George William Gordon）的象征纪念碑。

安葬于此地的牙买加名人还包括迈克尔·曼利（Michael Manley）、"雷鬼王子"丹尼斯·布朗（Dennis Brown）以及受人爱戴的方言诗人"路小姐"路易斯·贝内特（Louise Bennett）。

阿尔法男子学校 音乐学校

（Alpha Boys School；见42页地图；☎928-1345；930-2200；www.alphaboysschool.org；26 South Camp Rd；要求捐款；⏲周五 16:00~17:00）阿尔法男子学校及其学生对牙买加现代音乐的影响是他人难以企及的。这是一座专门为处境危险的男孩开办的非营利寄宿学校，牙买加爵士、斯卡和雷鬼（从Skatalites到Yellowman）等音乐类型的先锋人物都从这里开始他们的音乐生涯。乐队仍然是当地音乐人才的主要来源。每周在学校迎宾中心举办的校园节目"阿尔法现场音乐"（Alpha Live!）中都有乐队公开演出。乐队还在达芳宅邸定期演出。

Roktowa 美术馆

（见44页地图；☎922-9229；www.roktowa.org；8 Pechon St；⏲周一至周五 9:00~17:00）这家颇具创意的画廊兼工作坊设在一间老旧的红带（Red Stripe）工厂中，是一个庞大的仓库项目的产物。该项目旨在振兴周边地区，引导本土创造力。Roktowa（又名"石塔"）的艺术家包括陶工、雕塑家和画家，也为访问艺术家提供住处。Roktowa与当地社区合作开展外展项目，开设瑜伽课并创办了一家咖啡馆。

犹太教堂 犹太教堂

（Jewish Synagogue；见44页地图；☎922-5931；www.ucija.org；Duke St和Charles St交叉路口；⏲开放时间 周六 10:00）这幢美丽的白色建

筑是牙买加唯一的犹太教堂，建造时间可以追溯到1912年。教堂平常关闭，但工作日期间教堂后面的小办公室里一般有人，为提供少量捐款的人开放。犹太教堂旁边的大厅有一个内容详尽的**展览**，介绍了牙买加犹太社区的历史。

城郊住宅区

★鲍勃·马利博物馆 博物馆

（Bob Marley Museum；见46页地图；☎876-927-9152；www.bobmarleymuseum.com；56 Hope Rd；成人票/儿童票 J$2000/1000；⊙周一至周六 9:30~16:00）这栋殖民时代的木质房屋位于Hope Rd，高大而破旧。鲍勃·马利自1975年起就一直在这里生活、录音，直至1981年去世。它是金斯敦最受欢迎的景点。如今，这里既是旅游景点又是博物馆和纪念堂，房屋中的大部分摆设仍保持着马利生前的样子。

通过1个小时的参观，人们可以深入了解这位雷鬼巨星搬离市区后的生活。墙上挂着马利的金唱片和白金唱片，以及他最喜欢的牛仔布舞台装和拉斯特法里教披风。墙上还有牙买加政府颁发的功绩勋章（Order of Merit）。一个房间的整面墙上都贴着马利最后一次巡演的剪报，另一个房间则还原了他最初开办的唱片公司哭泣灵魂（Wail' n Soul' m）的样子。马利朴素的卧室仍然保持原样，他最喜欢的星形吉他就放在床边。

之前的录音室如今成为展厅，展示鲍勃许多精彩的照片。这里同时也是个电影院，20分钟的影片播放完，参观也随之结束。房子中还有1间录音室，鲍勃的儿子时常用来制作个人作品。

★达芳宅邸 博物馆

（Devon House；见46页地图；☎929-6602；www.devonhousejamaica.com；26 Hope Rd；门票J$700；⊙周二至周六 9:00~16:30）这栋殖民时期的美丽房屋建于1881年，建造者乔治·史提贝（George Stiebel）是牙买加第一位黑人百万富翁。古玩爱好者会喜欢这里，亮点包括华丽的瓷制吊灯等。值得注意的是，入口的门厅有棕榈树形成的视觉陷阱和可以容纳佩剑者的圆形椅子。在富丽堂皇的宅邸中，史提贝甚至悄悄地在阁楼中藏了一个赌博室。门票中包含强制性导览游。

达芳宅邸绿树掩映的草地吸引了许多金斯敦人来此休闲，或与恋人耳鬓厮磨，或徜徉书海。这片备受游人欢迎的草地前面是马车库和庭院，著名的Grog Shoppe餐厅就坐落于

英魂永存

鲍勃·马利（1945~1981年）出生于圣安区（St Ann parish）的九英里（Nine Mile），死后也长眠于此。不过，金斯敦才是这位名满天下的"牙买加之子"在世界乐坛崭露头角的地方。

1955年，鲍勃随母亲移居特伦奇镇。当时的特伦奇镇为乐坛兴盛提供了良好的环境和肥沃的土壤。在那里，他遇到了邦尼·利文斯顿（Bunny Livingston）和彼得·托什（Peter Tosh）。1963年，他们成立了"哭泣着的哭泣者"乐队，第一支单曲《息怒》（*Simmer Down*）一跃登上热门单曲排行榜第一名。20世纪70年代初，乐队签约小岛唱片，更名为"鲍勃·马利和哭泣者"（Bob Marley and the Wailers）。虽然彼得·托什和邦尼·威勒（Bunny Wailer，即邦尼·利文斯顿）在专辑发行后不久退出，但《灼烧》（*Burnin'*）和《引火烧身》（*Catch a Fire*）两张专辑让他们享誉于世。1975年，马利搬到56 Hope Rd居住，他住过的房子如今成为博物馆。

20世纪70年代，鲍勃和他的妻子丽塔以及经纪人在Hope Rd遭遇黑帮枪袭。当时正值一场重要演唱会前夜，大家都幸免于难（马利甚至在演唱会上表演），但之后马利和丽塔流亡英国两年。1978年，和平与团结的消息被公开的街头战争所淹没，此时马利传奇般地回到了祖国。4月22日，他举办了"同一种爱"和平演唱会，有10万人参加。

1980年世界巡回演唱会期间，马利被诊断出患有癌症，8个月后在迈阿密的一家医院去世。有人说马利并不是最伟大的雷鬼音乐家，但他是发展中世界诞生的第一位国际巨星。不可否认，他的音乐触动了世界上千万人的心弦，这是其他众多艺术家不可企及的。

此。这里还有岛上最美味的冰激凌和几家不错的商铺。

每逢8月1日解放日(Emancipation Day)，达芳宅邸就会举办激动人心的庆祝活动。加上返璞归真的表演、五朔节花柱仪式和轰轰隆隆的音响，热闹非凡。

解放公园 公园

(Emancipation Park；见46页地图；Knutsford Blvd)这片开阔的空地于2002年开放，是闲逛的好去处。你可以一边吃着外卖馅饼，一边观察来往的人群。可以参观劳拉·法赛·库珀(Laura Facey Cooper)的作品——备受争议的雕像《赎罪之歌》(*Redemption Song*)。雕塑有3米高，刻画了两个浑身赤裸的奴隶凝视苍穹的景象。扮演一下艺术评论家，试着给出自己心中的评价吧。

霍普花园 花园

(Hope Gardens；见46页地图；Old Hope Rd；⏲5:30~18:30)占地18公顷的花园里树木修剪整齐，到处都是奇异的植物和美丽的花卉。花园的历史可以追溯到1881年，当时政府在霍普庄园(Hope Estate)之前所在的地方修建了一座实验性花园。开阔的草坪、高大的棕榈树、花香弥漫的小径，一切都为生活在都市丛林中的人们提供了美妙的休憩之地。其他景点包括兰花园、温室、观赏水池和女贞树篱迷宫。

总督府 知名建筑

(King's House；见46页地图；☎927-6424；W Kings House Rd；⏲需预约，周一至周五 9:00~17:00) 免费 总督府是总督的官邸，他是英国女王代表。最初这里是牙买加教区主教的住所。1907年地震后，总督府得到彻底修复。餐厅中挂着两幅约书亚·雷诺兹爵士(Sir Joshua Reynolds)创作的、令人印象深刻的全身像，画中人物分别是国王乔治三世和王后夏洛特。

雕塑公园 公园

(Sculpture Park；见46页地图；237 Old Hcpe Rd) 免费 雕塑公园位于科技大学，其特色在于加勒比地区著名艺术家所创作的9座雕塑。其中包括劳拉·法赛的作品。雕塑中的女性舒展身体，摆出瑜伽体式。同样，公园也展出了巴兹尔·沃森(Basil Watson)的作品《指南针》(*The Compass*)，描绘了人类使用科技塑造环境的情景。

圣安德鲁区教堂 教堂

(St Andrew Parish Church；见46页地图；Half Way Tree Church，Hagley Park Rd和Eastwood Park Rd交叉路口)这座砖块砌成的教堂有一个更广为人知的名字：哈夫韦特里教堂(Half Way Tree，意为“中途的树”)。现有教堂的地基建于1692年。教堂外观朴素无华，不甚起眼，但彩色玻璃窗和管风琴仍然值得一看。外面是一片肃静的墓园。

团队游

牙买加文化事业 文化游

(Jamaica Cultural Enterprises；☎540-8570；www.jaculture.com)金斯敦市内和周边文化游备受推崇，游览地包括蓝山。提供很棒的主题游览，包括历史、美食、音乐和艺术等方面。可以跟团(每人 US$65起)，也可以定制。

阳光探险 市内游

(Sun Venture Tours；见46页地图；☎960-6685，408-6973；www.sunventuretours.com；30 Balmoral Ave，Kingston)提供金斯敦市内游，从鲍勃·马利博物馆或塔夫贡录音工作室出发，步行游览罗亚尔港并参观达芳宅邸(4人及以上每人 US$65)。阳光探险还提供蓝山和马龙乡村徒步游览、咖啡种植园短途旅行等多种项目。

节日和活动

金斯敦之所以成为整个加勒比地区的首都，就是因为这里一年到头有各种节日和活动。

牙买加舞蹈音乐会节 舞蹈

(Jamaica School of Dance Concert Season；⏲1月)在利特尔剧院(Little Theatre)举办，是颇具创意的牙买加主题舞会。

狂欢节 狂欢节

(Carnival；www.bacchanaljamaica.com；⏲2月)为期1周的街头化装狂欢中，有两大狂欢营——Jamaica Carnival和Bacchanal Jamaica，人们可以互相喷洒颜料和朗姆酒。

还有节日游行、通宵派对以及现场音乐表演，包括雷鬼音乐、卡利普索（calypso）乃至索卡（soca）。亮点包括盛大的通宵街头派对J' Ouvert和街头游行。游行时两个阵营的人们身着狂欢节服饰，走过新金斯敦的街道，尽情狂欢。

体坛新秀大赛 体育

（Boys & Girls Championships; www.issasports.com; National Stadium; ⏲复活节前一周）一场精彩纷呈的青年田径比赛，来自世界各地的"伯乐"都会到这里一睹未来冠军的风采。现场气氛非常棒，当地人往往将看台挤得水泄不通。

前卫金斯敦 艺术

（Kingston on the Edge; www.kingstonontheedge.com; ⏲6月）都市艺术节为期1周，特色是新画作、摄影和雕塑精品，以及画廊展览、音乐会和读书会。

雷鬼舞蹈世界锦标赛 舞蹈

（World Reggae Dance Championships; www.jcdc.gov.jm; ⏲8月）雷鬼、舞厅音乐和雷击顿（reggaeton）舞蹈比赛的决赛。由年轻人组成的表演团在兰尼·威廉姆斯娱乐中心（Ranny Williams Entertainment Centre）同台竞技，一决高下。

加勒比文化遗产节 文化

（Caribbean Heritagefest; www.jcdc.gov.jm; ⏲10月中旬）整个活动为期2天，在金斯敦西南波特莫尔（Portmore）的Jamworld Entertainment Complex举办。文化遗产节的特色在于食品和手工艺品展览、民俗剧院、传统舞蹈、鼓乐和音乐表演等。

达芳宅邸圣诞节博览会 展览会

（Devon House Christmas Fair; ⏲12月）圣诞节前1周，达芳宅邸会举办丰富多彩的艺术、手工艺品和美食展览。

艺术双年展 艺术

（Biennial Art Exhibition; www.natgalja.org.jm; ⏲12月至次年3月）展览以牙买加当代艺术精品为特色，只在偶数年举行。

LMT国家歌舞剧院 剧院

（LMT National Pantomime; ⏲12月）每年在利特尔剧院举办，包括传统牙买加歌舞，表演别致幽默，演员服装精美。

住宿

许多住宿地更适合接待商务旅行者，而不是旅游者。全年价格波动不大。多数酒店分布在市郊住宅区，还有一些更豪华的位于地势更高的小山上。

贫民窟帮派

近几十年来，金斯敦的发展主要体现在"围场"（The Yards）地区。该区域位于帕拉德以西，占地数英亩，遍布廉价而劣质的房屋。围场始建于20世纪60年代，人们最初的构想将其打造为"模范社区"。其中最有名的当属特伦奇镇和蒂沃利公园。

20世纪70年代，中产阶级向郊区转移。牙买加工党和人民民族党为讨好贫民窟选区民众，收买地方头目。选举时期，这些人鼓励自己的帮派成员招募选民，恐吓政治对手。如今这些帮派很大一部分的收入来自于毒品和枪支交易。近年来最恶名昭著的帮派头目当属克里斯托弗·"杜杜什"·科克（Christopher 'Dudus' Coke）。他盘踞在蒂沃利公园一带，为该地区带来一种另类的安全感。2010年，政府将这股贫民窟恶势力一举铲除，为此付出了重大的伤亡。

判断某地区受到哪一帮派的控制并不困难：那些内容严肃的壁画就是区域标志。绝大部分时间附近地区来的人们可以自由进入"敌对"帮派的地盘，不过冲突往往一触即发。最好在信得过的当地人的陪同下游览（颇具讽刺意味的是，当地街头帮派通常非常安全）。

社区转型人民行动（People's Action for Community Transformation, PACT; ☎920-0334; www.jamaica-kidz.com/pact; 2-6 Grenada Cres）是一个联合了26个社区的非政府组织，旨在改善金斯敦市中心居民的生活和社区之间的关系。

★ **Reggae Hostel** 青年旅舍 $

（见42页地图；☎920-1596；www.reggaehostel.com；8 Burlington Ave；铺 US$15~30；双 US$70；P ❄ @ 📶）这家出色的青年旅舍位于Halfway Tree附近，气氛轻松友好。青年旅社宿舍装修简单，配有电扇。包房（带独立卫生间）比较宽敞，有空调。带公用厨房和露台酒吧（周日有烧烤），服务人员十分热情。在这里，找个伴一起去街头舞曲派对或周末到海滩观光非常容易。

Mikuzi Guest House 客栈 $

（见46页地图；☎978-4859，813-0098；www.mikuzijamaica.com；5 Upper Montrose Rd；房间 US$50~80；套 US$90；P ❄ 📶）这是一家黄色的殖民时期客栈，店主热情友好。舒适的房间色调明亮，布置时尚，多数配有简易厨房。除了背包客的房间，其他房间都配有空调。郁郁葱葱的花园中有一处放着靠垫的凉亭，供人们休憩。客栈紧邻Hope Rd，距鲍勃·马利博物馆仅有几步之遥，安东尼奥港附近有一家姊妹店。

City View Hotel 精品酒店 $

（见42页地图；☎969-4009；www.cityviewjamaica.com；Mannings Hill Rd，St Andrew；房间含早餐 US$90；P ❄ 📶）这家家庭经营的酒店位于圣安德鲁区城外，空间小，却别有洞天，不仅为你带来亲密无间的住宿体验，还可以欣赏金斯敦全景。5个房间均以牙买加不同的区命名，配有古色古香的家具，颇具特色。酒店主人亲切和蔼，令人感到宾至如归。早餐是典型的牙买加特色（西非荔枝果、咸鳕鱼、卡拉鲁菜汤、饺子和新鲜水果）。

Indies Hotel 酒店 $

（见46页地图；☎926-2952；www.indieshotel.com；5 Holborn Rd；标单/双 US80/90；P ❄ @）这家酒店适合家庭住宿，完全可以把它当成是你"出门在外的又一个家"。温馨祥和的气氛赢得了顾客的高度评价。客房聚集在绿意盎然的庭院周围，要选择楼上的房间，那里光线更好。酒店的小餐馆供应实惠的比萨饼以及美味的炸鱼和薯条。露台很漂亮，是户外就餐的好去处。

Hotel Prestige 酒店 $

（见46页地图；☎927-8244；70 Sandhurst Cres，Liguanea；标单 US$55，双 US$55~70；P ❄ 🏊）这家新装修的酒店坐落于Liguanea一片安静的住宅区中，是住宿的上佳之选。房间一尘不染，地面上铺设有黑白相间的瓷砖，屋里摆放着实用的家具和塑料假花，让人想起20世纪60年代的迈阿密。部分房间带独立阳台。芒果树下是一个大大的餐厅露台，从这里能看到蓝山。

★ **Neita's Nest** 客栈 $$

（见42页地图；☎469-3005；www.neitasnest.com；Stony Hill，Bridgemount；标单/双 US$80/120；📶）这家怡人的民宿充满了艺术气息。位于Stony Hill上，露台视野极佳，能看到金斯敦美景及起伏的群山。房间舒适温馨，和蔼的客栈主人非常欢迎你来到这个大家庭，你会感到自己置身于远离城市喧嚣的桃花源。如有需要，可供应晚餐（推荐）。

Moon Hill 精品酒店 $$

（☎620-8259；www.moonhilljamaica.com；5 Roedeen Cl，Jack's Hill；标单 US$75~90；双 US$150~180；P 📶 🏊）这幢豪华四居别墅位于蓝山山脚下，靠近金斯敦的旅游景点，环境又十分安静，适合浪漫的短途旅行或小团体度假。宽敞的卧室中摆放着牢固的双人床或特大双人床，山间清风徐来，一切都清新无比。牙买加和各国风味的菜肴都是用新鲜果蔬烹制而成，它们都是从有机菜园现场采摘的。

Eden Gardens 酒店 $$

（见46页地图；☎946-9981；www.edengardensjamaica.com；39 Lady Musgrave Rd；房间 US$140；P ❄ 📶 🏊）酒店掩映在一片浓浓的绿色之中，取名"伊甸园"（Eden Garden）恰如其分。其所处的公寓兼健身中心吸引了不少喜欢在工作之余想要放松一下的人。房间宽敞明亮，每一间都配有设备齐全的小厨房以及大书桌，Therapeutic Spa提供全套按摩及护理。长期住宿有折扣。

Knutsford Court Hotel 酒店 $$

（见46页地图；☎929-1000；www.knutsfordcourt.com；16 Chelsea Ave；标单 US$114~186，

双 US$148~196；套 US$205；P ⊖ ❄ @ 📶 ≋）这家怡人的酒店坐落于花园之中，很受牙买加家庭和商人的欢迎。房间干净整洁，设施齐全，有的带独立阳台和写字台。房费包含了Melting Pot餐馆供应的欧式早餐，该餐馆其他时间则提供堪称经典的牙买加菜肴，并提供客房送餐服务。

★ Spanish Court Hotel　精品酒店 $$$

（见46页地图；☎926-0000；www.spanishcourthotel.com；1 St Lucia Ave；房间 US$239~245；套 US$282~1212；P ❄ @ 📶 ≋）备受精明的商界精英青睐。非常现代化的房间内配有牙买加风格的家具以及iPad基座音响。屋顶游泳池、健身房和提供各种项目的水疗中心可供放松休闲。Gallery Café供应美味的咖啡和小吃，餐厅供应各国风味和牙买加风味的精致菜肴。

Jamaica Pegasus　酒店 $$$

（见46页地图；☎926-3690；www.jamaicapegasus.com；81 Knutsford Blvd；标单/双 US$180/204；套 US$276~492；P ⊖ ❄ 📶 ≋）这家豪华的17层酒店俯视整个解放公园，一直是商务旅行的必选酒店。每周三游泳池边上会有1小时的"欢乐时光"（18:00~19:00），可以尽情享受酒店免费提供的牙买加小点心和朗姆潘趣酒。我们去考察的时候房间正在重新装修，前期效果还不错。住在面朝群山的房间能观赏到无与伦比的美景。

Terra Nova All-Suite Hotel　酒店 $$$

（见46页地图；☎926-2211；www.terranovajamaica.com；17 Waterloo Rd；套含早餐 US$265~505；P ❄ @ ≋）虽然这栋殖民地时期的大厦建于1924年，它宽敞的普通套房却给人一种非常现代的感觉。套房等级从普通到超豪华不等，都配有超大双人床。大理石浴室值得称赞，部分房间还配有按摩浴缸。要享用周日早午餐的话，这里的餐厅是金斯敦最好的几家之一。

就餐

金斯敦在很多方面都是牙买加的中心，美食也是。这里诞生了牙买加的民族特色美食，并且继续促进其发扬光大。在这里解放味蕾，尽情享受美味吧！

大部分有名的餐馆（包括各国风味和创意菜餐馆）都位于金斯敦市郊住宅区（Uptown Kingston），多得令人眼花缭乱。

市中心

Swiss Stores　咖啡馆 $

（见44页地图；Church St和Harbour St交叉路口；餐 J$700；⏲午餐）这里可以品尝到意大利面、胡椒汤、黑森林火腿三明治和葡萄酒，冷气开得很足，环境舒适。作为一间珠宝店来说，你简直没法要求更多了。虽然凳子不算舒服，不宜长时间闲坐，但小菜单上所有的菜品都新鲜而美味，用来盛蓝山咖啡的杯子有汤锅那么大。

Chung's　牙买加菜 $

（见44页地图；Mark Lane和Harbour St交叉路口；餐 J$700；⏲周一至周五午餐）虽然名字听起来像中餐馆，但这家食堂风格的简单餐厅只供应牙买加特色菜，在市中心上班族中备受欢迎。选好豌豆炖汤、炸鸡或咖喱羊肉之类的主菜后，可以端着满满当当的餐盘去闹哄哄的隔壁就餐区用餐，也可以去海边野餐。

★ Moby Dick　牙买加菜 $$

（见44页地图；3 Orange St；餐 J$1100~2000；⏲周一至周六 9:00~19:00）这家穆斯林餐厅之前是水手们聚集的场所，但不要被廉

美味小馅饼

小馅饼（Patty）是一种填充了辣牛肉、鸡肉、龙虾、小虾、奶酪或蔬菜馅料的面制点心，一般搭配椰子面包"三明治"食用，是牙买加传统食品。价格便宜（J$120左右），美味又实惠。Juici Patties、Tastee Patties和Mother's franchises这几家店均有出售。值得一提的是，Juici不只出售小馅饼，这一点比其竞争对手更具优势。更大的分店早餐供应分量超大的玉米粥和花生粥，午餐供应配有卡拉鲁或卷心菜的咸鳕鱼。可以去Juici**市区分店**（见42页地图；Harbour St和King St交叉路口）或位于金斯敦城郊住宅区更高档的**Devon House Bakery**（见55页）。

价的塑料桌布所欺骗，近百年来它一直是西装革履的律师和法官经常光顾的地方。咖喱羊肉（J$1100）口感浓郁。咖喱海螺（J$1700）加上烤肉、米饭和沙拉，再配上鲜美的果汁，美味无比。

城郊住宅区

★ Hot Pot 牙买加菜 $

（见46页地图；2 Altamont Tce；餐 J$500~1000；⏲7:00~16:00）这家餐厅毫不张扬，烹制的牙买加家常菜虽然普通，但绝对美味。有西非荔枝果配咸鳕鱼、软煎鲷鱼配蒜味鸡等菜品。可以搭配一杯新鲜的罗望子汁、椰汁或红带啤酒。强烈推荐。

★ Andy's 烟熏肉 $

（见42页地图；49 Mannings Hill Rd；餐 J$700；⏲午餐和晚餐）想品尝金斯敦最棒、最正宗的牙买加烟熏鸡肉和烟熏猪肉，Andy's值得一去。这家不起眼的街角小店每到晚上就变得异常忙碌，当地人排着长队，等待购买搭配油炸面包果、甘薯饼和香蕉饼的烟熏猪肉和鸡肉。

★ Kushites 有机无盐蔬菜 $

（见46页地图；☎375-0642；www.facebook.com/KushitesVegetableCuisine；11 Phoenix Ave；餐 J$700起；⏲正午至22:00；✍）在室外，人们在草木葱茏、摆放着厚重的木质餐桌和鲜艳布料装饰的环境中享用素食和有机无盐蔬菜食品。室内则是供应摩洛哥美食的"利亚德"餐厅。菜色创意十足，可以品尝一下可口的无麸质生食比萨，配上一杯鲜榨果汁。

Sweetwood Jerk 烟熏肉 $

（见46页地图；Knutsford Blvd；烟熏肉 J$400起；⏲午餐和晚餐）这家热闹的烟熏肉店位于Pegasus酒店对面，在市郊住宅区上班族中备受欢迎。一到下班时分，店里就忙了起来。可以坐在露天就餐区，面对解放公园享用辛辣而美味的烟熏肉，配上甘薯饼以及香酥可口的油炸面包果。这是牙买加为数不多的以烟熏羊肉为特色的烟熏肉店铺。

★ Sonya's Homestyle Cooking 牙买加菜 $$

（见46页地图；☎968-6267；17 Central Ave；主菜 J$1200左右；⏲周一至周五 6:30~18:00，周六 7:30~18:00，周日 8:30~19:00）餐厅以丰盛的牙买加传统早餐搭配新鲜果汁而出名。周日自助餐（8:30至正午）尤其受欢迎。午餐和"很早的"晚餐供应胡椒汤、咖喱羊肉、牛尾肉炖豆子、炖猪肉和炸鸡。

Guilt Trip 创意菜 $$

（见42页地图；☎977-5130；20 Barbican Rd；餐 J$1600~2500；⏲晚餐）看到餐厅名字，你就会联想到新奇而奢侈的餐后甜点。需要有所节制，否则你会欲罢不能。然而，这些并非不断尝试融合加勒比和法式风味的主厨能够提供的全部美食，混合了芒果和栗子辣酱的椰汁咖喱鲈鱼、威士忌酱汁烤鸡等混合菜肴会让你惊喜不断。这家餐厅绝对值得你盛装前往。

Chez Maria 黎巴嫩菜 $$

（见46页地图；7 Hillcrest Ave；餐 J$750~1800；⏲午餐和晚餐；✍）不管是坐在花园中的芒果树下，还是在前面的露台上找张桌子坐下，都可以品尝到可口的黎巴嫩和意大利菜肴。开胃菜不错，尤其是鹰嘴豆泥，还配有自制皮塔饼。如果还有胃口，还有许多沙威玛和卡博串等着你。也可以尝一下城里最棒的比萨饼或爽滑可口的伏特加通心粉。

So-So Seafood Bar & Grill 海鲜 $$

（见46页地图；4 Chelsea Ave；餐 J$1200~2000；⏲午餐和晚餐）这家休闲餐厅是众所周知的下班后放松身心的好去处（饭前可以去酒吧小酌几杯）。店名起得很低调，菜品则质量上乘。大蒜虾和炖鱼尤为美味。同样，每周例汤海螺汤（周四和周五）和周日香喷喷的"壮阳男人汤"（mannish water，由羊的内脏等熬制成的汤）也令人回味无穷。

Grog Shoppe 牙买加菜 $$

（见46页地图；Devon House；餐 J$1500~2500；⏲周一至周六 11:00~22:00）位于一栋庞大的砖砌建筑中，原来是达芳宅邸中仆人的住所。Grog Shoppe颇具情调，外观和格调具有殖民时期酒吧的特色。独立的餐厅供应牙买加特色菜，酒吧菜单以汉堡、蟹肉饼及其他手抓小吃为特色。

城郊住宅区快餐

Devon House Bakery（见46页地图；Devon House；小馅饼 J$200~450；⌚10:00~22:00；✍）这家小小的面包店就在达芳宅邸I-Scream（见本页）隔壁，凡是知道的人都对小馅饼赞不绝口。我们可以笃定地说，这里的小馅饼几乎是牙买加最好吃的。龙虾小馅饼，你也来一份吗？还出售各种诱人的蛋糕和果汁，适合野餐时食用。

Café Blue/Deli Works（见42页地图；Sovereign Centre，Hope Rd；餐 J$700~900；⌚周一至周六 8:00~20:00，周日 9:00~15:00）这家光线充足、装有空调的咖啡馆总是坐满了带着笔记本电脑的城郊居民。出售各式各样美味但昂贵的蓝山咖啡，还有蛋糕、面包圈和三明治。熏马林鱼法式长棍面包（J$500）一直美味无比。可以在隔壁选择牙买加特色菜（J$500至J$650），坐在热闹的食堂中享用。

Cannonball Café（见42页地图；www.facebook.com/CannonballCafe；Loshusan Shopping Centre，Barbican Rd；餐 J$500~700；⌚周一至周五 7:00~19:00，周六和周日 9:00~17:00；📶）这是一家忙碌的热门咖啡馆，有无线网络，提供美味的蓝山咖啡及蛋糕。也出售乳蛋饼、三明治和沙拉等小吃。在134 Constant Spring Rd和20 Barbados Ave均有分店。

Devon House I-Scream（见46页地图；Devon House；26 Hope Rd；冰激凌球 J$250；⌚10:00~22:00）牙买加最棒的冰激凌，有超过20种口味。可以尝尝店里的招牌冰激凌达芳·斯托特（Devon Stout）。

South Avenue Grill　各国风味 $$

（见46页地图；20A South Ave；餐 J$1100~2900；⌚午餐和晚餐）可以在怡人的露天环境里享用以肉类为主的牙买加菜和意大利菜。牛排味道不错，但价格不菲。此店以前叫作Gaucho's Gril。

★ Terra Nova All-Suite Hotel　各国风味 $$$

（见46页地图；☎926-2211；17 Waterloo Rd；周日早午餐 J$2500；⌚午餐和晚餐；✍）这里欧洲菜式带有一丝加勒比风格，供应胡椒汤和烤鲷鱼等牙买加人最爱的菜肴。然而，对金斯敦的富人来说，这里有名的周日早午餐更具吸引力，可以享用"让你吃到饱"的自助餐。尽享咖喱羊肉、烟熏鸡肉、意大利面沙拉、排骨等佳肴吧！唯一的不足之处就是：美食多得吃不过来！

Red Bones Blues Café　创意菜 $$$

（见46页地图；☎978-8262；1 Argyle Rd；主菜 US$20~40；⌚周一至周五 正午至次日1:00，周六 18:00开始）这家餐厅兼作酒吧，有现场音乐表演，一直以来都是大大小小的文化和烹饪活动的举办地。屋里的墙上挂着爵士和布鲁斯音乐传奇人物的照片，非常有趣。菜品都是牙买加人改良的欧洲菜（卡拉鲁果馅卷，有人要来一份吗？），配上可口的小鱼、意大利面和沙拉。别忘了留点肚子吃甘薯布丁！

Taka's East Japanese Restaurant　日本菜 $$$

（见46页地图；☎960-3962；Market Pl，67 Constant Spring Rd；餐 J$2500~4500；⌚周三至周日 午餐和晚餐，周二 晚餐）作为商业中心（Market Place）高档餐厅中的一员，这家日式餐厅供应精致而富有创意的正宗寿司。虽然菜品以鱼肉为主，面食也不少，蔬菜天妇罗能够满足顾客需要。室内冷气开得很足，你会庆幸自己遵守了餐厅的着装要求：不得穿着无袖上衣、短裤。

Akbar　印度菜 $$$

（见46页地图；☎926-3480；11 Holborn Rd；主菜 J$900~2500；⌚午餐和晚餐；✍）金斯敦最棒的印度餐厅，以其出色的服务吸引了大批顾客。庭院里有一座喷泉。菜肴价格昂贵，但味道上乘，包括唐杜里（tandoori）和素食菜，搭配美味的玉米面包（Indian breads）。如果你已经做好准备去体验辣到喷火的感觉，那就要求加一分辣吧。供应特价自助午餐（J$ 1500）。

饮品和夜生活

牙买加最好的酒吧和夜店汇聚于金斯敦。在这里，你绝对不会缺少夜生活的乐趣。

很多酒吧、夜店和巡回演出乐队都以定期活动和主题之夜为特色，每天晚上你都能玩得尽兴。查看《周五观察》(*Friday Observer*)或留意有关一次性活动的宣传单，以获得相关信息。在金斯敦，酒和音乐是分不开的。不过，在巡回歌舞晚会上，可选择的酒类只有朗姆酒、红带和健力士(Guinness)3种。

毫无疑问，金斯敦夜生活的高潮就是免费的户外歌舞晚会。歌舞晚会集街区派对、社区团体斗舞、时装秀和一浪高过一浪的音乐于一体，喧闹声之大，隔了几条街都能听到，且一直持续至深夜。晚会大约23:00开始，你可以凌晨1:00到场，因为那时才真正热闹起来。一般4:00结束。歌舞晚会上的舞蹈会让你有一种难忘的文化体验。

整个街区的人都担负起维护治安的职责，大家对于破坏这一活动的暴力行为绝不容忍，所以参加街头派对非常安全。但最好还是与当地人一同前往，把显眼的贵重物品留在住处。

酒吧

★ Red Bones Blues Café 酒吧

(见46页地图; www.facebook.com/RedbonesBluesCafe; 1 Argyle St; ⌚周一至周五 11:00至次日1:00，周六 19:00至次日1:00)这是一家时尚的露天酒吧，气氛和音乐都很棒，很可能成为你在金斯敦最喜欢的地方。整周都有不错的乐队现场表演，包括布鲁斯、爵士和雷鬼音乐，还有出色的本土及外国表演者一展风采。酒吧定期举办诗歌朗诵会。食物也很美味。

Tracks & Records 酒吧

(见46页地图; ☎906-3903; www.facebook.com/UBTracks; Market Pl, 67 Constant Spring Rd; ⌚11:30~23:30)这家体育酒吧(名字具有双关意)由尤赛恩·博尔特所有，音乐与体育在这里激烈碰撞。酒吧氛围热闹，供应多种饮品及食物，还有超棒的卡拉OK。周二的“Behind the Screens”活动中有现场音乐表演。

金斯敦一周派对策划

周一	**Hot Mondays** 地点：**Limelight**(见46页地图；☎908-0841; Half Way Tree Entertainment Complex, 5-7 Hagley Park Rd; ⌚午夜至5:00)。 **Uptown Mondays** 地点：**Savannah Plaza**(见46页地图；Half Way Tree)；雷鬼音乐演奏会。
周二	**Behind the Screen** 地点：Tracks & Records。
周三	**Weddy Weddy Wednesdays** 地点：**Stone Love HQ**(见46页地图；Half Way Tree)；城郊住宅区最棒的音乐盛会之一。 **Retro Night** 地点：Quad(见57页)。 **Inclusive Wednesdays** 地点：Medusa(见57页)。
周四	**I Love v.O.D.k.a.** 地点：**Privilege**(见46页地图；☎622-6532; www.clubprivilegejm.com; 14-16 Trinidad Tce; 门票 J$1000; ⌚周四至周六 22:00至次日4:00)。
周五	**After Work Jam** 地点：Deck(见57页)。 **Friday Night Party** 地点：**Privilege**(见46页地图；☎622-6532; www.clubprivilegejm.com; 14-16 Trinidad Tce; 门票 J$1000; ⌚周四至周六 22:00至次日4:00)。 **Club Night** 地点：Fiction(见57页)。
周六	**Privilege Saturday** 地点：**Privilege**(见46页地图；☎622-6532; www.clubprivilegejm.com; 14-16 Trinidad Tce; 门票 J$1000; ⌚周四至周六 22:00至次日4:00)。 **Club Night** 地点：Fiction(见57页)。
周日	**Oldies Night** 地点：雷鬼镇(Rae Town)的Capricorn酒吧外，音响系统播放最棒的雷鬼音乐。

Deck
酒吧

（见46页地图；14 Trafalgar Rd；⏲16:30开始）这家洞穴似的露天酒吧到处都装饰着渔网，气氛轻松惬意，食物美味可口，长久以来一直在年龄稍长的消费群体中深受欢迎。每周五，播放往日流行老歌的"After-Work Jam"活动让气氛变得更加热烈。

Cuddy'z
体育酒吧

（见46页地图；www.facebook.com/cuddyz sportsbar；25 Dominica Dr；⏲周一至周四 11:30至次日1:00，周五和周六 11:30至次日2:00，周日13:00~23:00）这家时尚的酒吧由"板球界的大个儿"（Big Man Inna Cricket）考特尼·沃尔什（Courtney Walsh）开办。每间包厢都安装了电视，热闹的廉价座位前配有超大屏幕，可以观看最新的足球、板球和棒球比赛。

Medusa
酒吧

（见46页地图；96 Hope Rd）楼上宽敞通风的露台是夜晚饮酒放松的好去处，"全包周三"（Inclusive Wednesdays，J$1000无限畅饮）在当地学生中备受欢迎。酒吧位于Treasure Hut Shopping Plaza后面。

夜店

Famous
夜店

（☎988-8801；www.facebook.com/Famous Night clubJa；Gerbera Ave；Portmore；J$1000；⏲22:00至次日4:00）这家超级夜店据说是加勒比地区最大的夜店，位于波特莫尔（Portmore），是自成一派的雷鬼音乐圣地。拥有斗兽场风格的舞池、大型录音棚和灯光表演。周四为女士之夜（免费入场），但每晚都是过了午夜再来才好。

Quad
夜店

（见46页地图；☎754-7823；www.facebook.com/Quad NightClub；20-22 Trinidad Tce；门票J$1000；⏲周二和周四 16:00~22:00；周三、周五和周六 16:00至次日5:00）有4个不同级别的超级夜店。主楼是更为美观的Spirits Lounge休闲酒吧，供应食物。每周三、周五和周六有另外两家夜店开放：一个是顶层的Deja Vu Lounge休闲酒吧，吸引了大批顾客前来欣赏老歌；另一个为Club Vision Z俱乐部，播放摇摆舞曲至次日5:00。Taboo在地下室，有脱衣舞表演。

Fiction
夜店

（见46页地图；☎631-8038；Unit 6，Market Pl，67 Constant Spring Rd；门票 J$100；⏲周一至周六 18:00至次日4:00）金斯敦最有名的新夜店之一，风格高雅，即使挪去迈阿密也不会显得格格不入。漂亮的年轻人在此狂欢，摩肩接踵（有时候碰触的也不只是肩）。

☆ 娱乐

街边广告牌上写着即将举办的现场演唱会和巡回演出歌舞晚会。运动爱好者应该去萨拜娜公园（Sabina Park）或国家体育馆（National Stadium），在那里观看大型体育赛事。

萨拜娜公园
体育

（Sabina Park；☎967-0322；South Camp Rd）牙买加的板球场。可容纳3万名观众，于1929年第一次举办了国际板球锦标赛。不管你是否喜欢看板球，国际板球赛的气氛一定要体验一下。

国家体育馆
体育

（National Stadium；☎929-4970；Arthur Wint Dr）大牌明星演唱会、田径赛事以及牙买加国家足球队参加的比赛都在这里举行。

利特尔剧院
剧院

（Little Theatre；见46页地图；☎926-6129；www.ltpantomime.com；4 Tom Redcam Dr）全年都有戏剧、民间音乐会和现代舞蹈表演。国家舞蹈戏剧公司（National Dance Theatre Company）7月到8月期间在此演出。12月底至次年4月上演哑剧。

Caymanas Park
体育运动

（Caymanas Park；☎988-2523；www.caymanaspark.com；Caymanas Dr，Portmore；门票J$150~350；⏲周三和周六）波特莫尔Caymanas公园举行的赛马会拥有加勒比地区最棒的赛道之一，已经被永远地记录在一些经典的斯卡歌曲中。它已经成为一项热闹的赛事，是牙买加传统生活中的真实一景。不妨找个当地人为你讲解一下复杂的投注系统。从哈夫韦垂

（Half Way Tree）乘坐17A、18A或20A路公共汽车即可到达。

购物

金斯敦是个可以满足你所有购物欲望的地方，从摩登购物中心到街头工艺品小摊，应有尽有。在市中心可以买到称心如意的工艺品，但达芳宅邸的特色商店更值得一去。市郊住宅区遍布美术馆和纪念品商店，不过许多都在Hope Rd两侧及其周边的购物中心里。

两家最大的购物中心是**Sovereign Centre**（见42页地图；106 Hope Rd）和**New Kingston Shopping Centre**（见46页地图；Dominica Dr）。

Patoo 纪念品

（见42页地图；Manor Hill Plaza，184 Constant Spring Rd）这里售卖当地的"瑰宝"——一种添加了朗姆酒的托尔蒂布丁（Tortuga puddings）、布沙·布朗酱汁（Busha Brown sauces）、陶瓷餐具、装饰品和蜡染纱笼等。

Bookland 书店

（见46页地图；53 Knutsford Blvd）书架上摆放着许多关于牙买加和加勒比海地区的书籍，包括旅行指南。有一片相当不错的黑人文学区。

Bookophilia 书店

（见46页地图；92 Hope Rd）出售各式各样的图书和杂志。蓝山咖啡和松饼柜台会令你流连忘返。

Crafts Market 纪念品

（见44页地图；Pechon St和Port Royal St交叉路口；⏲周一至周六）小摊一个接着一个，出售木雕、珠子首饰、枝编工艺品、蜡染布、手提包和牙买加服饰等商品。

Rockers International 音乐商店

（见44页地图；☎922-8015；135 Orange St）出售城里最棒的雷鬼音乐光盘和唱片。在这里与你挚爱的歌手Burning Spear、贺拉斯·安迪（Horace Andy）和约翰·霍尔特（John Holt）来一场美妙的邂逅吧。

Mutual Gallery 美术馆

（见46页地图；☎929-4302；2 Oxford Rd）这家优秀的小画廊坐落于北楼底层，时不时地会展出牙买加最精彩的现代艺术作品。

Techniques Records 音乐商店

（见44页地图；☎967-4367；99 Orange St）老歌、雷鬼音乐及牙买加传统音乐。

Grosvenor Galleries 美术馆

（见42页地图；☎924-6684；1 Grosvenor Tce）这里有激情澎湃的新锐艺术家所创作的优秀当代艺术作品。

Contemporary Art Centre 美术馆

（见46页地图；☎927-9958；1 Liguanea Ave）展出各式各样的当代艺术作品。

实用信息

危险和麻烦

金斯敦之前的确声誉不太好，但事实上只要遵守常识性原则，游客来此游览并不需要担心安全问题。

在新金斯敦以及Liguanea和Mona等高档住宅区，步行一般很安全，多数主路和市中心同样如此。尽量不要在晚上出来闲逛，可以的话也不要离开主路。集市区要谨防扒手。

游览特伦奇镇、Jones镇、Denham镇、蒂沃利公园以及市中心的帕拉德西区等地时，最好有导游陪同。

紧急情况

救护车（Ambucare，☎978-2327）私人救护车服务。

紧急情况（☎119）

警察局 总部（☎922-9321；11 East Queen St）；Half Way Tree（142 Maxfield Ave，Half Way Tree）；Cross Roads（Brentford Rd，Cross Roads）

圣约翰救护车（St John Ambulance，☎926-7656）金斯敦免费的救护车服务。

上网

大多数酒店及许多咖啡馆提供免费Wi-Fi。Digicel和LIME网点提供USB上网卡（J$3600起），信号覆盖全岛，可供笔记本电脑使用。

医疗服务

安德鲁斯纪念医院（Andrews Memorial Hospital，☎926-7401；27 Hope Rd）一家设施完善的私人医院，药房储备充足。

Liganea Drugs & Garden（134 Old Hope Rd）市郊住宅区药店。

莫纳克药店（Monarch Pharmacy, Sovereign Centre; ⌚周一至周六 9:00~22:00，周日 9:00~20:00）

大学医院（University Hospital, ☎927-1620; University of the West Indies campus, Mona）最好、最现代化的公立医院，急诊室24小时开放。

现金

市郊住宅区的Knutsford Blvd大街两侧及哈夫韦垂周边有6家银行。多数都有外汇兑换柜台和24小时自动柜员机。Hope Rd路边也有自动柜员机，购物中心附近最多。

邮局

邮局（Post Office, ⌚周一至周四 8:00~17:00，周五 9:00~16:00，周六 8:00~13:00）；邮政总局（见42页地图；☎876-922-2120; 13 King St）；哈夫韦垂（见44页地图；18 Hagley Park Rd）

旅游信息

牙买加保护和发展基金会（Jamaica Conservation & Development Trust, ☎960-2848; www.jcdt.org.jm; 29 Dumbarton Ave, Kingston 10）负责监管蓝山和约翰克罗国家公园（Blue Mountains & John Crow National Park），可以就导游和路线提出建议。

牙买加旅游局（Jamaica Tourist Board, www.visitjamaica.com）在市郊住宅区（见227页）和诺曼曼利国际机场（到达大厅）设立的办事处可以为游客提供地图、宣传手册以及有限的旅行建议。

ℹ 到达和离开

飞机

诺曼曼利国际机场（见230页）位于市中心东南27公里处，起降国际航班。国内航班在金斯敦西部的Tinson Pen Aerodrome（见231页）起飞和降落。

小汽车

北岸出发

A3公路经斯托尼希尔（Stony Hill）和康斯坦特斯普林（Constant Springs）通往金斯敦。B3公路沿途风景秀丽，但更为崎岖。从巴夫贝（Buff Bay）开始，经过蓝山到达帕潘恩（Papine），但有时会因山体滑坡而关闭。

西部出发

沿Spanish Town Rd在Six Miles交叉口进入金斯敦。去往金斯敦市郊住宅区需要在Washington Blvd大街左转。这条街后来更名为Dunrobin Ave，并与Constant Springs Rd交会。

东部出发

Windward Rd有岔路通往罗亚尔港和机场。去往新金斯敦，要在Mountain View Ave或South Camp Rd右转。后者设有“跟随蜂鸟”（follow the hummingbird）的指路标牌，十分方便。

公共交通

长途汽车、小型公共汽车和专线出租车往返于金斯敦和岛上各地。市中心**长途客运站**（见44页地图；Port Royal St和Water Lane交叉路口）是主要的发车地和终点站。长途汽车（周日班次更少）满员即走，而且经常超载。

纳茨福德快运公司（Knutsford Express，见232页）的长途车比较舒适，在新金斯敦从自己的客运站发车。每天有几班开往奥乔里奥斯（J$1600，2小时）、法尔茅斯（J$2200，3小时）、蒙特哥贝（J$2450，4小时）、滨海萨凡纳（J$1500，2小时）、曼德维尔（J$2000，2小时）和内格里尔（J$2700，5小时）等地。提前24小时以上买票可以享受J$200的折扣。检票前30分钟到达汽车站。

开往安东尼奥港的小型公共汽车（J$450，2小时）从**哈夫韦垂长途汽车总站**（Half Way Tree Bus Terminal，见46页地图）外头发车。

如果打算去金斯敦，上车前要先弄清楚在哪里下车。

ℹ 当地交通

抵离机场

公共汽车

98路公共汽车往返于国际机场到达大厅和市中心的帕拉德（J$100，35分钟，每30分钟1班）之间。从帕拉德到Tinson Pen Aerodrome，可以乘坐22路和22A路公共汽车（J$100，20分钟，每小时1班）。

出租车

从国际机场到新金斯敦大约花费US$35（J$3850），从Tinson Pen Aerodrome出发则需要花费大约US$15（J$1650）。

小汽车

在金斯敦开车需要十足的勇气，你得准备好应对他人不遵守规则的行为或野蛮驾驶。天黑后不要开车去市中心。所有的酒店和购物中心都有停车场，但在市中心不能确保你找得到停车位。

多数汽车租赁公司都提供免费机场接送服务。在诺曼曼利国际机场设有办事处的几家信誉较好的公司有：

安飞士（Avis，☎924-8293；www.avis.com）

百捷乐（Budget，☎759-1793；www.budget.com）

小岛租车（Island Car Rentals，☎924-8075；www.islandcarrentals.com）

公共交通

公共汽车、小型公共汽车及专线出租车发车点：市中心的**帕拉德北侧**（见44页地图）和**帕拉德南侧**（见44页地图）、市郊住宅区的哈夫韦垂车站、Cross Roads（市中心和市郊住宅区之间）以及Old Hope Rd路边小镇东部边缘的帕潘恩（Papine）。

牙买加城市交通有限公司（www.jutc.com；票价J$80~170）运营黄色和白色的奔驰和沃尔沃品牌的公共汽车。多数安装有空调。JUTC的公共汽车只在规定站点停靠。

所有热门路线都有小型公共汽车和专线出租车（J$50~80）通行，可以随时停车。红牌照的白色专线出租车很容易与外观相同的包租出租车混淆。

出租车

金斯敦出租车多得数不清，然而在下雨天这种急需的时候却都不见了踪影。确保自己只乘坐有执照的出租车，这些出租车装有红色的聚丙烯（PP）或聚对苯乙烯（PPV）牌照。出租车上没有计价器，要提前跟司机确认好车费（从新金斯敦到市中心大约J$500）。

声誉较好的24小时电招出租车公司：

阿波罗出租（Apollo Taxis，☎969-9993）

伊勒沙代（El Shaddai，☎925-1363）

On Time（☎926-3866）牙买加最大的电招出租车公司。

金斯敦周边

不管是市中心不断向港口延伸的斜坡，还是市郊住宅区上令人神往的蓝山，金斯敦总有一些特别风景吸引着游客从忙碌紧张的城市生活中抽身，来这里享受轻松的时光。

一日游中最受欢迎的目的地当属罗亚尔港，这座城市是昔日海盗活动的场所。在这里游玩的时候可以顺便游览珊瑚岛，它是本地区最近、最适合游泳的地方。其他不错的海滨包括赫尔希尔海滩，它是金斯敦海滨之旅的精华所在，还有迅速发展的冲浪区布尔湾。如果渴望与绿色亲密接触，可以选择金斯敦以北半个小时车程的卡斯尔顿公园（Castleton Gardens），它是牙买加最美的植物园。最后可以前往牙买加第二大城市、牙买加前首都西班牙镇。西班牙镇以乔治亚式建筑而闻名，同样有名的还有雄伟的红砖教堂圣哈戈

金斯敦热门公共汽车线路

金斯敦市内所有的公共汽车车费都是J$100。

线路	目的地	发车班次	出发地
1/1A	赫尔希尔海滩（Hellshire Beach）	1小时1班	帕拉德/哈夫韦特里
21B/22，22A	西班牙镇	1小时1班	哈夫韦特里/帕拉德
42/42A	康斯坦特斯普林	1小时1班	帕拉德/哈夫韦特里
60，68	帕潘恩（Papine）	1小时1班	帕拉德/哈夫韦特里
61	戈登镇（Gordon Town）	1天若干班	帕拉德
74/76	巴比肯（Barbican）	1小时1班	帕拉德/哈夫韦特里
97	布尔湾（Bull Bay）	1小时1班	帕拉德
98	机场，罗亚尔港	30分钟1班	帕拉德
99	观景港湾（Harbour View）	1小时1班	帕拉德
500/600/700	帕拉德	30分钟1班	哈夫韦特里

金斯敦出发的小型长途汽车

目的地	费用(J$)	行程(小时)	发车班次
曼德维尔(Mandeville)	300	1.5	1天5~6班
梅彭	200	1	1天6~8班
蒙特哥贝	650	4.5~5	1天6~8班
奥乔里奥斯	400	2	1天8~10班
安东尼奥港	450	2	1天6~8班
圣克鲁斯(Santa Cruz)	400	2	1天6~8班

德拉维加大教堂(St Jago de la Vega),它是英国本土以外最古老的圣公会教堂。

卡斯尔顿公园(Castleton Gardens)

这片美丽的花园(⏲9:00~17:00)免费 位于哈夫韦特里以北27公里的Wag Water River河畔,面积超过12公顷。花园前身是卡斯尔顿勋爵(Lord Castleton)名下的糖料种植园,其历史可以追溯至1862年。当时有大约400种伦敦邱园(Kew Gardens)的植物被移植到这里。如今,这里有1000多种本土和异国植物。

布尔湾(Bull Bay)

布尔湾位于金斯敦市中心以东14公里(从帕拉德乘坐97路公共汽车,J$100,30分钟)。这是一座平凡的小城,不过附近有牙买加最有名的冲浪营以及一个很值得探访的拉斯特法里社区。

Jamnesia Surf Camp 冲浪

(☎750-0103; http://jamnesiasurf.com; Cable Hut Beach; 野营每人US$15; 标单/双US$35/45起)这家冲浪俱乐部提供住宿,氛围轻松,是冲浪的好去处。营地有大量冲浪板可供出租。房间干净简单,有公共厨房和户外乡村酒吧,酒吧隔周六举办现场音乐表演。提供多晚住宿套餐,包括就餐和冲浪班车。

波波山 拉斯特法里社区

(Bobo Hill; Ethiopia Africa Black International Congress; ☎578-6798)波波山又称埃塞俄比亚非洲黑人国际联盟(Ethiopia Africa Black International Congress),是波波阿善提人(Bobo Ashanti)的所在地,位于布尔湾的昆斯伯里山(Queensbury Ridge)。大约有100名拉斯特法里教徒(信奉原教主义者)生活在这里,他们以务农或在金斯敦出售天然纤维扫帚为生。除此之外,他们尽可能地远离繁华的大都市,不去他们聚居区之外的地方。

只要尊重他们的"规矩和原则",任何对波波信仰真正感兴趣的游客都会受到欢迎。迎接游客的是主祭司或年长女性,他们会滔滔不绝又深入浅出地向人们展示拉斯特法里哲学的精妙。月经期间的女性不允许进入社区。

留宿游客必须在传教区履行一些职责,作出点奉献,才能够被救赎。

社区位于距离A4公路大桥差不多1公里的山坡上。你需要一辆四驱车,而且要提前致电,因为波波不太愿意被贸然打扰。

罗亚尔港(Port Royal)

人口 3000

罗亚尔港曾是"新大陆"最富有、最"邪恶"的城市,一度成为加勒比地区的海盗之都。在200多年的时间里,它一直是英国海军在西印度的中心。如今的罗亚尔港是一座沉寂的渔村,不过历史建筑随处可见。

尽管牙买加遗产基金会作出了很多努力,使查尔斯堡垒(Fort Charles)等地标性建筑焕发出新的生命,但罗亚尔港昔日的辉煌早已远去。这里的餐馆可以吃到金斯敦地区最好最新鲜的鱼,打烊后餐馆还能变成聚会场所。加之还有珊瑚岛的白色沙滩,使得罗亚尔港成为金斯敦周边人们最为喜爱的城市。

历史

1655年英国人来到小岛定居，在这里建造了5座堡垒以保卫金斯敦港。海盗组成"海岸兄弟联盟"(Confederacy of the Brethren of the Coast)，在罗亚尔港建立大本营，在政府资助下大肆劫掠西班牙人。

无法无天的海盗挥金如土。流入罗亚尔港的财富吸引了商人、朗姆酒商、妓女及其他渴望从中分一杯羹的人们。城镇居民纷纷出资支持海盗们远航抢劫，以分赃获利。到1682年，罗亚尔港已经成为一个拥有8000人口的繁华城镇。

1692年6月7日中午，一场大地震撼动了整座牙买加岛。海啸随之而来，全城2/3沉入海底。大约2000人当场死亡，无数幸存者被随后的瘟疫夺走生命。许多人说这场灾难是上帝对这座堕落之城的惩罚。

罗亚尔港从此再也难现昔日的繁华。海盗活动被禁止，不断发展的金斯敦更是令其黯然失色。从18世纪开始的250年里，罗亚尔港成为西印度皇家海军的(Royal Navy in the West Indies)总部。海军上将纳尔逊勋爵(Lord Nelson)曾在此驻扎过一段时间。到了1838年，牙买加不再单独设立海军司令部。而随着20世纪初蒸汽战船的发展，罗亚尔港的衰落最终成为定局。

景点和活动

★查尔斯堡垒 堡垒

(Fort Charles; ☎967-8438; 成人票/儿童票J$200/100; ⏲9:00~16:45)牙买加的经纬度是从查尔斯堡垒的旗杆开始测量的。这座饱经风霜的堡垒建于1655年，是1692年地震后罗亚尔港堡垒中仅存的一座。堡垒最初三面环海，如今已被层层堆积的淤泥紧密包围。

鼎盛时期，有多达104支枪支保护着这座堡垒。修复后的城垛上仍能看到不少加农炮从垛口后伸出。庭院中心是漂亮的小型**海事博物馆**(Maritime Museum)，展出了各式各样来自"沉没之城"罗亚尔港的物品——从玻璃和陶瓷器皿到武器装备，不一而足。英国后来最伟大的海军英雄霍雷肖·纳尔逊(Horatio Nelson)在此地驻守了30个月，一直住在这个小小的堡垒中。

博物馆后是一片突起的平台，人们称其为**"纳尔逊的后甲板"**(Nelson's Quarterdeck)。年轻的英国人在这里时刻注视着敌军船舰的动向，以防范法国人入侵。总督炮台(King's Battery)墙上的饰板用来纪念他驻守此地的岁月。

建于1888年的小型红砖炮塔**Giddy House**孤零零地立在堡垒后面。1907年的一场地震将这片土地变为流沙，炮塔一侧下陷，成了现在侧倾的模样。Giddy House旁边是配有巨大加农炮的炮位，大炮也在1907年倾覆被毁。

圣彼得教堂 教堂

(St Peter's Church; Main Rd)这座1725年建造的红砖教堂虽然外墙是水泥仿砖，但内部十分漂亮。别错过铺设了新颖黑白地砖的地面以及建于1743年、装饰华美的木质风琴的顶层。教堂里到处都是纪念的牌匾。穿戴整齐，去参加主日礼拜吧。

旧海军医院 知名建筑

(Old Naval Hospital) New St旁的城墙后，耸立着破败不堪的两层小楼。这里是旧海军医院，由英国布拉德福德(Bradford)的鲍灵钢铁厂建造。1819年，它在被运到罗亚尔港后在此地重建。医院在吉尔伯特飓风中遭到严重破坏，牙买加国家文化遗产基金会已经计划对其进行修复。

旧监狱 历史遗迹

(Old Gaol House; Gaol Alley)这座坚固的旧监狱位于监狱巷(Gaol Alley)，由石块筑成，是城中唯一保存完好的历史建筑。它在1692年地震前就已建成，当时被用作女子监狱。此后它挺过了很多大大小小的灾难，其中包括14次飓风和2次大火灾。

节日和活动

罗亚尔港海鲜节 美食节

(⏲10月)罗亚尔港海鲜节每年在10月份的第三个星期一，即民族英雄纪念日举办。在这一天，人们可以畅享美食和音乐，共度欢乐时光。

住宿

Admiral's Inn 客栈 $

（☎353-4202；Henry Morgan Blvd；双J$5000；❄）这家黄色的家庭客栈充满了欢乐的气氛，房间内配有冰箱和微波炉。当客栈主人为你烹制鱼肉晚餐的时候，你可以去花园放松一下。可以安排珊瑚岛游览。沿着马路，绕过Gloria's Top Spot，经过右边的公园，客栈就在左边。

Grand Port Royal Hotel Marina & Spa 酒店 $$$

（☎480-5226；www.grandportroyalhotel.com；1 Port Royal；房间 US$180~350；P❄📶≋）酒店所在的地方以前是个旧海军造船厂（曾出现在007电影《诺博士》中），位于摩根港（Morgan's Harbour）。我们去的时候，酒店正在彻底整修。拥有带阳台的高档房间、高级餐厅以及可以俯视金斯敦最大码头的水边酒吧，配有水疗设施。可以提供白天的钟点房。

就餐和娱乐

主广场上有几家食品摊出售好吃的炸鱼。

★Gloria's 海鲜 $

（5 Queen St；炖鱼 J$1000；⊙午餐和晚餐）这家简单的餐馆每天都挤满了从数英里外驱车前来的本地顾客。早点去，特别是周五晚上和周日午餐时间，因为那时人很多。Gloria's的鱼绝对是当之无愧的人间美味：一大盘入口即化的鲜嫩鱼肉，搭配bammy（一种木薯饼）、festival（一种炸面团）或米饭，鲜美无比。黄焖鱼特别好吃。

Y-Knot 海鲜 $

（餐 J$1000~1500；⊙午餐和晚餐）餐厅坐落于一片巨大的水上平台上，供应非常鲜美的海螺汤以及丰盛的烤鸡、烤鱼、烤虾和烤龙虾等菜肴。每到周末，酒吧都会吸引大批年轻人来此饮酒、跳舞。

Gloria's Top Spot 海鲜 $$

（Foreshore Rd；餐 J$1100~1400；⊙午餐和晚餐）餐厅临水而建，经营者是Gloria的子孙，Gloria本人已经过世。宽敞而漂亮的楼上就餐区备受游客和大型团体的青睐。周五和周六的晚上很热闹，衣着光鲜的当地人聚在这里打情骂俏，伴着最新潮的音乐跳舞。

Port Royal 罗亚尔港

Port Royal 罗亚尔港

◎ 重要景点

1	查尔斯堡垒	A2

◎ 景点

2	旧监狱	A1
3	旧海军医院	A2
4	圣彼得教堂	A2

住宿

5	Admiral's Inn	B2
6	Grand Port Royal Hotel Marina & Spa	B1

就餐

7	Gloria's	A1
8	Gloria's Top Spot	B1
9	Y-Knot	B1

到达和离开

从金斯敦帕拉德乘坐98路长途汽车（J$100，30分钟1班，周日班次减少）可达。

赫尔希尔海滩休闲区（Hellshire Beach Recreation Area）

赫尔希尔山位于金斯敦西南，其边缘被白色沙滩覆盖。**福特·克拉伦斯海滩公园**

不要错过

珊瑚岛

充满诗情画意的**珊瑚岛**（Lime Cay；见42页地图）距离罗亚尔港海岸大约3公里，是大约6座被白沙覆盖的无人珊瑚礁之一。珊瑚岛被永远地记录在电影《不速之客》（*The Harder They Come*）的最后一幕中，是晒日光浴和浮潜的理想去处。棚屋中出售食物和饮品。

珊瑚岛之旅可从**摩根港口游艇码头**（Morgan's Harbour Yacht Marina；仅周三至周日，J$1000，最少4人）出发。你可以说服当地渔民降低乘汽艇（当地人称"独木舟"）的费用；先商定往返价格，只交一半的钱，等对方过来接你再付另一半，否则可能被对方丢在岛上。

（Fort Clarence Beach Park；成人票/儿童票 J$250/150；⊙周一至周五 10:00~17:00，周六和周日 8:00~19:00）在每个周末都会被金斯敦的居民挤满。这里有干净的沙滩、淋浴室、厕所以及安全的停车场。餐厅和酒吧只在周末开放，公园定期举办雷鬼音乐演出活动。

再往前是渔人沙滩(Fisherman's Beach)。这是一座时尚的拉斯特法里教渔村，几十个色彩鲜艳的棚屋和小摊出售啤酒、烟熏烤肉和鱼肉。周末非常热闹，周日晚上举办音乐盛会。每天早晨，出海的渔船都会满载而归。无论何时来到这里，这个小渔村都会为你带来超凡的旅行体验，你可以切身感受一个真正的牙买加。

从金斯敦帕拉德乘坐1路车（J$100，30分钟）、小型公共汽车或专线出租车（J$200）可以到达，从哈夫韦特里乘坐1A路公共汽车（35分钟）。

波特兰湾保护区（Portland Bight Protected Area）

保护区（PBPA；www.portlandbight.com.jm）建立于1999年，占地1876平方公里，拥有210平方公里的干石灰岩森林、83平方公里的湿地，以及珍贵的珊瑚礁（保护区2/3位于海上），是牙买加最大的自然保护区。这片重要的动植物栖息地由**加勒比沿海地区管理基金会**（☎986-3344；www.ccam.org.jm）负责管理。

该基金会雇用当地渔民为游船和徒步旅行做向导，旨在推动"社区旅游"项目的开展。但如今当地环境却受到来自政府主导的开发项目的威胁：政府计划同中国财团合作，在当地建设大型转运港。该计划受到当地环保组织的反对。

西班牙镇（Spanish Town）

人口 160,000

在过去300多年的时间里，西班牙镇都曾是牙买加的首都。城市历史中心拥有加勒比地区种类最多的乔治亚式建筑，不过都破败不堪，亟待修复，其中还有最美的教堂和牙买加国家档案馆。如今的西班牙镇被贫民区层层围住，成了金斯敦的"穷邻居"。西班牙镇部分地区帮派暴力事件频发。可以听取当地人的建议，留出1天时间就足够游览了。

历史

Villa de la Vega建立于1534年，是西班牙在牙买加的第二个永久居留地。虽然小镇一直发展平稳，但人口始终不多，数次遭到英国海盗劫掠。1655年，英国舰队登陆Villa de la Vega，并占领这座城市。英军摧毁了大部分城市，随后更名为"西班牙镇"，并设为首都。在接下来的2个世纪中，小镇作为牙买加行政首都蓬勃发展，但金斯敦后来居上，并在1872年接替西班牙镇成为首都。

景点

解放广场 广场

（Emancipation Square）解放广场又称帕拉德广场，四周环绕着西班牙镇最漂亮的老房子。精致的罗德尼纪念堂（Rodney Memorial）占据着广场北侧，是为纪念海军上将乔治·罗德尼而建造的。罗德尼是西印度海军基地总司令，1782年他将牙买加从法国和西班牙联合舰队的炮火中拯救了出来。罗德尼的雕像耸立在一座圆顶纪念堂中，几块浮雕描绘了战斗的场景。

纪念堂后的建筑就是**国家档案馆**(National Archives；☎984-2581；⊙周一至周四 9:00~16:30)

免费，这里收藏了有几百年历史的国家档案，其中包括废除奴隶制的宣言。

广场东侧是建于1762年的红砖建筑——下议院。下议院二层是木质结构，十分美观，阳台上有成排的支柱。殖民地时期，下议院和最高法院均坐落于此，当时相互憎恶的议员就是在这里上演了激烈争吵的场面。

广场南侧是用围栏隔开的法院遗址。法院建于1819年，1986年毁于一场大火。

广场西侧可以看到旧总督府遗址。正面由红砖建成，带有门廊。这座曾经风光的宅邸建于1762年，是当时牙买加总督的官邸。

如今旧总督府后面的马厩成了**人民工艺与技术博物馆**（People's Museum of Crafts & Technology；☎922-0620；成人票/儿童票 J$300/100；⏲周一至周四 9:30~16:30，周五 至15:00）。重建后的铁匠铺以及风格各异的手工艺品（从印第安玉米碾磨器到早期制糖和咖啡的器具）为我们了解牙买加早期文化提供了切入点。模型重现了旧总督府（Old King's House）昔日的模样，露天展区则主要展出殖民地时期的马车。

圣哈戈德拉维加大教堂 教堂

（St Jago de la Vega Cathedral）这座加勒比地区最古老的圣公会教堂建于1714年，拥有美轮美奂的木梁天花板，祭坛后是富丽堂皇的彩色玻璃窗。教堂所在位置原来是一座西班牙教堂，建于1525年，是新大陆上最早的一座。注意南窗上带有非洲特色的滴水嘴兽雕像，这是世界上独一无二的。

铁桥 地标

（Iron Bridge）在Barrett St尽头左转进入Bourkes Rd，沿公路往东就到了跨越Rio Cobre河的狭窄铁桥。1801年，铁桥用事先在英国Colebrookdale预制的铸铁建造而成，其石制地基的历史则可以追溯至1675年。它是美洲同类桥梁中唯一保存至今的一座，行人仍然会在桥上行走，不过次数极少。

就餐

Cecil's 牙买加菜 $

（☎984-1927；35 Martin St；餐 J$450~650；⏲周一至周六 早餐、午餐和晚餐）昏暗的灯光下，塑料桌布上摆放着咖喱羊肉、牛尾炖豆子、黄焖鸡以及多种炒面。

La Cocina for Mom's Cooking 牙买加菜 $

（Shop 31，St Jago Shopping Centre，Bourkes Rd；餐 J$300~450；⏲午餐）很受欢迎的午餐地点，烹制略微带有西班牙风味的牙买加经典菜品，如炖牛肉、红豆汤和咖喱羊肉等。

实用信息

西班牙镇的部分地区备受黑帮暴力问题困扰。谨防扒手，集市上尤其多。不要开车到市场附近，不要在远离闹市主街的地方游玩。

警察局（☎984-2775；Oxford Rd和Wellington St交叉路口）

邮局（☎984-2409；King St和Adelaide St交叉路口）

丰业银行（Scotiabank，☎984-3024；27 Adelaide St）

值得一游

坎农谷湿地（CANOE VALLEY WETLAND）

这片美丽的湿地是政府所有的**野生动物保护区**（☎377-8264；⏲周一至周六）免费，又被称为阿利盖特洞（Alligator Hole）。保护区的水流清澈，栖息着海牛及鳄鱼，颇负盛名。它们居住在湖蓝色池塘茂密的芦苇丛中，不容易看到。池水来自石灰岩崖壁底部涌出的水流。有大量水禽。

保护区有一个小型游客中心，会举办有关当地野生动物的展览。你可以乘着独木舟，在导游带领下用1小时的时间游览池塘风景，费用约为J$1000（小费另算）。

B12公路上有一条通往保护区的支路，位于**米尔克河水疗中心**（Milk River Bath）以北1.5公里处，并有指示牌标出。或者从**阿利盖特庞德**（Alligator Pond）出发，沿17公里长的美丽的海滨公路到达。不过，公路上经常空无一人。秋雨过后，路况会变得很差。

西班牙镇医院（☎984-3031；Bourkes Rd）有24小时急诊部。

到达和离开

哈夫韦垂出发乘坐21B长途汽车；帕拉德出发乘坐22或22A（J$100）长途汽车。在西班牙镇，长途汽车、小型公共汽车和专线出租车都从市汽车总站（Bourkes Rd）发车。在Bourkes Rd上的汽车总站东侧有出租车停靠站，出租车从这里出发。

梅彭及周边

梅彭（May Pen）

人口 48,500

梅彭是克拉伦登区（Clarendon parish）首府，位于金斯敦以西58公里处，是一座热闹的农业型城镇。周五和周六在主广场以南有集市。这个时候到处都是一片嘈杂，拥堵的道路令局面更加混乱不堪。

景点

哈尔斯宅邸 知名建筑

（Halse Hall；☎986-2215；⏲浏览提前预约）哈尔斯宅邸相当漂亮，位于梅彭以南5公里。房子曾经的主人是医生兼植物学家汉斯·斯隆爵士（Sir Hans Sloane），他所收藏的牙买加动植物标本后来成了伦敦自然历史博物馆（Natural History Museum）的重要藏品。哈尔斯宅邸如今为铝土公司美国铝业（Alcoa Minerals）所有，可以预约参观。

节日和活动

登比农业展览会 农业

（Denbigh Agricultural Show）登比农业展览会每年在城区以西3公里处的登比展览中心（Denbigh Showground）举办，时间是8月上旬独立日所在周的周末。届时，展会现场一片泥泞，到处都弥漫着臭烘烘的味道，人们在这里发出各种喧闹嘈杂的声音，但却有一种热闹的感觉。从不同地方赶来的农民展示着自家出产的成果，从山药到牲畜，应有尽有。现场表演和众多食品参展商使展会丰富多彩，不虚此行。

住宿

Hotel Versalles 酒店 $$

（☎986-2709；hotelversalles@cwjamaica.com；42 Longbridge Ave；房间 J$8000，套 J$10,000；P ❄ @ ≋）这家时尚酒店位于城区西南1公里处，房间、套房和单间布置得十分简单。在Mineral Lights环形交叉路口第二个左转弯处拐弯。

到达和当地交通

运输中心（见42页地图；Main St）位于主广场东南200米处，有多班长途汽车、小型公共汽车和专线出租车往返于金斯敦（J$150，1小时）、奥乔里奥斯、曼德维尔、内格里尔和米尔克河（Milk River）。

米尔克河水疗中心（Milk River Bath）

这是一家有名的水疗馆（☎449-6502；成人票/儿童票 每次J$400/200，酒店客人免费，按摩J$1000~4500；⏲7:00~22:00），自1794年开始营业。泉水来自朗德希尔山（Round Hill）山脚下涌出的盐矿温泉，这座山距离海洋3公里。水温终年保持在33摄氏度左右。

水疗馆附属于Milk River酒店，为政府所有。有公共浴室和私人浴室。很多人推荐这里的水，称其可以作为"滋补品"饮用，但实际上这种水是世界上放射性最强的。浴疗者只能在温泉里泡15分钟，但1天可以泡3次。水疗馆以北200米处是露天的米尔克河矿物温泉游泳池。

过了米尔克河水疗中心，沿土路走2.5公里就来到了布满黑沙的法夸尔海滩（Farquhars Beach），你可以在这里观看渔民修理渔网和小船。

Milk River酒店（☎449-6502；hotelmilkriver@yahoo.com；Clarendon；双不带/带浴室 J$6000/8000）是一家布局有些凌乱的酒店，带有白色的门廊。这里有阴凉的游廊和20间布置简单的舒适房间。温馨舒适的餐厅供应牙买加经典菜。也提供包三餐的住宿。

法夸尔海滩有两家不错的小饭馆。一家是Dian's Three Star Seafood Restaurant海鲜饭馆。这是一座天蓝色的棚屋，出售蒸鱼和简单的牙买加菜肴。另一家是位于海滩尽头的Jaddy's Rasta美食屋，出售美味的炸鱼、

鱼茶和饺子。

每天有2班从梅彭开往这里的公共汽车（J$150，45分钟）。

蓝山（BLUE MOUNTAINS）

蓝山峰的四周飘浮着天蓝色的薄雾，“蓝山”的名字由此而来。这道绵延45公里的山脉隐隐浮现在圣安德鲁、圣托马斯（St Thomas）、波特兰和圣玛丽（St Mary）等东部地区的上空。蓝山形成于白垩纪（Cretaceous Period）期间（1.44亿到0.65亿年以前），是牙买加岛上最古老的景观。作为景观之最的蓝山峰（Blue Mountain Peak，见69页）海拔2256米，每个到这里的人都应该来一场黎明前的徒步旅行，攀至顶峰观赏日出。

可以预料的是，蓝山的原始风景之所以大部分得以保留，很大程度上要“归功于”该地区道路不畅，难以通行。那里的道路蜿蜒狭窄，部分路段还是土路，不开四驱车根本无法通过，大雨过后尤为难走。如果打算游览蓝山，强烈建议你租一辆坚固的车子，联系导游或请酒店安排旅行事宜。

历史

蓝山丛林密布，地形险恶，艰苦的环境令所有人望而却步，但却难不倒那些意志坚定的定居者。17到18世纪期间，蓝山恶劣的条件为向风马龙人（Windward Maroons）创造了绝妙的藏身之地。他们从遥远的南妮镇（Nanny Town）要塞迁至此地，100多年来一直坚持反抗奴役和英国殖民政策。但蓝山最早是以咖啡种植闻名，自18世纪中叶克莱兹代尔（Clydesdale）附近第一家咖啡工厂开办以来，咖啡种植就成为蓝山的支柱产业。从蓝山再回到海边地区，你会发现圣托马斯区东南海岸同样以长时间的抗议和反抗斗争而闻名。即便到了今天，这种独立精神仍使得该地区人民与政府冲突不断。1993年政府宣布建立蓝山和约翰克罗国家公园，就是为了肯定该地区在生态和文化上的重要性。

ℹ 实用信息

蓝山和约翰克罗国家公园占地782平方公里，由**牙买加保护和发展基金会**（JCDT；☎960-2848；www.blueandjohncrowmountains.org；29 Dumbarton Ave, Kingston）管理。公园包括蓝山和约翰克罗山脉（the Blue and John Crow Mountain Ranges）森林保护区，横跨圣安德鲁、圣托马斯、波特兰和圣玛丽4个区。这里正在推广生态旅游，当地人也在接受导游培训。只能在指定地点露营，不建议在指定地点之外的荒野露营。

国家公园门票为US$5，可以在霍利韦尔娱乐场的**护林站**（ranger stations，🕘9:00~17:00）、通向蓝山峰的波特兰谷（Portland Gap）和JCDT金斯敦办事处购买。虽然不买门票也能比较轻松地进入公园，但还是希望你能付费进入，这些费用会以基金的形式直接用于道路维修、护林员工资以及环境保护等支出。JCDT可以提供有关导游和远足路线的建议，出售十分有用的《蓝山和约翰克罗山脉旅游指南》（*Guide to the Blue and John Crow Mountains*）。

爱尔兰镇（Irish Town）

沿Mammee River Rd向上就来到了爱尔兰镇，这是一个小小的村落，19世纪期间许多桶匠居住于此。土豆仍是当地的重要作物，足见这里爱尔兰传统的深厚。爱尔兰镇坐拥加勒比地区最豪华的度假村，颇负盛名。这里有**圣马克教堂**（St Mark's Chapel；见68页地图），它是一座漂亮的白色隔板教堂，遭吉尔伯特飓风毁坏后重建。雅致的**观景台画廊**（Observation Deck Gallery；见68页地图；☎944-8592；🕘周四至周日）中，本地艺术家蒂法尼·雷卡斯（Tiffany Recas）的雕塑和绘画最有特色；离市区很近。沿公路往上走，很快就能来到很棒的**Cafe Blue**（餐 J$700；🕘午餐），这家咖啡馆供应丰盛美味的三明治和蓝山咖啡，在金斯敦也颇受欢迎。隔壁的**Crystal Edge**（餐 J$1000；🕘午餐）专门烹制咖喱羊肉等牙买加经典菜品，是周日早午餐的热门之选。

从爱尔兰镇有一条土路通往锡安山（Mount Zion Hill）的拉斯特法里教徒聚居区。公社有50名大人和儿童，以自给自足的农业为生。社区居民极力排斥繁华的都市生活，但每周六他们也会在帕潘恩广场打鼓、跳舞，举办安息日聚会。

Blue Mountains 蓝山

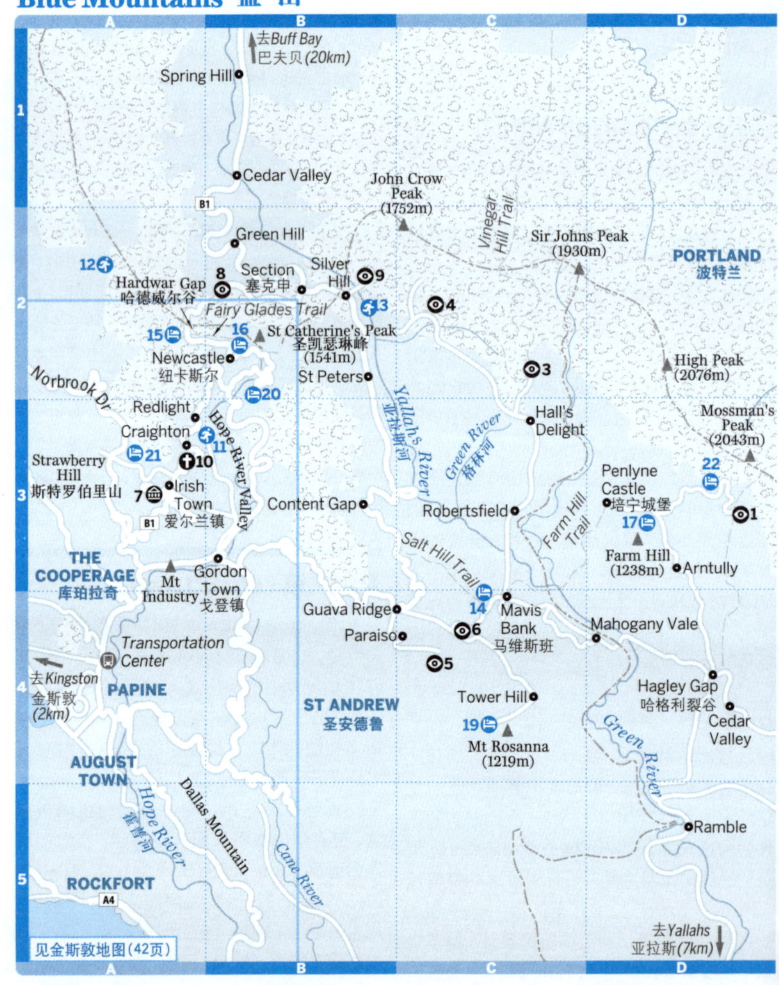

纽卡斯尔(Newcastle)

随着公路攀升到1220米的高度，一片开阔的阅兵场就展现在眼前。这片阅兵场由一尊小型加农炮守卫，广场旁的斜坡上矗立着一座军营。1841年，英军在此设立训练基地和康复中心，于是才有了今天的纽卡斯尔。1962年以来，军营一直驻扎着牙买加国防军(Jamaica Defense Force)。

注意白石墙上的标志(可以追溯到1884年)，它们被用来纪念驻扎此地的部队。参观者只能在食堂、商店、道路和阅兵场附近参观。

一条陡峭的土路从阅兵场向上一直延伸至圣凯瑟琳峰(St Catherine's Peak; 1小时)。需要事先获得军营的许可方可前往。

纽卡斯尔向上3公里，就来到了哈德威尔谷(Hardwar Gap, 1700米)。它位于“大山脊”(the Grand Ridge)之巅，也是一条令人血脉偾张的自行车赛道的起点。

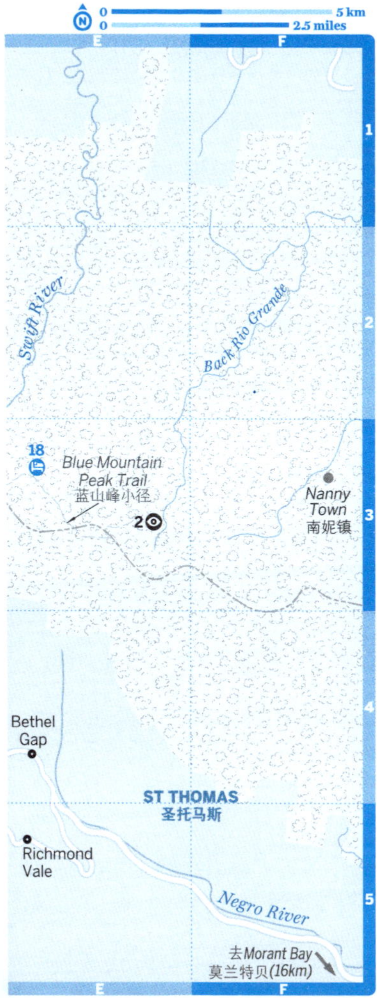

Blue Mountains 蓝 山

景点

1 阿比格林 D3
2 蓝山峰 E3
3 金鸡纳花园 C2
4 克莱兹代尔 C2
5 弗拉姆斯特德 C4
6 马维斯班咖啡工厂 C4
7 观景台画廊 A3
8 老客栈咖啡工厂 B2
9 银山咖啡工厂 B2
10 圣马克教堂 A3

活动、课程和团队游

11 Craighton Coffee Estate............ B3
Forres Park Guest House & Farm .... （见14）
12 Holywell Recreation Area............ A2
Mount Edge B&B .... （见20）
13 Starlight Chalet & Health Spa B2

住宿

14 Forres Park Guest House & Farm C4
15 Gap Café Bed & Breakfast A2
16 Heritage Gardens B2
17 Jah B's Guest House D3
18 Jamaica Conservation & Development Trust E3
19 Lime Tree Farm C4
20 Mount Edge B&B B2
21 Strawberry Hill............ A3
22 Whitfield Hall............ D3

景点和活动

克里顿咖啡庄园 咖啡庄园

（Craighton Coffee Estate；www.craightonestate.com；1小时游览 每人J$2000；⊙9:00～16:00）位于纽卡斯尔北侧，可以加入1小时游览的行列，参观有200年历史的美丽的克里顿庄园宅邸（Craighton Estate Great House）以及咖啡种植园。游览期间，博学的导游会为你讲解咖啡种植的基础知识。走过一段有些陡峭的道路，你会来到一片露台。四周咖啡树环绕，可以看到美丽的群山以及山下的村庄。安排咖啡品尝活动。

食宿

★ Mount Edge B&B 客栈 $

（☎351-5083，944-8151；www.17milepost.com；房间 J$4000～6000，共用卫生间 J$3000～4000；P@📶）这家特立独行的客栈位于山腰，内部错综复杂，房间色彩艳丽，浴室简单朴素，是个不错的经济之选。部分房间（以及休息室）视野极佳，可以俯视下方的山谷及EITS Café的有机蔬菜菜园。提供观鸟和骑车游览等项目。供应套餐，周租和月租的价格可以协商。

从种子到杯子：品味纯正蓝山咖啡

在更为凉爽的热带气候区，水分充足、排水良好的山坡最适宜咖啡生长。蓝山便是这样的地方。蓝山咖啡风味独特，没有苦味，被鉴赏家们称为世界上最棒的咖啡之一。而能被冠以“蓝山”名称的，必须是那些在特定区域特定高度上生长并烘焙的咖啡。

1728年，总督尼古拉斯·劳斯爵士（Sir Nicholas Lawes）将阿拉比卡咖啡（Arabica coffee）从邻近的法属圣多明戈（St Domingue，现在的海地）带到牙买加，种植在金斯敦以北的坦普尔·霍尔庄园（Temple Hall Estate）。此后由于欧洲对咖啡的需求不断增长，其他种植园主也纷纷效仿。海地革命（Haitian Revolution）后，许多法国种植园主在牙买加定居。他们带来了专门的技术，推动了咖啡产业的发展壮大。1800年到1840年，咖啡产业获得了前所未有的发展，年产量达到17,000吨，牙买加一跃成为全球最大的咖啡出口国。

1838年的解放运动令不少种植园被迫关闭。许多从前的黑奴离开庄园，开始自己种植咖啡。随着咖啡种植向更陡峭的山坡扩展，咖啡质量也开始下降。英国不再对牙买加咖啡实行特惠关税，这一做法进一步摧毁了牙买加的咖啡产业，而当时巴西出产的高品质咖啡则开始占领牙买加的市场份额。到第二次世界大战结束时，牙买加咖啡产业已经陷入绝境。这促使牙买加政府制定咖啡种植的质量准则，以拯救种植园。

近10年来蓝山咖啡再度受到欢迎，很大程度得益于日本人的追捧。在日本，它是一种很珍贵的商品，每公斤能卖到US$140甚至更多。80%以上的蓝山咖啡都以优惠税率出口到日本。

让人遗憾的是，由此而来的利润助长了人们砍伐森林的行为。咖啡种植者毁掉树木，以便获得宝贵的土地。但这种做法赶走了候鸟，也使得蓝山咖啡特别容易受到飓风的侵害。过去几年中，小农场主受到自然灾害的影响最为严重，这也从一个侧面凸显了这里的咖啡产业亟须更完善的规则和更大的投资。

目前共有26家大小不等的庄园获得了蓝山咖啡的认证，由牙买加咖啡工业委员会（Jamaica Coffee Industry Board）对其质量做出保证。几家庄园提供种植园和工厂参观项目，你可以了解这种世界上最珍贵的饮品生长制作的整个过程，并带上自己的咖啡豆回家享用。几乎全世界咖啡的整个种、产、销的过程都跟你在这里看到的基本一致，不会再复杂了。值得一去的庄园有**马维斯班咖啡工厂**（Mavis Bank Coffee Factory，见72页，马维斯班）、**克里顿咖啡庄园**（Craighton Coffee Estate，见69页，纽卡斯尔）和**老客栈咖啡工厂**（Old Tavern Coffee Estate，见71页，塞克申）。

★Rafjam Bed & Breakfast 客栈 $

（☎944.8094；www.rafjam.net；Red Light；房间 US$35~40，两室木屋 US$140）这家廉价客栈坐落于雷德莱特（Red Light）村旁，四周绿树环抱，景色优美。房间布置简单但舒适怡人，客栈主人热情友好。可以安排观鸟活动，提供远足导游。你也可以躺在吊床上，或者坐在露台的提基酒吧享受轻松时光。

Gap Café Bed & Breakfast 民宿 $

（☎319-2406；房间 J$6000）位于霍利韦尔娱乐场入口下方，是一栋舒适的德国童话里“糖果屋风格”的自炊式小屋，带有1间卧室和游廊。**咖啡馆**（周四至周日 早餐和午餐时段开放；晚餐需预订）是一睹美景的绝妙去处。在木质露台上用餐，品尝美味多汁的咖喱羊肉和熏猪排，还有口味更清淡的可口三明治。

Heritage Gardens 客栈 $$

（☎960-8627/0794；www.heritagegardensjamaica.com；木屋 J$15,000）位于纽卡斯尔阅兵场以东400米处。这栋简单而精巧的小木屋（配厨房、起居室和住家管理员）有3到4间卧室，设施完备。坐落于一座1750年左右建造的咖啡庄园中，可以眺望到金斯敦的美丽风景。往日的咖啡豆晒场如今变为一片花园。

EITS Café 有机菜 $$

（☎944-8151；早餐 J$800，沙拉 J$500，主

菜 J$1400起）Mount Edge B&B民宿中的这家餐厅名字中有“EITS”四个字母，是“Europe In The Summer”（夏日欧洲）的缩写，巧妙地概括了菜品特色。餐厅供应新鲜的有机蔬菜，主张“从农场到餐桌”的原则。

霍利韦尔休闲区（Holywell Recreation Area）

这个休闲区（见68页地图；☎960-2848；www.greenjamaica.org.jm；门票 US$5；⏲9:00～17:00）横跨哈德威尔谷（Hardwar Gap），保护着120公顷残余的森林，遍布数十种蕨类植物、附生植物、凤仙花、紫罗兰、旱金莲、野草莓及覆盆子。最高处的山坡云雾缭绕，生长着少见的原生山地密林，主要是松树，极其适合观鸟活动。有人值守的护林站离入口不远。培训中心偶尔会举办传统音乐和舞蹈表演等现场娱乐活动，还有专为小孩设计的户外游戏、讲故事和寻宝活动等（详情咨询牙买加保护和发展基金会，见59页）。每年2月的最后一个周日，这里都会举办Misty Bliss山会，活动包括马龙鼓表演、品尝美食及讲故事等。

维护良好、通行方便的小路通往不同的方向，穿过长满了蕨类植物的山谷、云雾森林和高山矮曲林。2.4公里长的奥特利山小径（Oatley Mountain Trail）通往河边，那是个沐浴的好地方。最好带上一位能指出各种不同植物的导游前来游览。全长2公里的瀑布小径沿溪流向下通往瀑布群（Cascade Waterfalls）。最近由于山体滑坡，导致水流减小。

允许野营（每人 J$423），还可以租一间配有简易厨房的乡村小屋（1/2室小屋 J$4233/5926）。这里有煤气灶和冰箱提供，但请自带被褥和食物。需要提前预约，特别是周末和节假日。

塞克申和克莱兹代尔（Section & Clydesdale）

道路从霍利韦尔往东北方向延伸，在塞克申村地势陡降，随后曲曲折折地通往村落以北29公里处的巴夫贝（本书撰写时因为山体滑坡无法通行）。在塞克申右转，沿路走1.5公里就到了脊峰。主路在这里往南一转进入Content Gap，最终与戈登镇到马维斯班的道路相连。往左的一条陡峭泥泞的土路顺着地势向下，通往外观朴素的银山咖啡工厂（Silver Hill Coffee Factory；见68页地图）。

克莱兹代尔（见68页地图）是一片荒废的咖啡种植园，适合野营。历尽沧桑的水车和咖啡磨坊只有一部分保留了下来。下方的克莱兹代尔河（Clydesdale River）上有一座可供人们裸泳的小型瀑布，以及一方天然水塘。据传河水具有治疗功效。

从塞克申出发，沿着往南到瓜维山脉（Guava Ridge）的崎岖道路前进；从圣彼得斯（St Peters）村往上走大约1公里就能找到通往克莱兹代尔的岔路。然后跨越布鲁克斯河（Brook's River）上的切斯特威尔桥（Chestervale Bridge），在Y字形岔路路口左转，沿一条陡峭的上坡路前进。一路上满是凹凸不平的岩石，只适合四驱车通行。

景点

老客栈咖啡工厂 咖啡庄园

（Old Tavern Coffee Estate；见68页地图；☎924-2785）老客栈咖啡工厂位于塞克申西南1.5公里处。多萝西·特怀曼（Dorothy Twyman）和她的儿子大卫（David）在这里生产出特级的蓝山咖啡。特怀曼一家欢迎访客参观，但须提前预约。你可以上一堂有关咖啡种植和生产的课，还有机会品尝烘焙过的阿拉比卡咖啡豆。一共有浅色、中色、深色3种烘焙程度，你可以选择其中2种。此外，他们还生产一种罕见的珠粒咖啡豆，这种咖啡豆口味清淡温和。

已故的亚历克斯·特怀曼（Alex Twyman）1958年从英国移民到牙买加，10年后开始种植咖啡。如今，他的儿子继续着他的事业。多萝西负责监督咖啡豆的烘焙，她通过亲自品尝的方式一丝不苟地进行质量控制。怀特曼一家颇具环保意识，尽量减少化学农药和化肥的使用，并且将所有的副产物做成堆肥施入土壤。

金鸡纳花园 花园

（Cinchona Gardens；见68页地图；需要向看管者付小费）这是一栋摇摇欲坠的老房子，坐落于占地2.5公顷的花园中。房子前是一片草地和精致的花卉。花园虽有些破败，但景色美不胜收：北面山峰耸立，向下可以看到克莱德（Clyde）、格林（Green）和亚拉斯河谷的美景。帕诺拉玛小径（Panorama Walk）从花园以东开始，穿过一片挺拔的竹林，沿途可以看到刺柏雪松、樟树和桉树，还有美丽的兰花。

1868年，阿萨姆茶（Assam tea）和金鸡纳树（树皮中提取的奎宁可以用于防治疟疾）的种植促使人们建立了金鸡纳花园。这片土地后来被改造成一片花园，为金斯敦供应鲜花。1903年，牙买加政府将金鸡纳花园租给了纽约植物园，后来又租给了史密森尼学会（Smithsonian Institute）。

没有导游带领很难找到花园。从克莱兹代尔出发到这里有2条线路：一条是步行（1.5小时），另一条是驾车沿着泥泞的土路向上走3公里。有几个路口没有设立标牌，需要多问路。一定要对糟糕的路况有足够的心理准备；带低速挡的四驱车绝对必要。也可以选择经过马维斯班的道路，那里人更多，但一样难走。

住宿

Starlight Chalet & Health Spa 酒店

（见68页地图；☎969-3070；www.starlightchalet.com；标单/双 US$80/90；套 US$95~285）这家偏僻的种植园风格的酒店位于一座开满鲜花的山坡花园中，望得见通往银山咖啡工厂的岔路口处那令人惊叹的高山美景。酒店是观鸟和徒步旅行的重要据点，提供自然漫步和瑜伽等活动项目，住客还可以在装饰朴素的水疗中心享受按摩服务。须预订。淡季时，你可以独享这片天地。由于路况十分糟糕，酒店提供接客服务。

戈登镇和瓜维山脉（Gordon Town & Guava Ridge）

戈登镇是一座海拔370米的小村庄，村子中心是一个开阔的广场，有一所警察局和一个小型法院。在Mammee River Rd从库珀拉奇（Cooperage）中断以前，戈登镇是前往纽卡斯尔途中的补给站。在广场右转，穿过狭窄的桥梁到达瓜维山脉，它是前往Content Gap和北部景点的脊峰交叉点，而马维斯班和蓝山峰就位于广场正前方。

百慕大山间小路一半土路，一半小道。从戈登镇开始，沿霍普河谷（Hope River Valley）延伸，之后往西北方向经过克里顿（Craighton）到达雷德莱特（Redlight）。

标记着“贝尔维尤宅邸”（Bellevue House，瓜维山脉以东50米）的道路穿过松树和桉树树林，通往**弗拉姆斯特德咖啡种植园**（Flamstead；见68页地图；☎960-0204）。须提前预约参观。贝尔维尤宅邸原本是爱德华·艾尔总督的宅邸，曾被用作瞭望台，霍雷肖·纳尔逊（Horatio Nelson）和其他英国海军军官就是在这里眺望罗亚尔港基地的。在这里，你可以俯视帕利萨多斯（Palisadoes）和金斯敦港令人惊叹的美景。

马维斯班（Mavis Bank）

马维斯班距离金斯敦1小时车程，是这个咖啡王国中部的一座整洁的小村庄。

景点和活动

马维斯班咖啡工厂 咖啡庄园

（Mavis Bank Coffee Factory；见68页地图；☎977-8015；团队游 J$1000；⊙周一至周五 10:00~14:00）工厂建于1923年，位于马维斯班西南1公里处。它是牙买加最大的咖啡工厂，生产“Jablum”牌蓝山咖啡。可以要求主“杯测者”演示“杯测”（即品尝）过程，这是一种鉴定高质量咖啡的技术。可以提前电话预约去参观工厂，看一看咖啡豆（当季）的烘干和加工过程。在本次“从浆果到杯子”的咖啡之旅即将结束的时候，你可以以优惠的价格买到烘焙过的咖啡豆。

农场山小径 徒步

（Farm Hill Trail）小径起点在圣公会教堂旁边，穿过亚拉斯河（Yallahs River）和格林河（Green River），向上走8公里（1.5到2小时）到达培宁城堡（Penlyne Castle），再往前就是蓝山峰。

住宿

Forres Park Guest House & Farm 客栈 $$

（见68页地图；☎927-8275；www.forrespark.com；木屋 US$75；房间 US$90~220；Ⓟ）这家客

栈是观鸟的最佳之选。所有房间都有阳台，最豪华的甚至配有冲浪浴缸。美味的食物根据客人要求随时奉上，非客栈住客也可以享用美食。可以租山地自行车，或者在结束了艰难但有益的徒步旅行之后，享受客栈的水疗护理。提供团队游和徒步导览游旅行项目，须预约。

★ **Lime Tree Farm** 精品酒店 $$$

（见68页地图；☎881-8788；www.limetreefarm.com；双包食宿小屋 US$326；P）酒店将小型咖啡农场与独有的全包式服务相结合，吸引力十足。它有3间宽敞豪华的小屋，看得到令人惊叹的山间美景，客人还可以在漂亮的露天酒吧中享用可口的食物。全包套餐包含带酒水的晚餐、金斯敦往返交通以及多种观鸟和徒步旅行活动。

哈格利裂谷和培宁城堡（Hagley Gap &Penlyne Castle）

哈格利裂谷破败的村庄坐落于马维斯班东面的小山旁，是进入蓝山峰（见74页）的门户。道路在村中分岔，一条通往培宁城堡的光秃秃的土路顺着险峻的地势向上延伸。

培宁城堡是往返于蓝山峰12公里长的徒步旅程的据点。因为需要在凌晨起床赶路，多数徒步旅行者选择在培宁城堡附近的简易小屋过夜。

带上保暖的防水服装。这里气候多变，前一分钟山间还阳光照耀，转瞬间便阴云密布，气温骤降。

从哈格利裂谷出发，沿着向上延伸的陡峻土路前行5公里便可到达培宁城堡。如此崎岖狭窄的道路只有低速挡的四驱车才能通过。

住宿

Jah B' s Guest House 客栈 $

（见68页地图；☎377-5206；bobotamo@yahoo.com；铺/房间 J$20/30；P）这家友好的客栈由信奉波波拉斯特法里教的人家经营，备受穷游者欢迎。这里朴素而舒适，拥有双

蓝山徒步

蓝山是所有徒步者的梦想，山中纵横交错地分布着30条可以识别的小路。由于资金不足或缺少生态保护项目的管理，不少道路杂草丛生，但其他的那些都是当地人来往的重要通道。最热门的线路是一条维护良好的陡峻小路，小路通往“顶峰”（The Peak）。在牙买加，“顶峰”特指蓝山峰。

很少有指示牌标记出这些被当地人叫作“tracks”的小路，但你可以从霍利韦尔的护林站获得最新信息。如果某条路太难走，就请立刻返回。因为山间救援并不及时，你可能在山中迷失数天。向当地人问路时要记住一点，就是他们口中的“只有一点点路”实际上可能要走好几个小时。

如果一个人徒步旅行，通常应采取下列预防措施：

- 穿一双结实的登山鞋
- 带上零食、充足的水和手电筒
- 告知他人你要去往哪里

购买英国地形测量局（Ordnance Survey）绘制的比例为1:50,000或1:12,500的系列地形图，**测量局**（Survey Department，☎750-5263；www.nla.gov.jm；23 1/2 Charles St，Kingston）有售。

可以从哈格利裂谷和培宁城堡的客栈或本地多数住处雇用导游，价格半天J$5000，全天J$7000。提供蓝山徒步导览游项目的有：

- **Forres Park Guest House & Farm**（见68页地图；☎927-8275；www.forrespark.com）
- **牙买加保护和发展基金会**（Jamaica Conservation & Development Trust，见67页）负责管理国家公园中的道路，可以为你推荐徒步旅行的导游。
- **Mount Edge B&B**（见69页）

层床和布置简单的客房。Jah B的儿子Alex一边在大麻的烟雾中烹制有机无盐蔬菜食物，一边和住客们轻松说笑。他可以帮你安排从金斯敦转车。

Whitfield Hall 客栈 $

（见68页地图；☎878-0514；www.whitfieldhall.com；露营每顶帐篷 US$103，铺 US$20；标单/双 US$30/55；Ⓟ）客栈前身是一座种植园，其历史可以追溯至1776年。它被一片松林环抱，颇具情调。但设施非常简单（不通电），配有公共浴室和厨房。休息室很像一座幽暗的洞穴，有巨大的壁炉，天花板被烟熏得发黄。可以在树下的草坪上露营。预订丰盛的早餐（US$8）或午餐/晚餐（US$9）。

蓝山峰（Blue Mountain Peak）

从培宁城堡到2256米高的蓝山峰有950米的高度差，步行单程需要3~4小时。这段路程算不上是个多么严峻的挑战，但也要求你的身体足够强壮。

蓝山当地交通

自驾游是享受蓝山美景的最佳方式，因为村与村之间的公共交通比较稀少，许多景点无法到达。不少山区客栈可以安排转车。

乘小汽车

蓝山道路蜿蜒曲折，而且比较狭窄。部分路段植物过度繁茂，路面崎岖不平。不少拐角处极其隐蔽。要经常鸣喇叭，并且当心开车鲁莽的本地司机。

主路一般可供多数车辆通行，离人们常走的道路更远的地方，道路质量会迅速下降（尤其在大雨过后），带低速挡的坚固的四驱车是明智的选择。如果出现类似情况，正文里都会对路况有所提及。

从金斯敦出发，沿Hope Rd路到达潘帕恩，再从潘帕恩沿Gordon Town Rd路（B1）进入蓝山。潘帕恩是进山前最后一个可以加油的地方，一定要确保你的油箱是满的。道路在库珀拉奇一分为二。Mammee River Rd向左转弯，沿着陡峭的山势向上通往斯特罗伯里山景区（爱尔兰镇附近）和纽卡斯尔。而Gordon Town Rd从库珀拉奇继续向前，往东蜿蜒向上至霍普河谷（Hope River Valley），随后沿陡峭的地势进入马维斯班和哈格利裂谷（前往蓝山峰）。B1公路穿过蓝山，一直通向巴夫贝（Buff Bay）。建议驾四驱车前往；这条路常常因为山体滑坡而关闭，所以出发前应确认路况。

乘公共交通工具

金斯敦的哈夫韦垂每小时有1班沿Hope Rd到潘帕恩的长途汽车（J$100，20分钟），可以从潘帕恩前往蓝山。小型公共汽车和专线出租车从潘帕恩主广场的Park View超市附近出发。前往蓝山有2条主要线路：一条经戈登镇到达马维斯班和哈格利裂谷（去往蓝山峰），另一条经爱尔兰镇到达纽卡斯尔和塞克申。发车频率依旅客需求而定，不过2条主要线路至少早上和下午各有1班。

参考票价为：马维斯班（J$250，1.5小时）、爱尔兰镇（J$150，45分钟）和纽卡斯尔（J$250，1.25小时）。租专线出租车的话，要有讨价还价的准备。B1公路没有去往巴夫贝的定期班车。

骑山地自行车

骑山地自行车游览蓝山是一种激动人心的体验，车子越结实越好，因为路途险峻而且艰难。奥乔里奥斯的蓝山自行车骑行队（Blue Mountain Bicycle Tour，见78页）提供金斯敦和奥乔里奥斯接人和转车前往哈德威尔谷的服务，还可以安排令人兴奋的自行车下山之旅。可能停靠的地点中有一家咖啡烘焙馆，最多可容纳43人。Mount Edge B&B（见69页）提供类似的旅行项目，人数较少，也是从哈德威尔谷出发。每次出发前一定要检查车子的情况。

不要错过

斯特罗伯里山

斯特罗伯里山（Strawberry Hill；见68页地图；☎946-1958；www.islandoutpost.com/strawberry_hill；房间/套/别墅含早餐和转车 US$355/455/595；P❄📶🏊）位于爱尔兰镇以北，是个奢华的清静之地。它是牙买加最棒的旅游胜地之一，深受唱片大亨克里斯·布莱克威尔（Chris Blackwell）的钟爱。可以坐在无边缘泳池边的躺椅上，遥望金斯敦和950米之下的海湾。还可以在一片九重葛中徜徉，或在印度传统医药的水疗（Ayurvedic spa）中享受轻松时光。

加勒比风格的小木屋类型不一：有设施齐全的红木单间套房，每间都摆放着有床幔的四柱床，床上有加热床垫；还有坐落于山坡之上的双层小楼，内有4间卧室。收费中包括丰盛的早餐以及转车费。除了观鸟、徒步旅行或其他旅行项目，斯特罗伯里山全年都会举办许多特别活动。

许多金斯敦人为了享受牙买加最精致的新式菜肴（晚餐 US$25至US$55，周日早午餐J$3000），不惜跋山涉水地来到这里。需要提前预约。

多数徒步旅行者会在凌晨2:00从培宁城堡出发，登至峰顶看日出。吃过麦片配咖啡的早餐，人们就沿着小径出发了。沿途是往返路程12公里的山间小路，四周漆黑一片。需要准备好手电筒和一组备用电池，以防万一。第一段路蜿蜒险峻，路面上布满石子，是最难走的一段，有"雅各的天梯"（Jacob's Ladder）之称，是通向天堂之门的路径。途中在波特兰谷（Portland Gap）有一座木屋护林站，在这里交纳US$5的公园门票。

路上可以听到从山下很远处传来的雷鬼音乐声，和蟋蟀、蝈蝈的叫声交织在一起。无数peeny-wally在你眼前飞过，用荧光互发信号。

你应该在5:30左右到达峰顶。那时候天还没亮，眼前的景色渐渐清晰起来：平坦的土丘上隆起几座金字塔型的山峰，三点布局也挺对称[在云层中很容易将山顶小屋左侧稍小的懒人峰（Lazy Man's Peak）误当成是蓝山主峰]。如果天气晴朗，站在峰顶可以看到144公里之外的古巴。高耸的山峰投下巨大的阴影，笼罩着山下的土地。来点简单的吃喝犒劳自己后，就该下山了。途中会穿过几个独特的生态系统：为适应寒冷的环境而生长得极其矮小的森林，有多毛的皂树和桃金娘木类的树木，高度不超过2.5米；之后是云雾林，丝状的地衣从树上垂下，到处生长着附生植物和苔藓，野草莓点缀其中；再往下会看到竹子和巨大的原生桫椤。导游会说明蓝山咖啡的种植过程，随后返回住处，正好赶得上早午餐。

在没有导游的情况下，千万不要在夜晚徒步。主路分出的岔路无数，很容易迷路。登山靴或结实的步行鞋最佳，但运动鞋也足够，只是脚容易出汗。在山顶上，日出前的气温接近零度，要多穿点衣服。天气说变就变，雨具必不可少。

牙买加保护和发展基金会（☎960-2848；960-2849；www.jcdt.org.jm；29 Dumbarton Ave, Kingston 10；帐篷 J$170；铺 J$423）在波特兰谷[阿比格林（Abbey Green）向上4公里，见68页地图]小路一半的地方运营着2间简单的木屋。可以在有烹饪区和自来水的野外露营。自带帐篷，睡双层床（自带睡袋）或睡在地上（可以租泡沫垫；J$150）。需提前预约。

东南沿海

位于牙买加东南角的圣托马斯区是牙买加最不发达的地区之一，但这也恰恰是其魅力所在。如果在偏远的村庄中看到奥比巫术（obeah）圈，你也不必惊讶，因为这些地方确实与奥比巫术有着千丝万缕的联系。

亚拉斯及周边（Yallahs & Around）

亚拉斯位于布尔湾东南，圣安德鲁和圣托马斯两区交界处。A4公路从金斯敦开始，经过一段U型下坡路，然后蜿蜒穿过灌木遍布的乡村，最后到达亚拉斯海滨。亚拉斯Main St上的烟熏肉小摊是不错的休息站。过了亚拉斯，是一片长长的深灰色海滩，海滩上停放着五颜六色的独木舟，向东延伸至莫兰特贝。一条只能供四驱车通行的坑洼的土路向北钻入哈格利裂谷的群山之中。

亚拉斯的东面，两个巨大的盐池被狭窄的弯月形沙岬包围。由于水分不断蒸发，盐池盐分极高。这里有个传说：一位英国种植园主因为心爱的姑娘嫁给了自己的哥哥而伤心不已，他的泪水形成了盐池。水中生长着茂盛的水藻，因而盐池常常呈深粉色，还会散发出刺鼻的硫化氢（臭鸡蛋气体）味道。

莫兰特贝（Morant Bay）

人口 9400

莫兰特贝坐落于海滨公路后面的小山上，它曾经在牙买加历史中发挥了关键作用。如今，它不过是一座拥有热闹的中心市场的普通城市，昔日制糖重镇的繁荣早已远去。在1865年由民族英雄保罗·伯格（Paul Bogle）领导的"莫兰特贝叛乱"（Morant Bay Rebellion）中，城中大部分殖民时代的早期建筑都被烧毁，但仍有几处保留了下来。

10月11日是保罗·伯格纪念日（Paul Bogle Day），当天城市广场上会举办派对以及从Stony Gut出发的10公里公路赛跑。

景点

莫兰特贝以东是椰林成行的美丽的Lyssons Beach，它是牙买加为数不多免费向本地人开放（停车收费）的一处公共海滩。

法院及周边 历史建筑

（Courthouse & Around）1865年，莫兰特港法院在叛乱中被毁。后来，人们使用石灰岩和红砖对其进行了重建。但2007年年初，一场大火再次将法院夷为平地。废墟耸立在空空的雕塑底座之后，底座上曾经摆放着埃德娜·曼利（Edna Manley）雕刻的保罗·伯格双手紧握弯刀刀柄的雕像。伯格就被葬在法院旁边，附近有一座集体坟墓，埋葬了叛乱中牺牲的许多奴隶。

法院斜对面有一座漂亮的黄褐色圣公会教堂，其历史可以追溯至1881年。

实用信息

警察局（7 South St）位于老法院旁边。

丰业银行（23 Queen St）在德士古加油站对面。

到达和离开

有开往金斯敦（J$160至J$250，2小时，1天3班）和安东尼奥港（J$160至J$300，2.5小时，1天2班）的长途汽车。城市西端的A4公路旁有一座壳牌加油站，小型公共汽车和专线出租车从加油站旁发车，最终返回这里。

休憩地（Retreat）

休憩地是莫兰特贝以东5公里的海边的一片小住宅区，吸引了许多金斯敦居民来这里过周末。它坐落于牙买加南海岸两处怡人的海滩之间。黄金海岸沙滩（Golden Shore Beach）名副其实，但从公路上看不到，需要留意手写的指示牌。再往东是公共海水浴场普罗斯佩克特海滩（Prospect Beach）。

巴斯（Bath）

巴斯位于莫兰特港以北10公里处一条风景秀丽的小路旁。它坐落于普兰廷加登河（Plantain Garden River）河畔，四周围绕着甘蔗和香蕉种植园。17世纪晚期，巴斯后面的山丘上发现了矿物温泉，一时间吸引了大批社交名流，这才有了今天的小镇。金斯敦市中心的公共汽车总站每天都有发往巴斯的小型公共汽车和专线出租车（J$250，90分钟）。

景点和活动

巴斯喷泉 温泉

（Bath Fountain；按摩 J$2000，巴斯浴屋 20分钟洗浴 1/2人 J$350/550；⌚巴斯浴屋 8:00~21:30）相传有一位马龙人发现了这里的温泉，治愈了其多年的腿部溃疡。1699年，政府买下温泉，成立公司，管理供病弱者使用的矿泉浴。泉水富含硫磺和石灰，有轻微的放射性，对皮肤和风湿类疾病具有治疗价值。

可以步行前往Bath Hotel and Spa以北50米的免费温泉，不过必须躲开那些提供按摩服务的所谓“导游”。也可以在Bath Fountain Hotel & Spa的水疗馆安安静静地泡个温泉。这家舒适的水疗馆提供多种按摩服务，周末要早点到。找到巴斯教堂对面的小路，沿路向上走3公里就能到达这里。

巴斯植物园 花园

（Bath Botanical Garden; ⏲黎明至黄昏）**免费** 小镇东端有一座石灰岩教堂，这里就是植物园的入口。该植物园建立于1779年，如今已经有些破败。牙买加引进的外来植物最初都种在这里，其中就有1793年布莱船长（Captain Bligh）从南太平洋带来的面包果。每年人们都会在9月的巴斯面包果节（Bath's Breadfruit Festival）纪念面包果进入牙买加，如今它已成为牙买加的重要主食。

巴斯喷泉-鲍登围栏徒步 徒步

（Bath Fountain-Bowden Pen Trek）一日徒步旅行从巴斯喷泉出发，跨越库纳库纳谷（Cuna Cuna Gap）到达鲍登围栏（Bowden Pen）。该线路之前是马龙人的贸易通道，仅适于经验丰富的徒步旅行者。可以雇用JCDT的导游，或从测量局（见226页）购买英国地形测量局绘制的1:12,500比例系列地图中的19号（圣托马斯区）和14号（波特兰区）地图，了解详细信息。

食宿

Bath Fountain Hotel & Spa 酒店 $

（☎703-4154；房间公共浴室/独立浴室J$3600/4450，豪华客房 J$6000；Ⓟ）在这里，你唯一的选择就是这家18世纪殖民时期的粉红色酒店。酒店一楼有水疗浴。朴素的白色卧室布置简单。酒店的小餐馆供应牙买加菜肴和早餐。

奥乔里奥斯、安东尼奥港和北部海岸

包括 ➡

最佳餐饮

- Toscanini（见88页）
- Whalers（见86页）
- Boston Bay jerk stands（见109页）
- Dickie's Best Kept Secret（见104页）
- Mille Fleurs（见108页）

最佳住宿

- Reggae Hostel（见85页）
- Gee Jam（见108页）
- Ambassabeth Cabins（见111页）
- Great Huts（见109页）
- Cottage at TeMoana（见85页）

为何去

奥乔里奥斯——牙买加第三大城市，北部海岸主要的旅游景区。邮轮将大批游客带到这里，如果说奥乔里奥斯市有时候会让人感觉像个主题公园般乏善可陈，那么游客们前来这个城市则有更好的理由——周边地区有岛上最为美丽的一些自然景观，非常受欢迎。从人工种植园到揭示牙买加凝重悠久历史的风景名胜，无不让你目不暇接、流连忘返。

相比较而言，寂静的波特兰（Portland）是牙买加目前最不发达的度假地，却也是地势最为崎岖、景色最为美丽的地方。植被茂密的群山之间沟壑纵横，湍急的河流一直延伸到白色沙滩的边缘，清凉的蓝色浪花翻滚着卷入遍布着海滩的海湾。当地人热情友好，生活悠闲平和。从安东尼奥港出发，你可以去探索风光秀丽但人迹罕至的沙滩，或者去山里、热带雨林里徒步和观鸟。

何时去

奥乔里奥斯

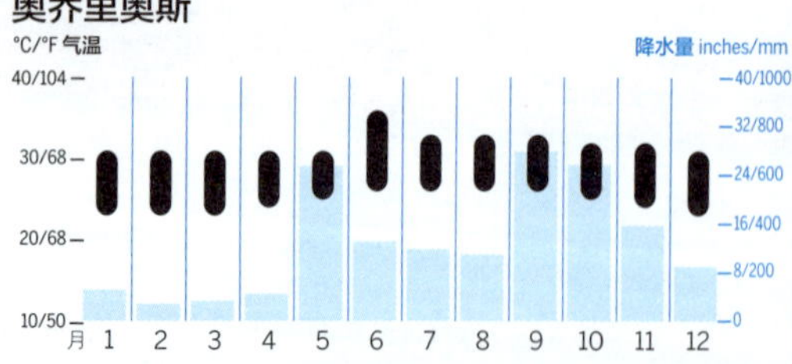

2月 天气相对干燥，并且你将有机会体验"共度好时光节"。

8月至10月 阴雨绵绵，但此时的海风将有助于你体验真正的冲浪冒险。

12月至次年3月 即使在旅游高峰期，这个地区也不会像牙买加其他地区一样挤满游客。

奥乔里奥斯(OCHO RIOS)

人口 17,000

奥乔里奥斯坐落在一个小海湾内，四周风景如画。这里以前是个小渔村，20世纪80年代中期，牙买加旅游局在此开发旅游业。邮轮经常停靠在“奥乔”中心码头，这一带因此成为小城中心，但也不可避免地“拥挤”起来，热情的“导游”和兜售纪念品的小贩更是平添了不少热闹气氛。然而，旅游同样给这座城市带来了数不清的各国风味美食和两种不同的夜生活：即兴而不讲究的俱乐部舞厅和海滩音乐，另有夜场卡拉OK和狂饮泳装聚会，任你选择。如果你热爱运动、有良好的环境适应能力，想去探索北部海岸或参加轻松而组织完善的“冒险”，比如树冠之旅、骑马之旅和瀑布攀岩等，奥乔里奥斯是理想的大本营。

历史

奥乔里奥斯的名字是对西班牙语“急流”(chorreros)一词的误读。奥乔里奥斯的西部不仅是哥伦布首次登陆牙买加的地点，而且是西班牙的第一个殖民据点，这里还见证了西班牙在牙买加新河(Rio Nuevo)附近的最后一个殖民地。这里曾是英国人管理的奴隶种植园，蔗糖和西班牙甜椒一直是本地的主要作物，20世纪中期以后，铝矿业和旅游业取代种植业成为主要产业。

景点

★邓斯河瀑布

瀑布

(Dunn's River Falls; ☎876 974-2857; www.dunnsriverfallsja.com; 成人票/儿童票 US$20/12; ⏲周六至周二 8:30~16:00，周三至周五 7:00~16:00)这些闻名遐迩的瀑布位于城市以西3公里处，是牙买加最挣钱的旅游景点。有时候，大批涌入的游客使这座城市似乎更像是主题公园，而不是自然奇观，但这并没有影响到游客们来此攀岩的兴致。你可以攀爬巨大的石灰岩层，观赏一系列壮观的瀑布和飞流从高达180米的地方落下。水流清爽怡人，高大的雨林遮天蔽日。

攀岩时，导游会给你一些小建议，但不一定都能派上用场。有些地方水流比较汹涌，不过身体强壮的人大多可以轻松地攀登。泳装是必备品，你可以在更衣间换衣服，还可以租到储物柜(J$500)和塑料凉鞋(J$500)。公园里还有食物小摊、餐馆、儿童游乐场地和硬性推销的手工艺品。

尽量在没有邮轮停靠的时候去参观，最理想的时间是早晨公园开门的时候。从奥乔里奥斯到圣安斯贝的专线出租车(J$100)可以一直行驶到景区入口处。

★神秘岭

游乐园

(Mystic Mountain; www.rainforestbobsledjamaica.com; 成人票/儿童票 US$47/23; ⏲9:00~16:00)神秘岭是奥乔市最大的旅游景点之一，你可以沿着森林里纵横交错的高空滑索参加这里颇具特色的树冠之旅，或穿越茂密枝叶的长撬之旅。

一进公园便是穿越森林的“天行者”空中缆椅，人坐在上面，可以俯瞰沿途海岸的风景。除了让人肾上腺素飙升的长撬和滑索，这里还有精彩的牙买加体育运动表演，另外有一个现代化的加勒比菜餐馆和一个带滑梯的巨大水上乐园。

这些游乐项目价格不菲：“天行者”空中缆椅和长撬的套票价格是US$69；空中缆椅和高空滑索的套票价格是US$115，而全部三个项目的套票则只需US$137。尽量避免有邮轮停靠的时候去公园。

神秘岭在奥乔里奥斯以西3公里处，乘坐开往圣安斯贝的专线出租车(J$100)可达。

海豚洞

邂逅海豚

(Dolphin Cove; ☎974-5335; www.dolphincovejamaica.com; 门票 US$45，海豚组合门票 US$69~195; ⏲8:30~17:30)这个洞穴临近邓斯河瀑布，广受邮轮游客的欢迎。你可以和海豚一起游泳。基本的门票费包括一个水族馆和一个迷你动物园的游览，以及跟黄貂鱼浮潜和乘坐透明玻璃底的皮划艇。

有几个不错的海豚游玩“组合”，包括抚摸海豚，让它们自由游泳。注意，牙买加的环境保护基金会和鲸类保护组织反对这些聪明的动物给人表演，它们在自然环境中一天之内可以成群结队游上几百公里。在牙买加表演的大多数海豚都是从野外环境中捕来的。

奥乔里奥斯、安东尼奥港和北部海岸亮点

❶ 攀爬**邓斯河瀑布**（见79页），世界上最有名的瀑布之一。

❷ 在剧作家诺埃尔·科沃德（Noël Coward）保存完好的旧居**Firefly**（见93页）里，欣赏令人咋舌的美景。

❸ 骑马探索来到牙买加的第一批西班牙人定居地——**梅马塞维利亚宅邸和遗产公园**（见95页）。

❹ 在**神秘岭**（见79页）坐上空中缆椅，将海岸全景尽收眼底，沿着牙买加距离最长的树冠滑索呼啸而下。

❺ 沿着风景如画的**安东尼奥港**（见100页）的街道漫步。

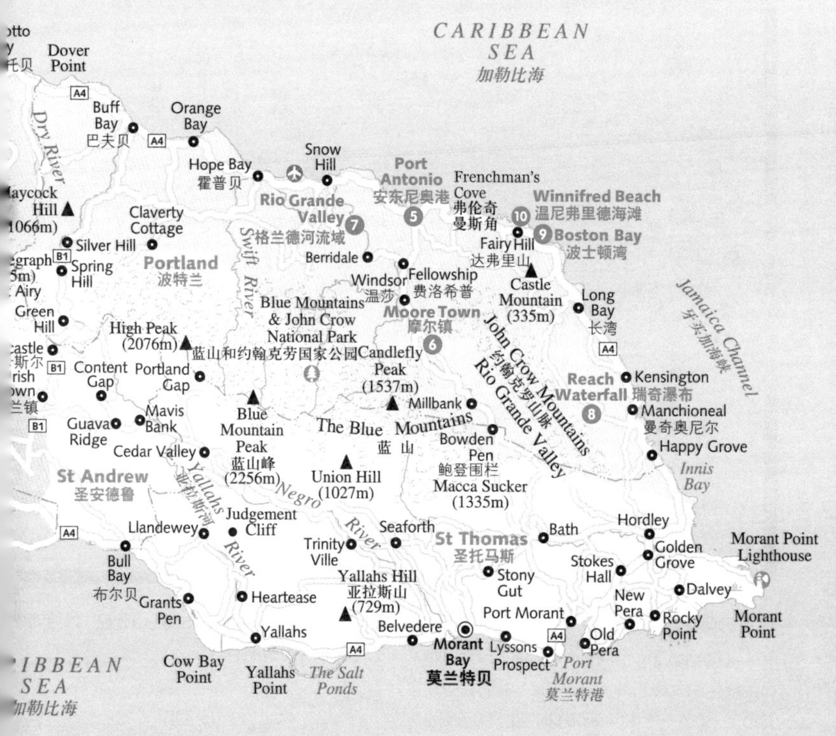

6 在**摩尔镇**（见111页）听向风马龙人长辈的故事。

7 撑着竹筏欢快地漂向格兰德河下游，在青翠的**格兰德河流域**（见110页）经过从前的香蕉种植园。

8 从下面的水池仰望原生态的**瑞奇瀑布**（见110页）。

9 在**波士顿湾**（见109页）跟当地的冲浪者一起迎风破浪，饱餐美味的牙买加烟熏肉。

10 尽情享受**温尼弗里德海滩**（见106页），白色的沙滩环抱着一片美丽的海湾。

Ocho Rios 奥乔里奥斯

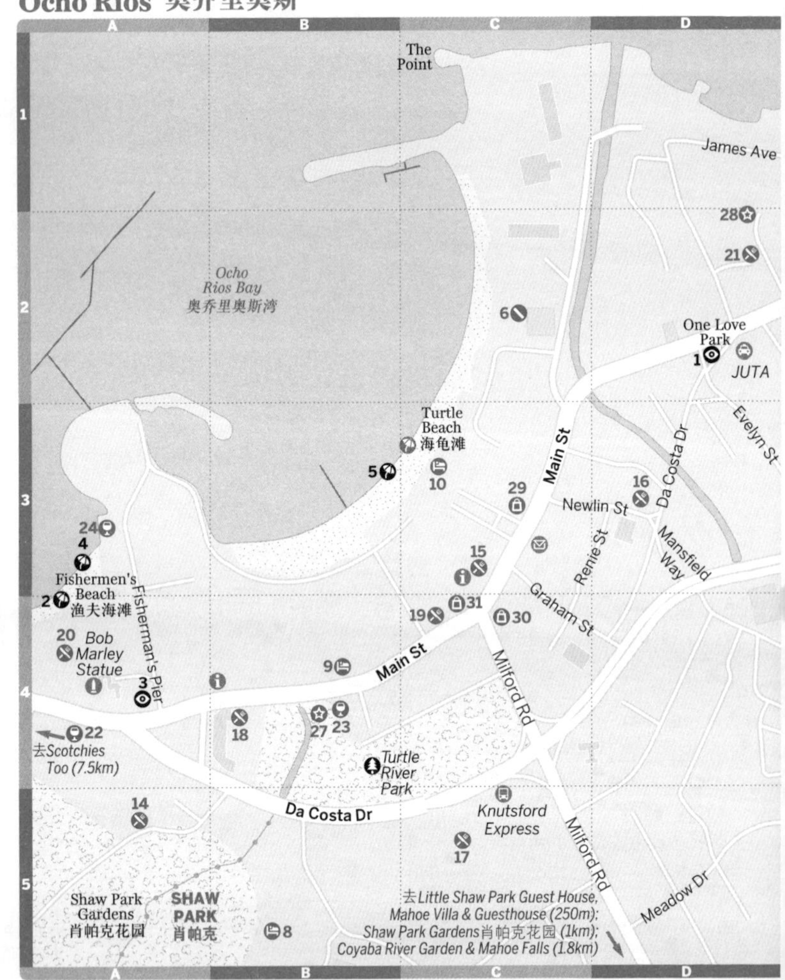

柯亚巴河花园和马霍伊瀑布 花园

（Coyaba River Garden & Mahoe Falls; www.coyabagardens.com; Shaw Park Rd; 门票 成人/儿童 J$1000/500; ⏲8:00~18:00）柯亚巴（Coyaba）在阿拉瓦语中是“天堂”的意思，而这个花园可谓名副其实。步道和小径蜿蜒经过游泳池和小溪，穿过奥乔里奥斯最整洁优美的花园。展品丰富的柯亚巴博物馆（Coyaba Museum）记录了牙买加的历史。站在Ysassi's瞭望台上可以俯瞰壮丽的全景，邻近瞭望塔的马霍伊瀑布景色迷人，非常适合游泳。柯亚巴在圣约翰教堂（St John's Church，在A3公路）以西约2公里处，沿途有路标。

肖帕克花园 花园

（Shaw Park Gardens; www.shawparkgardens.com; 门票 J$1000; ⏲8:00~17:00）花园里有种类丰富的热带蕨类植物和凤梨科植物、棕榈树和奇异的灌木，覆盖面积超过11公顷，环绕在一座18世纪的大房子周围。小路和木质的台阶延伸穿过瀑布，与沿山坡而下的梯田连为一体。有一座观景平台可以鸟瞰奥乔里奥斯。该花园就在公共图书馆（在A3公路）的对面。

岛屿村庄

娱乐中心

（Island Village；☎974-8353；村庄/海滩 免费/J$200；⊙9:00至午夜）这家独立的娱乐公园自2002年开业以来极大地改变了奥乔里奥斯的城市面貌。这个占地2公顷的公园号称要建一座“牙买加沿海村庄”。但事实却相去甚远，不过这里却有宁静的沙滩、高档工艺品店、电影院、吉米·巴菲特（Jimmy Buffett）的Margaritaville bar（见88页）和**Blue Mont**（岛屿村庄；餐 J$700；⊙早餐、午餐和晚餐）咖啡馆，以及一个进行现场表演的竞技场。

Ocho Rios 奥乔里奥斯

景点

1 钟塔......D2
2 渔夫海滩......A4
3 岛屿村庄......A4
4 岛屿村庄海滩......A3
5 奥乔里奥斯湾......B3

活动、课程和团队游

6 Garfield Diving Station......C2
岛屿村庄海滩......（见4）

住宿

7 Hibiscus Lodge......E1
8 Mystic Ridge......B5
9 Reggae Hostel......B4
10 Rooms......C3
11 Silver Seas......E1

就餐

12 Almond Tree Restaurant......F1
Blue Mont......（见3）
13 Centre Spot......E1
14 Evita's......A5
15 Healthy Way......C3
16 Juici Patties......D3
17 Ocho Rios Jerk Centre......C5
18 Passage to India......B4
19 Tropical Kitchen......C4
20 Whalers......A4
21 World of Fish......D2

饮品和夜生活

22 Jimmy Buffett's Margaritaville......A4
23 John Crow's Tavern......B4
24 Ocean's 11 Watering Hole......A3

娱乐

25 Amnesia......E2
26 Blitz......E2
27 Nexus......B4
28 Roof Club......D2

购物

29 Ocho Rios Craft Park......C3
30 Olde Craft Market......C4
31 Vibes Music Shack......C4

海滩

奥乔里奥斯湾

海滩

（Ocho Rios Bay；门票 J$200；⊙8:00~17:00；🐾）奥乔里奥斯海滩主体是一片长月

牙状的隔离海滩，也被称为海龟滩（Turtle Beach）。奥乔里奥斯湾广受游客欢迎，它从海龟塔（Turtle Tower）高级公寓一直向东到达万丽大酒店（Renaissance Jamaica Grande Resort）。海滩上设有更衣间，还有棕榈树可以遮阳。

岛屿村庄海滩 海滩

（Island Village Beach；门票 J$250；⊙6:00~18:00）岛屿村庄海滩位于Main St的最西端，这是一片平静的较小型海滩，可以租用储物柜、毛巾、沙滩椅和遮阳伞。还可以参加各式各样的水上运动项目。

渔夫海滩 海滩

（Fishermen' s Beach）免费 渔夫海滩正好位于岛屿村庄海滩的西部，是一个面积很小的公共渔夫海滩。那里有颜色各异的渔船和几家小餐馆，供应新鲜的鱼和其他食物。

红木海滩 海滩

（Mahogany Beach）免费 一片可爱迷人的小海滩，位于市中心以东1公里处，当地人尤爱前来；每到周末，喧闹的音乐、香喷喷的烟熏肉还有即兴足球比赛让整个海滩充满了生机。

活动

奥乔里奥斯的整个东部海岸到加利纳角几乎都分布着珊瑚礁，适合浮潜和潜水。其中最佳区域之一是黛维莉珊瑚礁（Devil' s Reef），这是一座向下延伸60多米的小尖峰。大量护士鲨（nurse sharks）聚集在白河河口东部约1公里的浅海珊瑚礁Caverns；这里有很多地下隧道，还有一个退役的扫雷艇Kathryn。大多数的度假村都有自己的潜水设备。除了下面提到的商家之外，一些高档酒店也推出了水上运动项目。

Garfield Diving Station 潜水

（☎395-7023；www.garfielddiving.com；海龟滩）奥乔里奥斯水上运动历史最为悠久的商家，已经经营了29年。提供的潜水项目包括单罐潜水（US$50），专业潜水教练协会资格认证课程（US$420）及沉船潜水。除此之外，还可进行浮潜游览、玻璃底船划行或租借水上摩托艇。还可以包船去深海钓鱼（最多可载4人，半天US$500）。

Cool Runnings 水上运动

（☎376-4310；www.coolrunningscatamarans.com；1 Marvins Park，奥乔里奥斯）专业经营双体船游览，比如邓斯河瀑布游览（US$80；⊙周一至周三，周五和周六 12:30~16:00），其中包括1小时的浮潜和进入瀑布，以及双体船夕阳航行（Catamaran Sunset Sail；US$65），提供饮料和自助晚餐。

Resort Divers 潜水

（☎881-5760；www.resortdivers.com；Royal DeCameron Club Caribbean，Runaway Bay；单/双罐潜水 US$50/95，浮潜 US$30）提供潜水活动套餐，若从你住宿的地方接送需要额外支付US$10~15。

岛屿村庄海滩 水上运动

（Island Village Beach；Island Village；⊙8:00~16:00）租借浮潜设备（每日 J$1500），皮划艇（单/双 每小时 J$1000/1500）、帆板冲浪装备（半小时 J$5000）和出海的小船（半小时 J$3500）。

团队游

相比牙买加的其他度假胜地，奥乔里奥斯提供更多有组织的户外探险游。所有商家都提供酒店接送服务。

Chukka Caribbean Adventure Tours 探险游

（☎972-2506；www.chukkacaribbean.com/jamaica；团队游 包括午餐/下午茶 US$29/39）资深的探险专业人员带领的骑马团队游、河流漂流、树冠滑索之旅、全地形车探险之旅、到鲍勃·马利的诞生地九英里（Nine Mile）参观以及乘狗拉雪橇游览。

Hooves 骑马

（☎972-0905；www.hooves-jamaica.com；半天的骑马之旅包括茶点 J$6000）提供从梅马塞维利亚宅邸到海滩的骑马导览游，可以在海边骑无鞍马（欢迎新手参加）。另有“蜜月骑行”，可在沙滩享用美食，提供香槟。以上均需提前预订。

Blue Mountain Bicycle Tours 骑车

（974-7075；www.bmtoursja.com；121 Main St；蓝山下山之旅 成人/儿童 US$108/75）刺激过瘾的蓝山自行车下坡骑行、长达一周的波特兰生态探险和金斯敦之旅。

节日和活动

Fat Tyre Festival 体育

（www.smorba.com；2月）这种风驰电掣般的山地自行车比赛和欢庆活动是牙买加最重要的山地自行车骑行节日活动，当然心脏和小腿虚弱的人不宜参加。

Follow Di Arrow 音乐

（2月）由当地知名艺术家参加的舞会音乐活动，每年2月份的最后一个周末在詹姆斯·邦德海滩（James Bond Beach）举行。

Bacchanal Jamaica 狂欢节

（www.bacchanaljamaica.com；复活节）这个以索卡音乐为特色的纵情欢闹之夜在Chukka Cove上演，它是全国狂欢季的一部分，在奥乔里奥斯以盛大的方式庆祝。

海滩狂欢夜 音乐

（Beach J' ouvert；4月）狂欢节期间，詹姆斯·邦德海滩举行流行索卡音乐之夜，在狂欢和泼洒颜料中度过。

奥乔里奥斯爵士音乐节 音乐

（Ocho Rios Jazz Festival；www.ochoriosjazz.com；6月）这个节日于每年的6月份持续8天（实际上已扩展到了整座岛，在金斯敦、安东尼奥港、蒙特哥贝、内格里尔和南部海岸都有庆祝活动），吸引了众多爵士乐的大腕儿，在星空下举行露天音乐会。

住宿

Sun Villas（888-625-6007，544-9497，从美国拨打941-922-9191；www.sunvillas.com；1410 South Lake Shore Dr，Sarasota，FL）、**Jamaican Association of Villas & Apartments**（JAVA；从美国拨打 800-845-5276；www.villasinjamaica.com）以及**Royal Plantation**（从英国拨打800-022-3773，从美国拨打 877-845-5275；www.uniquevillasofjamaica.com）提供各种豪华程度的别墅。

★Reggae Hostel 客栈 $

（974-2607；www.reggaehostel.com；19 Main St；房间 US$60，铺 US$20；P）这是人气最高的金斯敦酒店的一家新分店，就在奥乔里奥斯市中心，位置优越，环境惬意。客栈巧妙地把简朴的个人单间（有空调）和宿舍（只有风扇）混合起来。房顶有一个酒吧和休闲长廊，是理想的社交场所。背包客们能从老板那里获知丰富的信息以方便出行。

Little Shaw Park Guest House 客栈 $

（974-2177；www.littleshawparkguesthouse.com；21 Shaw Park Rd；房间 US$45~55，公寓 US$65，套 US$75；P）这座隐匿在修剪整齐的草坪和长满九重葛的花园之中的客栈，是颇受住客青睐的住宿选择。家具有些陈旧，价格稍低的房间（只有风扇）十分宽敞但光线不好，不过带厨房的公寓价格很合算。白天可以去凉亭小憩，或者找张吊床休息。用餐需提前预订。

Mahoe Villa & Guest house 客栈 $

（974-6613；11 Shaw Park Rd；房间 没有/有浴室 US$30/40；P）这间大型客栈位于通向Cinchona的山上，由热情好客的迈克尔（Michael）经营，价格十分合算。屋内装饰了各种各样的原创艺术作品。房间干净整洁，都配有电扇，十分凉爽。有一间公用厨房。

Rooms 度假村 $

（974-2008；www.roomsresorts.com；Main St；房间 包括早餐 US$88~112；P@）这家亲切友好的度假村位于海龟滩的中央，装潢绚丽丰富，别具一格。除早餐外，用餐、网络及水上运动项目均额外收费。不过，它的地理位置极佳，靠海的游泳池和健身馆为其增色不少。房间宽敞，海景池景尽收眼底。

★Cottage at Te Moana 小屋 $$

（974-2870；www.harmonyhall.com；小屋 US$150~170；P）这间宜人的小屋精致隐蔽，带有一个小花园，朝向山崖，下面就是美丽的珊瑚礁。在奥乔，除了住度假村，此处也是上佳的选择。竹藤编织的家具充满艺术气息。两间小屋都有陈设齐全的厨房、独立的生活区、挂着吊床的游廊。台阶一直通向一个珊

瑚湾，非常适合浮潜。皮划艇随处可见。3晚起住。

Mystic Ridge 度假村 $$

（☎974-8050；www.mysticridgejamaica.com；17 DaCostaDr；房间 US$125，套 US$145，公寓 US$260；P❄📶🏊）这家现代化山顶度假村（前身是Crane Ridge）的特色是宽敞且令人心情舒畅的套房和双卧室公寓。通风敞亮的June Plum餐馆供应牙买加菜肴，水果格外新鲜可口。有一家位于游泳池旁的酒吧和让人身心放松的沙曼巴亚水疗中心，并且有到达海滩的班车服务。旅店还给住客提供神秘岭游乐园的优惠套票。

Hibiscus Lodge 酒店 $$

（☎974-2676；www.hibiscusjamaica.com；83 Main St；房间 US$150~192；P⊖❄@🏊）楼梯沿着悬崖下行，穿过开满九重葛的花园，来到一个幽静的日光浴平台，一时兴起可以跳进海里畅游。狭窄的走廊中装饰着牙买加当代艺术作品，使得建筑主体更加美观。房间陈设朴素整洁；豪华房间带有独立阳台，值得为此多花点银子。还有一间风格活泼的酒吧以及Almond Tree餐厅（见87页）。

Silver Seas 酒店 $$

（☎974-2755；www.silverseashotel.com；66 James Ave；房间 US$135；P❄🏊）奥乔里奥斯的第一家奢华度假村，多少有些陈旧，但是环境优雅并且适合全家入住。这幢殖民风格的建筑内部有一个极其敞亮的大厅，铺着陈旧的木质地板。每一间整洁的房间中都有一个大大的独立露台，能够欣赏到广阔碧蓝的海景，还可以在滨海的露台用餐或在码头附近畅快浮潜。

★Jamaica Inn 客栈 $$$

（☎974-2514；www.jamaicainn.com；套 US$523-823，小屋 US$1112~1586；P⊖❄📶🏊）这家精致的家庭经营"小旅馆"嵌在一处隐蔽的海湾中，是温斯顿·丘吉尔最喜欢的酒店，具有殖民时期的印记和装饰，散发出高尚优雅的气息。有一间图书馆和一个闲适的酒吧，还有室内水疗中心。在餐厅用餐，男士须着正装打领带。水上运动有水肺潜水、浮潜和钓鱼。可以按你的要求提供早餐、早餐加晚餐或者三餐全包。

Blue House 客栈 $$$

（☎994-1367；www.thebluehousejamaica.com；白河湾；房间 US$180~260；P❄@📶🏊）这家美妙绝伦的酒店有着蓝色冷色调的豪华卧室。有两间独立卧室的Cozy Cottage提供更加清静优雅的环境，有一个私人庭院和藏在一幅花帘后的吊床。本土大厨Darryl通过吸收中国菜和印度菜的精华，烹调出口味极佳的融合式美食，还提供三道菜的昂贵晚餐，不过物有所值。

Couples Sans Souci Resort & Spa 度假村 $$$

（☎994-1206；www.couples.com；A3；双 US$735~45，套 US$756~1341，小屋 US$1391；P⊖❄@🏊）这家度假村在A3上，地处奥乔里奥斯东部，位于一处隐蔽的海湾中，环境极佳。两处海滩中的一处可以裸泳。最高档的套房有水疗浴缸。房费包括美食、奥乔的景区之旅以及免费高尔夫。Charlie水疗中心位于汩汩流动的矿泉水之上，据传此泉具有使人恢复青春活力的魔力。有丰富的水上运动项目可供选择，其中包括水肺潜水课程。

就餐

奥乔里奥斯拥有各国风味美食和几家经济划算的牙买加菜餐馆，许多地方营业到很晚。夜幕来临，你会看到沿着路边有很多烧烤摊，烟气缭绕，特别是在钟塔周围的地区。

★Whalers 海鲜 $

（Fishermen's Beach；餐 J$800~1000；⏰早餐、午餐和晚餐）餐馆位于渔夫海滩的木棚屋上，临近岛屿村庄，环境怡人，它楼上的露台是奥乔市品尝鲜鱼菜肴的最佳地点。除了美味可口的蒸鱼、浓汤炖鱼和腌鱼，还有一道香喷喷的海螺汤（仅午餐供应）。早餐特色菜有西非荔枝果和鳕鱼。除个别时候口感欠佳外，一般来说味道还是很棒的。

Ocho Rios Jerk Centre 烟熏肉 $

（☎974-2549；16 DaCostaDr；餐 J$550~1000；⏰午餐和晚餐）餐馆广受欢迎，再加上是纳茨福德快车（Knutsford Express）的正式停靠站，因此生意就更加火爆了。这是奥乔市最繁忙的熏肉连锁餐馆，供应美味的熏猪肉（J$390）、熏鸡肉（J$390）、熏海螺（J$850）及烤排骨。日间特色菜中最佳美味是咖喱羊肉（J$450）和羊头汤（J$100）。在等待你的熏肉时，你可以拿一瓶牙买加红纹淡啤酒，边喝边欣赏大屏幕电视上的体育节目。“刺激星期五”的特色是每周的DJ音乐表演（免费进入），每月的最后一个周五是“复古/索卡音乐之夜”（Retro/Soca Nite）。

Lion's Den 牙买加菜 $

（☎848-4413；A3；餐 J$650~1000；⏲早餐、午餐和晚餐）餐馆位于奥乔的西部，海豚湾和邓斯河瀑布之间。这个地方看起来不怎么靠谱，不过值得为了实惠美味的牙买加菜以及风格独特的艺术装饰而逗留。餐馆样式就像一个拉斯特法里教的小教堂，人工雕刻的圆柱和柳条的“枝条”触及天花板。菜单上当地特色菜应有尽有，如咖喱羊肉、炖猪肉、水饺和炸鸡。

Scotchies Too 烟熏肉 $

（☎794-9457；Jack's Hall Fair Ground；餐 J$500~700；⏲午餐和晚餐）它是蒙特哥贝有名的熏肉中心的一家路边分店，位置就在邓斯河瀑布的西边，邻近一家艾平加油站（Epping Gas station）。这里的猪肉和鸡肉都使用西班牙甘椒木烘烤，让当地人和游客都垂涎欲滴；熏肉香肠也值得品尝。配菜有烤面包果、甜的油炸玉米面包以及山芋。

Centre Spot 牙买加菜 $

（☎876 323-0042；75E Main St；餐 J$400~500；⏲早餐和午餐）这家看起来狭小、不起眼的餐馆制作当地的美食，比如咖喱羊肉；特色菜有一直受欢迎的牛头、牛肚、菜豆和牛蹄。至于早餐，如果你肚子很饿，可以考虑喝杯麦片粥——燕麦片或花生等多种口味，确实能填饱肚子，或者也可以吃西非荔枝果和鳕鱼。

World of Fish 海鲜 $

（☎876 974-1863；3 James Ave；餐 J$850；⏲周一至周六 午餐和晚餐）在当地很受欢迎的一家餐馆，气氛闲适，经济实惠，几年来一直供应炸鱼、炖鱼和蒸鱼。用餐时可以搭配bammy面包（木薯扁面包）、米饭、豌豆和油炸玉米面包。

Healthy Way 素食 $

（☎876 974-9229；Ocean Village Plaza；餐 J$650；⏲周一至周六 早餐和午餐；✎）这是一家素食餐馆及有机食品商店，出售草药、茶叶、I-tal（拉斯特法里教文化中用有机肥料培植的蔬菜）汁和调料，还有丰盛的小吃，如豆腐奶油汉堡。炖豌豆以及大的水果拼盘可外卖。

Tropical Kitchen 面包房 $

（Main St；⏲早餐、午餐和晚餐；✎）这里有蛋糕、甜点以及北部海岸最好吃的土豆布丁。

Juici Patties 牙买加菜 $

（1 Newlin St；小馅饼 J$80~120；⏲早餐、午餐和晚餐）岛上最好的馅饼连锁店在当地的一家分店，供应可可面包以及奶酪、牛肉、鸡肉、虾和龙虾馅饼。

Almond Tree Restaurant 各国风味 $$

（☎974-2813；Hibiscus Lodge，83 Main St；餐 J$1200~3000；⏲早餐、午餐和晚餐）夕阳晚餐的最佳地点，餐馆位于悬崖顶，特色是沿着悬崖边顺势而下的用餐亭。可以在户外享受烛光晚餐。饭菜品种丰富，有海鲜和欧式菜品，如牛排和奶酪汉堡，牙买加菜肴则是保留菜单。

Evita's 意大利菜 $$

（☎974-2333；Eden Bower Rd；餐 J$1400~2500；⏲午餐和晚餐；✎）餐馆价格稍贵，却很吸引人，它坐落在奥乔里奥斯高处一座19世纪60年代的房子里，装饰风格浪漫，环境清新，景色优美。它的意大利—牙买加特色菜单上有烟熏肉意大利面、西非荔枝果、椰汁“拉斯特法里千层面”（Lasagna Rastafari）和美味可口的鱼鲜馅“卡皮塔诺千层面”（Lasagna Capitano）。也有各式沙拉等口味清淡的菜肴。还可以点半份意大利面。

Bibibips Bar & Grill 各国风味 $$

（93 Main St；餐 J$1000~3000；⏲午餐和晚餐）这家海滨酒吧餐馆游客众多，广受欢迎。站在阳台上可以俯瞰红木海滩，供应一系列可口的海鲜、汉堡、熏肉和烧烤菜肴，价格

偏高。有各式鸡尾酒，餐后可小酌一杯。

★ Toscanini 意大利菜 $$$

（☎975-4785；和谐大厅；餐 J$3300～4600；⏰周二至周日 午餐和晚餐；✎）这家路边餐馆是岛上最佳餐馆之一，由两位亲切友好的意大利人经营。饭菜使用当地最新鲜的食材并根据正宗的意大利食谱烹制。女老板热情迎接每一位客人，还介绍怎样使用当地香料来做菜。日常菜单菜品广泛，开胃菜有木瓜火腿或腌制的马林鱼等，主菜包括蒜味龙虾意面或用蒜煎炒的虾以及阿普尔顿朗姆酒。留出胃来吃丰盛的饭后甜点，如草莓挞或泡芙。尽情享用吧！

Passage to India 印度菜 $$$

（☎795-3182；Soni's Plaza, 50 Main St, 餐 J$1800～3200；⏰周二至周日 午餐和晚餐，周一 午餐；✎）餐馆位于一家免税购物中心的屋顶，供应美味可口的印度北方菜，也为在楼下购物的人群提供了短暂休息的场所。印度烤饼松脆可口、印度酸奶醇美香浓、咖喱味道十足。菜单上菜品丰富，分鸡肉、羊肉、海鲜和素食几大类。还供应印度烧烤。

饮品和夜生活

虽有酒吧和夜店可以光顾，但是总体说来，奥乔既缺少内格里尔夜生活的激情，也没有金斯敦夜店的平实。然而，每周的晚上并不难找到适于聚会的场所。

许多全包式度假村出售夜场通票，票价包含用餐、饮料和娱乐项目。

Jimmy Buffett's Margaritaville 酒吧

（☎876-675-8800；岛屿村庄；⏰11:00至次日4:00）这具有特许营业权的酒吧乐于见到客人不醉不归。虽然音乐喧闹，而且特色的玛格丽塔酒（margaritas）价格不菲，很多游客还是觉得这里和谐美妙的气氛难以抗拒。有特殊活动时需要买门票，比如，周三的Wet 'n' Wild Pool Party（J$2000，泳装游客半价）。酒吧标榜"待你玩到尽兴，我们再打烊"。但城里没有邮轮停靠时，关门时间会提前。

Ocean's 11 Watering Hole 酒吧

（Fisherman's Point）酒吧位于码头上的重要位置，自然受到邮轮乘客的青睐，在周二的K歌之夜，他们畅饮烈性鸡尾酒，尽情欢歌。楼上的区域分为两部分，一个小的艺术走廊和一间咖啡店，供应口味醇正的蓝山咖啡（Blue Mountain coffee），你也可以按磅购买。

H2O 酒吧

（Shop 22, Coconut Grove Shopping Centre；⏰正午至次日4:00）这家吸引人的丛林酒吧由一位雷鬼音乐歌手坦妮亚·斯蒂文斯（Tanya Stephens）经营，白天主要供应素食和海鲜菜肴，到了晚上，音乐活动吸引当地人还有游客蜂拥而入，挤满了酒吧。周五晚有现场K歌乐队，周六的H2O Flow活动会有来自当地及国际上的艺术家参加，周日晚上则是雷鬼音乐、斯卡和曼陀曲之夜。

John Crow's Tavern 体育酒吧

（10 Main St）酒吧高处的大电视机屏幕上播放最新的足球比赛，户外的露台是享用啤酒、汉堡以及赏景打发时间的完美去处。

Nexus 夜店

（8 Main St；⏰周二和周五 21:00～4:00，周日 19:00～23:00）位于屋顶的休闲去处，有邮轮到达时就会活跃起来。周二是女士之夜，周五的特色是当地DJ们的音乐和重节拍在街头回响。周日有现场乐队演奏混合音乐。

☆ 娱乐

White River Reggae Park位于A3公路，在城市东面，很少举办声乐节。**Priory Beach**每周日（19:00开始）在海滩定期举办声乐节。可以在城里四处看看，在**雷鬼海滩**（Reggae Beach）寻找举办现场音乐或声乐节的海报。

Amnesia 舞厅

（☎876 974-2633；70 Main St；门票 J$350～550；⏰周三至周日）这是一家典型的牙买加舞厅，主题之夜有周日经典老歌即兴演奏、周四女士之夜以及周五的八小时以外聚会。这些都为周六的精彩表演和抽奖活动之后的通宵舞蹈作铺垫。届时舞池中一定人山人海，而你一定会酣畅淋漓，还能一睹最香艳的舞蹈。

Blitz 舞厅

（60 Main St；门票 J$500；⏰周二和周五

22:00至次日6:00）虽然这其实是周二Ocean 11的K歌人群散后的一个聚会，但在每逢周五的"Thank God It's Friday"舞厅活动（女士免费）中，要准备好在满是穿短裤和靴子的当地少女们当中劈开一条路。偶尔会有大明星登场表演。

Roof Club 舞厅

（7 James Ave；门票 J$300）Roof 里的音乐震天响，差不多全城都能听见。在这里你需要花力气去学习最新的舞蹈动作，绝非易事。

购物

在海龟滩上和Main St沿线，一些商贩用最新歌曲的混音CD吸引顾客，手工艺品小贩也兜售手工制作的商品。不过想要买到更特别的纪念品，你还需要继续往前走。

Olde Craft Market 工艺品

（Main St）比起其他工艺品市场上一排又一排大同小异的商品，这个市场的东西更好，价格也便宜。其特色是高品质的陶瓷和艺术品，以及印着牙买加俏皮标语的普通T恤，还有戴有假发髻的拉斯特法里便帽。

和谐大厅 艺术品

（☎975-4222；www.harmonyhall.com；⏲周二至周日 10:00~17:30）美术馆位于奥乔里奥斯以东7公里处，展示着当地最好的艺术品。有著名的圣诞节、复活节和11月中旬的工艺品博览会以及定期的展览。

Ocho Rios Craft Park 纪念品

（Main St）你可以买到所需的便宜T恤、蜡防印花布、木雕和椰子壳制作的工艺品。有些商贩出售高品质的混音CD。

Wassi Art 工艺品

（☎546-3197；Bonham Spring）这里有精致的陶瓷。免费参观，详细展示整个制作过程，包括陶泥加工、画坯和烧窑。

Reggae Yard 纪念品

（岛屿村庄）雷鬼音乐制品，印有尤塞恩·博尔特（Usain Bolt）照片的T恤，还有许多不错的雷鬼音乐可供选择。

Vibes Music Shack 音乐商店

（见82页地图；Ocean Village Plaza）有雷鬼音乐和舞厅CD，还有一些门特和卡利普索音乐。

实用信息

危险和麻烦

对付那些死缠烂打的出租车司机、非法买卖人员以及自称是导游的人，一定要幽默但坚定地拒绝。不要前往紧靠在商品市场后面的区域、钟塔的南部以及脏乱昏暗的James Ave，那里是个臭名昭著的地段。晚上出行须处处谨慎。

紧急情况

警察局（☎974-2533）紧邻DaCosta Dr，就在钟塔的东部。

上网

Computer Whizz（Shop 11，Island Plaza；每30分钟/1小时 J$150/250；⏲周一至周六 8:30~19:30）有10台电脑，为自带笔记本电脑的人提供Wi-Fi。

医疗服务

Kulkarni Medical Clinic（☎974-3357；16 Rennie Rd）一家私人诊所，位于RBTT和牙买加国家银行（Jamaica National Bank）之间，为该区域的高档酒店服务。

Pinegrove Pharmacy（☎974-5586；Shop 5，Pinegrove Plaza；⏲周一至周六 9:00~20:00，周日 10:00~15:00）

St Ann's Bay Hospital（☎972-2272；Seville Rd）最近的医院。

现金

在Main St有多家银行，如丰业银行（Scotiabank），均提供外汇兑换及自动柜员机服务。

邮局

Post Office（Main St；⏲周一至周六 8:00~17:00）位于奥乔里奥斯工艺品公园（Ocho Rios Craft Park）对面。

旅游办事处

旅游信息中心（☎974-7705；Shop 3，Ocean Village，Main St；⏲周一至周四 9:00~17:00，周五 9:00~16:00）属于牙买加旅游局。这里的工作人员可以帮助你选择奥乔的交通、住宿和景点。在Main St也设有咨询台，不过仅在邮轮停靠在码头时才开放。

到达和离开

飞机

本书写作时，在奥乔里奥斯以东大约16公里的博斯科贝尔机场（Boscobel Airport）刚刚重新开放，更名为伊恩弗莱明国际机场（Ian Fleming International Airport，见231页）。为了容纳私人飞机以及包机，该机场正在扩建。**Jamaica Air Shuttle**（☎906-9026，906-9030；www.jamaicaairshuttle.com）每周有几次飞往金斯敦的航班。

公共交通工具

抵离奥乔里奥斯的长途汽车、小型长途汽车及固定线路出租车均位于**交通运输中心**（Ⓜvelyn Rd）。白天有许多车次（周日少一些）发往金斯敦和北部沿海地区。车辆没有固定的时刻表，客满之后发车。如果坐车去安东尼奥港，你需要在玛丽亚港（Port Maria，J$140）或可能是在安诺托贝（Annotto Bay）换车。目的地有：

迪斯卡弗里贝（Discovery Bay）J$150，35分钟。

金斯敦 J$320，2小时。

蒙特哥贝 J$500，90分钟。

玛丽亚港 J$140，50分钟。

逍遥海湾 J$140，30分钟。

圣安斯贝 J$100，10分钟。

纳茨福德快车（Knutsford Express；www.knutsfordexpress.com）从奥乔里奥斯烤肉中心停车场的办公区出发开往金斯敦和蒙特哥贝，提供预约服务。尽量提前半小时到达以登记车票。

发车时间：

金斯敦（J$1200；2小时）周一至周五 6:20、10:25、14:30和18:30；周六 7:20和17:55；周日 9:45和18:00。

蒙特哥贝（J$1200；2小时）周一至周五 7:45、11:20、15:45和18:40；周六 7:45、11:20和18:00；周日10:00和18:00。

出租车

JUTA（☎974-2292）为游客提供出租车服务的主要机构。乘坐有执照的出租车到达蒙特哥贝大约花费US$110，到达金斯敦大约花费US$100（到达位于金斯敦的国际机场需要US$110）。

当地交通

抵离机场

没有从机场到市中心的往返大巴服务。有路过的公共汽车（J$100）以及小型公共汽车和专线出租车（J$150）。乘坐旅游出租车要花费约J$2116。

小汽车和摩托车

Main St沿线的购物中心都有停车场，不过安全性不高。大多数酒店都有停车位；所有的高档酒店都提供安全停车服务。上下班高峰期，Main St交通拥堵严重。

租车公司有：

Bargain Rent-a-Car（☎974-8047；Shop 1A Pineapple Place Shopping Centre，Main St）

Budget（☎974-1288；www.budgetjamaica.com；15 Milford Rd）

公共交通工具

小型公共汽车和专线出租车在Main St和沿海公路来回穿梭。短途需要J$80，到达博斯科贝尔或迈迷湾（Mammee Bay）需要J$150。

出租车

Main St沿线包租的出租车非常之多，为防止司机漫天要价，上车前务必要谈好价格。如果你想让司机等等你，最好先不要支付全部车费。

奥乔里奥斯东部

奥乔里奥斯的滨海度假村很快就被独立的别墅和一些渔村占领，比如玛丽亚港的滨海路沿着悬崖峭壁向东延伸的一段。颠簸的公路更让人有逃离牙买加旅游景区的想法。

优美迷人的海滨和自然纯净的景色吸引了两位著名的游客前来定居：剧作家诺埃尔·科沃德（Noël Coward）以及詹姆斯·邦德的缔造者伊恩·弗莱明（Ian Fleming）。科沃德定居在Firefly（见93页），坐拥海岸美景；而弗莱明则选择了Goldeneye（见93页），这里现已是岛上最高雅的酒店之一。

雷鬼海滩到博斯科贝尔海滩（Reggae Beach to Boscobel Beach）

在奥乔里奥斯东部，沿着A3公路开始变得人烟稀疏。有几个隐藏在悬崖之下的海滩，其中比较有名的是塔岛（Tower Isle），位于奥乔里奥斯以东9公里处，度假村聚集于此。

新河(Rio Nuevo)在塔岛以西1公里处汇入海洋。

景点和活动

普罗斯佩克特种植园 种植园

(Prospect Plantation; ☎994-1058; www.prospectplantationtours.com; 团队游 J$2963; ⏲周一至周六)如果你一直好奇为什么圣安斯贝被称为"花园区",这所古老又美丽的山顶大房子会给你答案。这座占地405公顷的庄园位于奥乔里奥斯以东5公里处,种植面积少但旅游景点多。参加愉悦美好且有教育意义的团队游,你可以乘坐由拖拉机牵引的小型公共汽车穿过香蕉、木薯、可可、椰子、咖啡、菠萝和甜椒种植园,欣赏自然优美的景色。**Dolphin Cove**(☎974-5335; www.dolphincovejamaica.com)提供普罗斯佩克特种植园之旅,包括骑马(J$5418)、骑骆驼(J$5418)、给鸵鸟喂食和游览邓斯河瀑布等项目。

和谐大厅 美术馆

(Harmony Hall; ☎974-2870; www.harmonyhall.com; ⏲周二至周日 10:00~17:30)和谐大厅是可爱的粉红色姜饼之家,位于奥乔里奥斯以东的A3公路上,其历史可以追溯到1886年,当时这里是卫理公会的牧师住宅,邻近一座西班牙甜椒庄园。经过修复的建筑结构由琢石构成,最上面一层是饰有浮雕的木质结构,以及带有尖塔的叠瓦屋顶。修复后它成为艺术节和手工艺品的展览地点,全年都会在Front Gallery举办展览;从11月中旬到复活节期间是展览季。Back Gallery的展览特色是当地艺术家精致的艺术品和手工艺品,比如,阿尔伯特·欧瑞(Albert Artwell)和杰贝特·克里斯蒂(Cebert Christie)的作品。备受赞誉的Toscanini(见88页)地中海菜餐馆位于一层。

雷鬼海滩 海滩

(Reggae Beach; 门票 J$100; ⏲9:00~17:00)位于A3公路上的和谐大厅以东,这片干净的黄色沙滩远离喧嚣,因为门票贵,所以只有游客才会喜欢这里。可以租用皮划艇,还有烤鸡肉和鱼。这里时常还会举办喧闹的音乐盛会。

新河战争遗址 古迹

(Rio Nuevo Battle Site; 门票 J$424; ⏲周一至周五 10:00~17:00, 周六和周日 10:00~14:00)位于新河河口西边的悬崖处,游客罕至。在1958年英军与西班牙的决定性战役中,英军经过这里逃向古巴。有一块纪念碑记录此次战役,在地区历史遗迹处还有一个小规模的展览。

博斯科贝尔海滩 海滩

(Boscobel Beach)这片海滩位于新河以东6公里处,小村庄里主要拥有博斯科贝尔海滩水疗度假村和高尔夫俱乐部,是专门面向有小孩的家庭开放的度假村。伊恩弗莱明国际机场就在附近。

牙买加海滩 海滩

(Jamaica Beach)位于塔岛和新河之间,是有名的近海跳水场地。近海的珊瑚礁也被称为新河之墙,为海龟、梭鱼和其他海洋动物提供了栖息之地。

到达和离开

小型长途汽车和专线出租车往返于奥乔里奥斯和奥拉卡贝萨(奥拉卡贝萨)之间,可到达新河和塔岛(J$100)。

奥拉卡贝萨(Oracabessa)

人口 10,000

奥拉卡贝萨的名字来自西班牙语oro cabeza(金色之顶),位于奥乔里奥斯以东21公里处,是一个只有一条街、一层楼的小面积村子,有一种西部荒凉小镇的气氛。街上整齐地排列着加勒比民间风格的建筑以及饰有浮雕细工的木质房屋。19世纪,这里曾是香蕉运输的重要港口。虽然其繁荣时期已经逝去,但小镇并非遗荒之地。

奥拉卡贝萨以南是个码头(以前是个香蕉装载港),位于连岛洲背风处,帆船和渔船在其西侧停泊,随着波浪上下浮动。

景点

詹姆斯·邦德海滩 海滩

(James Bond Beach; 成人票/儿童票J$500/250; ⏲周二至周日 9:00~18:00)这片迷人的白沙滩每年都会举办大型的音乐活动,比如,Follow Di Arrow音乐节、海滩狂欢夜和

Fully Loaded（留意在奥乔里奥斯张贴的活动海报）。工作日期间海滩一片宁静祥和，但一到周末，游客络绎地不绝地来到**魔鬼鱼城**（Stingray City；☎975-3354；成人票/儿童票J$4500/2500）浮潜、与土生地魔鬼鱼一起游泳、参加喷气滑艇游览（J$6000）或沿着海岸划览玻璃底船（J$3000）。有一家小型酒吧兼餐馆供应点心。

邻近邦德海滩的渔夫海滩朴实传统，你可以在那里享受清淡的I-tal有机蔬菜和海鲜菜，偶尔会有音乐盛会。

太阳谷种植园 种植园

（Sun Valley Plantation；☎446-2026，995-3075；团队游包含小吃 J$1000；⏲9:00~14:00）这个种植园和植物园位于B13的Crescent，奥拉卡贝萨以南约5公里处。种植园主人洛娜（Lorna）和诺里·宾斯（Nolly Binns）提供在种植园中惬意怡人的花园游览服务，游客能借此了解在该地区发展过程中发挥重要作用的两种主要作物——香蕉和甘蔗。你可以选择去参观椰子园——椰子为这里的主要作物——和其他热带水果及药草。

食宿

Tamarind Great House 客栈 $

（☎995-3252；www.tamarind.hostel.com；Crescent Estate；双 US$74~120；P ❀）这家“种植园旅社”在太阳谷种植园附近，山顶景色壮丽，周围山谷苍翠繁茂，群山连绵不绝（还可以愉快地步行至当地瀑布）。宽敞的卧室里摆着四柱床，朝向宽阔明亮的阳台。餐馆提供丰盛的早餐和晚餐。从奥拉卡贝萨出发，沿着Jack's River Rd大约走6公里的路程，虽然有点颠簸，但值得一去。

Nix-Nax 客栈 $

（☎975-3364；铺/房间 US$15/30）旅馆位于市中心东北部，Seventh Day Adventist教堂对面，服务一流，有整洁清新的宿舍、房间和公共厨房。主人多美妮卡（Domenica）经营这家客栈已经长达20多年，能为旅客提供灵活舒适的住宿安排，她自豪地说：“对那些已经筋疲力竭的游客来说，这里是最佳住宿地点。”

Villa Sake 客栈 $

（☎368-1036；www.hostelsofjamaica.com；

诺埃尔·科沃德的萤火虫

1944年，多才多艺的诺埃尔·科沃德（Noël Coward）先生利用两周的假期第一次来到牙买加。在这里他感觉到了内心的平静，并把梦想中的岛屿命名为“牙买加医生”。4年后，他租借了伊恩·弗莱明在奥拉卡贝萨的房产Goldeneye，同时寻找地方修建自己的家园。

1948年，科沃德买下可以俯瞰加利纳（Galina）附近小海湾（Little Bay）的一处方圆3公顷的地产，开始修建一幢3层的别墅Coward's Folly，包括两套客房和一个海边游泳池。他给自己的家取名为蓝色港湾（Blue Harbour），并邀请了很多有名气的朋友前来做客，他们实际上都是“名人录”中富有、著名的人士。然而，蜂拥而至的拜访者最后让科沃德不得不另寻其他僻静之地。

当科沃德和他的恋人格蕾厄姆·佩恩（Graham Payn）在一个叫作“瞭望台”的地方绘画时[瞭望台名字的由来是因为海盗亨利·摩根（Henry Morgan）在山顶建造了一座石头小屋，用来瞭望西班牙大帆船]，科沃德被这里难以置信的美景深深吸引了。他们两人一直逗留到傍晚，这时萤火虫（牙买加当地话叫作peeny-wallies）一闪一闪地出现了。不到两周的时间，科沃德就买下了这片土地，8年以后他在这里建造了一座房子，取名萤火虫。

科沃德在牙买加度过了30年的时间，他在画布上用五彩缤纷的明亮色彩记录下自己对这片岛屿和岛民的热爱。他73岁时死于心脏病，葬在Firefly草坪的一块大理石板下。他最后一首诗中的句子被刻在了Firefly的一面墙壁上，当作墓志铭再合适不过了：“每当我感到害怕，就像济慈那样，我停止呼吸的那一刻/我会用逝去的时光来安慰自己，记住那些欢声笑语，记住流过的眼泪/还有变幻的海之宁静。”

007缔造者

詹姆斯·邦德的缔造者伊恩·弗莱明(Ian Fleming)于1942年初次来到牙买加，并在英国海军情报中心服役。1946年，他在奥拉卡贝萨买了一套海滨房并取名“Goldeneye”，并且每年都在这里度过冬天，直至1964年去世。弗莱明就是在这里构思出了007特工这个人物，可以说牙买加的居住环境促成了邦德作品的诞生。

他后来写道：“如果没有住在清静美丽的牙买加，这些书还会问世吗？对此我表示怀疑。”弗莱明的14部詹姆斯·邦德小说都是在这里写就的，而且其中有5部的情景都设置在牙买加。他说：“当时我正在为我的英雄寻找一个名字，不是像Peregrine Carruthers或Standfast Maltravers之类的，后来我找到了，在一本我很喜爱的牙买加书籍的封面上，那是一本经典的鸟类学著作，由詹姆斯·邦德写的《西印度群岛的鸟》。”没有牙买加，可以说就不会有詹姆斯·邦德007。现在这座房子成为Goldeneye酒店的一部分，可以出租。

Ian Fleming Airport对面；房间 US$25~50) Villa Sake是一家具有酒店风格的小型客栈，位于伊恩弗莱明机场对面。只有几个房间和一个公共厨房，休息区实际上在它自己私有的小型海湾沿岸附近（有一处楼梯可以从山崖上延伸下来到达海边）。

★ Goldeneye 酒店 $$$

(☎946-0958; www.goldeneye.com; 套 US$850, 1/2/3卧室的小屋 US$1220/1520/2280, 别墅 US$6800; P ❄ 📶 ≋) 牙买加最高档的酒店，特色是散落在广大区域里的8幢别墅。其中包括伊恩·弗莱明故居。另外还有由木材和石头建造而成的滨海小屋，被粉刷成秋天般的颜色，工作人员服务周到谨慎。这里有两家餐馆供应美食大餐，还有一处观看邦德电影的娱乐室，但是酒店压轴的地方是它专属的小岛，可以进行海滩和水上运动。就在奥拉卡贝萨东部。

Tropical Hut 牙买加菜 $

(Racecourse; 主菜 J$300~800; ⏰午餐和晚餐) 当地有名的酒吧，供应美味的牙买加菜肴。

ℹ 实用信息

奥拉卡贝萨医疗中心 (Oracabessa Medical Centre; ☎975-3304; Vermont Ave; ⏰周一和周二 8:00~14:30，周三至周六 7:00至正午) 位于城市最东边的埃索加油站旁边。

丰业银行 (Scotiabank; Main St) 有自动柜员机的银行。

ℹ 到达和离开

小型长途汽车和专线出租车往返于奥乔里奥斯(J$150, 25分钟)和安诺托贝(去安东尼奥港)之间。

加利纳角和小海湾(Galina Point & Little Bay)

在奥拉卡贝萨以东5公里处，A3公路蜿蜒环绕着加利纳角的岬角。一座12米高的混凝土灯塔是海角的标志性建筑。在加纳利角以南，你将会经过诺埃尔·科沃德的第一座房子“蓝色港湾”，盘踞在“双弯公路”的顶部，这条公路和海岸线构成一个90度的转弯，开口朝向卡巴瑞塔岛(Cabarita Island)的壮丽景色。从蓝色港湾到小海湾的科科莫海滩(Kokomo Beach)，公路坡度急剧下降。

沙滩的景色并不吸引人，如果你想要游览Firefly，比起玛丽亚港口，海湾及周围的景色更加惬意迷人。

👁 景点

★ Firefly 古屋

(☎997-7201, 994-0920; 门票 J$847; ⏰周一至周四和周六 9:00~17:00) Firefly位于奥拉卡贝萨以东5公里、玛丽亚港以西5公里的山顶，坐落在广阔的草坪之中，是英国剧作家、作曲家、演员诺埃尔·科沃德先生的家。在他之前，臭名昭著的海盗亨利·摩根早先一步居住在此。1973年科沃德去世之后，把这座庄园留给了他的伴侣格雷厄姆·佩恩，而后她把这座

庄园捐献给了国家。

导游将会带你去科沃德的艺术工作室，温斯顿·丘吉尔曾在这里教他画油画。这个工作室展示了科沃德的原创绘画作品、自画像以及圈内朋友的画像。画室里还摆放着他曾经用来款待客人的桌子，他的客人包括女王的母亲、索菲亚·罗兰以及奥黛丽·赫本。最上层的休息室有一个无玻璃的窗户，可以观看到牙买加最令人惊奇的海岸美景全貌。这里可以欣赏到玛丽亚港和海岸线向西的美景。而与公众观点不吻合的是，科沃德的成名曲《看得见风景的房间》(*A Room with a View*)并不是在此创作的（1928年创作于夏威夷）。

科沃德死后葬于宽阔的草坪上，一块朴素的大理石板之下。是他宴请众多话剧、电视明星的地方。一座沉思的男人雕塑让这片草坪生辉。

食宿

蓝色港湾 酒店 $

(Blue Harbour; ☎725-0289; www.blueharb.com; 房间 每人 US$70，全食宿 US$120; P) 这曾经是诺埃尔·科沃德的财产，现在是一处令人愉悦却破旧松散的僻静之地，气氛闲适宁静，由3幢别墅、一片小海滩和一个海水游泳池组成。宽敞的房间里摆放着许多科沃德年代的古老家具。可以在能欣赏到海湾美景的宽阔阳台上用餐，而且，全食宿提供家庭烹饪的牙买加特色菜，值得一试。

小海湾旅馆 酒店 $

(Little Bay Inn; ☎373-5871, 994-2721; 房间 J$2540~2963; P) 这家朴素的酒店位于主街道，就在去往Firefly的拐角处。提供10间简朴、带风扇的房间，有双人床和独立浴室；价格稍贵一些的房间有电视。有一个小的餐馆及烤肉点，但楼下的迪斯科音乐可能会让你很难入睡。

Galina Breeze 酒店 $$

(☎994-0537; www.galinabreeze.com; 房间 US$100，套 US$120; P) 这家小型的酒店能欣赏到极佳的海岸美景，仅有14间明亮、宽敞的房间，均配有结实的特大号床和有线电视。有一家餐馆、一个酒吧和一个不错的烤肉小吃摊（就在大门外）。

★ Bolt House 精品酒店 $$$

(☎994-0303; www.bolthousejamaica.com; 别墅 US$2200; P) 这家僻静的悬崖别墅是牙买加顶级奢华的酒店。跟附近的Goldeneye一样，都能欣赏到壮观的景色，包括一个极大的游泳池、一个瑜伽休息室和分布在18公顷专属土地上的徒步小径。5个房间（4晚起住）华丽辉煌，装饰有现代艺术品。客人还可以进入Goldeneye的私有海滩。通风的餐厅供应创意菜（每日 US$60），也有可能会在Goldeneye就餐，会提前24小时通知。

到达和离开

小型长途汽车和专线出租车往返于奥乔里奥斯（J$150，25分钟）和安诺托贝（去安东尼奥港）之间。

布里默大厅（Brimmer Hall）

(☎994-2309; 1小时的团队游 J$2540; ⏲周一至周五 9:00~16:00) 这片使用中的**种植园**占地809公顷，位于Bailey' s Vale附近，玛丽亚海港西南10公里，种植用来出口的香蕉、椰子、甘蔗、菠萝和柑橘。种植园的中心是一座18世纪的木头房子，内部装饰华丽迷人，配以来自东方的地毯和古董，甚至还有一套原始的盔甲。乘坐带天篷的小型公共汽车进行一小时的种植园之旅。在A3公路上购票。

奥乔里奥斯南部

A3公路向南蜿蜒穿过美丽的乡村田园。它上行与从圣安斯贝出发的A1公路会合于莫尼格（Moneague），穿过迪亚布罗山（Mt Diablo）后坡度锐减，下行至金斯敦。

费斯彭（Faith' s Pen）

从莫尼格开始，A1公路慢慢爬升到位于奥乔里奥斯以南27公里的费斯彭。你可以驶入与主干道平行的侧道，然后从许多供应烤猪肉、鸡肉、炸鱼和新鲜水果汁的简陋小棚屋里选择你的餐点。你很快会被互抢生意的路边小摊主围住；一定要坚持先尝后买。2号摊位供应的肉汤汁（每瓶 J$250）最美味，8号摊位的烤猪肉和小菜是最好吃的。

公路一直向上延伸到达迪亚布罗山（839米）的针树林斜坡。在686米的高度上，A1公路通往山顶的索道处，然后就是险峻蜿蜒的下坡路，通往艾华顿（Ewarton）和植被茂盛的罗瑟河谷（Rosser Valley），从这些高地往下看，景色十分优美。

奥乔里奥斯西部

迈迷湾（Mammee Bay）

迈迷湾位于奥乔里奥斯以西5.5公里、圣安斯贝以东4公里，有几处小海滩，位置有些隐蔽，它以前是牙买加海滩旅行者最爱去的景点，现在由奥乔里奥斯庞大的Club Hotel Riu经营。海滩的大部分地方都是奥乔里奥斯西部的私人居住区，只有公共海滩可以游玩。

笑河（Laughing Waters）——也被称为罗灵河，位于迈迷湾以东1公里、邓斯河瀑布以西1公里，它发源于溪谷的岩石缝中，距离大海约3公里，蜿蜒流向一片美丽的小海滩（门票免费）。在詹姆斯·邦德系列电影之《诺博士》中，乌苏拉·安德丝（Ursula Andress）在这里塑造了经典人物哈妮·莱德（Honey Ryder），镜头中她衣衫浸湿，性感迷人。在A3公路附近可以找到用栅栏围起来的大型发电设备。沿着河走就能到达海滩。步行可以到达瀑布，然而想要进入海滩，有时则会受到沿路执勤警卫的阻拦。

圣安斯贝（St Ann's Bay）

人口 12,400

1509年，在塞维利亚拉努埃瓦（Sevilla la Nueva）圣安斯贝以西700公里的岛上，西班牙人建立了第一个殖民据点。不到80年之后，它就被遗弃了，而后英国的种植园主将它开发成为蔗糖种植园，其他种植园主也在附近建立起蔗糖种植园。随后这个城市蓬勃发展起来，成为一个繁忙的海港，在海湾的对面设有炮台。这里是黑人民族主义运动领袖马科斯·加维（Marcus Garvey）的出生地，每年的8月17日都会有游行活动来纪念他。

景点

从哥伦布纪念碑登上山，就会看到矗立着永援圣母雕像的精美天主教堂，系当代西班牙式建筑风格，由一位爱尔兰神父于1939年设计完成，使用的建筑石料来自塞维利亚拉努埃瓦的废墟。

法院位于Market St的拐角处，建于1866年，由精细切割的石灰岩石和红色砖瓦建造而成，三角楣饰的门厅象征着正义的天平。马路的对面就是市场，周五和周六会很繁忙。再向西去有古雅的圣安斯贝浸礼会教堂。圣安斯贝两端的雕像代表了城市的发展历史：一端矗立着哥伦布，另一端是加维。

★ **梅马塞维利亚宅邸和遗产公园** 古迹

（Maima Seville Great House & Heritage Park；门票 J$500；⏲周六和周日 9:00~16:00）这座历史公园俯瞰着大海，在如今的圣安斯以西不到1公里处，是这座岛上第一个西班牙首府塞维利亚拉努埃瓦的建筑地点，也是西班牙在新大陆的首批殖民据点之一。它包括一座精美绝伦的大房子、一个种植园的遗址、重建的泰诺人房屋、非洲黑奴的房子和一个黑奴厨房花园。

当英国人从西班牙人手中夺回牙买加时，已经建立塞维利亚拉努埃瓦的这片土地被授予了陆军军官理查德·亨明（Richard Hemming）。这片庄园被用来种植蔗糖，亨明的孙子于1745年在此建造的塞维利亚宅邸。这个家族的墓地在庄园外，附近有一座奴隶纪念碑，奴隶们的遗体被发现后又被埋在了这里。

复原后的宅邸包括一个有趣的博物馆，描绘了这个地方从泰诺人时代开始，经过奴隶时期，再到殖民时期的历史。

原始的西班牙建筑包括一座教堂和第一批西班牙殖民者的城堡，以及英国制糖厂和监工住房的遗址。这个地方同样是梅马的泰诺村遗址，在西班牙人赐封制的压迫下，这里的居民曾被强迫像农奴一样工作，但由于一系列的疾病、劳累工作和自杀，他们很快就灭绝了。探索这座巨大庄园最好的方式是参加

Hooves（见84页）骑马之旅，旅程最后是一场入海的短途游览。

节日和活动

Rebel Salute 音乐

（www.rebelsaluteja.com）牙买加最大的根雷鬼音乐会，于1月的第二个周六在Richmond Estate举行。

解放纪念日 文化

（Emancipation Jubilee；⊙7月31日至8月1日）每年的7月31日到8月1日，在梅马塞维利亚宅邸的地盘上彻夜举行。庆祝活动包括舞蹈、传统的民间音乐，比如库米纳和曼陀。

食宿

沿着Main St有很多小吃摊，供应鱼茶和烤肉。

High Hope Estate 民宿 $$

（☎972-2277；www.highhopeestate.com；房间 US$185～225；P ⊖ @ ≋）这座美丽的威尼斯风格别墅坐落在圣安斯贝山顶高处的一片巨大林地上。它的5个房间里都有古董装饰品，其中的3个房间有阳台，可以欣赏到壮阔的海景。还有一个藏书丰富的图书馆可供阅览，美味的餐食按需供应（牙买加菜和意大利菜是特色；同时还提供烹饪课程）。

Seafood Specialist 海鲜 $

（Jail Lane和A1交叉路口；餐 J$500～850；⊙午餐和晚餐）营养健康的饭菜，比如，棕色炖菜、清蒸或油炸的鱼、山芋、米饭和豌豆，以及天然果汁。

Juici Patties 牙买加菜 $

（Main St；小馅饼 J$90）出售各种口味的小馅饼以及午餐主菜，如咸鱼和炖菜。

实用信息

警察局（Main和Braco Sts交叉路口）

丰业银行（18 Braco St）有24小时自动柜员机。

圣安斯贝公共综合医院（St Ann's Bay Public General Hospital；☎972-2272）位于Main St的最西端，有急诊室。

到达和离开

前往奥乔里奥斯（J$100，10分钟）和蒙特哥贝（J$350，90分钟）的专线出租车全天运营，并会经过法尔茅斯。

普里奥里及周边（Priory & Around）

普里奥里位于圣安斯贝以西约1.5公里，有一片小沙滩可以进行水上体育运动，还有几家酒店。你可以回到内陆，爬上山欣赏海岸美景。在这里你会找到位于在布朗镇以东大约8公里处的Lilyfield Great House。

景点和活动

Chukka Cove Farm 探险中心

（J$7195）位于普里奥里西边，以前是马球场，现在成了Chukka Caribbean Adventures大本营（☎972-2506；www.chukkacaribbean.com），它能为你提供有导游陪同的多种游览和探险服务。旅行有时会拥挤一些，不过导游的服务质量和水平较高。Chukka与一个狗狗救援组织紧密合作，提供令人欢欣的陆上狗拉雪橇活动，这种两轮车由一组经过训练的狗拉着，速度可达每小时50公里。其他比较受欢迎的旅行包括3小时的骑马和游泳之旅（US$79），最精彩的部分是骑着无鞍马进入大海；还有河流漂流之旅（US$65）以及滑索之旅（US$99）。费用均包括从奥乔里奥斯出发到此的车费。

在4月份，Chukka Cove Farm举行彻夜狂欢的舞会嘉年华，少不了索卡音乐和泼漆，但是一些正派的人对这类舞会活动的引入颇有微词。

H' Evans Scent 探险中心

（☎564-6467；www.hevansscent.com；⊙周一至周五 8:00～17:00，周六和周日 9:00～16:00）在自由山（Free Hill）的一个小山镇，普里奥里以南10公里，这个逐渐发展起来的生态旅游体验由德瑞克·艾文斯（Derek Evans）最先策划，他在英国享有健康名人"动力先生"的美誉。在山顶的房屋里，你可以体验4项让你肾上腺素激增但又感到亲切友好的活动：漆弹生存运动、全地形车之旅、滑行索道之旅

以及尖叫之旅——乘坐一个17米高的巨大秋千在河谷中摆荡。也有组合活动套餐，10人及以上可以享受优惠；如果你想尝试所有的活动，“滑索、全地形车之旅和漆弹生存运动”套票（J$3250）可以让你进入所有区域。用餐地点是在明黄色的主屋里。

克兰布鲁克弗拉沃森林 花园

（Cranbrook Flower Forest；www.cranbrookff.com；成人票/儿童票 J$1000/500；⏲9:00～17:00）这个53公顷的植物园由Chukka Cove Farm经营，在普里奥里以西约5公里处，值得一去。位于Laughlands以南的群山之间郁郁葱葱的山谷中。花园建在一座殖民时期的建筑周围，包括主题花园、一个温室兰花展览、水池和青翠的草坪（可进行槌球游戏），边缘开满了安祖花和其他热带花卉。

导游陪同的自然游（约90分钟）可以到达河流，河中倒映着巨大的蕨类植物、壮观的火炬姜、海里康（heliconia）和其他异国品种。这里是野餐的完美之地，还可以进行河流漂流、骑马之旅和惊险刺激的滑索之旅等项目。

住宿

Circle B Farm Guest House 客栈 $

（☎913-4511；www.circlebfarm.com；铺 US$22.50，房间 US$50）这座人工种植园里拥有简朴的背包客住宿小屋，提供几间宿舍样式的房间、一个公共厨房和一间休息室。餐食按需供应。该农场还提供有趣的自产水果产品之旅。经由普里奥里的塞维利亚拉努埃瓦的一个岔道口就可以到达，在圣安斯贝以西3公里。

到达和离开

往返于圣安斯贝和逍遥海湾之间的小型长途汽车可以把你放在Chukka Cove Farm右边的公共汽车站。想去H' Evans Scent和克兰布鲁克弗拉沃森林，你需要自备交通工具。

逍遥海湾（Runaway Bay）

虽然逍遥海湾（在圣安斯贝以西16公里）深得酷爱日光浴者、浮潜者和潜水者的喜爱，但却没有多少文化底蕴来吸引游客。村里只有一条主街，两侧排列着许多全包式度假村和普通的商店，它们沿A1绵延长达3公里，在东部与小社区塞勒姆相接。

活动

一些小型海滩应该对外开放，不过大部分海滩都是一些全包式度假村的后花园。如果你渴望投入深蓝广阔的大海的怀抱，去加的夫府邸公共海滩（Cardiff Hall Public Beach）的白沙滩吧，就在壳牌加油站（Shell gas station）的对面。塞勒姆有一个繁忙（但是垃圾随处可见）的渔夫海滩，周末时常会搭建声乐聚会舞台。

在逍遥海湾可以体验畅爽潜水。Ambiance俱乐部前面的浅水区域中停有一艘沉船，还有来自加勒比俱乐部的两辆汽车和一架飞机。一处被称为瑞奇堡礁（Ricky's Reef）的礁复合体因其海绵（一种海洋动物）而有名。更为资深的潜水员们可能想去尝试一下同名的**逍遥峡谷**（Canyon）。在这里也有一艘长达30米、沉入水底的拖船雷鬼女王号（Reggae Queen）。Potty Reef会让你一下子兴奋起来；潜水者根本抵制不住坐在海王星国王（King Neptune）的王位上拍照的诱惑。

Resort Divers 潜水

（☎881-5760；www.resortdivers.com；Royal Decameron Club Caribbean, Runaway Bay；单/双罐潜水 US$50/95）除了标准的潜水活动之外，还有认证课程（US$420起）、夜晚潜水（US$60）、浮潜游览（US$30）以及许多其他的水上体育运动，比如，香蕉船划行、帆伞运动和租用水上摩托艇。

住宿

Jamaica Association of Villas & Apartments（JAVA；☎974-2508，从美国拨打 800-845-5276；www.villasinjamaica.com）提供服务人员齐备的滨海和山顶别墅。

Club Ambiance 度假村 $$

（☎973-6167；www.clubambiance.com；单/双 US$156/222，3间卧室的别墅 US$980；P❄📶🏊）这里是替代更加华丽的全包式度假村的另一种选择，受到20岁和30岁年轻人的青睐，特色有两片私人海滩、一个带酒吧

的游泳池和一座有3间卧室及私享游泳池的幽静别墅。宽敞的房间色彩明亮，配以媚俗的艺术作品、结实的大床和瓷砖地板。我们到访时，房间正在重新整修。

Little Savoy Guest House 客栈 $$

（☎474-5889；www.jamaica-holiday.net；150 Rickets Dr；房间包括早餐 J$8000；P ❄ @ 🏊）这家华丽的客栈有精致的大理石地板、希腊风格的人造圆形石柱以及各种稀奇古怪的色彩（以鲜花的形态，让屋子内部简朴的黑白色调显得生动活泼），特别是在举行婚礼仪式时显得十分耀眼。每间明亮的双人间都有其独特的色调，供应营养美味的自助早餐。

Franklyn D Resort 度假村 $$$

（☎从美国拨打 800-654-1337；www.fdrholidays.com；全包式 1/2/3个卧室 US$490/595/650，6岁/6～15岁/16～19岁以下儿童 免费/US$50/80；P ❄ 📶 🏊）这家西班牙庄园风格的家庭全包式度假村有儿童游乐设施，而且可以安排私人保姆一对一照看孩子。有三家餐馆和一间酒吧，还有滨海水疗和水上滑梯。3晚起订。

餐饮

Food Fa Life 有机无盐蔬菜 $

（West Salem；餐 J$450；⏰周日歇业；🌿）在达芳宅邸（Devon House）I-Scream附近，你可以品尝到营养健康的I-tal有机无盐食品，尽管盛菜的容器毫无特色。还能品尝到6月李子汁（J$150）、阿奇果或美味的炖菜杂烩。

Sharkie's 海鲜 $

（Salem Beach；餐 J$1000）这家休闲海鲜餐馆位于渔夫海滩，当地人经常来这里享用蒸鱼和炸鱼、大海螺（咖喱海螺、海螺汤、海螺馅饼）以及其他普通的菜肴。

Tek It Easy 酒吧 $

（A1；餐 J$500～700；⏰午餐和晚餐）这家经济实惠的屋顶酒吧售卖高度朗姆酒，以鸡和鱼为主的牙买加地方美食也与之争锋，努力吸引顾客前来品尝。几乎每晚都有音乐相伴。

★ **Cardiff Hall Restaurant** 各国风味 $$

（☎973-2671；Runaway Bay Heart Hotel；餐 J$1270～2400）这家清新愉悦的餐馆供应精心烹制的牙买加菜以及欧式美食，服务一流。强烈建议预订。

娱乐

大多数想找乐子的游客会行至奥乔里奥斯来个短途游，在闲暇之余小酌几杯或了解度假村有什么新鲜事。因此，大多数的度假村提供US$50～100不等的昂贵夜间消遣券，保证让你吃喝玩得痛快。

当地娱乐区有几家朗姆酒商店和艳情歌舞俱乐部。

实用信息

警察局（Main St和B3交叉路口）

邮局（Main St）

丰业银行（Main St，Salem）有自动柜员机。

到达和当地交通

长途汽车

小型长途汽车和专线出租车行驶在蒙特哥贝（1小时，J$150～200）和奥乔里奥斯（30分钟，J$100～150）之间的A1公路上。在逍遥海湾你可以随时招手让其停下。

迪斯卡弗里贝（Discovery Bay）

这个长颈瓶形状的海湾位于逍遥海湾以西8公里、里奥布埃诺以东8公里，去Puerto Seco海滩的当地人钟爱这个度假村。山上有很多牙买加富人的度假别墅。这个小镇本身并没有多大吸引力。

镇上到处可见大型的铝土矿装载设备。巨大的货轮通过传送带从一个看起来像野生南瓜的大型圆顶仓库里装载货物——这个仓库在詹姆斯·邦德的电影《诺博士》中曾经作为罪犯集团的总部。你可以沿着“Port Rhoades”的路标向山上走1公里，有个地方可以让你俯瞰海湾壮丽的全景。

当地人认为这里是1494年克里斯托弗·哥伦布首次登陆牙买加土地的地点，不过其他人则说登陆地点是在里奥布埃诺。

景点和活动

绿洞洞穴 洞穴

（Green Grotto；www.greengrottocavesja.

com；成人/儿童 U$20/10；⏲9:00~16:00）这一系列美丽的洞穴和隧道位于迪斯卡弗里贝以东3公里，绵延伸展约45公里。台阶通向迷人的洞穴，里面雕塑般的钟乳石结构在泛光灯映射下更显光辉。这里的墙壁上有泰诺人留下的岩画。洞穴经常被用作藏匿之地——1965年，英国占领这座岛屿期间时，西班牙人曾躲在这里；18世纪逃亡的奴隶以及两次世界大战期间向古巴运送军火的走私贩也曾把这里当作藏身之所。

最受人瞩目的是绿洞洞穴，它是一个闪闪发光、位于地下36米的湖泊。门票包括1小时的导览游，特别适合家庭组团前来的游客。导游的解说风趣幽默，他会让你轻轻地敲击钟乳石、制造出像击鼓一样的声音以使你感到惊讶，还会指给你看生活在洞里的各种蝙蝠以及它们外来的天敌——牙买加无毒蛇。

Puerto Seco Beach 海滩

（门票 J$500；⏲9:00~17:00）海湾的东部边缘镶嵌有白色的沙滩。Puerto Seco海滩位于小镇的中央，柔软的沙滩和清澈的海水让它显得格外迷人。海滩对公众开放，有淳朴的小餐馆和酒吧，对日光浴不感兴趣的孩子可以在游乐园里玩水上滑梯。每到周末和假期，海滩会变得拥挤起来，而平时一般没人来。你可以租借渔船、海洋自行车和摩托艇。

哥伦布公园 博物馆

（Columbus Park；⏲9:00~17:00）免费 这所露天的路边博物馆依托海湾西边的悬崖峭壁，特色展品有：船锚、大炮、航海铃、煮糖的铜器、一个老式的水车以及一个曾经用来拉运Innswood Estate的蔗糖的小型火车。附近有1777年英国人建立的Quadrant Wharf遗址，里面有一幅纪念哥伦布登陆的壁画。这里还有一支苏格兰后裔，提供蒙特哥贝和奥乔市之间的马车之旅，使这里成为人气很高的游览地点。

食宿

在迪斯卡弗里贝高处的山上能够找到岛上最奢华、服务最优良的别墅，也可以通过**Jamaica Association of Villas & Apartments**（☎974-2508；www.villasinjamaica.com）提前预订。

Paradise Place 客栈 $

（☎862-2095；www.paradiseplace54.com；54 Bridgewater Garden；房间/公寓 J$5936/7819；P ❄）这家有8个房间的人气客栈靠近A1，是海湾最经济实惠的住宿选择。院子里的热水浴池十分不错，给客栈增色不少。在白色的大门附近有色彩鲜艳的壁画。

Ultimate Jerk Centre 烟熏肉 $

（餐 J$500~750；⏲午餐和晚餐）这是一家备受欢迎的休息酒吧，在绿洞洞穴的对面，主要招待那些不舍离去的客人。咖喱羊肉味道鲜美，木薯饼和玉米面馅饼也很好吃。不过你可以在别处找到口味更佳的烟熏肉。

到达和离开

小型长途汽车和专线出租车来回穿梭在蒙特哥贝和奥乔里奥斯之间的A1公路上。它们从Puerto Seco海滩入口对面的德士古加油站（Texaco gas station）出发。

德拉哈勃山（DRY HARBOUR MOUNTAINS）

从迪斯卡弗里贝、逍遥海湾和圣安斯贝向南铺设的公路一直升至德拉哈勃山。在这片人迹罕至的区域，崎岖不平的道路曲折迂回地穿过美丽的乡村，同时向上延伸到达岛的主干。

这里只有两条东西向的主干道。地势较低的一条“Great Interior Rd”（B11）在内陆与海岸线平行约11公里。它的起点位于法尔茅斯以东2公里处的Rock，向东延伸到克莱蒙特（Claremont）。

布朗镇（Brown's Town）

布朗镇是一个兴旺繁忙的市场小镇，位于逍遥海湾以南11公里。山坡上华丽的房子显示着小镇的繁荣。在市场日（周三、周五和周六）布朗镇最为繁忙，铸铁搭建的**维多利亚市场**（Victoria Market；Main St和Brown's Town Rd交叉路口）到处都是街头商贩。

爱尔兰庄园的主人汉密尔顿·布朗（Hamilton Brown；1776~1843年）为建造维多利亚哥特式风格的圣马克圣公会教堂（St Mark's Anglican Church，Main St和Brown's Town Rd交叉路口）提供资金支持。留意一下用精致雕琢的石头建造起来的法院（courthouse；Brown's Town Rd），它的门廊装饰有新古典主义风格的圆柱。

小型公共汽车和专线出租车从Top Rd的最东端即紧邻Main St的一个街区出发，到达圣安斯贝、金斯敦和九英里。

九英里（Nine Mile）

鲍勃·马利（Bob Marley）诞生并长眠于这片小型社区中。社区恰好处于科克皮特（Cockpits）的中心。尽管地理位置偏僻，却成为组团朝访马利墓地的必经之路，因此要谨防小偷。最近新兴起了（不过是非法的）当地大麻生产者仿效咖啡种植园而发明的品味（大麻）之旅。

九英里博物馆 博物馆

（Nine Mile Museum；☎999-7003；www.ninemilejamaica.com；门票 J$1900；⏲9:30~16:30）九英里博物馆理论上是一个非常吸引人的景点。包括马利早年曾经住过的两居室住宅，以及放置有蜡烛的大理石陵墓、圣经以及彩绘玻璃窗，均让人为之动容。但不幸的是，景点持续发展的商业化趋势，以及许多导游为了生计挣取小费而编造的陈年旧事，可能很快就会破坏游客闲适的心情，更让那些从鲍勃歌曲中得到精神抚慰的歌迷伤心。所以，还是不要抱太大的期望。

ℹ 到达和离开

从布朗镇出发的班次不多小型长途汽车和专线出租车可以抵达九英里（返程乘坐开往圣安斯贝和金斯敦的交通工具）。**Chukka Caribbean Adventures**（☎972-2506；www.chukkacaribbean.com；团队游 US$65）经营从奥乔里奥斯出发的“Zion Bus Line”游览。开车的话，可以从A1公路的克莱蒙特出发，沿着路标行驶。山路沿途景色秀丽，但路况较为糟糕。

安东尼奥港（PORT ANTONIO）

人口 15,000

如果你吃着冰激凌在细雨蒙蒙的东北部沿海漫步，周边有许多脏乱的市场、小商贩和年久失修的乔治亚式（Georgian）建筑，那你就到达安东尼奥港了。这里一定没有玛格丽特（Margaritavilles）；只有纵横交错的后街小巷、觅食的山羊和友好的当地人。漫步经过蒂奇菲尔德半岛（Titchfield Peninsula）上破旧的房子，你很容易就认为自己进入了古雅的殖民小镇。

具有讽刺意义的是，牙买加最先发展的旅游业是从安东尼奥港开始。它是岛上主要的香蕉口岸，20世纪之交，繁荣的海港开始吸引很多游客前来。这里最早的明星游客当属

埃罗尔弗林码头

1946年，好莱坞明星埃罗尔·弗林（Errol Flynn）到达波特兰区，碰上糟糕的天气，不得不把游艇Zacca停靠在这里。后来，埃罗尔·弗林喜欢上了这里，并把安东尼奥港作为他的娱乐场所和家。在他的自传《不择手段》（*My Wicked, Wicked Ways*）中，他这样描写安东尼奥港：“它比我见过的任何女人都要美丽。”

弗林买下了Titchfield酒店以及海军岛（Navy Island），在这里举办狂欢奢侈的派对。迷人的安东尼奥港的美丽不断吸引更多的明星前来，比如，克拉拉·鲍尔（Clara Bow）、贝蒂·戴维斯（Bette Davis）以及琴吉·罗杰斯（Ginger Rogers）。

后来，弗林跟第三任妻子帕特里斯·莫尔（Patrice Wymore）在波士顿庄园（Boston Estate）建造了一座牧场，还计划在舒适城堡（Comfort Castle）建立一个奢华的家，并立下雄心要把安东尼奥港发展成为旅游度假村。但是由于大量酗酒和肆意挥霍的生活习惯，他的身体健康状况欠佳，在1959年，年仅50的弗林就去世了。狂欢奢侈的派对已成过去，但他传奇的人生永存。

著名影星埃罗尔·弗林，他于20世纪40年代意外来到这个小镇。当游客的注意力逐渐向小岛西部转移时，安东尼奥港又恢复为香蕉口岸。作为通向郁郁葱葱的波特兰区的必经之路，闲适轻松的安东尼奥港对于想远离外部世界的游客来讲是个完美的去处。

历史

安东尼奥港的发展进程比较缓慢。西班牙人的“安东港”（Puerto Anton）从未兴盛壮大，与此同时，蒂奇菲尔德半岛上的英国小镇在18世纪经历了沿海热潮以及当地马龙人的洗劫。直至1871年，小镇才恢复了它本来的样子，水果运输大亨洛伦佐·道·贝克（Lorenzo Dow Baker）船长来到了这里。贝克在这里发展了香蕉出口贸易，把安东尼奥港变为真正兴盛的“香蕉王国”。

19世纪90年代，贝克开始用从美国出发的空香蕉运输船运载游客。虽然20世纪30年代，这里兴盛的香蕉贸易遭遇了香蕉黄叶病，但是影星埃罗尔·弗林以及后来众多贵族人士和好莱坞明星的到来，赋予了安东尼奥港旅游度假村的名声。20世纪60年代，新的度假村修缮完毕，富豪们继续来此游览。

可惜的是，从那以后，安东尼奥港一直在走下坡路。游客转向了内格里尔和蒙特哥贝，牙买加的香蕉贸易与拉美在世界市场的竞争中也逐渐失去了竞争力。

景点

城镇广场及周边　　广场

（Town Square & Around）安东尼奥港的中心是城镇广场，位于West St和Harbour St的交叉路口。中心是一座钟塔，后面是1895年始建的美丽红砖房乔治亚式法院，现在是国家商业银行的一个分行。建筑由苏格兰铁柱支撑，顶部是壮丽的圆顶，周围植被繁茂。沿着West St下行约50米，便到达William St的交叉路口，此处较小的安东尼奥港广场有一座**纪念碑**（cenotaph），纪念在两次世界大战中牺牲的牙买加士兵。

西边有**Musgrave Market**（见97页），这是在发展中国家常见的喧闹嘈杂的市场，用黄色和蓝色粉刷，还有粗厚的石灰岩柱子支撑着。沿着William St向南走到达Harbour St，再向左转，看一看**基督教堂**（Christ Church）的内部，这是一座1840年左右新罗马风格的圣公会红砖房建筑（大部分的建筑结构可以追溯到1903年）。你可以找一下由香蕉大亨洛伦佐·道·贝克船长捐赠的黄铜诵经台。

城镇广场的北边是壮观的巴洛克建筑Royal Mall的正面，它是一座3层的综合建筑，粉刷了鲜艳的红色，现在类似于有顶的购物商店，有着都铎王朝及文艺复兴时期的多种装饰和设计风格。

埃罗尔弗林码头　　码头

（Errol Flynn Marina；☎993-3209，715-6044；www.errolflynnmarina.com；安东尼奥港，GPS N 18.168889°，W -76.450556°）毫无疑问，安东尼奥港拥有牙买加最优良的天然海港，曾被改为豪华游艇码头，这样帆船能在此停靠，富人们也可以在此逗留。每到夜晚，很多年轻情侣会来这散步。沿着蜿蜒曲折的小路有几家高档的餐馆和购物中心——这里可是远离城镇喧嚣的僻静之地。

蒂奇菲尔德半岛　　知名建筑

（Titchfield Peninsula）沿着这座多山的半岛——当地称为“山”，这里有几十处维多利亚风格的华丽房子，最有名的是DeMontevin Lodge（见103页），一座豪华的铁锈红宅邸，现在是一座酒店。沿着King St有许多非常奢华的住宅，一直延伸到半岛的中心地区（与Queen St和Fort George St平行）。这片半岛现在属于国家文物管理局，目前正在计划重新整修。这里是富人区，但却能感受到浪漫忧伤的气氛。半岛的北部边缘是乔治堡遗址（Fort George），可以追溯到1729年。以前的训练场地和军营现在是**蒂奇菲尔德学校**（Titchfield School，不对公众开放）。学校之外，从一堵3米厚的墙的炮眼处仍然能见到被安放在那里的几架乔治三世时期的大炮。

海军岛　　岛屿

（Navy Island）岛屿面积为25公顷，植被茂密。每到周末，或者恰好有渡船时，来这里一日游的游客络绎不绝。

殖民时期，英国海军把这里当作轮船修理基地。20世纪中期，埃罗尔·弗林买下这座

Port Antonio 安东尼奥港

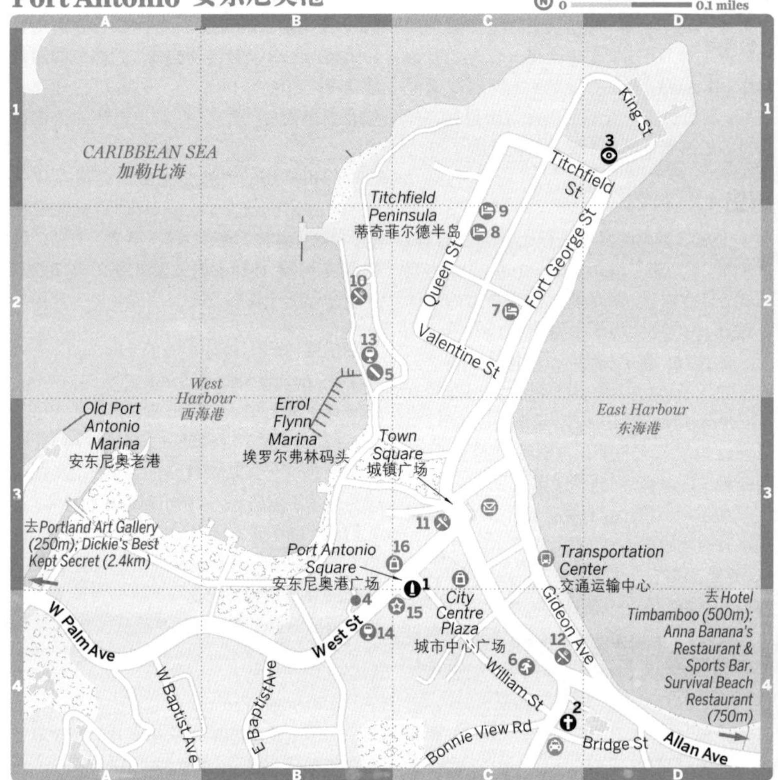

岛屿，并在这里安家，后来家园成为酒店，最后沦为废墟。2002年初，海港当局和城市发展机构（UDC）共同看中了这片岛屿，想要把这片翡翠般的岛屿发展成为高档度假村以及生态主题公园，但目前为止还没有什么成果。跟码头上的渔民聊聊天，或跟Dickie's Best Kept Secret（见104页）中的人说说话更靠谱一些，他们能让你穿越废墟、离开这里度过美好的一天。

Folly 遗迹

这座宅邸可谓名副其实，两层共有60个房间，位于半岛东海港（East Harbour）的东部，于1902年由北美大富翁阿尔弗雷德·米切尔（Alfred Mitchell）主持修建，仿希腊式风格，全部使用混凝土修建而成。当时用海水与混凝土混合，导致了加固的钢筋锈蚀和1936年屋顶坍塌。这里只留下了让人浮想联翩的废墟，想象的画面可以作为《了不起的盖茨比》的封面。建筑的外在架构还在，尤为石灰岩圆柱支撑在高空中，这让它成为享受一顿野餐的完美而又独特之地。白底带橘色条子花纹的**Folly Point Lighthouse**建于1888年，俯瞰着Woods Island。

活动

你可以在埃罗尔弗林码头租一艘游钓渔船。**Reel Sensations**（☎545-2384）是一家可靠的经营商。

Lady G' Diver 潜水

（☎995-0246, 715-5957; www.ladygdiver.com; 埃罗尔弗林码头; 2人/4人潜水组合 US$84/152）码头上的商店可提供全方位潜水服务，有日常潜水、零售商店、专业潜水教练协会资格认证课程和设备租用。这里的人们勇于探

Port Antonio 安东尼奥港

◎ 景点

1 纪念碑 C3
2 基督教堂 C4
3 蒂奇菲尔德学校 D1

活动、课程和团队游

4 Grand Valley Tours B4
5 Lady G'Diver B2
6 Valley Hikes C4

住宿

7 DeMontevin Lodge C2
8 Ivanhoe's C2
9 Ocean Crest Guest House B&B C2

就餐

10 Ambiance Lounge B2
11 Kajama's Café C3
12 The Italian Job C4

饮品和夜生活

13 Marybell's Pub on the Pier B2
14 Roof Club B4

娱乐

15 Club La Best C4

购物

16 Musgrave Market C3

索这个区域大部分未被发现的潜水区，包括考特尼珊瑚礁（Courtney's Reef）、渔夫珊瑚礁（Fisherman's Reef）、一系列洼地、峡谷及露在外面的珊瑚。

团队游

安东尼奥港是一个很不错的大本营，从这里你可以进入格兰德河流域茂密的森林以及摩尔镇上的马龙人小镇和南妮镇（Nanny Town）游览一番。

Grand Valley Tours 徒步游

（☎993-4116，从美国拨打 401-647-4730；www.portantoniojamaica.com/gvt.html；12 West St）沿着白河小径（White River Trail）徒步前往斯凯特洞穴（Scatter）、福克斯洞穴（Fox Caves）、摩尔镇、南妮瀑布和南妮镇。

Jamaica Explorations 探险游

（☎993-7267；www.jamaicaexplorations.com）总部位于Hotel Mocking Bird Hill的专业团队，旨在倡导波特兰与蓝山的生态文化旅游。专门设置了有导游陪同的温和探险游，包括步行、徒步旅行和文化游览。

节日和活动

波特兰狂欢会 狂欢节

（Portland Jamboree；⏲年中至8月）伴随着贾卡努舞蹈（jonkanoo，传统的加勒比舞蹈，起源于西非）的狂欢节，会持续整整一周。

安东尼奥港国际马林鱼垂钓比赛 钓鱼

（Port Antonio International Marlin Tournament；☎927-0145；www.errolflynnmarina.com；⏲10月初）为期一周的钓鱼盛会。

住宿

安东尼奥港的住宿资源相对有限，不过就经济实惠来讲也有几个非常不错的选择，需要一段短时间的车程到达弗里山（Fairy Hill）的东部，因此，让你的探寻范围尽可能地宽广。

Ivanhoe's 客栈 $

（☎993-3043；9 Queen St；房间 US$50~65；❄📶）是蒂奇菲尔德山上历史最古老的房子。站在清风习习的阳台上，可以欣赏安东尼奥港壮丽的全景，房间一尘不染。根据预订供应餐点。

Ocean Crest Guest House B&B 客栈 $

（☎993-4024；7 Queen St；房间 US$40~60；❄）这家民宿是背包客最喜欢的客栈，简朴的房间是冰激凌粉白色彩设计，铺有瓷砖地板。我们并不在意这些；休息室有一个大屏幕电视机，而且在阳台上可以欣赏到安东尼奥港令人赞叹的美景和风景如画的海湾。

DeMontevin Lodge 客栈 $

（☎993-2604；21 Fort George St；双 US$50，双人间带公共浴室 US$40）这座庄严的维多利亚风格客栈环境温馨舒适，让你感到宾至如归，它融合了现代通俗艺术和格兰尼（Granny）的客厅古董装饰——如果夏洛克·福尔摩斯的故事发生在热带，这里简直就是书中场景。卧室（有6间分别带有单独浴室）虽然简单陈旧，但是房间干净整洁。

Hotel Timbamboo 酒店 $$

（☎993-2049；www.hoteltimbamboo.com；5 Everleigh Park Rd；单 US$60~75；P❄📶🏊）Timbamboo是安东尼奥港最舒适的酒店，正好处于中心地区。房间宽敞明亮，配有时尚的家具、地毯及有线电视。还能在有些房间的阳台看到蓝山全貌。酒店的日光平台是休息放松的好去处。

就餐

Kajama's Café 牙买加菜 $

（Fort George St和West St交叉路口；主菜 J$300~750；⊙午餐和晚餐）这家餐馆二楼的对面就是钟塔，阳台粉刷的像田径跑道。不过，在饱餐一顿美味可口的牙买加炖菜杂烩和米饭之后，还有果汁和蛋糕甜点，你当然不会像尤赛恩·博尔特那样可以飞快地移动到下一个目的地。物超所值。

The Italian Job 意大利菜 $

（29 Harbour St；意大利面 J$700，比萨/切片 J$900/250）长条状的荧光灯可能有点儿暗淡，不过这家由意大利人经营的餐馆气氛愉快，铺有方格桌布，供应美味的意大利面、比萨、三明治和可丽饼甜点。葡萄酒也很不错，吃完熏肉和米饭后可以喝点酒调节一下。

Survival Beach Restaurant 牙买加菜 $

（24 Allan Ave；主菜 US$5~10；⊙早餐、午餐和晚餐；🌿）这里除了供应当地常见的饭菜、天然果汁和镇上最好吃的椰肉果冻，还有用椰奶、南瓜、爱尔兰土豆、蒜、葱、百里香、秋葵、四季豆和3种豌豆制成的一道鲜美可口的菜，配菜是卷心菜和椰汁汤。你可以要求食用最好的I-tal有机无盐炖菜。

★Dickie's Best Kept Secret 创意菜 $$

（☎809-6276；晚餐 US$20~40；⊙晚餐）Dickie是一座尖顶的滨海小木屋，位于安东尼奥港西部边缘——餐厅的风格是鲍勃·马利的雷鬼音乐与《爱丽斯梦游仙境》的梦幻气氛混搭的感觉，供应超级实惠的五道菜套餐。他们的厨师几乎会做所有你想吃的菜（假设他们有原料），但是相信他们的建议——任何东西都会变得美味无比。需要提前预订。

Anna Banana's Restaurant & Sports Bar 牙买加菜 $$

（☎715-6533；Allan Ave；早餐 J$300，海鲜晚餐 J$800~1500；⊙早餐、午餐和晚餐）想吃海鲜、烟熏肉？想找个户外酒吧？那就来这家轻松愉快的餐馆及酒吧，其地理位置可以鸟瞰海港南端的一片小沙滩，特色菜有烟熏肉、烤鸡肉和猪肉以及大盘的海螺和螃蟹。然后，你可以去打台球或者射飞镖。

Ambiance Lounge 各国风味 $$

（☎354-0800；埃罗尔弗林码头；主菜 US$11~20；⊙午餐和晚餐）这家优质的餐馆在玛丽亚港的最前面，敞亮通风。这里供应欧式风味的牛排、猪排和鱼，还有几道经典的牙买加菜。一到晚上，餐馆就摇身变为一个休闲酒吧。

饮品和夜生活

除了以下这些酒吧夜店，你可以去Anna Banana的海滩酒吧玩飞镖、台球或喝朗姆酒。周五，当地的DJ们让这里变得更加火爆。

Roof Club 夜店

（11 West St；⊙周四至周日 20:00至深夜）这个比较粗俗的雷鬼音乐酒吧是安东尼奥港一处名声不好的休闲放松之地。年轻男女成对进出。任何一个陌生人都可能让你给他（她）买酒。周三免费进入，几乎要挤死了，但是周末的情形就大不相同了。周四是"女士之夜"，这个地方会变得疯狂起来。

Marybell's Pub on the Pier 酒吧

（埃罗尔弗林码头，Ken Wright Dr；📶）在埃罗尔弗林码头里面，这是一个很不错的地点，在酒吧小屋里或选张可以俯瞰海湾的桌子坐下，悠闲地度过一个下午（或晚上），远离镇上的喧嚣。还可以享用清淡的餐点。

Club La Best 夜店

（见102页地图；5 West St；⊙21:30 至深夜）这家喧闹的夜店位于安东尼奥港，暮色降临后，La Best每天都展示不同的风格。周五的雷鬼乐会一直持续到凌晨；周末是雷鬼音乐和传统节奏布鲁斯节拍的混搭；周五是女士之夜；周六是定期的现场表演。

购物

Musgrave Market 市场

（West St）在北部边缘有一个小型的手工艺市场。找到一个叫作**Rock Bottom**的摊位，这里出售精致的手工艺品和雷鬼音乐灵感的复制唱片。

Portland Art Gallery 艺术品

（☎882-7732；2 West Palm Ave）这是一座简朴的美术馆和画室，负责人是普顿·卡吉尔（Hopeton Cargill），他是安东尼奥港的一名现实主义画家。普顿非常乐意充当艺术大使，为游客介绍当地的绘画艺术。

实用信息

紧急情况

警察局（☎993-2546，993-2527）

上网

Dekal Internet Café & Bistro（城市中心广场；三明治 J$250起，根据要求免费提供Wi-Fi；⊙周一至周四 9:00~19:00，周五和周六 9:00~21:00；📶）

互联网资源

安东尼奥港（www.portantoniotravel.com）官方在线旅游指导。

医疗服务

城市广场药房（City Plaza Pharmacy；☎993-2620；城市中心广场，Harbour St）

安东尼奥港医院（Port Antonio Hospital；☎993-2646；Nuttall Rd；⊙24小时）位于内勒山（Naylor's Hill）小镇的高处，西海港（West Harbour）以南。

现金

加拿大帝国商业银行牙买加银行中心（CIBC Jamaica Banking Centre；☎993-2708；3 West St）

外汇交易处（FX Trader Cambio；☎993 3617；城市中心广场，Harbour St）

国家商业银行（National Commercial Bank；☎993-9822；5 West St）

特多皇家银行（RBTT Bank；☎993-9755；28 Harbour St）

加拿大丰业银行（Scotiabank；☎993-2523；3 Harbour St）

邮局

邮局（☎993-2651；Harbour St）在城镇广场的东侧。

到达和当地交通

小镇的中心位于蒂奇菲尔德半岛，两条主干道在主广场和法院前面相交成直角。

船

埃罗尔弗林码头（Errol Flynn Marina；☎993-3209，715-6044；www.errolflynnmarina.com；埃罗尔弗林码头，安东尼奥港；GPS N 18.168889°，W -76.450556°）私人交通工具需要报关。

小汽车

West Palm Ave、Fort George St和Harbour St都有加油站。

东部租车（Eastern Rent-a-Car；☎993-4364；16 Harbour St）

公共交通工具

这里有一处**交通运输中心**（Gideon Ave）沿海岸延伸，有小型长途汽车定时出发前往金斯敦（到达哈夫韦特里公共汽车站；J$450，2小时），途经巴夫贝（Buff Bay）和玛丽亚港（可以从这里换车到达奥乔里奥斯）。专线出租车频繁发车，可到达弗里山（J$100，10分钟），波士顿湾（J$150，20分钟），曼奇奥尼尔（Manchioneal；J$250，40分钟）。

出租车

想乘坐有执照的出租车，请联系**JUTA/Port Antonio Cab Drivers' Co-op**（☎993-2684）。酒店外面也会有出租车。在镇上你也很容易找到它们，特别是沿着Gideon Ave和在**Bridge St**与**Summers Town Rd**交会处。从金斯敦出发乘坐有执照的出租车到达安东尼奥港约花费US$100，从蒙特哥贝出发约花费US$250。

安东尼奥港东部

安东尼奥港到弗里山（Port Antonio to Fairy Hill）

A4从安东尼奥港东部蜿蜒经过茂密的森林、参差不齐的海湾、口袋状的小湾和海岸村庄德雷珀(Drapers)、弗伦奇曼斯海角(Frenchman's Cove)以及弗里山。大部分去安东尼奥港甚或波特兰的游客都可以在这里找到住宿，还可以去游览附近的格兰德河流域、Nonsuch洞穴和蓝色潟湖，以及温尼弗里德海滩上柔软的细沙、弗伦奇曼斯海角和桑桑海滩(San San Beach)。早在20世纪50年代和60年代，来这里度假的大明星就把这片美丽的地方昵称为"牙买加海滨度假村"，今天很多牙买加人仍然认为波特兰是他们最热爱的土地。

景点

★蓝色潟湖 潟湖

(Blue Lagoon)波姬·小丝的电影事业就是从这里起步的，这片水域绝对是牙买加最迷人的景点。这个55米深的"蓝洞"(当地人这么称呼)穿过一个狭窄的隧道通向大海，不过这里却汇聚了来自地下40米深的新鲜泉水。因此，白天里，清凉的泉水阻挡了下面涌动的、温热的海水汇入，水面不断地变换着玉石和翡翠般的颜色。

你可能会遇到一些热心劝你坐船(US$25)的船夫，载你去附近的鸡尾酒海滩(Cocktail Beach；这里是汤姆克鲁斯主演的电影《柯克泰尔》部分内容的拍摄现场)以及原始的猴岛(Monkey Island)，仅有一小段路程。

确切地说，蓝色潟湖离路不远的地方是公共区域，但是在停车区可能有招揽生意的人会索要所谓的"进门费"，J$200就能把他们打发了。

★温尼弗里德海滩 海滩

(Winnifred Beach) 免费 在安东尼奥港以东13公里处，你会发现像一只幼鸟般栖息在悬崖边的弗里山小山村，以及一条崎岖不平又脏兮兮的小路。沿着那条险峻的上坡路，你会到达温尼弗里德海滩，这个非常美丽迷人的沙滩让那些更为著名地方(比如莫贝、内格里尔)的沙滩也相形见绌。它是沿海一带唯一真正的公共海滩，而且环境怡人，有食物和饮料摊，周末有歌舞演出。牙买加各阶层的人都会来此游玩。

Trident Castle 地标

(www.castleportantonio.com)这是加勒比卢里塔尼亚(Ruritania)一个奇怪的城堡。这个奇形怪状的建筑位于安东尼奥港3公里之外的岬角，修建于20世纪70年代，建筑师是"著名"的怪人男爵夫人伊丽莎白·斯蒂芬妮蒂森(Baroness Elizabeth Siglindy Stephan von Stephanie Thyssen)，也叫Zigi Fami。它看上去像一个巨大的婚宴蛋糕，成为婚礼和音乐影片中出现次数最多的背景。令人感到遗憾的是，这座城堡已停止对公众开放，却成了公路的地标性建筑。

弗伦奇曼斯海角 海滩

(Frenchman's Cove；门票 J$700；⏲9:00~17:00)这片小海湾就在德雷珀的东边，有一小片完美的白沙滩，这里的水来源于一条直接流入海洋的淡水河。这片区域确切地说还是属于弗伦奇曼斯海角度假村(Frenchman's Cove Resort，www.frenchmanscove.com)。这里有供应烟熏鸡肉和鱼肉的小吃店、对外出租的自行车(每天 US$20)、户外淋浴、卫生间、安全的停车场和到达蓝色潟湖的乘船游(US$20)。在桑桑高尔夫球场(San San Golf Course)对面可以找到入口。

桑桑海滩 海滩

(San San Beach；门票 J$700；⏲10:00~16:00)桑桑海滩是一片美丽的私人海滩，Alligator Head别墅里的住户们和Goblin Hill、Fern Hill及Jamaica Palace等酒店的客人可以到此游玩。海湾被一片珊瑚礁环绕，非常适合浮潜(每天 US$10)和皮划艇游(每小时 US$25)。未开发的猴岛(根本就没有猴子，哼)也是浮潜的好地方，如果你擅长游泳，你可以从海滩一直游到这边来。

活动

Scuba Diving 潜水

这里有很多适合潜水的地方：安东尼奥港以东的海岸线拥有13公里连绵不断的珊瑚礁，距离海岸平均100到300米。Alligator Head最有名的是巨大的海绵和黑色珊瑚。弗里山河岸经常能看到无勾双髻鲨(Hammerhead sharks)。

想要进行潜水游、获得潜水指导以及潜水设备，可以联系Lady G' Diver(见102页)，位于安东尼奥港的埃罗尔弗林码头。

温尼弗里德沙滩的自由之战

大约从2007年起，当地人一直在为这片最后的公共海滩争取自由。牙买加政府试图把温尼弗里德（Winnifred Beach）发展成为私人度假村，而这项举动将会导致相当一部分的当地企业搬迁，而且当地人并不能进入这片海滩。本书写作时，当地人仍在努力争取中；与此同时，当地人继续保持着这片海滩干净美丽以迎接游客，如果你去旅游的话，可能会有人要求你捐款。

San San Golf Course & Bird Sanctuary 高尔夫

（993-7645；9/18球洞 US$50/70；8:00~17:00）这18个球洞的高尔夫球场沿着河谷展开，周围环绕着森林。鸟儿的栖息地有大片原始森林，尚未开发旅游业。

住宿

Drapers San Guest House 客栈 $

（993-7118；www.draperssan.com；Hwy A4, Drapers；单/双带公共卫生间 US$31/62，双/标三带私人卫生间 US$72/90；）由一位意大利籍人经营，老板热情好客，熟知当地风土人情。这家闲适的客栈有两间木屋，其中有5个双人间和1个单人间（每两间有一个公用卫生间），房间里都有风扇、百叶窗和热水。提供热情的服务，让你感到宾至如归；还有一个舒服的休息室和公共厨房，可以预订餐食。

Mikuzi Vacation Cottages 小屋 $

（480-9827, 978-4859；www.mikuzijamaica.com；Hwy A4，弗里山；房间 US$40~60；）Mikuzi非常不错：既时尚又浪漫，风景优美，临近温尼弗里德海滩。对情侣来讲，这里绝对是幽会的完美之地。有各种房型，包括暖色调的小木屋（价格便宜，没有厨房）、一间小房子和设施完善的单间公寓。如有需求，可供餐（不包括早餐）。

San San Tropez 酒店 $$

（993-7213；www.sansantropez.com；Hwy A4，桑桑海滩；单/双 US$85/125；P）这家由意大利人开的酒店待客友好，拥有宽敞明亮的房间和套房，有种欧洲小度假村的感觉。酒店的家具时尚，装修凸显热带风情。有一个迷人的日光浴阳台，附近的餐馆不仅可以欣赏到优美的风景，更有可口的食物（提供套餐）。酒店赠送桑桑海滩的门票。

Jamaica Palace 酒店 $$

（993-7720；www.jamaica-palacehotel.com；Hwy A4；房间豪华/高级 US$170/190，套 US$230~320；P）新古典主义风格的酒店，俯瞰海龟洞穴，Jamaica Palace给人的感觉更像是美术馆而不是酒店，或者像是一位牙买加滨海度假村的贵妇人。宽敞的房间和套房里有水晶枝形吊灯、古董装饰，推开窗就可以欣赏到格鲁吉亚湾的美景。往下看，是一个35米长的游泳池，形状像牙买加岛。

Frenchman's Cove 度假村 $$

（933-7270；www.frenchmanscove.com；房间/套 US$110/145，1-/2-/3-卧室小木屋 US$165/260/360；P）这间古色古香的房子的确有年头了，我们确信，当年埃罗尔·弗林还是镇上的话题人物时，酒店就十分出名了。不过如今它的一些石砌小屋和70年代现代主义风格的公寓感觉有点过时了。尽管如此，热情的员工以及距离牙买加最美海滩仅几步之遥的便利给酒店加分不少。

Moon San Villas 别墅 $$

（993-7777；www.moonsanvilla.com；Hwy A4，弗里山；房间包括早餐 US$145~195；P）这家精致的三层别墅坐落在蓝色潟湖的高处，休息室和卧室有大而敞亮的窗户和华丽浪漫的装饰，风景秀丽。优惠的价格包含丰盛的早餐，可免费乘坐浮潜船和参加蓝山自行车之旅（见31页）。根据需求，提供法式餐饮。

★ **Kanopi House** 酒店 $$$

（632-3213，从美国拨打 305-677-3525；www.kanopihouse.com；Hwy A4, Drapers；房间 US$300起；）蓝色潟湖生态度假村，

既豪华又舒适，与其名气相符。深色的木屋看似从丛林里长出来，置身其中，感觉是到了榕树洞里的五星级酒店。酒店注重环保，处处减少对生态环境的影响。店内装饰着精美的艺术品。供应新鲜的有机食物。

★ Gee Jam 酒店 $$$

（☎993-7000，993-7302；www.geejamhotel.com；紧邻Hwy A4，桑桑海滩；房间 US$495~795，套 US$995起；P❄📶≋）Gee Jam酒店的录音工作室是其最大特色，超现代的房间设计、特色的烹饪，个性十足。它绝对有曼哈顿奢华公寓的感觉，木屋由林中小径相连，还能欣赏到海岸风景。酒店主人乔恩·贝克（Jon Baker）是资深音乐人，尤喜嘻哈舞曲和雷鬼音乐——在这儿住过的客人都是音乐爱好者，提名了他们自己的格莱美音乐奖名单。

★ Hotel Mocking Bird Hill 酒店 $$$

（☎993-7267/134；www.hotelmockingbirdhill.com；Mocking Bird Hill Rd；房间 US$190~295，套 US$348~600；📶≋）Mocking Bird是波特兰地区生态主义运动的领头者。这座漂亮的大房子位于一条蜿蜒的土路尽头；所有的房间都装饰有精选的布料和艺术品，还有独立的海景阳台。Mille Fleurs 餐厅的餐食丰盛可口。山坡上公园里的小径是观鸟的好地方。

餐饮

这段路上有很多住宿但却很少有独立餐馆。大多数人在他们的酒店（通常都有对外开放的餐厅）用餐或由所住别墅的服务人员提供餐食。

Woody's 牙买加菜 $

（Hwy A4，Drapers；主菜 J$300~800；⏲午餐和晚餐）这家整洁的餐馆室外有个露台，室内有柜台，是当地人聚会的场所。有热狗和汉堡、奶酪三明治以及牙买加菜晚餐可供选择。素食主义者可以品尝塞满炖水芋的蔬菜汉堡。主人热情好客，值得体验。

Sir Pluggy's 烟熏肉 $

（Hwy A4，Drapers；主菜 J$400~800；⏲午餐和晚餐）Sir Pluggy的店名和烟熏肉都让人印象深刻。闻到香喷喷的熏肉，会忍不住大吃一顿。

San San Tropez 意大利菜 $$

（☎993-7213；Hwy A4，San San Bay；主菜 US$12~25；⏲早餐、午餐和晚餐）这里菜品丰富的菜单上有一大特色：意大利菜，家庭制作的纯正菜品。原料相对简单（如果你哪怕去过一次意大利餐馆，也可能会对菜单倒背如流），烹调精心。海鲜和比萨口味独特。还有各种各样的红酒。

★ Mille Fleurs 牙买加菜 $$$

（☎993-7267；Hotel Mocking Bird Hill，Mocking Bird Hill Rd；三道菜的晚餐 US$90；⏲7:00~22:00；✎）位于Mocking Bird Hill酒店的这家餐馆供应岛上最美味的牙买加菜，你可以在景色秀丽的阳台用餐，享受全面周到的服务。菜品原料都来自当地，菜单会因季节而不同。可选素食。饭餐之余可以品尝流动手推车里的甜露酒。需要提前预订。

Bush Bar 创意菜 $$$

（☎993-7000；Gee Jam；套餐 US$70；⏲晚餐）这家Gee Jam的餐馆位于俯瞰着丛林和海洋的游廊，围了多层蔷薇果。提供完美的亚洲菜和牙买加菜融合的体验，各色鸡尾酒如拉斯维加斯的霓虹灯般耀眼。轻松和缓的背景音乐会让人有种难以名状的幸福感和归属感。提前打电话预订。

购物

Gallery Carriacou 艺术品

（☎993-7267；Hotel Mocking Bird Hill；⏲周四至周二 10:00~17:00）陈列有绘画、陶瓷、雕塑和当地艺术家其他的精致艺术作品。它还举办针对农村儿童及文化活动的讲习班，所以它更像是本地区文化活动的基地。

R Stewart 艺术品

（Hwy A4，Drapers）在德珀雷你会找到自学成才的著名艺术家R.斯图尔特的路边美术馆，他很有可能正在路边创作新画。他对牙买加生活离奇幽默、专业到位的描绘时常激起过路者的购买欲望。

实用信息

在一间小木屋里是德珀雷的**邮局**（⏲周一至周五 8:00~16:00，周六 8:00至正午），**警察局**

(☎993-7315)就在弗伦奇曼斯海角的东侧。

ℹ 到达和离开

白天，在安东尼奥港和波士顿湾之间的沿路一带有很多专线出租车——单程车费不会超过J$100。

波士顿湾(Boston Bay)

波士顿湾是一个袖珍海滩，渐渐倾入蓝绿色的海水中。海浪腾空，滚滚而来，这里便是迎风触浪的畅爽之地。你可以在沙滩上租冲浪板，大约US$15。

波士顿湾口味辛辣的烟熏肉非常有名。今天，烟熏肉受到世界各地食客的追捧，基本相当于牙买加美食的代名词，但在20世纪50年代以前，烟熏肉并不为外人所知。几个世纪之前，就在离此不远处，马龙人首创了用肉和烟熏香料制作烟熏肉的方法。波士顿湾一些简朴的小屋是推荐首选——非常值得绕道去参观一下。

食宿

★ Great Huts 度假村 $$

(☎353-3388; www.greathuts.com; Boston Beach Lane; 非洲风格的木屋 每人 US$55~80, 树屋 每人 US$163~255; 📶)绿色的生态村连接着雕塑公园，俯瞰波士顿湾。它是一个别具一格、富有想象力的非洲风格的小屋和树屋的集合体，有游廊、竹壁卧室和露天淋浴，还有一片专属海滩。沿着悬崖是一条步行小径，还有非洲主题的图书馆和一家不错的餐馆及酒吧。周六有现场音乐演奏。要是牙买加所有的度假村都能如此"应有尽有"该多好。

Jerk stands 牙买加菜 $

(J$400~800)在波士顿湾的入口处，你会看到一个个路边烟熏肉小摊。小贩们使尽浑身解数，招揽生意。他们的熏肉味道都很不错，不过Mikeys制作的又热又甜的熏肉，让我们记忆深刻。

ℹ 到达和离开

波士顿湾位于安东尼奥港以东15公里。长途汽车(J$100)早晨发车较早(8:00)，末班17:00左右；专线出租车(J$200)是更加方便的选择。

长湾(Long Bay)

长湾可谓名副其实，乳白色的海滩绵延1.5公里，劲风吹着海浪扑向岸边。此处有暗流，不适合游泳，但却是冲浪爱好者的天堂。

虽然强东风带给冲浪创造了条件，却也使得长湾经常面临极端天气。这个小村庄曾吸引了很多背包客前来观光，现在因遭受飓风重创而多少呈现出衰败的景象，有很多曾经很受欢迎的餐厅和客栈现已关闭。当地人希望好天气快些到来。

住宿

Blue Heaven Resort 客栈 $

(☎892-2195; www.blueheavenjamaica.com; 铺/双 J$1500/3000; ❄📶)这是意大利人经营的一家普通的背包客客栈。房间被粉刷成白色，有共用卫生间和专属海滩。虽然有些冷清和破旧，但是打折的房价使得它可以在必要时作为一个选择。如有需求，可供应意大利餐食，有冲浪板出租。

Hotel Jamaican Colors 酒店 $$

(☎407-4412, 893-5185; www.hoteljamaicancolors.com; Hwy A4; 单/双/四/房子 US$70/80/130/136, 附带空调 US$18; P❄📶🏊)这座法国人经营的酒店位于长湾以南2公里的峭壁上，有12座舒适的小木屋，都配有舒适的双人床，还挂着蚊帐(还有一幢房子出租，可以住5个人；依据客人数量收费)。露天餐厅非常不错。老板会给冲浪爱好者分享丰富的信息。

就餐

众多乡村海滨棚屋里售卖便宜的牙买加菜，晚上兼作有音乐的普通"朗姆酒商店"；找一家人多、听得见音乐和笑声的进去放松地好好玩玩吧。下列餐馆都位于海滩。想要品尝经典的法国菜，可以去Hotel Jamaican Colors。

Y & V Sea View Restaurant 牙买加菜$

这个棚屋餐馆在通向长湾的崖边入口处，色调为红色、绿色和金色，有一张鲍勃·马利肖像壁画。在这可以品尝到地道的牙买加菜——鸡肉、鱼肉配米饭等类似的食物。在微风习习的户外吃饭，然后从岩石上爬到下面的海滩。

Fishermans Park 牙买加菜$

Fishermans Park在长湾中心的主路上，是一个活跃的开放型餐厅兼体育酒吧，有带茅草顶的休息区。餐馆的特色是鱼（我们也品尝了山羊咖喱），分量十足。

到达和离开

在安东尼奥港和长湾之间有小型长途汽车和专线出租车（J$300，25分钟）。

瑞奇瀑布（Reach Falls）

虽然瀑布在这个国家遍地都是，瑞奇瀑布仍然能算得上牙买加最美丽的地方之一。白色的飞流周围环绕着原始雨林，水流湍急，冲刷着石灰岩层，形成一个又一个翠绿色的池塘。

你一进入瀑布（成人/儿童 US$10/5；周三至周日 8:30~16:30）就会有导游为你提供服务，如果你想要爬到上层的水池，需要他们的帮助。我们还是强烈推荐上去看看的（在瀑布高处有地下、水下隧道；从上面冲下来绝对是一种享受）。曼丁戈洞穴（Mandingo Cave）是瀑布上的一颗明珠，从瀑布顶端可以到达，但你需要带上攀岩鞋，并做好长时间攀登的准备。

你也可以步行、蹚水或游泳到达瀑布边缘，通过主入口下方一条无路标的丛林小径。这是一次畅快的体验，密林蔽日，水流潺潺，美不胜收。经验丰富的当地导游伦纳德·威尔士（Leonard Welsh，849-6598）会带领你游览，沿路也会解说许多植物和野生动物。

在曼奇奥尼尔以北约2公里处，往瑞奇瀑布的转弯路口有清楚的路标。安东尼奥港与曼奇奥尼尔之间运行的专线出租车可以在此处停车，再往山上走3公里即可到达瀑布。

曼奇奥尼尔（Manchioneal）

人口 2000

从瑞奇瀑布往南直走约2公里，蜿蜒起伏的道路围绕着一个美丽的蓝色海湾。海湾周围就是渔村曼奇奥尼尔（牙买加语Man-kee-oh-neal），宽阔的浅海滩上停有五彩斑斓的独木舟。它是一个龙虾捕捞基地和冲浪的好地方——据说7月是最好的月份。

曼奇奥尼尔是享用烤鱼或烤海螺的好地方。傍晚时分，渔民们满载而归，你可以到海滩上那些小棚子里购买这些美味。在海湾的远处，岩石海滩（Rock Beach）的下面是一个带酒吧的小洞穴，这里是喝啤酒消遣的好地方。周日通常有歌舞演出。附近另外一个私人海滩一年到头都有海牛到访，可在Zion Country获取详细资料。

曼奇奥尼尔东南3公里处的Ennises湾沙滩是另一处消磨下午时光的好地方。这里有小吃摊，还可以欣赏约翰克罗山脉（John Crow Mountains）的美丽景色。

食宿

Zion Country 客栈 $

（993-0435，451-1737；www.zioncountry.com；单 US$50，双 不带/带浴室 US$60/75）这里有4座美丽的小木屋建在绿色的悬崖上，鸟瞰曼奇奥尼尔湾，这里因氛围幽静闲适而成为背包客的天堂。有带吊床的阳台以及公共卫生间。还有景色秀丽的小酒吧/餐厅。陡峭的台阶向下通向海滩。

Bryan's Restaurant 牙买加菜 $

（Main St；餐 J$200~600）这是一家屋顶餐馆，供应简单而美味的牙买加菜，可以在阳光充足的阳台上用餐。上楼之前，在一楼的B & L超市支付餐费。

到达和离开

小型长途汽车和专线出租车在安东尼奥港和曼奇奥尼尔之间行驶（J$250，40 分钟）。出租车可以载你到瑞奇瀑布，大约需要J$1000。如果你自己有车，可以沿着滨海公路一路向南，直至与通向金斯敦的A2相接（在雨季小心洪水）。

格兰德河流域（RIO GRANDE VALLEY）

格兰德河的水源来自潮湿的波特兰区频繁的降水，河流从蓝山900米的地方奔泻而下，冲刷形成了一条巨大的深V形峡谷，嵌在

另辟蹊径

格兰德河流域上游

如果你真的想摆脱世俗的困扰，找一个清静之地，可以去**Ambassabeth Cabins**（☎395-5351; www.bowdenpenfarmers.com; 小屋 US$50），这是在鲍登围栏（Bowden Pen）的一个社区旅游点，超棒。这些质朴的小木屋有自来水，但没有电力供应。你可以体验到真正的马龙人文化，包括地道的民间传说和马龙人的厨艺，还有当地导游带你沿着**Cunha Cunha Pass Heritage Trail**游览。这跟去牙买加丛林游览一样有趣好玩。

蓝山和约翰克罗国家公园的护林管理站位于米尔班克（Millbank），在鲍登围栏前面3公里，克罗山山脊附近，它平行于山谷，就像一座巨大的城堡墙。有一条小路到达**白河瀑布**（White River Falls），那里有7条飞流，不过在瀑布外你可能会发现遗弃的马龙人村废墟。请注意这条艰险的路从茂密的森林中穿过，所以要在Ambassabeth或米尔班克找一个马龙人导游。

在离鲍登围栏不远距离的高处，小路开始变得更加陡峭，并被浓密的植被覆盖。小路（只能步行）继续向前穿过**Corn Puss Gap**进入圣托马斯（St Thomas）——对那些有充分准备的人来说，这会是一次奇妙的徒步旅行。

要到达格兰德河上游，在锡曼河谷（Seaman's Valley）的Y型交叉路口右边这条路经过阿利盖特教堂（Alligator Church）通向鲍登围栏，距下面的河谷约16公里。过了阿利盖特教堂就没有柏油路了，接下来的土路极其艰难狭窄，你需要一辆四驱车。

Valley Hikes和**Grand Valley Tours**（☎401-647-4730; www.portantoniojamaica.com/gvt.html）在安东尼奥港提供团队游；后者在米尔班克另一边有宿营地。

蓝山的西侧和约翰克罗山的东侧。格兰德河流域不像科克皮特地区那么偏远崎岖，位置相对比较近；如果你不愿意去城市一类的地方，我们建议你直接来这里。马龙人是非洲马龙人的后裔，一直保留其非洲的文化遗产，有很强的文化影响力。为了跟他们在科克皮特地区的表亲们区分开，他们称为"向风马龙人"。

Red Hassell Rd始于安东尼奥港南部，在费洛希普（Fellowship）进入格兰德河流域。

摩尔镇（Moore Town）

这是在安东尼奥港以南16公里的一个小村庄，仅有一条街。村子沿着Wildcane河绵延向上几百米。现在这里和其他牙买加村庄别无二致，但是历史上它曾经是向风马龙人居住地的一片重要区域。村庄建于1793年，根据签署的和平条约，马龙人取得独立自主的地位。摩尔镇现在仍然是半自治，并由选举产生的24位代表组成的一个理事会管理，为首者被称为"colonel"。当地人努力保留自己的风俗和传统，偶尔还会拿出他们的羊角拗（abengs）和鼓乐，但是很多年轻人正在向城市移民。

对向风马龙人历史感兴趣的游客会受到热情款待。到达目的地后，礼貌的做法是要尊敬当地的colonel（在我们调研期间是华莱士·斯德林；四处询问一下，会有人带你去见他）。如果他不在，你可能会见到colonel的特使，并被要求捐些款。在离开摩尔镇的小路上，有众多位于南妮瀑布的迷人的水池，约45分钟的路程。

位于安东尼奥港的**Grand Valley Tours**（见103页）主要经营旅游，包括"摩尔镇月光之夜"社区游览，旨在让游客理解马龙人的精神。

摩尔镇的主要景点是Bump Grave，位于镇的最南端。它顶端的旗杆上飘扬着马龙人和牙买加的旗帜，长方形的石头和牌匾标记着南妮（Nanny）的墓地，她是争取自由的女斗士和摩尔人的女首领。有一扇大门保护着坟墓，但是有人捐款的话就可以打开。在圣母罗伯茨教堂（the church of Mother Roberts）的瞭望台（建筑用花朵装饰）也是同样的情

格兰德河徒步游

比较受欢迎的徒步旅行有：到白色河谷（White Valley）的，沿途有许多体型巨大的燕尾蝶；到达Dry River瀑布的；到达斯凯特瀑布（Scatter Falls）和福克斯洞穴的。

其他的徒步旅行比较费体力，路上多是植被茂密的泥泞小路以及需要涉水的小河。没有导游带领，不要尝试探索偏僻的道路。The Corn Puss Gap小路尤其艰险，跟从温莎到达南妮镇的荒蛮小径一样难走。

有许多公司组织集体徒步。在安东尼奥港，联系Hotel Mocking Bird Hill的Jamaica Explorations（见103页）或Grand Valley Tours（见103页），他们组织到斯凯特瀑布和福克斯洞穴以及摩尔镇、南妮瀑布和南妮镇的徒步行。**Valley Hikes**（☎993-3881；Unit 41, Royal Mall，安东尼奥港）是当地另外一家经营徒步旅行的机构。**Sun Venture Tours**（☎960-6685；www.sunventuretours.com；30 Balmoral Ave，金斯敦）总部设在金斯敦，组织本地区的徒步旅行和文化之旅。所有的这些经营团队都提供在格兰德河流域的家庭寄宿，比自己跋涉或在陌生的地区宿营要更好。

斯凯特瀑布和福克斯洞穴（Scatter Falls & Fox Caves）

一场轻松好玩的徒步旅行带你到达斯凯特瀑布和福克斯洞穴，在Berridale乘竹筏穿过格兰德河，然后步行30分钟经过一系列小村落和香蕉树。瀑布翻腾着穿过浓密的蕨类植物，流入水池，你可以吮吸一口清凉的水。附近有更衣间、厕所、宿营地、一间竹木茅草酒吧和一个厨房，供应热腾腾的午餐——不过这必须通过位于金斯敦的Grand Valley Tours提前预订。

从瀑布出发经过15分钟艰险的徒步到达洞穴，洞穴的造型奇异迷人，类似于拉斯特法里派信徒的长发髻。屋顶有很多凹陷的小洞，有许多小型蝙蝠悬挂在里面。你可以看见瀑布发源于洞穴的什么地方。

由于小路没有路标，而且你还要穿过私人领地，因此，你必须要有导游陪同游览。

南妮镇（Nanny Town）

这个古老的村庄要塞属于向风马龙人，镶嵌在蓝山东北部一处陡峭的山坡边缘，在摩尔镇西南直线距离约16公里处。它的名字来源于一位18世纪的阿散蒂女祭司，也是马龙人的首领，如今被奉为民族英雄。1734年，英国军队把回旋炮带到这里的山谷，并轰炸了南妮镇的大部分地区，但是当地的马龙人英勇抵抗。最终，他们比想象的还要难以征服，南妮镇成为半自治区，一直延续至今。

这是一段16公里艰险的徒步行，从摩尔镇以北5公里的温莎出发。这里有许多支路，如果你尝试自己徒步行的话，很容易就迷路了。

况，它是非洲循道卫理公会犹太复国主义拯救中心，很多人来此地尝试“信仰疗法”。

摩尔镇并无明显的路标，位于锡曼山谷Y型交叉路口左侧的凹地。右边的道路经过阿利盖特教堂到达格兰德河流域上游。在摩尔镇，道路通到村子就终止了。小型长途汽车和专线出租车从安东尼奥港发车，抵达摩尔镇（约J$150）。小型长途汽车一天2班，分别于清晨和午后发车。

安东尼奥港西部

安东尼奥港到巴夫贝（Port Antonio to Buff Bay）

如果不是经过著名的萨默塞特瀑布（Somerset Falls），这段海岸公路就太了然无趣了。可以从这里开车向上到达斯威夫特里弗流域（Swift River Valley），那里的种植园里生长着可可树。

景点

萨默塞特瀑布　　瀑布

（Somerset Falls；☎383-6970；www.somersetfallsjamaica.com；Hwy A4；门票 J$1250；⏰9:00~17:00）这昏暗的瀑布隐藏在霍普贝（Hope Bay）以东约3公里处的深邃峡谷中。丹尼尔斯河（Daniels River）的飞瀑流过繁茂的蕨类植物、蝎尾蕉（heliconias）、百合花和巴豆，进入如晶莹泪滴般的深色池塘。游客到达这里不得不经过一些弯曲陡峭的台阶。

这个地方有旅游餐馆、酒吧、冰激凌商店和一个小动物园，但是，这里的瀑布本身是纯天然的。门票费包括导游陪同的团队游，乘船经过一个洞穴到达Hidden瀑布，它陡落10米后流入碧绿色的洞穴。有个很大的游泳区可以尽情戏水，记得带上泳衣。

食宿

Rio Vista Resort & Villas　　客栈 $$

（☎993-5444；www.riovistajamaica.com；Rafter's Rest；房间 US$90~125，小屋 US$195~270；P❄📶🏊）这家客栈坐落在格兰德河较高处的山脊之上，位于安东尼奥港以西6公里处，在筏夫休息站的拐角附近。这些房子建在种植园的空地上，能够欣赏到跨越河流和群山的美景。小屋和房间的风格多少有些过时，不过还算舒适怡人，Buccaneer restaurant（餐 US$12起）供应的食物美味可口。

到达和离开

专线出租车（J$150）和小型公共汽车（J$100）往返于安诺托贝和安东尼奥港之间，途经萨默塞特瀑布和霍普贝。

查尔斯镇（Charles Town）

从普通小镇巴夫贝出发，向内陆延伸几公里，就是马龙人的定居地查尔斯镇，也是阿萨福文化园（Asafu Culture Yard；☎445-2861；通过捐款入园）的所在地。文化园里什么都有——房子、花园、博物馆，由马龙人的头领拉姆斯登（Lumsden）经营，他很乐意为游客介绍马龙人文化的点点滴滴。你也可以雇佣一名导游带你进行3小时的徒步旅行，到达一座18世纪的咖啡庄园和南妮瞭望塔，俯瞰海岸全景。

牙买加文化日历中最大型的一个非洲文化活动是共度好时光节（www.fiwisinting.com），2月的一个周日在巴夫贝以东5公里的Nature's Way举行。有一个非洲集市和儿童村，可以吃到I-tal有机无盐食品，聆听现场音乐。纪念仪式令人动容。当祭酒被洒在地上以纪念"大西洋中央航线"（该词用来指从非

不要错过

格兰德河漂流

在20世纪40年代期间，埃罗尔·弗林首先在格兰德河开创了漂流活动，月光漂流被认为是最时尚的活动。

现在付费的船客从Berridale以南约2公里Grant's Level的筏夫村（Rafter's Village）出发，经过1~3小时的长达11公里的漂流，到达位于圣玛格丽特湾（St Margaret's Bay）的筏夫休息站（Rafter's Rest）。每逢满月，会有令人难忘的夜游。这些游览灵活有趣；你的导游也很乐意在一个洒满月光的河岸停下来游玩。你可以拥抱、亲吻你的爱人，或者打开冷藏箱，取出啤酒，开怀畅饮。

你可以在Rio Grande Experience（☎993-5778；每个竹筏 US$65）预订或在Grant's Level的筏夫村提前预订。这是一次单程旅行，如果开车来，你需要雇用一名司机把你的车从Berridale开到圣玛格丽特湾（Rio Grande Experience可以帮你支付US$15；虽然司机都买了保险，但是你最好跟他说清楚，让他谨慎开车）。或者你可以从安东尼奥港乘出租车（US$20）。

从安东尼奥港到Grant's Level的专线出租车需要花费J$200；它们从Bridge St和Summers Town Rd的交会处出发。有执照的出租车双程大约需要US$20。

洲到牙买加的奴隶运输)的幸存者时,标志着正式的庆祝活动结束。一艘铺满鲜花的船驶向大海。Kumina鼓围成一圈儿,众人载歌载舞,直至深夜。

巴夫贝本身并不是特别吸引人,不过任何经过这里的人都会到Blueberry Hill Jerk Centre(烟熏肉 J$300~750)尝上几口。这家店就在去往安东尼奥港的路上。一些食客说这里的烟熏肉是波特兰区最好的,说得确实有点道理。我们也同意这种说法,单是这里的酱料就美味得让人欲罢不能。

安诺托贝(Annotto Bay)

这是个小镇,仅有一条街,昔日曾是香蕉转运的口岸,历史上曾饱受践踏。周六的集市让小镇恢复了生机。在Main St矗立着乔治堡的遗迹和一些殖民时代有圆柱走廊的宏伟建筑。最引人注目的是由黄色和红色砖瓦建成的庄严的浸信会教堂,建于1894年,“乡村巴洛克”的建筑风格,雕花的玻璃窗,檐口还刻了稀奇古怪的圣经劝诫。

安诺托贝没什么值得留恋的,但是每年8月这里都会举行圣玛丽音乐节(St Mary Mi Come From, www.facebook.com/AStMaryMiComeFrom; ⊙8月的第一个星期六),由Cappleton担任主角,还有其他受欢迎的雷鬼音乐艺术家。

在安诺托贝吃饭的最佳地点是Human Service Station(主菜 J$200~600),就在你出城前往巴夫贝的路边。供应美味的鱼和炖鸡。

罗宾斯湾(Robin's Bay)

从安诺托贝延伸过来的柏油马路在罗宾斯湾就到头了(20世纪70年代时被称为草莓园,是嬉皮士喜爱的天堂)。关于此地有海盗藏宝基地的传言经年不绝。这个地区拥有北部沿海最崎岖不平和最不发达的乡村。

景点和活动

库阿曼瀑布和泰克伊瀑布 瀑布

(Kwaaman & Tacky Waterfalls)库阿曼瀑布和泰克伊瀑布清新自然、与外隔绝,如果你从罗宾斯湾沿着海岸一路游玩时不经意地发现它们,你可能忍不住将之据为己有。库阿曼瀑布从32米的高处倾泻而下,流入清澈的水池,你可以在里面游泳。从罗宾斯湾出发,徒步约1小时可到达。

凝望着库阿曼瀑布后面崎岖的岩石上的水,你能够辨认出几个世纪连续冲刷在岩石上形成的酷似长发绺一样的痕迹。虽然泰克伊瀑布没有“长发绺”,但同样值得游览,特别是在无风的天气时,你可以从罗宾斯湾乘坐小船来这里。

Hiking Port Maria to Robin's Bay 徒步

从玛丽亚港出发,经由一条徒步小径就可以到达罗宾斯湾,这条路通向牙买加沿海保留着原始质朴特色的区域之一。当地人可以带你去偏远的Black Sand海滩和库阿曼瀑布及泰克伊瀑布。

食宿

River Lodge 客栈 $

(☎995-3003; www.river-lodge.com; 单 US$25, 双 US$50~60, 小屋 US$105~135; P)这家环境优雅的客栈建立在一座古老的西班牙城堡之上。客房有漂白的石墙、通亮的天窗。卫生间(仅供应冷水)墙壁爬满了常春藤;“阁楼”房间里有露天卫生间。如需要,可在茅草屋餐厅用餐,这是个聚会交友的地方。

Strawberry Fields Together 度假村 $$

(☎999-7169; www.strawberryfieldstogether.com; 每人露营 US$15, 高级小屋 US$70~90, 豪华小屋 US$180~300; P ❄)这一系列的小屋与那些便宜的住宿一样受欢迎,因为这里有营地(自己带帐篷)。所有的小屋(可以睡4~6人)都可以欣赏群山和大海(有专属海滩)的美景,还有一些游客来这里体验按摩浴缸。四周非常适合徒步。提供餐食。

到达和离开

任何在奥乔里奥斯和安诺托贝或安东尼奥港之间往来的公共交通车辆都会在A3通向罗宾斯湾的交叉路口停车。然后步行6公里到达罗宾斯湾(这之间很少见到专线出租车,但是有从罗宾斯湾到金斯敦的每日运营的长途汽车)。酒店可以将客人送至停车站点。

蒙特哥贝和西北沿海

包括 ➡

最佳住宿

- Polkerris B&B（见127页）
- Richmond Hill Inn（见129页）
- Hotel Rio Bueno（见141页）
- Fisherman's Inn（见139页）

最佳当地生活体验

- Far Out Fish Hut（见136页）
- Chilli Pepper（见129页）
- Miss Lilly's（见145页）
- Lobster Bowl Restaurant（见141页）

为何去

蒙特哥贝拥有本国最大的机场和繁忙的加勒比邮轮码头。许多人到牙买加观光的第一站都是蒙特哥贝然后才会去周围的海滩、高尔夫球场和全包式度假村游玩。而具有讽刺意味的是，该地区最有趣的一些景点并不在蒙特哥贝（这是一个人声鼎沸、交通发达却又不起眼的城市），而是位于周边的褶皱山脉和蜿蜒的海岸线。忘川（Lethe）是一片郁郁葱葱的丛林——不想去度假村的游客可以在这里参加惊险刺激的体育运动，如滑索和漂流。法尔茅斯（Falmouth）是牙买加的历史名城，至今还保留着奴隶时代的根基。科克皮特地区（Cockpit Country）道路不通，十分荒芜，隐秘的洞穴以及出奇寂静的山脉随处可见，它们令人迷惑，即使是有经验的当地人也容易迷路。洞穴和山脉的空隙处是密集的小城镇和小村庄，在那里可以看到牙买加人的日常生活，充满着原始气息和浪漫味道。

何时去

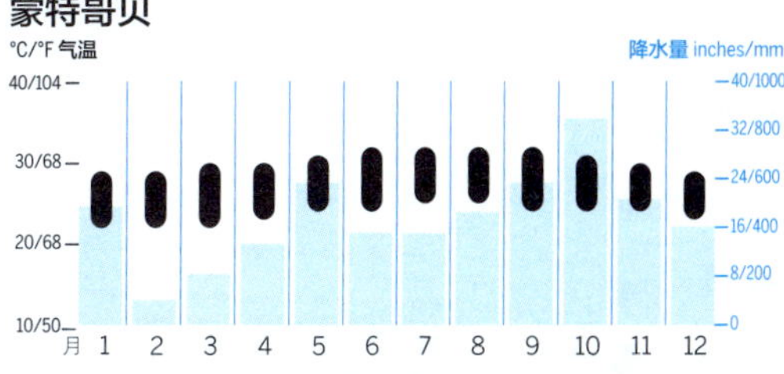

12月至次年3月 旺季，降雨少，但费用较高。

4月至8月 淡季，沿海和山脉地区较为凉爽，住宿也较为便宜。

9月至11月 平季，节日气氛不浓厚，天气多变。

蒙特哥贝和西北沿海亮点

❶ 跟游客以及归国的牙买加侨民一起在**博士镇洞穴海滩**（见117页）晒太阳。

❷ 探索**格林伍德宅邸**（见134页）大厅。

❸ 徒步前往荒芜的**科克皮特地区**（见143页）中心地带。

❹ 星光满天的夜晚，在**发光潟湖**（见138页）看藻类在手指上闪烁。

❺ 徒步游览**法尔茅斯**（见136页），了解牙买加的历史、建筑和饮食。

❻ 在**忘川**（见141页）郁郁葱葱的丛林上方玩滑索。

❼ 去Hip Strip的**Pork Pit**（见129页），尝一尝简单却口味浓重的香熏烤肉。

蒙特哥贝

人口 110,000

蒙特哥贝有两张截然不同的面孔：首先，这里十分受游客们的认可，许多加勒比旅行宣传册上都印着游客们开怀的笑容；其次，这是一个鱼龙混杂的城市，从地位和繁杂程度上来讲，仅次于金斯敦。大多数大型全包式度假村都远离市中心，位于艾恩肖尔（Ironshore）的高档郊区。相比之下，待在城市的话，你会面临一种完全不同的境况——这里有喧杂的汽车喇叭声和熙熙攘攘的人群，所有的一切都毫无保留地展现出牙买加原汁原味的生活。

在Hip Strip（又称Gloucester Avenue）有中档酒店，随处可见的纪念品商店出售着印有鲍勃·马利头像的T恤衫，这里是蒙特哥贝的减压地带。这里的潮人不多，不过置身在拥挤的人群中以及烟雾缭绕的烤肉馆，你会发现街上跳动着牙买加特有的韵律。

景点

Hip Strip和海滩

★博士镇洞穴海滩 海滩

（Doctor's Cave Beach；见126页地图；952-2566；www.doctorscavebathingclub.com；成人票/儿童票 US$6/3；8:30至日落）它听起来像是个里面住着身穿实验服的穴居人的岩石洞，但其实这是蒙特哥贝最著名的海滩。一个漂亮的弧形沙滩，面朝着犹如深蓝色宝石般瑰丽的海域，其上漂浮着潜水平台，如织的游客在上面高兴地赞叹着。嗯，游客真是不少——也有很多牙买加人。上边是门票收费处，蹭海滩的人大多进不来。

1906年，博士镇洞穴建成一个游泳俱乐部。后来英国的按摩师赫伯特·巴克（Herbert Barker）先生声称这里的水有治愈功效，博士镇洞穴因此而名声大震。人们涌向蒙特哥贝，促进了旅游业的发展。数十载后，Homo Margaritavillus的出现使旅游业的发展达到顶点。附近有大量配套设施，如美食广场、烧烤吧、网吧、水上运动项目和很多可以租借的东西（沙滩椅、毛巾和潜水装备）。

康沃尔海滩 海滩

（Cornwall Beach；见126页地图；979-0102；www.cornwallbeachja.com；门票 J$350；8:00~18:00）除了蒙特哥贝的海滩，当属康沃尔海滩的名声最酷了——如果你正在找一个当地人都想去的沙滩（好吧，淡定的当地人都会乐意为此支付J$350），那就非它莫属了。这里的大陆架较浅而且水很清澈，适合浮潜和游泳，白色沙滩看上去也非常不错。每周三，这里的海滩派对（开放式酒吧）会从头一天的21:00一直持续到第二天天亮。

沃尔特弗莱彻海滩和阿夸索尔主题公园 海滩

（Walter Fletcher Beach &Aquasol Theme Park；见118页地图；979-9447；Gloucester Ave；成人票/儿童票 US$5/3；10:00~22:00）阿夸索尔主题公园正在推动沃尔特弗莱彻海滩的发展（面向儿童的娱乐设施包括充气水上滑梯和生锈的巡回游童车）。当地民风淳朴，治安良好，在这样的环境下，这里可算是一个放松的好地方；乘坐邮轮旅行的一日游游客通常会被接送到不远处的博士镇洞穴。

海滩满是沙子而且相对干净，水质不错，可以游泳，不过浮潜的话可能会有些限制。现场的甲板酒吧提供餐食和饮品，日落时分生意就变得十分火爆，特别是在周末的时候。请留意不定期现场音乐演出的广告牌。

死胡同海滩 海滩

（Dead End Beach；见118页地图）这个狭窄的地带也叫作“海盗海滩”，就在Gloucester Ave北部的Kent Rd旁边，你肯定会碰上当地人。狭小的空间使人们显得很局促。涨潮时，把“海滩”俩字去掉叫成“死胡同”也是完全正确的。这里没有配套设施，也没有拥挤的人群，因而海湾的日落更为美丽。

市中心

萨姆·沙普广场 广场

（Sam Sharpe Square；见122页地图；Fort St）这个铺满鹅卵石的广场热闹非凡，是以萨姆·沙普（Sam Sharpe；1801~1832年）的名字命名的，他是民族英雄和1831年圣诞节起义的领袖。广场的西北角是**民族英雄纪念碑**（National Heroes Monument），即保罗·伯格（Paul Bogle）和萨缪尔·沙普的青铜像，他们手拿圣经，正在跟3个崇拜者说话。附近是一所**牢房**（Cage），建于1806年，是一座用小

Montego Bay 蒙特哥贝

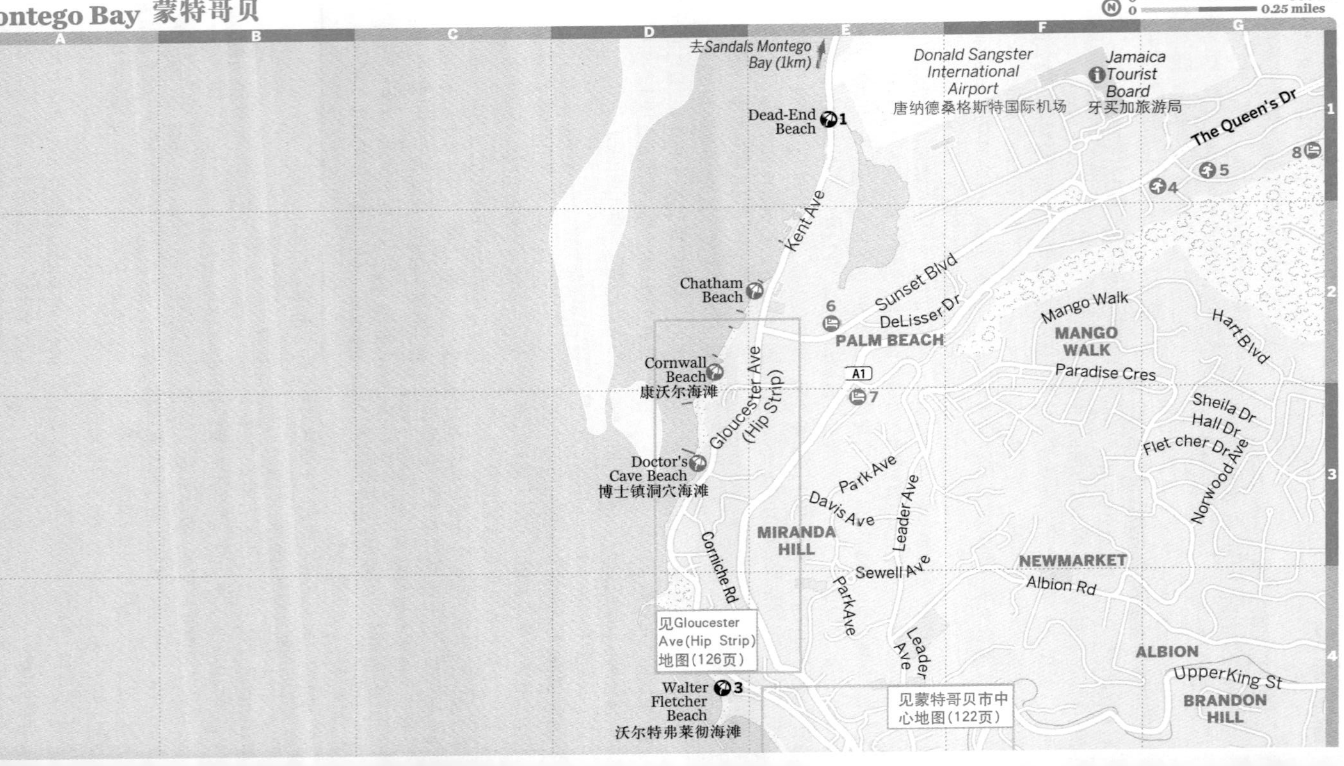

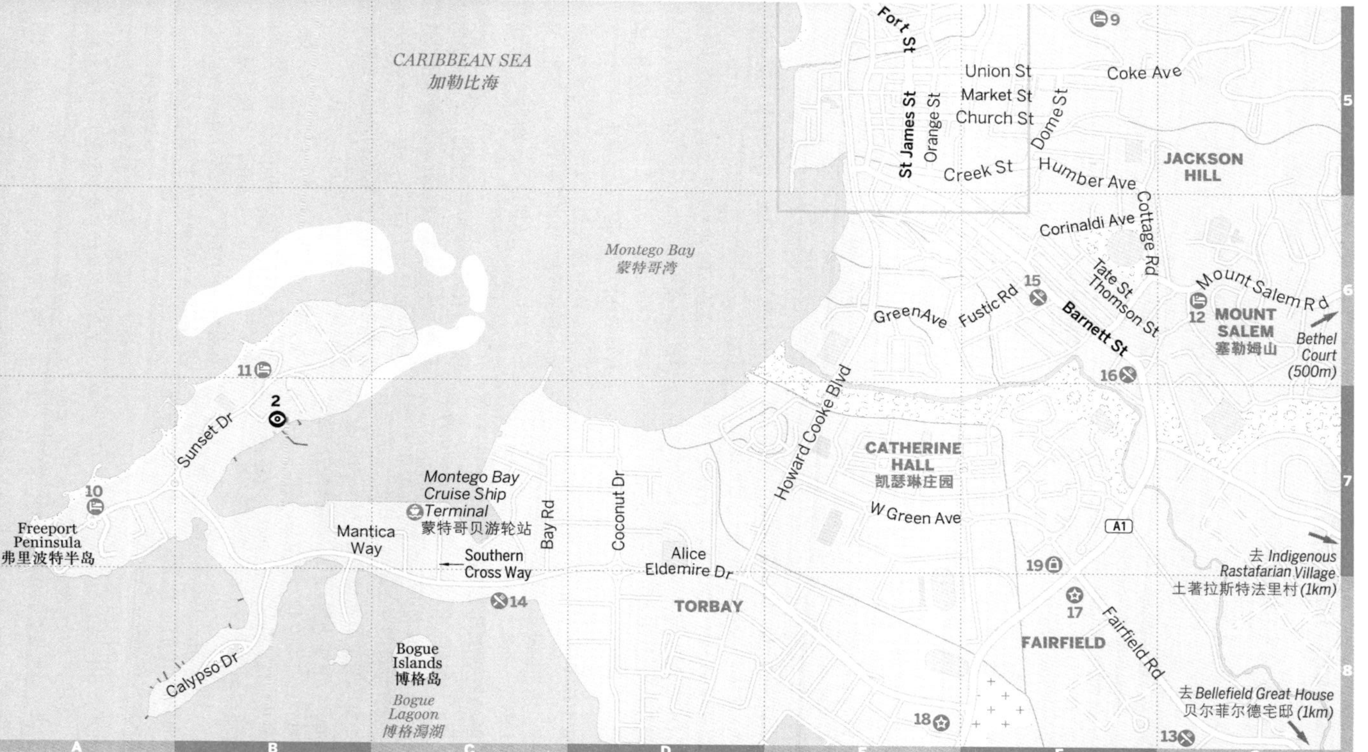
CARIBBEAN SEA
加勒比海
Montego Bay
蒙特哥湾
Fort St
St James St
Orange St
Union St
Market St
Church St
Dome St
Creek St
Coke Ave
Humber Ave
JACKSON HILL
Corinaldi Ave
Cottage Rd
Tate St
Thomson St
Mount Salem Rd
MOUNT SALEM
塞勒姆山
Bethel Court (500m)
GreenAve
Fustic Rd
Barnett St
Howard Cooke Blvd
CATHERINE HALL
凯瑟琳庄园
W Green Ave
A1
去 Indigenous Rastafarian Village
土著拉斯特法里村 (1km)
FAIRFIELD
Fairfield Rd
去 Bellefield Great House
贝尔菲尔德宅邸 (1km)
TORBAY
Alice Eldemire Dr
Coconut Dr
Bay Rd
Montego Bay Cruise Ship Terminal
蒙特哥贝游轮站
Southern Cross Way
Mantica Way
Sunset Dr
Freeport Peninsula
弗里波特半岛
Calypso Dr
Bogue Islands
博格岛
Bogue Lagoon
博格泻湖
2
9
10
11
12
13
14
15
16
17
18
19
A
B
C
D
E
F
G
5
6
7
8

Montego Bay 蒙特哥贝

景点

1 死胡同海滩 E1
2 蒙特哥贝游艇俱乐部 B7
3 沃尔特弗莱彻海滩和阿夸索尔主题公园 D4

活动、课程和团队游

Deep Drop Fishing Charters .... （见2）
4 Dreamer Catamaran Cruises G1
John's Hall Adventure Tours .... （见8）
Montego Bay Yacht Club .... （见2）
5 Rafters Village G1

住宿

6 Hotel Gloriana E2
7 Jamaica Grandiosa Resort E3
8 Relax Resort G1
9 Richmond Hill Inn F5
10 Secrets St James A7
11 Sunset Beach Resort & Spa B6
12 The View Guest House G6

就餐

Berry College Restaurant .... （见6）
13 Day-O Plantation G8
14 Houseboat Grill C8
15 Millennium Victory F6
16 Tastee Patty F6

饮品和夜生活

Montego Bay Yacht Club .... （见2）
Richmond Hill .... （见9）

娱乐

17 Fairfield Theatre F8
18 Palace Multiplex E8

购物

19 Gallery of West Indian Art F7

砖块砌成的房屋。牢房有座出自牙买加艺术家凯·沙利文（Kay Sullivan）之手的雕像，有一种很吸引人的自然之感。牢房原先是用木头材料建造的，但是不守规矩的囚犯对其大肆破坏，因此后来又用石头改建。它现在是一个纪念品商店。

市政大厅 知名建筑

（Civic Centre；见122页地图；☎952-5500，971-9417；⏰周二至周五 9:00~17:00，周六10:00~15:00，周日 正午至17:00）在萨姆·沙普广场的西南角，你会看到铜质圆顶的市政大厅。这是一个有着殖民地风格的高雅石制建筑，就在荒废的殖民地法院旧址上。这里有座小型的**圣詹姆斯博物馆**（Museum of St James），包罗万象，但是内部搭配得不好。这里到处都是文物和展览品，可以让人们了解到圣詹姆斯教区从泰诺时代一直到今天的历史。

这里还有一个艺术馆和一座能容纳200人的剧场，它们在蒙特哥贝文化节时会举办各式各样的活动。

Church Street 街道

城里许多最有趣的建筑都聚集在Church St，这是蒙特哥贝最美丽的街道。不过你不要期望看到一条宁静的历史古街，这条大街跟市区其他地方的街道一样既熙熙攘攘又混乱不堪。

这条街的最大亮点是**圣詹姆斯区教堂**（St James Parish Church；见122页地图；☎952-2775；Church St）。这是岛上最好的教堂，建于1775~1782年间，是一个希腊十字架的形状。1957年3月1日发生的一场地震毁坏了教堂，为此不得不重建。如果足够幸运，恰巧遇上高大的教堂对外开放（如果不开放的话，可以给教区牧师打电话，就是上面提到的那个电话），你可以看到教堂的内部构造，这里的房间可是整个牙买加最漂亮的。看一看那精彩绝伦的彩色玻璃和大理石纪念碑，其中的一些精美作品出自18世纪晚期英国首屈一指的雕塑家约翰·培根（John Bacon）之手。

其中一座纪念碑是为了纪念安妮·梅·帕尔默（Anne May Palmer）的，她的高洁生活在文学中被颠覆，从而有了《玫瑰庄园里的白女巫》（*the White Witch of Rose Hall*）的传说。仔细看一下她的脖子，你会发现一些不怎么明显的紫色痕迹。当地人认为这是“女巫”被勒死的证据。外面是些老种植园主的墓碑（逐渐衰落却仍显沧桑浪漫），不很显眼，常常被人忽略。

蒙市宅邸院（Town House；见122页地图；☎952-2660；16 Church St）非常漂亮，前方是

庄严的红砖外墙，房子周围种满了九重葛（bougainvillea）和金链花（laburnum）。房子始建于1765年，当时是一个富商的宅院。此后房子用作教堂，再后来成了牙买加总督赫里福德伯爵（the Earl of Hereford）及其情妇的住宅。此后若干年，它还曾用作酒店、仓库、共济会集会处、律师办公室和犹太教堂（目前是一家服装店）。

水巷（Water Lane）的角落是一座种植园风格的八角楼，如今是警察局的所在地。大约往西50米，在King St的角落，是一座有着乔治王朝时代艺术风格的红砖建筑，这是**国家住房基金会**（National Housing Trust；见122页地图；☎952-0063；1 King St）。在25 Church St有一座高3层的**乔治王朝时期建筑**，让人印象更为深刻，现在这里成了牙买加有线电视和无线通信的总部。

伯切尔浸会纪念教堂 教堂

（Burchell Memorial Baptist Church；见122页地图；☎952-6351；Market St）萨姆·沙普广场往东两个街区是一座教堂，据说萨姆·沙普曾在那里当过执事。他的遗物埋在了地下。该建筑始建于1835年，是一座英式乡村建筑，然而在热带地区的炙烤中逐渐丧失了它的本色。原先的教堂是1824年由牧师托马斯·伯切尔（Rev Thomas Burchell）建造的。

Creek Dome 知名建筑

（见122页地图；Dome St和Creek St交叉路口）看上去奇形怪状的Creek Dome隐藏在Creek St的尽头，它始建于1837年，位于为蒙特哥贝供给饮用水的地下泉之上。这个建筑实际上是一个带有锯齿状城堡炮塔的六边形，"Creek的看守人"就住在里面，他负责收水费。

蒙特哥贝周边

贝尔菲尔德宅邸 宅邸

（Bellefield Great House；☎952-2382；www.bellefieldgreathouse.com；基础游 US$28，含午餐游成人票 US$40；⏲周二至周四 11:00~16:00，需提前预约）蒙特哥贝南部的大片甘蔗地是巴奈特庄园（Barnett Estate）的一部分。巴奈特庄园是一个种植园，自1755年起开始使用，园主是牙买加的一个著名家族——克尔-贾勒特家族（Kerr-Jarretts）。如今这片土地归这个家族所有，并受托替政府管理其附属的贝尔菲尔德宅邸。

贝尔菲尔德宅邸始建于1735年，后来又重建过，为我们再现了18世纪的殖民生活和牙买加的烹饪史，这可是一个有趣的混搭。漫步在宅邸中，你会看到花园里具有当地特色的花花草草。路过现烤现卖的烟熏烤肉店，愉快地喝些朗姆酒，然后纵情享受一顿美味的自助午餐。团队游要求至少4人成行，还要至少提前24小时预约。

庄园在博士镇医院往东大约800米处，距蒙特哥贝市中心大约有15分钟的路程。从蒙特哥贝出发，沿着Fairfield Rd往东南方向前进。路标指示不明：在Day-O种植园的Y字型路口向右拐，然后在格兰维尔（Granville）警察局看到标志时向右拐。

蒙特哥贝海洋公园和博格潟湖 自然保护区

（Montego Bay Marine Park & Bogue Lagoon；☎952-5619；www.mbmp.org）蒙特哥贝海域海面和海底的风景都极美，但是由于捕鱼、水上运动和污染的影响，风光已不如从前。蒙特哥贝海洋公园始建于1991年，政府严格执行环保法规来保护该区域的珊瑚礁、动植物和海岸线红树林。

蒙特哥堡垒沉寂的大炮

在Hip Strip的南端，一段楼梯向上连接着一个旧砖装饰着的广场，它看上去有点炫耀的意思。**蒙特哥堡垒**（Fort Montego；见122页地图；Fort St）全都是些生锈的大炮。这些大炮只发射了两次，每次都失败。第一次发射是庆祝1762年占领哈瓦那（Havana），不过发射失败造成一名炮兵丧生。第二次是炮兵弄砸了，大炮射向了他们自己的一艘船，即水星号，当时船上还运载着危险货物——狗。幸运的是，发射大炮的人员（现在你可能已经猜到了）没有完成任务，大炮没有射中水星号。堡垒的旁边是一个相当无趣的手工艺市场。

Downtown Montego Bay 蒙特哥贝市中心

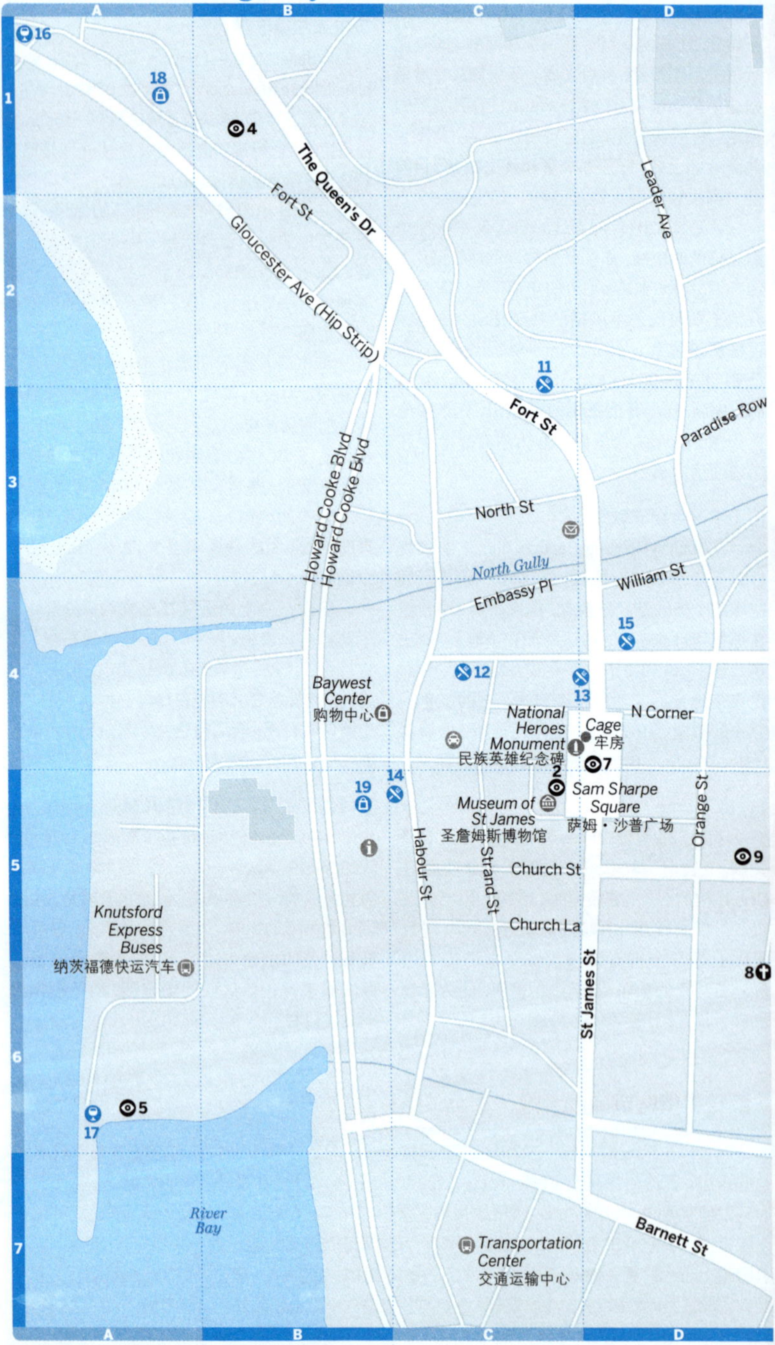

A
B
C
D
1
2
3
4
5
6
7
16
18
4
The Queen's Dr
Fort St
Gloucester Ave (Hip Strip)
Leader Ave
11
Fort St
Paradise Row
Howard Cooke Blvd
Howard Cooke Blvd
North St
North Gully
Embassy Pl
William St
15
12
13
Baywest Center
购物中心
National Heroes Monument
民族英雄纪念碑
Cage
牢房
N Corner
7
2
Sam Sharpe Square
萨姆·沙普广场
14
19
Museum of St James
圣詹姆斯博物馆
Orange St
9
Habour St
Strand St
Church St
Church La
St James St
8
Knutsford Express Buses
纳茨福德快运汽车
5
17
River Bay
Barnett St
Transportation Center
交通运输中心

Downtown Montego Bay
蒙特哥贝市中心

景点

1 伯切尔浸会纪念教堂 E5
2 市政大厅 C5
3 Creek Dome F6
4 蒙特哥堡垒 B1
5 蒙特哥贝海洋公园资源中心 A6
6 国家住房基金会 E5
7 萨姆・沙普广场 D4
8 圣詹姆斯区教堂 D6
9 蒙市宅邸院 D5

活动、课程和团队游

10 Maroon Attraction Tours F5

就餐

11 Adwa C2
12 Butterflake Pastries C4
13 Juici Patties D4
14 Nyam 'n' Jam C5
Pier One （见17）
15 Viennese Bakery D4

饮品和夜生活

16 MoBay Proper A1
17 Pier One A6

购物

18 Fort Montego Craft Market A1
19 Harbour Street Craft Market B5

公园从大河(the Great River)往西大约10公里的机场东端一直延伸到博格潟湖的红树林。你可以租一条独木舟或雇用一名导游带你去找苍鹭、白鹭、鹈鹕和水鸟，船下方游得正欢的是些梭鱼(barracuda)、海鲢(tarpon)、鲷鱼(snapper)、螃蟹和龙虾。请提前2天预约导游。无须支付费用，你乐意给的话也无妨。蒙特哥贝海洋公园基金会(Montego Bay Marine Park Trust)得到授权，负责扶持不怎么景气的**资源中心**(resource center，见122页地图；☎952-5619；Pier One Complex，紧临Howard Cooke Blvd；⏲周一至周五 9:00~17:00)，中心有一个图书室，主要收藏有关重要生态系统的图书，可以借阅。

土著拉斯特法里村 拉斯特法里村

(Indigenous Rastafarian Village；☎285-4750；www.rastavillage.com；Fairfield Rd；2小时/1日

游 US$25/100；⏲团队游提前预约）如果你想了解拉斯特法里运动，那就不能光是偶尔听听马利的CD，而是要亲自到这个"村庄"来看看，这里能让你初步了解牙买加最著名的原住民宗教。你会被带领穿过丛林村落，欣赏药用植物（不是你想的那样），详细了解拉斯特法里信徒自古以来的信仰。头上扎满小辫的当地人热情好客，絮絮叨叨地讲述着拉斯特法里的过去，但大多数游客还是不知所云，因此参加拉斯特法里村之游还是极有价值的。全天游包括徒步到周围的村庄，沿途景色优美，最后还可以在犹如天堂般的天然泳池中游泳。

如果从蒙特哥贝市中心出发，在Barnett St向南走，然后在西门购物中心（Westgate Shopping Centre）向左拐，即可到达。你可以自驾游（这是一次愉快的驾车之旅），也可以跟团游，在你住的地方很容易找到这样的旅游团。即便你自驾前往，也建议提前致电咨询，看村子能否接待。

弗里波特半岛 周边

（Freeport Peninsula）弗里波特半岛是人工建造的。20世纪60年代，弗里波特半岛在几个小的潟湖岛之间筑堤。它位于蒙特哥贝市中心西南角，除了一般的功能，它还是邮轮的停靠码头。而该城位置最中心的2个全包式度假村（其中包括漂亮的Secrets度假村）也位于此。从市中心可以徒步去那里，游艇俱乐部的饮品或是游艇烧烤晚餐会让你觉得不虚此行。游艇漂浮在博格潟湖的红树林间。

蒙特哥贝游艇俱乐部 码头

（Montego Bay Yacht Club；见118页地图；☎979-8038；www.mobayyachtclub.com；Montego Bay Freeport，全球定位系统N18.462452°，W77.943267°；⏲10:00~22:00）如果去这个半岛，建议在豪华亮丽的游艇俱乐部歇一下脚，吃点东西，喝点饮品。这里提到的营业时间是指现场烹饪的餐厅，即**Robbie Joseph's Seahorse Grill**。原则上俱乐部只对会员开放，但是如果你站在门口礼貌地提出想进去看看，你很可能就会被邀请入内。

活动

潜水

蒙特哥贝有一些不错的潜水点。对于高级潜水者而言，机场北部的**海岬**（Point）不错，这片海域因洋流的缘故而清澈透明，并有鲨鱼、鳐等各种鱼类以及茂密的珊瑚，非常适合峭壁潜水。峭壁从海平面下20米一直下降到至少90米。**机场暗礁**（Airport Reef）紧邻机场的西南边，是岛上最好的地点，这里有大量的珊瑚峡谷、洞穴、隧道和DC-3残骸，是鱼儿们的多彩豪宅。

寡妇洞（Widowmakers Cave）这个名字颇具《加勒比海盗》那类电影的风范。不仅如此，这还是一个令人难以置信的隧道，里面全是海绵体生物、梭鱼和成群的小鱼。这是一个针对有经验的潜水者的景点，潜水员可以穿梭在21.3米（70英尺）深的过道内，然后从一个烟囱状的通道顶端浮出水面。**白鲑暗礁**（Chub Reef）是一个12.2米（40英尺）深的潜水地，位于城市的东北部，因百慕大白鲑数量众多而命名，而并非因为该片区形似白鲑。**玫瑰庄园暗礁**（Rose Hall Reef），在城市以东10公里处，是一处浅礁，更适合没什么经验的潜水者。主要景点就是**仙女城堡**（Fairy Castle），它是一个非常漂亮的珊瑚柱。所有的这一切都说明，请不要期待在这里进行顶尖的大型潜水活动（这里有许多大鱼）。在这片水域有热带鱼和须鲨等，但是大多数潜水者声称没看到比梭鱼、岩礁鱼和岩虾更大的鱼类。大多数潜水中心也提供潜水游，以下几家提供各种级别的专业潜水教练协会（The Professional Association of Diving Instructors，简称PADI）资格认证。

Dressel Divers 潜水

（☎321-392-2338；www.dresseldivers.com；Iberostar Rose Hall Resort，玫瑰庄园）这家国际潜水机构位于伊贝罗斯塔玫瑰庄园度假村（Iberostar Rose Hall Resort）内，在距离蒙特哥贝以东20公里处。这里还配备了一个水肺潜水中心。即使你不在此处下榻，也可前来游玩。欲知个性化潜水套餐价格，可以填写他们网站上的在线表格进行咨询。

Resort Divers 潜水

（见126页地图；☎973-6131；www.resortdivers.com；2 Gloucester Ave；1/2罐潜水 US$50/95）该中心位于Royal DeCameron Hotel酒店的Hip Strip上。

Jamaica Scuba Divers 潜水

（957-3039；www.scuba-jamaica.com；1/2罐潜水 US$60/100）提供牙买加常见的水肺潜水装备。

钓鱼

紧邻牙买加北海岸的水域有壮观的钓鱼比赛。蓝枪鱼、旗鱼、卫矛、无鳔石首鱼和黄鳍金枪鱼等都是深水垂钓的常见鱼类，著名的枪鱼巷（Marlin Alley）是这些鱼类的迁徙通道（6月和8月盛产枪鱼）。**蒙特哥贝枪鱼锦标赛**（Montego Bay Marlin Tournament）在9月下旬举行；请联系**蒙特哥贝游艇俱乐部**（见118页地图；979-8038）。

可通过酒店提前租船或可联系在**Deep Drop Fishing Charters**（见118页地图；876-572-0010；www.fishinginjamaica.com；蒙特哥贝游艇俱乐部）的霍华德·马林（Howard Martin），Deep Drop Fishing Charters通常设在游艇俱乐部。

乘船游览

在蒙特哥贝，组团进行乘船游的游客数量让人目瞪口呆。大多数公司针对乘坐带开放式酒吧游轮的3小时团体游会收取US$45至US$80，针对日落和晚餐游会收取US$35~45。你也可以从蒙特哥弗里波特港（Montego Freeport）的蒙特哥贝游艇俱乐部租赁游艇，享受私人航海旅行。

梦想家双体船邮轮 乘船游览

（Dreamer Catamaran Cruises；见118页地图；979-0102；www.dreamercatamarans.com；Shop 204，Chatwick Plaza；邮轮 US$65；邮轮周一至周六 10:00~13:00和15:00~18:00）全套游览包括乘快船进行双体船冒险，快船上有专为聚会设计的开放式酒吧，还可以让你在海洋公园潜水。邮轮从博士镇洞穴海滩俱乐部出发。接驳车会去你入住的酒店接你。

团队游

在Hip Strip上的酒店或客栈之间，会有兜售者问你去不去旅游。有各种定制化服务供游客选择：去往内格里尔（Negril）、邓斯河瀑布（Dunn's River Falls）和九英里（位于奥乔里奥斯的南部，是鲍勃·马利的出生地）等地的旅行。去这些地方旅游需要遵循当地习俗。如果你能找到一名跟你处得来的出租车司机，他们能为你提供个性化旅游服务。你可以直接付钱给你觉得不错的司机，而不是让代理收取佣金。

Winston Tours 观光游

（324-1419，957-2075；www.winstontoursjamaica.com）你可以通过牙买加旅行者协会联盟（Jamaica Union of Travelers Association，简称JUTA）给Winston打电话进行私人定制，乘坐他们允许上路经营的专线出租车来个深度游。他们会为游客量身定制灵活自如的行程时间表。

Phillip Country Tours 观光游

（843-9840；www.phillipcountrytours.com）Phillip提供其家乡岛屿的个人游（质量非常不错）以满足自由行游客的需要。你无须挤在大巴士上，可以好好休闲一下。

Marzouca Tours 观光游

（见126页地图；876-971-3859；www.marzouca.com；39 Gloucester Ave；周一至周五 9:00~17:00）在Hip Strip有办公室。想来点与众不同的，可以试一下蒙特哥贝历史游（Montego Bay History Tour；US$40）。

Maroon Attraction Tours 文化游

（见122页地图；971-3900，700-8805；32 Church St）提供蒙特哥贝南部马龙镇的文化之旅、教育之旅和历史之旅（周二、周四和周六 8:00~15:30；US$60）。

John's Hall Adventure Tours 探险游

（见118页地图；971-7776；www.johnshalladventuretour.com；26 Hobbs Ave）组织南海岸的各种团队游。

Caribic Vacations 观光游

（953-9895，953-9896；www.caribicvacations.com；1310 Providence Dr，Ironshore Estate）Caribic是一家大公司，机构完善，设备一流，导游训练有素。虽然需要和团里的其他游客一道游览，但它家的服务周到，令人信赖。

节日和活动

每年秋季，10月或11月举行的**非洲狂欢**

Gloucester Ave (Hip Strip)

Gloucester Ave (Hip Strip)

重要景点

1 博士镇洞穴海滩 A3

景点

2 康沃尔海滩 A2

活动、课程和团队游

3 Marzouca Tours A5
Resort Divers .... （见10）

住宿

4 Altamont West A5
5 Caribic House A3
6 Don Way B1
7 El Greco B3
8 Gloucestershire Hotel A3
9 Polkerris B&B B4
10 Royal Decameron Montego Beach Resort B1
11 Tobys Resort B1
12 Wexford A4

就餐

13 Biggs BBQ Restaurant & Bar A3
14 Cafe Tease A3
15 Candy Shack Ice Cream A3
CC's Coffee & Cupcakes .... （见6）
16 Chilli Pepper B1
17 Golden Dynasty A4
18 Marguerite's A3
19 Pelican A4
20 Pork Pit B5

饮品和夜生活

21 Blue Beat Jazz & Blues Bar A3
22 Jimmy Buffett's Margaritaville A3
23 Reggae Bar A3

购物

24 Fantasy Craft Market B1

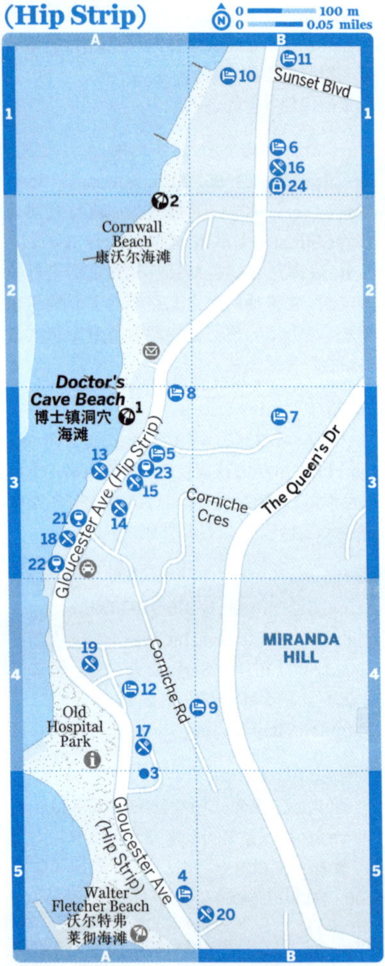

节会举办各种活动，庆祝源于非洲的加勒比黑人文化。

红带雷鬼音乐节　音乐节

（Red Stripe Reggae Sumfest; www.reggaesumfest.com）牙买加最重要的雷鬼音乐节通常会邀请到50多个世界级的雷鬼音乐艺术家。雷鬼音乐节在7月举行，以沃尔特·弗莱彻海滩举办的海滩派对为开端，随后是为期一周的不间断的派对。

住宿

以下提到的几个地方在蒙特哥贝市内，顶尖的度假村和全包式度假村一般聚集在艾恩肖尔的东部小镇。注意：所有的价格都是旺季（即12月至次年3月）价，在举办雷鬼音乐节等活动时价格还会翻倍甚至更多。

Gloucester Ave (Hip Strip)

Hotel Gloriana　酒店 $

（见118页地图；☎970-0669；www.hotelg

loriana.com; 1-2 Sunset Blvd; 房间 US$46~65;)用“金碧辉煌”这个词来形容也许有点夸张，但是Gloriana是由当地一位非常强势的女士经营，绝对物有所值。它离机场很近，步行着就可以去Hip Strip。酒店从外部看十分简朴，但是内部简直就是个迷你度假村，有喷泉池、最新装修的房间和餐馆，在这里牙买加人的数量要远超外来游客。

Don Way 酒店 $

（见126页地图；www.donwayja.com; 36 Gloucester Ave; 双 US$89; ）Don Way是一家崭新的牙买加乡村风情的迷你型综合酒店。它定位于多功能旅馆，没有很突出的个性特色。房间干净，装修得颇为时尚，但是请注意，这里的酒吧、烧烤餐馆、酒店和桌球台等设施有时会吸引外来人员，有些喧闹。

Caribic House 酒店 $

（见126页地图；979-6073; 69 Gloucester Ave; 双 没有/有海景 US$67/79; ）这个只提供基本服务的酒店是省钱朋友的最爱，它就在博士镇洞穴海滩的街对面。房间是标准间，不是总有热水，而且还没有真正的公共区域。但是管它呢，你是一名背包旅行者，没那么多讲究，不是吗？

★ Polkerris B&B 民宿 $$

（见126页地图；876-877-7784; www.polvista.com; 31 Corniche Rd; 房间 US$165~175; ）是牙买加最好的民宿吗？也许吧。是蒙特哥贝最好的民宿吗？毫无疑问。它位于Hip Strip的上方，就像一个美丽的幻影。Polkerris是一位牙买加妇女和她的英国丈夫开的，他俩十分注重每一个细节。这里有潺潺流淌的小瀑布、诱人的游泳池、风景极好的阳台游廊、分量很足的早餐，最重要的是，家人般温馨的服务会让你切身体会到地道的牙买加感觉。

Gloucestershire Hotel 酒店 $$

（见126页地图；876-952-4420; www.hotelcomthegloucestershirehotel.com; 92 Gloucester Ave; 标单/双 $97/112; ）在古老的Gloucestershire，最近的粉刷装饰使闪闪发光的白色房子正面增加一些现代精品酒店的气息——即便在1973年左右的英国海滨度假地，这些人造外观看上去也不会格格不入。再仔细看，你会发现一些额外的特色，包括配备合理的健身房、按摩浴缸、游泳池和雅致的酒吧和餐馆。

Altamont West 酒店 $$

（见126页地图；979-9378, 979-9378; www.altamontwesthotel.com; 33 Gloucester Ave; 房间 US$110~180; ）这家位于Hip Strip的酒店相当不错，有着加勒比地区特有的明亮色彩，会吸引那些潜在的消费者前来住宿。前台有一架小型三角钢琴（不错的迹象），这里四处都是用牙买加当地图案点缀的，绝对地道。房间很干净，虽然和公共区域的风格略有不搭，但谁会在意呢？

Tobys Resort 酒店 $$

（见126页地图；952-4370; www.tobyresorts.com; Gloucester Ave和Sunset Blvd交叉路口; 标单/双/标三 US$140/150/170; ）Tobys紧邻Hip Strip“最繁华的地方”，有极好的当地特色，还有针对国际游客的设施，以及全包式服务。员工的服务使得Tobys像是一个十分雅致的客栈，但它却同时拥有宽广的活动空间、舒适的房间、大游泳池和极好的酒吧和餐馆。

Wexford 酒店 $$

（见126页地图；952-2854; www.thewexfordhotel.com; 39 Gloucester Ave; 标单/双 US$114/126; ）这家酒店非常整洁，而且他们还在一直努力做得更好。酒店旧翼的房间价格相对较低且十分舒适，新区的房间价格稍高，装饰极简，但却经典优雅。Wexford距离阿夸索尔主题公园和海滩很近，客人可以免费前往。

Royal Decameron Montego Beach Resort 度假村 $$$

（见126页地图；952-4340; www.decameron.com; 2 Gloucester Ave; 全包式房间 US$185~220; ）Hip Strip唯一一个全包式度假村，装修得非常低调。这里有143间橙白颜色相间的房间，你可以从度假村内的餐厅眺望漂亮的私人海滩。所有的房间都是带阳台的海景房。提供各种活动项目，如网球、儿童游戏和水上运动。这一切都是为了让信赖这家酒店的客户满意。

Miranda Hill

Jamaica Grandiosa Resort 客栈 $$

(见118页地图; ☎979-3205; www.grandiosahotel.com; 3 Ramparts Close; 标单/双 US$95/105; P❄≋)这家位于山顶上的酒店十分低调，有38个房间，配有舒适的家具和有线电视，风景极佳，等级不一，有一些房间相当干净，而有些房间无法使用热水且家具也生锈了。餐厅外的风景不错。有露天的游泳池和享受日光浴的地方，另有一个台球桌和一个普普通通的酒吧。

El Greco 公寓 $$

(见126页地图; ☎940-6116; www.elgrecojamaica.com; 34 Queens Dr; 1/2卧室公寓 US$105/195; P❄📶≋)El Greco更像是一个出租大厦而不是一家酒店，它对那些重视舒适度和独立空间的人们来说是一个不错的选择。公寓配有有线电视、厨房和私人阳台，向外看，还有一个装备极佳的建筑，内有游泳池、洗衣店、网球场和儿童玩耍区。放松。这个方法有效。

蒙特哥贝周边

你可以从Hip Strip乘出租车（公家的可以合租，私人的较贵）去以下几个地方。

Bethel Court 青年旅舍 $

(☎971-0134, 476-7239; bethelcourt.wordpress.com; Federal Ave; 铺/房间 US$20/40起; P❄📶)地处塞勒姆山(Mt Salem)附近地带，天气情况十分多变，Bethel Court是牙买加为数不多的专业青年旅社之一。热情好客的史蒂夫(Steve)是这里的主人，他努力推动旅游业发展，安排交通、提供宿舍和基本的私人套房。这里位置稍微偏僻些，进出小镇需要搭乘专线出租车。

The View Guest House 客栈 $

(见118页地图; ☎952-3175; www.theviewguesthouseja.com; 56 Jarrett Tce; 房间 $50; ❄≋)位于小镇的东南边，塞勒姆山路的下坡处，由家庭经营，客栈主人十分友好。房间是标间，既干净又温馨。回头客都很钟爱这个地方。提

蒙特哥贝和西北沿海 蒙特哥贝

蒙特哥贝全包式酒店

蒙特哥贝大多数全包式酒店都不在市内，而是在艾恩肖尔和玫瑰庄园以东的上流社会区，其四周都是些现代购物中心和修剪整齐的高尔夫球场。百里挑一的就是**Half Moon**(☎953-2211, 从美国拨打 877-626-0592; www.halfmoon.rockresorts.com; 房间 US$489起，套 US$750起，别墅 US$2000起; P❄📶≋)，它是女王和王子青睐的地盘，更像是一个乌托邦式的村庄而不是度假村。这一区域还有**Hilton Rose Hall**(☎953-2650, 从美国拨打 866-799-3661; www.rosehallresort.com; 全包式房间 US$429~499起; P❄@📶≋)，占地面积较大，有自己的高尔夫球场、水上乐园，并且拥有300米长的海岸线。

Coyaba Beach Resort & Club(☎953-9150, 800-237-3237; www.coyabaresortjamaica.com; 房间 US$300~380, 全包式房间 US$412~492; P@≋)在机场以东，紧挨着蒙特哥贝。它不同于其他酒店，是由家族企业经营的。酒店规模较小(50间房)，但都是时髦的精品。附近是两个颇受欢迎的Sandals酒店: **Sandals Montego Bay**(☎952-5510; www.sandals.com; N Kent Ave; 全包式房间 US$435起; P❄📶≋)，全包式度假村的伟大鼻祖之一; **Sandals Royal Caribbean**(☎953-2231; www.sandals.com/main/royal/rj-home; 3晚全包式房间 US$1500起，套 US$2200起; P❄📶≋)，位于边区村落，仅供情侣入住，带有大英帝国的怀旧风味。

距蒙特哥贝市中心很近，在弗里波特半岛(Freeport Peninsula)附近的邮轮码头上，还有两个全包式度假村: 高层的**Sunset Beach Resort & Spa**(见118页地图; ☎800-888-1199, 979-8800; www.sunsetbeachjamaica.com; Sunset Dr; 全包式房间 $US260起; P❄📶≋)以及戒备森严、只限情侣入住的**Secrets St James**(见118页地图; ☎953-6600; www.secretsresorts.com; 弗里波特; 房间 US$450起; P❄@📶≋)。

供家常菜，有公共厨房、酒吧，还可以俯瞰城市的全景。

★ **Richmond Hill Inn** 酒店 $$

（见118页地图；☎952-3859；www.richmond-hill-inn.com；Union St；标单/双/套 US$85/115/189；P❄📶🏊）位于蒙特哥贝市辖区内的一个充满历史风韵的宅邸里。这颗引人注目的宝石在一座小山的顶上，它曾为苏格兰威士忌的继承人所有。它采用当地漂亮的艺术风格进行装修，配有古董家具，之前来这里住过的客人有很多都颇具声望。美国前总统尼克松和第三位"詹姆斯·邦德"罗杰·摩尔（Roger Moore）都曾在这里下榻过。房间十分宽敞，而且价位相对比较便宜。

Relax Resort 度假村 $$

（见118页地图；☎979-0656；www.relax-resort.com；26 Hobbs Ave；房间 US$140，独立套间 US$162，1/2床公寓 US$174/265；P❄@📶🏊）如果飞机晚点，这个微风轻拂的度假村通常是游客的中途停留站，这意味着它在到到网（Tripadvisor）上的口碑很差，因为评论的人们刚从Sandals或Hilton漫步回来。尽管如此，那些期望不高的人们可以享受充足的空间，房间十分宽敞且采用印花图案进行装饰，地板上铺有瓷砖，还可以欣赏到海景。

就餐

如果想品尝"烹调技术高超"的牙买加食物，蒙特哥贝是个好去处。乐于消费的度假者源源不断地来到这里，他们中的很多人都渴望不受全包式饮食单的限制，这意味着此地会有很多高档餐厅。在Hip Strip很难找到便宜的当地小吃。通常，如果你在路边看到卖烧烤的小摊，倘若它蓝烟滚滚，就连当地人也会买，那么你就可以去吃。

市中心

Nyam'n'Jam 牙买加菜 $

（见122页地图；☎876-952-1922；17 Harbour St；主菜 J$300-700；⏲8:00~23:00）进入工艺品市场，你可以去体验一下正宗的牙买加餐厅，没有游客会舍得离开Hip Strip。安定下来，品尝一下辣酱鲷鱼、烤鸡肉或你可能从未尝试过的咖喱山羊肉。

Adwa 素食 $

（见122页地图；☎940-7618；City Centre Mall；主菜 J$180~400；⏲8:00~21:00；🌱）它在一座小型购物商场的保健品店里，空间狭小，既有廉价的素食又有I-tal（拉斯特法里教文化中用有机肥料培植的、烹调时不加盐的蔬菜）食物、果汁和丝滑冰沙。咖喱豆腐和大豆馅饼很好吃，可以打包带到海滩上去吃。

Pier One 美国菜 $

（见122页地图；☎286-7208；www.pieronejamaica.com；Howard Cooke Blvd；主菜 US$8~18；⏲每天 11:00~23:00，周三 11:00至次日2:00）Pier One最出名的是夜店，这里还有一家位于海滨的餐馆，又好吃又干净。尤赛恩·博尔特有时也会光顾这个地方。

Gloucester Ave (Hip Strip)

★ **Pork Pit** 烟熏肉 $

（见126页地图；☎952-1046；27 Gloucester Ave；主菜 J$300~800；⏲11:00~23:00）在Hip Strip这家著名的食品屋，"Pit"是一个十分重要的词，这里的厨师会用竹棍串起半熟的肉，然后再把它放在冒烟的热煤上烤，这样发黑的烤肉就可以吃了。香喷喷的烤肉味都飘到了Gloucester Ave，这可为Pork Pit必尝的烟熏猪肉做了一个不错的广告。

你可以直接用铲子把烤肉挖下来，放进泡沫塑料容器里，然后在Pork Pit有着300年历史的木棉树下的野餐桌旁坐下来品尝。这是蒙特哥贝式的人生庆典。

Chilli Pepper 牙买加菜 $

（见126页地图；☎257-4850；Montego Arcade，Gloucester Ave；主菜 J$700；⏲周一至周三 7:00至午夜，周四至周六 7:00至次日1:30，周日 7:00~13:30）至于吃些什么，你可以咨询一下当地人，最后你可能会去Hip Strip这家不起眼的餐馆就餐。店里只有6张桌子，不过这里的食物美味可口而且上菜速度很快（这在牙买加并不常见）。你可以吃到全世界随处可见的一般食物（比萨和汉堡包），但是这里自制的咖喱山羊肉和冰沙是最好的选择。

CC's Coffee & Cupcakes 咖啡馆 $

（见126页地图；☎633-7550；36 Gloucester Ave；点心 US$2起；⏲24小时；📶）在Hip Strip

的不远处，你可以尽情地吹着冷风，品尝着可口的拿铁和甜甜的纸杯蛋糕。这里还有Wi-Fi和一些可口的零食。它一般从不关门。

Berry College Restaurant 牙买加菜 $

（见118页地图；☎979-0045；1 Sunset Blvd, Hotel Gloriana；主菜 US$8~10；⏲7:00~22:00）在Gloriana Hotel的庭院里，这种牙买加家常小餐馆的美食都是现做，等待时间较长。菜单上的特色菜是历史悠久的美食，如辣味浓汤、烤南瓜和口味独特且香甜可口的零食烤椰子片（你都想随身带着）。早餐同样美味。

Cafe Tease 咖啡馆、小吃 $

（见126页地图；☎618-3644；55 Gloucester Ave；小吃 J$300~600；⏲周一至周二 10:00~19:00，周三至周日 10:00~17:00）Hip Strip一个免下车售卖窗口，你可以尽情地品尝这里的冰咖啡或烤热狗，不会有店主/出租车司机向你招揽生意。

Golden Dynasty 中国菜 $

（见126页地图；☎971-0459；39 Gloucester Ave；主菜 J$400~800；⏲正午至22:00）。Golden Dynasty的价格和口味适中，较为令人满意，这家餐馆的食物反映了在蒙特哥贝为数不多的中国人的口味，这里的炒面能帮你摆脱选择困境。

Candy Shack Ice Cream 冰激凌 $

（见126页地图；☎979-5172；75 Gloucester Ave；冰激凌 J$200~400；⏲10:00~18:00）这是Hip Strip大热天的必备品。尝一下雷鬼彩虹味的吧。

Biggs BBQ Restaurant & Bar 美国菜 $$

（见126页地图；☎952-9488；www.biggsbbqmobay.com；Gloucester Ave；主菜 US$13~22；⏲正午至午夜）这家新开业的餐馆位于Hip Strip，坐落在一块狭长海滩的露台上。食物份量很大，美国范儿十足，特别是双层三明治，真的是恰如其名。不想在空调屋观看美式足球的话，可以到露台上伸展一下。

★Pelican 牙买加菜 $$$

（见126页地图；☎952-3171；Gloucester Ave；主菜 US$12~38；⏲7:00~23:00）如果上流社会的牙买加人和游客不想吃全包式自助餐，可以来Pelican享受咖喱山羊盛宴，这里的牛尾也不错。1962年牙买加独立，同年餐馆开业。自20世纪80年代以来，厨师就一直没换。这个在Hip Strip不断发展的餐馆当之无愧成为蒙特哥贝的标志。

Marguerite's 牙买加菜，创意菜 $$$

（见126页地图；☎952-4777；Gloucester Ave；主菜 US$32~48；⏲18:00~22:30）这个著名的餐馆布局优美，你可以一边喝着鸡尾酒一边观看日落，随后可以在格调优雅的悬崖顶端露台上享受晚餐。菜单上的食物价位较高（有些人会说特别贵），主打牙买加中档菜和新鲜海产品，当然也包括沙朗牛排和创意意大利面。厨师会在中间的烧酒烤架上摆好烹饪排骨。

蒙特哥贝周边

Evelyn's 牙买加菜 $

（☎952-3280；Kent Ave, Whitehouse；主菜 J$300~700；⏲周一至周六 9:00~21:00，周日 10:00~18:00）这是个极佳的选择：主营真正的当地特色菜，一些懂行的游客也会光顾这个乡村海鲜屋（在蒙特哥贝Sandals附近）。食物种类丰富、搭配精致且肥而不腻（在牙买加通常如此）。

Day-O Plantation 牙买加菜 $$

（见118页地图；☎952-1825；Fairfield Plantation；主菜 US$8~22；⏲周一至周六 9:00~21:00，周日 10:00~18:00；✎）不要理睬这个俗气的名字，你只需要关注这样一个事实：这个地方正好在蒙特哥贝东南方向大约3公里处，浪漫气氛无所不在。它坐落在一座美丽的大楼内，装饰有优雅的殖民地风格家具，供应一些非常不错的美食，其素食在当地数一数二。

★Houseboat Grill 牙买加菜 $$$

（见118页地图；☎979-8845；Southern Cross Blvd；主菜 US$15~32；⏲周二至周日 16:00~23:00）停泊在蒙特哥贝弗里波特港的博格贝（Bogue Bay），这个改装的游艇是本国最好的一家餐厅。餐单千变万化，有兼收并蓄的加勒比创意菜肴：红咖喱老虎虾或搭配山羊奶酪和车前草土豆泥的牛肉雕花。你可以在里面吃，也可以到甲板上吃。建议提前预约，尤其是在周末的时候。

蒙特哥贝的快餐店

如果你赶时间或图便宜，那么肉饼是一种不错的零食。在蒙特哥贝，随处可见的Juici Patties（见122页地图；36 St James St；J$150；⏲周一至周六 7:00~22:00）和Tastee Patty（见118页地图；☎979-5537；www.tasteejamaica.com；13 Barnett St；小馅饼 J$150起；⏲周一至周六 7:00~22:00）通常会让你难以选择。不想吃连锁店，可以试一下Butterflake Pastries（见122页地图；☎876-952-0070；2 Union St；点心 J$100起；⏲周一至周六 8:00~17:00），这里的肉饼和蔬菜馅饼便宜又好吃。至于供应甜味烘焙食品的面包店，你可以去Viennese Bakery（见122页地图；Union St和Fort St交叉路口；点心 J$100起；⏲周一至周六 9:00~17:00）。还有一家供应I-tal食物的户外素食店，即Millennium Victory（见118页地图；☎887-5545；www.millenniumvictory.weebly.com；65 Barnett St；主菜 J$300~700；⏲周一至周六 8:30~18:00，周日 8:30~15:00；✍），你可以在这里看到色彩斑斓的壁画。

饮品和夜生活

蒙特哥贝的夜生活有时令人厌恶，叫人昏昏欲睡，但部分环节却相当有趣。虽然高级酒店大都有一般的现场乐队，但是Hip Strip却出奇地寂静。如果你想参加大型聚会，最好还是去内格里尔。Hip Strip以外的当地酒吧气氛十分活跃，但是天黑以后如果你想去Fort St以外的地方，你也许应该叫一些牙买加朋友陪你一起去。也就是说，当地聚会要比你想象的更多，这个地方最受牙买加中产阶级的欢迎。

Richmond Hill 酒吧

（见118页地图；Union St，Richmond Hill Inn）这座优雅的宅邸神圣地矗立在蒙特哥贝破旧的坎特伯雷（Canterbury）区上方，这可是黄昏时刻品尝鸡尾酒的极乐之地，夕阳正好映射到意大利式游泳池中。小心高兴的酒保给你调制的朗姆潘趣酒：酒劲很大。

MoBay Proper 酒吧

（见122页地图；Fort St；⏲正午至午夜）Proper通常满是当地人和外国人。这是个友好又时而吵闹的地方，很可能是游客在紧邻Hip Strip最容易找到的酒吧。喜力（Heineken）啤酒瓶的枝形吊灯下，台球桌热闹非凡，而多米诺骨牌则在院子里一群年长的人中很是风靡。

Reggae Bar 酒吧

（见126页地图；Gloucester Ave；⏲正午至午夜）酒吧在Hip Strip的一座两层小屋里，皮条客在这里喝着几瓶红带啤酒休息一下，听着鲍勃·马利的摇滚乐和台球的撞击声。虽然便宜但一点儿也不差。

Jimmy Buffett's Margaritaville 酒吧

（见126页地图；www.margaritavillecaribbean.com；Gloucester Ave；22:00后进入；US$10）在牙买加的3个玛格丽塔酒镇（Margaritavilles）中，只有这里才能真正体验到当地的夜生活。严肃地说，不要用力地把书合上。在白天，它是个黑店，但是当夜幕降临时，许多牙买加人喜欢来这里跳舞。这里有又大又丑的提基头像和水滑道，狂欢者可以顺着管道滑到海里，他们可以在停靠于码头的巡洋舰上痛饮。

Blue Beat Jazz & Blues Bar 休闲酒吧

（见126页地图；Gloucester Ave；⏲22:00至次日2:00）Blue Beat有种陈旧的感觉，就像优雅的鸡尾酒吧应有的样子（光滑的金属装饰、昏暗的灯光、深色的窗帘和浓浓的古龙香水味）。作为蒙特哥贝第一家爵士和蓝调马提尼酒吧，它具有摇滚范儿，每晚还有现场音乐，同时还有亚洲和加勒比的创意菜。

Pier One 夜店

（见122页地图；Howard Cooke Blvd）如果你想参加大型夜店，Pier One是蒙特哥贝的最佳去处。大多数当地人都愿意来这，所有人都盛装打扮以打动他人，他们在这里尽情舞动，似乎他们的生活依赖于此。音乐声震耳欲聋，舞池人群拥挤，人们汗流浃背（特别是在周五的晚上），灯光表演会让你几天后还感觉在眼前浮现。

Montego Bay Yacht Club 私人夜店

(见118页地图；☎979-8038；www.montegobayyachtclub.com；Montego Bay Freeport；⊙10:00~23:00)这家能畅饮朗姆酒的地方常常有人光顾，吸引了各色人等，包括脾气暴躁的老水手和外籍人士，他们都想谈一下他们的新船。非会员必须以客人的身份登记，但这通常不是问题。

☆ 娱乐

Fairfield Theatre 剧院

(见118页地图；☎952-0182；Fairfield Rd；⊙演出 20:00)蒙特哥贝创新型利特尔剧院公司。请在Facebook页面查询(只需搜索"Fairfield Theatre"即可)演出信息。

Palace Multiplex 电影院

(见118页地图；☎979-8359；Alice Eldemire Dr, Fairview Shopping Centre)可以观看好莱坞电影首播。

购物

工艺品市场 市场

要想去最大的工艺品市场，请去**港口街工艺品市场**(Harbour Street Craft Market，见122页地图；Harbour St；⊙7:00~19:00)，它覆盖了Barnett St和Market St街道之间的3个街区。**梦幻工艺品市场**(Fantasy Craft Market，见126页地图；⊙8:00~19:00)在Gloucester Ave的北端，**蒙特哥堡垒工艺品市场**(Fort Montego Craft Market，见122页地图；⊙8:00~19:00)在堡垒后头，种类较少，质量较次。这里都是强行推销，一定要讨价还价，遇到不喜欢的东西你可以径直走开。

Gallery of West Indian Art 艺术

(见118页地图；☎952-4547；www.galleryofwestindianart.com；11 Fairfield Rd；⊙周一至周三和周五 9:00~17:00，周四 9:00~14:00，周六 10:00~15:00)位于郊区的凯瑟琳庄园(Catherine Hall)，是镇上最好的画廊，出售加勒比地区真正原始的艺术品和工艺品，包括古巴帆布、手绘木制动物、面具和手工珠宝。这里大部分作品都出售。

ⓘ 实用信息

危险和麻烦

Hip Strip(Gloucester Ave)警备力量充足，很安全，没有犯罪分子，但拥挤是一个大问题。蒙特哥贝叫卖的小商贩会先打量一下你，如果他们认为你初来乍到，他们就会要么诱惑要么吓唬你多出几块钱(或者更多)买东西。不管你去哪里，都要明确目的地。如果你看上去像是迷了路或是一脸茫然，你自然就会成为他们关注的对象。也就是说，不要害怕问路(店主通常是乐于助人的，尤其是在市中心)。

一旦你来到市区，主要街道(Fort St)一般都不会有问题，但是天黑以后不要走得太远。主要街道的东边，过了Orange St是一个叫作坎特伯雷的棚户区，你最好不要到那里去。你同样需要避开机场附近的侧面堡垒(Flankers)和塞勒姆山(Mount Salem)的部分区域。Hip Strip和蒙特哥贝市中心之间是一块人烟稀少的空地，正对着一间肯德基餐厅。空地前面堆了很多沙子，这就是著名的Dump-Up海滩。最好不要去这一区域，尤其是晚上。这里经常发生行凶抢劫事件，甚至光天化日之下也不例外。

建议只坐正规的出租车，其车牌号是红色的，并且只走指定路线(印在了车的侧面)。

紧急情况

警察局 Barnett St(☎952-1557, 952-2333；14 Barnett St)；Catherine Hall(☎952-4997, 953-6309；Southern Cross Rd和Howard Cooke Blvd交叉路口，Catherine Hall)；Church St(☎952-5310, 952-4396；29 Church St)；Union St(☎940-3500；49 Union St)

医疗服务

市中心有很多药店。

康沃尔地区医院(Cornwall Regional Hospital，☎952-5100；Mt Salem Rd)有24小时急诊室。

方塔纳药店(Fontana Pharmacy，☎952-3860；Fairview Shopping Centre；⊙周一至周六 9:00~21:00，周日 10:00~21:00)本市药品最全、最大的药店。

现金

在唐纳德桑格斯特国际机场(Donald Sangster International Airport，见230页)，候机室里有货币兑换处和国有商业银行分行，24小时营业，但是兑换汇率并不高。乘公交车进城需要使用当地货币，而乘出租车可以使用美元。

中心地带汇率较高。在市中心，St James St和Fort St有几处兑换处，都有“兑换处”（cambio）的标志。在萨姆·沙普广场和Baywest购物中心都有24小时自动柜员机。博士镇洞穴海滩俱乐部（Doctor's Cave Beach Club）的两翼也有国有商业银行和丰业银行（Scotiabank）的自动柜员机。在蒙特哥贝弗里波特港购物中心，邮轮码头上有一家国有商业银行的分行。

Cambio King（☎971-5260；Gloucester Ave；⏰周一至周四 9:00～14:00，周五 9:00～16:00）货币兑换处在街道的北端。

First Global Bank（☎971-5260；53 Gloucester Ave；⏰周一至周四 9:00～15:00，周五 9:00～16:00）

邮局

邮局 Fort St（见122页地图；☎952-7016；Fort St）；White Sands Beach（见116页地图；☎979-5137；Gloucester Ave，White Sands Beach）

旅游信息

牙买加旅游局（Jamaica Tourist Board，见118页地图；☎952-3009；Donald Sangster International Airport；⏰航班到达）它在唐纳德桑格斯特国际机场的到达大厅。

旅游办事处（见126页地图；Gloucester Ave，Old Hospital Park；⏰周一至周六 8:30～17:00）在Hip Strip。

旅游办事处（见122页地图；☎979-7987；Harbour St；⏰周一至周六 8:30～17:00）这里的员工将会对你帮助很大。它在港口街工艺品市场（Harbour Street Craft Market）。

参考网站

这些网站的信息更新并不及时。

Official Visitors Guide（官方游客指南，www.montego-bay-jamaica.com）蒙特哥贝和周边最大的在线资源。

Visit Jamaica（www.montego-bay-jamaica.com）牙买加旅游局官方网站。

What's On Jamaica（www.whatsonjamaica.com）娱乐和文化一览表。

到达和离开

飞机

牙买加航空公司（Air Jamaica，见230页）有喷气式飞机和螺旋桨飞机，定期往返于蒙特哥贝的唐纳德桑格斯特国际机场、金斯敦的诺曼曼利国际机场（Norman Manley International Airport）和庭森朋机场（Tinson Pen；每次US$60，每天有好几次航班）。在蒙特哥贝办事处或机场购票。

TimAir（见231页）提供“空中的士”服务，有飞往内格里尔（US$179）、奥乔里奥斯（US$362）、安东尼奥港（US$599）和金斯敦（US$483）的包机。

船

邮轮停靠在蒙特哥贝弗里波特港（Montego Freeport），在市中心以南3公里处。乘出租车去蒙特哥贝市中心需要花费US$15。聪明人都会走出港口门，拦一辆更便宜的专线出租车。

蒙特哥贝游艇俱乐部（Montego Bay Yacht Club，☎979-8038；www.mobayyachtclub.com；Montego Freeport）提供联合装置、汽油和柴油，还会帮助办理移民和海关手续。

长途汽车和小型长途汽车

舒适的**纳茨福德快运汽车**（Knutsford Express buses，见122页地图；☎971-1822；www.knutsfordexpress.com）从蒙特哥贝市中心附近Pier One旁边的长途汽车总站出发。提前24小时预订可以享受一些折扣。请于开车前30分钟去长途汽车总站注册班次。

法尔茅斯 J$800，30分钟，每天6班

金斯敦 J$2450，4小时，每天7班

曼德维尔 J$2000，3小时，每天1班

内格里尔 J$1400，1.25小时，每天2班

奥乔里奥斯 J$1600，2小时，每天6班

其他长途汽车、小型长途汽车和专线出租车都往返于**运输中心**（见122页地图），它紧邻Barnett St在St James St的南端。这里有**检票员办公室**（⏰7:00～18:00），你可以咨询长途汽车的发车时间和地点。

小型长途汽车（即小客车）直接开往奥乔里奥斯（J$250～300，2小时，从此转车到安东尼奥港和金斯敦）和卢西（J$200，1.5小时，从此转车到内格里尔）。一些小型公共汽车会前往内格里尔，因此无须转车。如果想选择更多的线路，可以考虑合乘出租车。

私人出租车

牙买加旅行者协会联盟（☎952-0813）在Gloucester Ave的Gloucestershire及Coral Cliff的酒店和

Doctor's Cave Beach Hotel、市中心的Market St和Strand St交叉路口以及公交站旁都有出租车候车处。通过车辆的红色车牌和牙买加旅游局贴花来识别JUTA成员。

在机场贴有从蒙特哥贝出发的JUTA官方价格表。在上一次旅途中，从机场出发4位乘客的核准费用分别是：法尔茅斯（US$75）、金斯敦（US$200）、内格里尔（US$100）、奥乔里奥斯（US$100）和安东尼奥港（US$250）。

专线出租车

合租出租车（也叫固定线路或公共出租车）也是红色车牌，在Market St和Strand St交叉路口的市中心和Barnett St运输中心附近。出租车满载的话会前往法尔茅斯（J$150）、卢西（J$200）、安彻维（J$150）、滨海萨凡纳（J$300）和奥乔里奥斯（J$350）以及它们之间的小城镇。早上或是16:00~17:00的时候（即高峰时间），你也能打到出租车。其他时间你可能需要多等一会儿。日落之后，跑长途的出租车也会减少。相比在市里，你更容易在海边搭到车去市里。

当地交通

你可以沿着Gloucester Ave和市中心之间的任何地方散步（从Kent Ave到萨姆·沙普广场大约有5公里）。想去别的地方的话，则需要乘坐出租车。

抵离机场

在机场入境大厅外会有出租车。海关外头有官方出租车车位。出租车司机可能会叫一名行李搬运工来。他指望搬行李挣小费，虽然也就10米远。游客搭乘出租车前往Gloucester Ave需花费US$10。你也可以选择从机场入口的加油站出发，乘坐小型公共汽车或专线出租车（J$100）。

公共交通工具

蒙特哥贝地铁线（Montego Bay Metro Line，☎952-5500；19a Union St）2001年开始运营，蒙特哥贝和郊区以及偏远的城镇因此连接起来（单一票制，US$0.35）。在St James St和Barnett St交叉路口的运输中心（见133页）发车。

出租车

有JUTA许可证的出租车会走Gloucester Ave，最少收US$10。从Gloucester Ave到机场的公示票价是US$10，到格林伍德是US$23，到艾恩肖尔是US$15，到蒙特哥贝弗里波特港是US$15，到玫瑰庄园是US$15。

东海岸到里奥布埃诺（EAST COAST TO RIO BUENO）

在蒙特哥贝以东，A1公路沿着海岸一直通向法尔茅斯（37公里远），经过艾恩肖尔、玫瑰庄园和格林伍德等旅游度假区集中的地方。

艾恩肖尔和玫瑰庄园（Ironshore &Rose Hall）

当你沿着蒙特哥贝朝东走，有一片长长的海滩，漂亮得可以做电脑屏保。那里有高尔夫球场、设施完备的度假村、高端公寓和价格昂贵的购物中心，所有的一切都是给有钱的游客和牙买加上流社会人士准备的，他们当中很多人都选择住在这里而不是金斯敦郊区的豪宅里。艾恩肖尔在蒙特哥贝以东8公里处，是奢华中心。再往东点就是玫瑰庄园。

景点

★格林伍德宅邸 宅邸

（Greenwood Great House；☎953-1077；www.greenwoodgreathouse.com；成人票/儿童票US$20/10；⏲9:00~18:00）这座奇特的房子坐落在艾恩肖尔以东11公里处的一座山上。本地区主要的景点还是玫瑰庄园，但参观格林伍德宅邸会让人感到更加亲近，坦白说，这会是一次有趣的经历。这里的家具比较正统，氛围不像玫瑰庄园那么恐怖，这里也没有愚蠢的鬼故事。但不可否认的是，它的外部建筑不会给人留下深刻的印象。

这是个两层石木结构的建筑，1780年由受人尊敬的理查德·巴雷特（Richard Barrett）建造。他的家族于17世纪60年代来到牙买加，后来经营甘蔗种植园积累了一笔财富。巴雷特是英国著名诗人伊丽莎白·巴雷特·勃朗宁（Elizabeth Barrett Browning）的堂兄。在他所处的时代，巴雷特有一个不同寻常的举动，他教授知识给自己的奴隶。

1831年圣诞节爆发奴隶起义，只有格林伍德宅邸毫发无损地保留了下来，因此在当地种植园房子中也显得独一无二。原来的图书馆、油画、德勒斯登陶瓷（Dresden china）、宫廷小丑的椅子和抓捕逃跑奴隶的捕人陷阱（即奴隶制的证据，这是我们在牙买加种植园劳动市场的历史住宅发现的为数不多的直接证物）等大量古董依旧完好无损。亮点之一是罕见的乐器收藏，包括1个手摇风琴和2个百音盒，导游会很乐意为你展示。从前面的阳台向海边望去，视野极好。

玫瑰庄园宅邸 宅邸

（Rose Hall Great House；☎953-2323；www.rosehall.com；成人票/不满12岁儿童票 US$20/10；⏲9:00~18:00，最后入场时间17:15）这座宅邸坐落在艾恩肖尔以东3公里处的山顶上，是牙买加最著名的宅邸。

这座建筑由乔治·阿西娅（George Ashe）从18世纪50年代开始建造。直到18世纪70年代，一个富有的种植园园主约翰·帕尔默（John Palmer）将其建造完成。帕尔默和他的妻子罗斯（Rose，宅邸是以她的名字命名的：玫瑰庄园宅邸）在这个岛上精心举办了一些社交聚会。

1831年圣诞节黑奴起义时摧毁了这座宅邸，这处废墟保留了一个多世纪。1966年，这幢三层建筑经过重建，恢复了往日的风采。

除了帕拉第奥门廊，宅邸是一个具有历史风味的堡垒，它有华丽的红木楼梯和大门。丝绸墙布是路易十六（Louis XVI）统治时期为玛丽·安托瓦内特（Marie Antoinette）精心设计的原作的复制品。不幸的是，19世纪时，宅邸被洗劫一空。那时几乎所有的家具都是从别处买来的，很多家具都不是那个世纪制造的。照这样说，这些进口家具都是真货，许多家具都是英国著名工匠大师的作品。

最吸引人的还是安妮·帕尔默（Annie Palmer）的传说，据说有多名杀人犯一直在这座宅邸神出鬼没。她的房间在楼上，是用深红色的丝绸装饰的，因为你知道红色就是鲜血的颜色。地下室现在变成了一个英式酒吧和一个备货充足的礼品店（都是些俗气的纪念品）。还有一个小吃店。要想参观宅邸，必须参加团队游，每15分钟1次，每天17:15结束。

活动

大多数全包式度假村都为客人准备了潜水、浮潜设备。

Half Moon Equestrian Centre 骑马

（☎953-9489；www.horsebackridingjamaica.com；⏲海滩骑马 7:00和16:00，骑小马 9:00至正午和14:00~17:00；👪）可爱的跑马场位于半月村（Half Moon Village）以西，漂亮的场内种植着肯塔基蓝草，被悉心照料的马群就生活在这片宛若天堂的地方。最吸引人的是经典的海滩无鞍骑马（US$100），在骑马的过程中，你和你的马都会直接奔向蓝绿色的大海。小孩可以骑小马（US$25）。马术课每30分钟收费US$80。

住宿

The Bird's Nest 青年旅舍 $

（☎781-2190；www.thebirdsnestjamaica.com；177 Patterson Dr, Ironshore；铺 US$23~25，双 US$35~45；❄📶🏊）这个漂亮的青年旅舍是一群热爱风筝冲浪的人士开的，吸引了法尔茅斯另一边邦蒂湾（Bounty Bay）附近的游客前来。牙买加酒店的传统是房间很小（2个双人间和2个宿舍），但人们很友好。优势：游泳池、吊床和静谧的花园。劣势：去艾恩肖尔需要乘出租车或步行很远一段距离。

Royal Reef Hotel & Restaurant 酒店 $$

（☎953-1700；www.royalreefja.com；Hwy A1, Greenwood；标单/双 US$91/100；🅿❄🏊）在Greenwood的A1公路边，这个现代地中海风格的酒店有19间房间。酒店是用古典的铸铁家具和精致的热带壁画装饰的。不规则形状的泳池镶嵌在赤褐色的平台上，外头有台烤架，可以俯瞰红树林丛生的小海滩。户外和私人餐厅都提供绝佳的欧式西餐。

Atrium 公寓 $$

（☎953-2605；atrium@cwjamaica.com；1084 Morgan Rd, Ironshore；公寓 US$120；❄🏊）Atrium的海报宣传的就是别墅群，这里还有很现代又舒适的公寓。不管哪个房间都很时髦，家具是宜家的，房间还附带一个厨房（如果你想为你自己做饭的话）。位于蓝钻石购物中心（Blue Diamond Shopping Centre）附近。

就餐

★ Scotchies
烟熏肉 $

（☎953-8041；Hwy A1, Ironshore；每份0.5磅 US$7；⏲周一至周六 11:00~23:00，周日 11:00~21:00）许多牙买加人会告诉你（a）Scotchie起码在西北部提供最好的非自助烤肉（如果不算整个牙买加的话），（b）自从有了知名度后，口感不如从前。懂行的局外人会点头称是。好吃是很好吃，不过倒是同意当地人的观点，虽然经过大肆宣传但这不是岛上最好的。

Far Out Fish Hut
海鲜 $

（☎954-7155；Hwy A1, Greenwood；主菜J$400~800；⏲正午至23:00）在格林伍德宅邸以东，沿着海边寻找一辆海蓝色拖车，那就是Far Out Fish Hut。它供应北海岸最棒的海鲜。当地人经常光顾这里，你可以坐在杂草边，点一些物美价廉的新鲜海鲜尝尝。

到达和离开

大量小型长途汽车和专线出租车来往于A1公路，去往唐纳德桑格斯特国际机场和蒙特哥贝运输中心、Gloucester Ave和市中心。从蒙特哥贝去艾恩肖尔需要花费大约J$100，去玫瑰庄园需要花费J$120。私人出租车花费US$35。

法尔茅斯（Falmouth）

人口 9500

法尔茅斯通过蔗糖和奴隶制积累财富，早在19世纪早期就已通上了自来水（这可比纽约都早）。而如今，它就像一艘从深海挖掘出的、沉没多年的泰坦尼克一般。19世纪40年代以来，建筑结构发生些许变化，那时奴隶解放，命运改变，这里成了加勒比地区一处热带乔治亚式建筑的极佳汇总地。如果你心血来潮对牙买加历史和建筑产生兴趣，法尔茅斯绝对值得停留。除去欣赏镇子凌乱的美感，也可参加最近由社区牵头引进的3人一组的徒步游览，人们可以清晰地看到塑造这座小镇的人们的生活和故事。

2011年，法尔茅斯新建了一个巨大的邮轮码头。码头模拟乔治亚风格，附带各式各样的商店和餐馆，未经授权的牙买加人禁止入内。令人吃惊的是，巨大的发展并没有真的破坏掉这座城市牙买加人固有的特点。大多数游客来到大型客轮（每周停靠码头3次）上，很快就被带出封闭的港口，登上带空调的小型公共汽车参加一日游。与此同时，小镇生动地再现了牙买加人的日常生活。上了年纪的妇人周日会在英式教堂（石灰砖建筑）外聚集，懒洋洋的狗在静悄悄的广场上趴着暴晒，小商贩在港口巷（Harbour Lane）商业区漂亮的走廊里卖着烤红薯和甘蔗。可以四处逛逛，看看街头剧场。

历史

法尔茅斯建于1769年，以英国威廉·特里洛尼爵士（William Trelawny）的出生地命名，他后来成了这座岛的总督。街道是网格状，出于对祖国的热爱，总督以皇家成员和英国英雄的名字命名它们。种植园主选用了适合牙买加的乔治亚式元素，建起了联排别墅。

由于地理位置极佳，法尔茅斯成为北部海岸最忙的港口。对外贸易主要包括桶装湿糖和桶装朗姆酒，奴隶从这里下船并在市场上出售。

19世纪制糖业开始走下坡路，小镇遭遇厄运，随着蒸汽轮船（无法在港口停靠）的出现，打击更加严重。到1890年，港口完全就是死气沉沉。自从那时，这里就一直在挣扎中生存。

2011年3月法尔茅斯新开了一个邮轮码头，它甚至足够容纳世界第二大邮轮，即满载6000乘客的海洋绿洲号（Oasis of the Seas）。

景点

水广场
广场

（Water Square）看见水广场，你一般就能认清东西南北了。广场位于Duke St的东端，以一座废弃的圆形石头水库（1789年）命名，广场（实际上是个三角形）上有一个喷泉，最上面是一架古老的水车。如今这里形成了环形交叉路口，不过在那个黄金年代，这个喷泉还会喷水。在纽约建立之前，这样奢侈的广场还是第一个。本地区许多木质结构的店面也是历史遗迹，值得一看。

不要错过

法尔茅斯遗产步行游览（FALMOUTH HERITAGE WALKS）

法尔茅斯始建于1769年，现已被列入濒危历史遗迹。这里有着加勒比最迷人的城市风景，建筑风格十分统一。但保护历史遗迹绝非易事。这么说并不是否认由当地相关组织所做出的努力，相反，这些机构的成员都为当地人，也非常热爱自己的城市和历史。要想全面了解殖民地的历史重要性和值得保护的原因，你可以参加**法尔茅斯遗产步行游览有限责任公司**（Falmouth Heritage Walks Ltd，☎407-2245 www.falmouthheritagewalks.com；4 Lower Harbour St）所提供3种旅游项目的任何一个。**遗产步行团队游**（Heritage Walking Tour，成人票/儿童票US$25/15）需耗时两个小时游览法尔茅斯，参观漂亮的热带乔治亚式建筑。**美食游**（成人票/儿童票 US$45/25）让你一边思索文化一边又可以品尝街边食物，**犹太教墓地游**（成人票/儿童票 US$15/10）的目的地是一个墓地，那里的墓碑上刻着希伯来语。游览的时候一般游轮会停在港口（写这本书的时候还是周二、周三和周四）。请上网查询最新时间表。

阿尔伯特·乔治市场 市场

（Albert George Market）这个市场在水广场的东边，位于法尔茅斯的中心地段，曾经是奴隶拍卖的地方。现在的建筑始建于1894年，是以维多利亚的两个孙子阿尔伯特（Albert）和乔治（George）命名的。

法院 知名建筑

（Courthouse）水广场以东一个街区是Seaboard St，坐落着宏伟的帕拉第奥风格、乔治亚式的法院，法院正面有着双旋楼梯和多利安式（Doric）圆柱。现在的建筑建于1926年，是1815年原建筑（毁于大火）的复制品。市议会在这里召开。

萨普宅邸 知名建筑

（Tharp House；Seaboard St）萨普宅邸因年久而下沉，不过它依旧是联排别墅建造鼎盛时期最好的一个典范。如今这里成了税务办公室，以前是约翰·萨普（John Tharp）的住宅，他曾经是牙买加最大的奴隶主。

菲尼克斯铸造厂 古迹

（Phoenix Foundry；Tharpe St和Lower Harbour St交叉路口）菲尼克斯铸造厂是法尔茅斯最具特色的一处建筑，始建于1810年，有一个样式怪异的锥形顶。铸造厂后头是大门紧锁的中央码头（Central Wharf），奴隶曾在这里上岸，如今它却被蔗糖、朗姆酒和其他食物（辛劳的果实）所占据。这个摇摇欲坠的仓库快要不行了。

浸信会牧师住宅 古迹

（Baptist Manse；Market St和Cornwall St交叉路口）修复的浸信会牧师住宅曾经是浸信会传教士威廉·尼布（William Knibb）的住宅，他在游说奴隶制废除法案时起到关键作用。隔壁是带门廊的邮局。

卫理公会牧师住宅 古迹

（Methodist Manse）卫理公会牧师住宅在有柱廊的Market St街尾，它是石木建筑，铸铁阳台，门廊上方是亚当檐壁。沿着Trelawny St转过一个街区，向西就是**巴雷特宅邸**（Barrett House），遗憾的是，它已经年久失修。

警察局 古迹

（Rodney St）这个形状怪异又漂亮的有历史意义的警察局始建于1814年。这个监狱曾经拥有一个磨坊，一个外部带脚蹬的巨大木制圆柱体。磨坊上头是带着镣铐的奴隶，圆柱体转动的时候，他们需要一直不停地踩动。如果他们停下来，旋转轴承会打到他们的身体和腿。古老的拘留所至今还在使用。

威廉·尼布纪念教堂 教堂

（William Knibb Memorial Church；King St和George St交叉路口）1838年7月31日，奴隶在威廉·尼布纪念教堂外头通宵聚集，等待午夜过去，自由的曙光终将来临（引用尼布的话："奴隶制已经终结了"），奴隶枷锁、鞭子和铁圈被象征性地埋在了棺材里。在教堂的院落里，你能找到尼布和他妻子的坟墓。

教堂内的一块木匾再现了拘留奴隶的工具。若想进来参观，可去找位于King St的叶之生活五金店（Leaf of Life Hardware store）帮忙。

食宿

Falmouth Resort 酒店 $

(☎954-3391; 29 Newton St; 房间 J$4600; P ❄) 这家"度假酒店"是法尔茅斯市中心唯一一家酒店。如果你想了解牙买加繁华的城市生活，这是一个不错的选择。虽然这是个度假村，但宣传力度不足，不过这个地方既干净又舒适，员工热情、乐于助人。餐食按需供应。楼上的房间比较清静，视野较好。

★ **Club Nazz Restaurant** 早餐，牙买加菜 $

(☎617-5175; Market St和Duke St交叉路口; 早餐 J$100~400, 晚餐 J$450~600; ⏲7:30~21:30; 📶) 你会情不自禁地坐在Nazz的街边露台，在自然流露出的浪漫气息中，享用一壶热气腾腾的蓝山咖啡和一块水果蛋糕，品味这座历史名城从古至今延续下来的平静和悠闲。而当有邮轮进港时，游客蜂拥而入购买价格非常亲民的午餐时，悠闲的生活便显现出另一番景象。

Tropical Bliss Oasis 咖啡馆 $

(Albert George Market; 小吃 J$150~450; ⏲周一至周六 9:00~17:00; 📶) 在阿尔伯特·乔治市场享受幸福时光以及水果冰沙和鲈鱼三明治。

实用信息

邮局 (☎954-3050; Cornwall St和Market St交叉路口; ⏲周一至周五 8:00~17:00)

加拿大丰业银行 (Scotiabank, ☎954-3357; Market St和Lower Harbour St交叉路口; ⏲周一至周四 8:30~14:30, 周五 8:30~16:00) 在小镇东边的购物中心有一台丰业银行的自动柜员机。

到达和离开

长途汽车、小型长途汽车和专线出租车从水广场 (Water Sq) 对面发车，开往玛莎布里河 (J$100, 15~20分钟)、蒙特哥贝 (J$150, 45分钟) 和奥乔里奥斯 (J$300, 80分钟)。纳茨福德快车 (The Knutsford Express) 在法尔茅斯以东2公里处的发光潟湖停车，在那里你可以乘专线出租车 (J$50) 进城。

邮轮到达**法尔茅斯港** (Port of Falmouth, ☎876-617-2280; www.portoffalmouth.com; 2 King St)，港口紧邻市中心。

玛莎布里河 (Martha Brae)

这个小村庄坐落在法尔茅斯正南3公里处的一座小山丘上，翠绿色的玛莎布里河 (Martha Brae River) 河水环绕四周，风景秀美，以竹筏漂流而著称。河流源于科克皮特地区的温莎洞穴，在法尔茅斯以东的发光潟湖汇入大海。

顺着绵延的玛莎布里河向下**漂流**，总长4.8公里，非常刺激。漂流耗时90分钟，你需要坐在一个9米长的竹筏上，每个竹筏只能承载1名或2名乘客，熟练的导游会为你撑筏。你会穿过丛林，看到葡萄树和冰冷的山泉水。只要你不在意拥挤的人群 (这是牙买加最受欢迎的漂流地点，因此河上会相当拥挤)，整个游览过程还是浪漫惬意的。上游的水流湍急，逐渐流速变慢，奔向下游，在"人猿泰山之角" (Tarzan's Corner) 小憩一下，荡个秋千或是在水面平静的水池里游泳。在漂流的终点，"盛情"难却之下买几杯朗姆潘趣酒后，有人会把你送回到车里或旅游巴士上。

游览从橡村 (Rafters Village) 出发，该村位于玛莎布里河以南1.5公里处。你会在那里找到巡回演出的门特乐队、野餐区、酒吧、餐馆、游泳池、浴室、更衣室和一处安全的停车场。如果你想泡个澡或爬树的话，你可以要求领队在此驻留一下。

从内格里尔到奥乔里奥斯，在牙买加北部沿海，几乎每家酒店都提供玛莎布里河的漂流项目。当然会收一定的转让手续费。所以你不如在蒙特哥贝的Rafters Village (见34页) 提前预订漂流项目。通常要给导游 (撑竹筏的) 小费。

小型长途汽车和专线出租车会定期从法尔茅斯 (J$100, 15~20分钟) 开往玛莎布里河。

发光潟湖 (Glistening Waters)

牙买加一处最令人难以置信的自然奇观就在法尔茅斯的东部，沿线有一些非常不错的住宿地和洁净的海滩，还有一个颇具新意的文化展览。能容纳25,000人的**特里劳尼格林菲尔德体育场** (Trelawny Greenfield

Stadium）就在洛克（Rock）小村的对面。是2007年为板球世界杯而建的，这里还会举办足球比赛和音乐会。

景点和活动

发光潟湖 潟湖

（Glistening Waters；乘船游览半小时每人US$25；⊙团队游 18:45开始）发光潟湖也叫“Luminous Lagoon”，其宣传的确名副其实。在法尔茅斯以东1.6公里处洛克附近的河口，有一片特别的水域——水中富含微生物，而当水面激荡时，微生物会产生光化反应，从而使整片湖水呈现出怪异的绿色，别有一番魅力。而微生物的大量聚集，使鱼群游过就会像绿灯侠一样。

毋庸置疑，在发光潟湖游泳是如梦如幻的，特别是在星空灿烂的夜晚，水天连成一片，很难分清。由于海水和淡水（来自玛莎布里河）的混合，你可以有一种超现实的体验。淡水“漂浮”在海水之上，因此你不仅是在绿色的磷光湖中游泳，而且还会有种冷热交替的感觉。

发光潟湖码头（Glistening Waters Marina；☎954-3229；每人 US$25；⊙18:45~20:30）提供半小时的乘船游览。从奥乔里奥斯到内格里尔的任何一家酒店都能够组织去码头游览。

码头有一家价格昂贵的餐馆，店里会准备好新鲜的鱼类，可以根据你喜欢的口味和方式烹饪，根据鱼的大小收费。旅游团停留的时候，餐馆就会开门。

Outameni 文化村

（☎617-0948，954-4035；www.outameni.com；门票 US$30；⊙演出 15:00）Outameni是一个有趣的文化村，游客可以通过一个融合了音乐、舞蹈和电影的90分钟的节目来了解牙买加从泰诺时代到殖民时期、奴隶制，一直到当代的历史发展。我们做调研的时候，该村庄正在整修。位于豪峰度假村（Royalton resort）的对面。

牙买加风筝冲浪 风筝冲浪

（Kiteboarding Jamaica；☎781-2190；www.kiteboardingjamaica.com；租金每日 US$80，1小时课程培训 US$70）牙买加的风筝冲浪爱好者最近频频见诸媒体，受到关注，一个重要的原因是牙买加参加了2010年风筝冲浪世界杯。本岛小型风筝冲浪联谊会聚集在邦蒂湾（Bounty Bay，靠近Royalton White Sands Hotel）的伯伍德海滩（Burwood Beach）附近。邦蒂湾的海滩虽不整洁但很漂亮，风力大。经营这个项目的有很多家，毋庸置疑，这家是最好的。你可以找别人教你冲浪，也可以自己租冲浪板。

钓鱼和划船 钓鱼

发光潟湖的河口是牙买加为数不多的可以钓到大海鲢的地方。大海鲢常会排成一队上蹿下跳，别名称为“银弹”。此处钓鱼无须许可证。在发光潟湖码头，至少有20多名船长提供租船服务。给码头打电话让他们提前安排或亲自去选一名看起来最友好的船长。6~8个人可以租船钓鱼，费用在US$500左右，可以平摊。

住宿

★Time ‘n’ Place 度假村 $

（☎843-3625；www.mytimenplace.com；小别墅 US$80；P❄📶）这片珍贵的海滩上有4座用棕榈树和松树遮阳的海滩小屋。住在Time ‘n’ Place，晚上在远处传来的低音雷鬼音乐声中进入梦乡，清晨被有节奏的海浪拍岸声唤醒。

还有一大好处就是你能看到有魅力的老板托尼。他是牙买加的传奇人物，23年来一直努力捍卫自己的海滩天堂不受开发商、环境恶化和犯罪分子破坏的影响。

Fisherman’s Inn 酒店 $$

（☎954-4078，954-3427；www.fishermansinnjamaica.com；标单/双 US$120/125；❄📶🏊）结束了晚上如梦如幻的游泳后，你留宿发光潟湖的最好借口就是Fisherman’s Inn，这是一个安静、气氛轻松的酒店，带有非常棒的餐厅。所有明亮的白色卧室都面朝海湾，打开落地窗你就可以直接走到红色的木制码头。屋外有游泳池。这儿是放松身心的上佳之选。

N Resort 度假村 $$$

（☎876-617-2500；www.n-holidays.com；Oyster Bay；全包每人每房间 US$273~336；P❄📶🏊）在门口检查一下自己的着装，N代表

"不穿衣服"的意思。牙买加唯一的可裸体的度假村，2010年年初开始营业，原先是家族经营的全包式度假村。海滩上有干净的木屋，具有乡村范，还有一些已经不用的水上滑梯。

远离了有些夫妻度假村的一些俗气的东西，这里对于安静、纯粹的裸体主义者是再好不过了。

Royalton White Sands 度假村 $$$

（☎1-800-204-7982；www.royaltonresorts.com；全包房间 US$439起；❄@📶🏊）原先是一个全包式度假村，2013年11月重新开业。这里有大型的海滩水上乐园，是孩子们戏水的好地方。位于法尔茅斯以东3公里处。

ℹ 到达和离开

小型长途汽车和专线出租车经常沿着A1路往返于法尔茅斯（J$50~80）。法尔茅斯在蒙特哥贝以东大约36公里处，在逍遥海湾以西42公里处。

纳茨福德快车法尔茅斯站实际上在小镇以东2公里处的发光潟湖码头。每天有6班长途汽车发往金斯敦（J$2200），途径奥乔里奥斯（J$1200），6班长途汽车发往蒙特哥贝（J$800），其中2班继续开往内格里尔（J$1500）。周末时班次较少。

邓肯斯（Duncans）

这个小镇在法尔茅斯以东11公里处的山腰上。如果你想远离度假村的喧嚣，可以来这个美丽的地方。不过似乎开发商正在加速购买周围的房产，因此好景不长。村庄以在三岔路口中间的一座老旧的石钟楼为中心。高速公路分流了城市的交通，从A1开始要注意岔道。小型公共汽车和专线出租车在市中心的钟楼接送往返于邓肯斯的乘客。

凯特林浸信会教堂（Kettering Baptist Church）始建于1893年，是一座米黄色的建筑，为了纪念威廉·尼布而建。威廉·尼布是浸信会传教士和废奴主义者，1840年在这里为获得自由的奴隶建了"解放村"。

歌手兼活动家哈利·贝拉方特（Harry Belafonte）的祖父母曾经是**Sober Robin**（☎954-2202；房间 US$35起；🅿❄）的拥有者。这是一座既欢乐又破旧的旅馆和酒吧，坐落在从西边拐入邓肯斯的老路上。大厅和休息室里的陈设很有品位，墙上挂着镶镜框的电影明星照片。小酒吧还有乒乓球台和台球桌。房间是标间，不过非常干净，最近刚装修。

Silver Sands Villa Resort（☎888-745-7245，954-7606；www.mysilversands.com；1-/2-床的小别墅 US$165/248起，3/4床的别墅每周US$1650-2800；🅿❄🏊）在邓肯斯以西1.5公里处，有100多座高档的1~5居室别墅和度假别墅，占地90多公顷。度假别墅至少需要预订三晚。这座封闭式度假村背后是300米长的专属白沙滩，沙滩干净又漂亮（不住在酒店的游客需花费US$25方可进入）。每一座造型别致的别墅都是私人拥有、单独装修，配有一名厨师、管家和园丁，这种个性化服务要远比大多数全包式度假村的服务好。许多房子带电视和游泳池。住店按周计价会比较省钱，而且提供机场接送服务。度假村有酒吧及餐厅。如果你想自己做饭的话，可以去附近的食品杂货店购物。

银滩（Silver Sands）以西就是还未完工的公共**雅各布·泰勒海滩**（Jacob Taylor Beach），这里有一个规模不大但却种类繁多的工艺品市场和朗姆酒商店。

里奥布埃诺（Rio Bueno）

里奥布埃诺在邓肯斯以东10公里处，是一个破旧的渔村，渔民在摇摇欲坠的乔治亚式砌石建筑前修补渔网和捕虾网。那里的建筑就是1964年《牙买加的狂风》（*A High Wind in Jamaica*）这部电影的拍摄地。小镇坐落在窄湾的西边，那里很可能是哥伦布首次（1494年5月4日）登陆牙买加的地方。漫步这里，能够看到18世纪**邓达斯堡垒**（Fort Dundas）的遗迹，重新粉刷过的**圣马克圣公会教堂**（St Mark's Anglican church）遗迹，该教堂可追溯至1833年。还有一个建于1901年的**浸信会教堂**，其前身是废奴时代反传教士动乱中被摧毁的一个教堂。若是超级度假村Breezes Rio Bueno关门后（预计将会很快发生），会平添不少现代遗迹。我们调研的时候，不知道这家拥有226间房的酒店会何去何从。

活动

Braco Stables

骑马

(☎954-0185; www.bracostables.com; 带/不带交通每人 US$70/60; ⊙骑马10:30和14:30)如果你喜欢骑无鞍的马去大海，Braco Stables会提供不错的团队骑马活动。你会经过甘蔗王国，最终骑着无鞍的马走向蓝色的大海进行冲浪。骑马结束后，重新装修的Braco Great House(需要穿正装)会给你供应点心。

食宿

Hotel Rio Bueno

酒店 $$

(☎954-0048; Main St; 房间/套 US$110/250起; P ❄ 令)由乔治亚式码头仓库改建而成，是一些怪人喜欢的老房子，可以呆呆地看着往来的游客。这里说的古怪的人是乔·詹姆斯(Joe James)先生，他是前英格兰队和利物浦(Liverpool)队守门员大卫·詹姆斯(David James)的父亲。大卫·詹姆斯把这家酒店变成了一家挂着自己绘画、雕刻和面具的博物馆/画廊。

酒店有20个房间，大多数是落地门，打开门就是可以俯瞰海湾的阳台。

Lobster Bowl Restaurant

海鲜 $$

(☎954-0048; Hotel Rio Bueno, Main St; 主菜 US$12~38; ⊙7:00~22:00)这家宽敞的餐馆有一种旧时代夜店的感觉，特色就是乔·詹姆斯的艺术作品。正如店名所示，这家餐馆主打龙虾和海产品，原料新鲜，精心烹制。

到达和离开

里奥布埃诺在蒙特哥贝以东60公里处，在逍遥海湾以西20公里处。从这儿到迪斯卡弗里贝的沿海公路叫作the Queen' s Hwy。可乘往返于法尔茅斯(J$180)和迪斯卡弗里贝(J$150)的专线出租车，在此下车。

内陆：蒙特哥贝南部

蒙特哥贝内陆是丘陵地，零零散散的村庄紧挨着裸露的岩石、狭窄的道路和大片水果地和蔬菜地，再往里头看就是大麻地了。这里的人非常友好，不像沿海地区的人那样对游客司空见惯。注意一下那些用异样物品(陶瓷、羽毛等)装饰的颜色鲜艳的小屋，那是丛林巫师练习巫术的地方。圣詹姆斯教区东南部是荒无人烟的科克皮特地区。

忘川(Lethe)

在希腊神话中，忘川是环绕着冥界的一条河，跨过它就可以忘掉以前的生活。牙买加有一条忘川河，如果你能在位于山顶的这个小镇多花点时间，那么你也许真的会忘掉以前的生活。通往那里的岔道位于B8公路出口的Reading(路标上会有所指示)以南3公里处。如果你过了路标去了罗克兰兹饲鸟站，那么你就走远了。横跨大河的石桥建于1828年，两边是田园风光，河岸边有个老糖坊的遗址，已是杂草丛生，衰败不堪。

景点和活动

动物农庄

农场

(Animal Farm; ☎899-0040; www.animalfarmjamaica.com; 成人票/儿童票 US$25/10; ⊙周

值得一游

克洛伊登种植园

科克皮特地区旁有个卡塔杜帕(Catadupa)，从这里出发走一个1.5公里的支路，可以到达**克洛伊登种植园**(Croydon in the Mountains Plantation; ☎979-8267; www.croydonplantation.com)。这是一个54公顷的种植园，是民族英雄、废奴运动领袖萨姆·沙普的出生地。这个地方不像牙买加，反倒更像是印度或巴厘岛的乡村，整洁暗绿色的梯田种着咖啡、柑橘和菠萝。周二、周三和周五的10:30~15:00可以参团来这里“看看、听听、摸摸、尝尝”(US$75含午餐和交通)。需要提前预订，最好是通过蒙特哥贝旅游公司，它们会组织来这里并提供交通工具。

一至周五请提前安排团队游，周六和周日10:00~17:00；🚻）革命的猪一旦掌权就变得腐败了（这个名字让人想起乔治奥威尔的《动物庄园》，你要是没读过也没关系），这点非常令人失望。不过这个动物农庄正好是带孩子们来玩的好地方。这个漂亮房子使用的电力全部来自于环保的太阳能和猪粪发电。

经验丰富的导游会带游客在农场周围（找一下有时髦羽冠的"拉斯特法里鸟"）观鸟，那里还有让人感觉不错的小宠物动物园和驴棚（可以骑驴），你还可以去大河游泳，俯瞰科克皮特地区美景。

农场就在Copse小村的外头，即汉诺威区（Hanover Parish）忘川以西3公里处。沿途有路标。终点在一条凹凸不平的小路上。

牙买加滑索探险游 滑索

（Jamaica Zipline Adventure Tours；☎366-0124；www.ziplinejamaica.com）玩滑索越来越流行。请记住没有老式的滑索。这是加勒比地区最长的滑索。五条线加起来的"飞行"距离要超过1.3公里，所有的线路都穿过郁郁葱葱的丛林。

一家美国公司经营这种探险游（US$89），游览项目也包含品尝当地的特色水果。

山谷漂流 漂流

（Mountain Valley Rafting；☎956-4920）这家机构的总部位于忘川庄园，提供从忘川出发的1小时大河漂流。你会向下游漂流3公里，有经验的筏夫会撑着窄窄的竹筏。漂流过程中，他通过唱歌，向你介绍当地的鸟儿和动植物。

两名游客花费US$65（不到12岁的儿童半价），包括交通费。每人再额外交US$15会包含午餐、种植园之旅，旅游结束时还会给你一杯新鲜的果汁朗姆酒。如果你想自助游，需要单独为竹筏游支付US$50。

徒步去特洛伊-温莎小径

离开挤满享受阳光浴人群的蒙特哥贝30公里，却是一片有着不祥预感的荒野，这与现代牙买加熙攘等深入人心的形象截然不同。科克皮特地区几乎都是灌木丛林和复杂的喀斯特地形，散布着洞穴、山谷和丘陵，看起来像一个翻过来的鸡蛋包装盒。18世纪，这是逃亡奴隶的避难所，马龙人对英国人发动了一场断断续续的游击战。英国人未能征服马龙人，他们从特洛伊到温莎横跨整个科克皮特地区建了一条可怕的军用道路，那里有隐蔽的排水口和蚊子肆虐的丛林，还有让人听上去就害怕的地名，像是"时刻警惕之地"（The Land of Look Behind）和"无影无踪"（Me No Sen You No Come）。许多英国士兵消失在科克皮特再也没有回来，或遭遇伏击身亡或精疲力竭而死。

出乎意料的是，特洛伊-温莎路（Troy–Windsor road）依旧存在，只是现在有些模糊不清、杂草丛生罢了。所以无论如何都不要独自一个人去那里。如果你想徒步去那里，可从牙买加洞穴组织（Jamaican Caves Organisation）雇一名导游，带上大砍刀，组一个小团，要确保你的团队带了GPS导航仪、充足的水（每人至少2升）、防蚊液、食物和火把。此外，留下你的名字、联系方式和预计到达时间。往返泰尔和温莎之间的小村庄需要徒步15公里（去最近的可靠运输点还需要额外在泰尔步行2公里，在温莎步行5公里）。如今很少有人走完全程，泰尔-温莎部分路段需要在丛林中开路，很容易迷路（由于这里没有定居点、地表水和直升机救援条件，因此去那里徒步可不是个好主意）。最少需要6个小时，平均8个小时、10个小时也很常见。早点出发！

因为困难重重，这里的徒步成了牙买加旅行的最大挑战之一。林木植被和陡峭的山脉阻挡了视线，这意味着徒步最有趣的地方在于研究喀斯特生态特有的非凡现象。出色的导游会讲起科克皮特的血腥史，这同样也比较吸引人。沿途老旧的路旁摇摇欲坠的石头墙需要当心。从特洛伊出发，徒步的道路南边要比北边好走些。小心，蚊子很猖狂！如果选择牙买加洞穴组织的导游带队，你需要有至少5人组团，自己准备交通工具。每人花费US$100。

到达和离开

乘坐小汽车或出租车沿着滨海路(A1/Howard Cooke Blvd)向西就离开蒙特哥贝。在雷丁(蒙特哥贝市中心以西4公里)走B8(Long Hill Rd)可以去安彻维(Anchovy),忘川的岔路口路标大约在内陆5公里处。如果交通状况好,大约需要30分钟。去滨海萨凡纳(Savanna-la-Mar)和黑河的专线出租车可以把你在岔路口放下,不过从这儿徒步去忘川路虽短但是陡峭。

罗克兰兹饲鸟站(Rocklands Bird Feeding Station)

罗克兰兹(☎952-2009;门票 US$20;⏲14:00~17:00)是观鸟者的最爱,他们自从1958年就聚集在这里,那一年著名的鸟类学家丽莎·萨尔蒙(Lisa Salmon)发现了这个地方。她驯养了20多种鸟类以供人们喂养。据记载这里有140多种鸟类,而最著名的是那些最小的鸟,即蜂鸟,同时还包括深紫色的牙买加芒果蜂鸟和颇受大家欢迎的弯嘴蜂鸟。最佳观鸟时间在16:00左右。你还会看到鸽子、橙黄色蝴蝶、蕉林鸟、牙买加啄木鸟(扑动䴕)和黄鹂。

这家鸟站由饲鸟专家弗里茨·贝克福德(Fritz Beckford)经营。他会把鸟食放在你手上或者递给你一个糖水喂食器。游客们兴奋地坐着,蜂鸟飞快地在上空盘旋,就像小型的直升飞机一样,最后它们会停留在游客伸出的手指上。弗里茨估计他饲养的鸟每年要吃掉900千克的种子(这些鸟的胃口可真大)。如果你想看更多的鸟类活动,弗里茨会给你做导游,带你从鸟站走进丛林深处(每人US$20)。

在蒙特哥贝坐从雷丁到安彻维的B8(Long Hill Rd)可以到达这里。向左转,大约200米路南有去忘川(在Rock Pleasant Rd)的岔路口标志。通向罗克兰兹的道路相当陡峭,有些地方很窄。你也可以选择坐从蒙特哥贝到滨海萨凡纳或黑河的长途汽车或专线出租车。要做好准备,下了车到目的地还需30分钟步行,路况较差。如果你想乘坐出租车,至少要为往返旅程支付US$75。

北科克皮特地区(NORTH COCKPIT COUNTRY)

看一眼牙买加的路线图,你便会注意到西南方的特里洛尼区——法尔茅斯内陆,什么也没有。但仔细一看,你就会发现,这里也有如织的城镇、村庄和道路,因而显得十分迷人。那么,这到底是什么呢?——这是牙买加最崎岖的地方,即科克皮特地区(1295平方公里的石灰岩高原),这里有大片侵蚀的石灰岩和成千上万的圆锥形小山丘(由险峻的峡谷分裂而成)。

活动

科克皮特有最神秘的洞穴,吸引了许多探洞穴者。这真的是探险游,导游带队去最著名的洞穴,但是只有有经验和装备齐全的探洞穴者才敢进去探险。这里没有救援组织,你可以进洞,但风险自己承担。最容易的洞穴位于温莎,叫作温莎洞穴(Windsor Cave)。

牙买加洞穴组织(Jamaican Caves Organisation,简称JCO;☎397-7488;www.jamaicancaves.org/main.htm)为探索牙买加洞穴、灰岩坑和地下河提供资源。2005年,该组织完成了一个项目,对科克皮特地区70多座洞穴进行了正式分类和评估。

牙买加洞穴组织的一个广受欢迎的旅游项目是去彼得金罗塔洞穴系(Peterkin-Rota cave system),在圣詹姆斯靠近马尔登(Maldon)的地方。行程全长1公里,有些地方需要游泳,在地下花3~4个小时。每人花费US$100。交通费额外算(US$100,看位置)。

团队游

科克皮特地区探险游 探险游

(Cockpit Country Adventure Tours;☎610-0818;www.stea.net/ccat_main.htm;3 Grants Office Complex, Albert Town;团队游 US$55~70)由特里洛尼区南部环境署发起,当地导游会在崎岖的科克皮特地区组织徒步游和洞穴探险游。夸希河(Quashie River)和夸希洞穴(Quashie Cave)较受欢迎。吸引人之处是洞穴里"大教堂"般的景观,还有在克拉克镇和阿尔伯特镇之间沿着半废弃的伯恩特山(Burnt Hill)/Barbecue Bottom Rd徒步所见的自然风光。

太阳探险游 徒步

(Sun Venture Tours;☎在金斯敦 960-6685,在奥乔里奥斯 920-8348;www.sunventuretours.

com; 30 Balmoral Ave, Kingston 10)此处有导游陪同的前往科克皮特的徒步游和观鸟游，花费US$85。

好望庄园(Good Hope Estate)

想一下科克皮特的科茨沃尔德(Cotswold)，你就会知道这个蜜黄色庄园和还在使用的种植园(仍在运转)是什么样子了。这个地方在西班牙女王谷(Queen of Spains Valley)西端法尔茅斯以南13公里处，坐落在科克皮特地区的北边，你能在这看到状如棋盘的锋利山岭和无与伦比的丛林穹顶。

这个庄园先前的主人约翰·萨普(John Tharp, 1744~1804年)曾是牙买加最富有的人，在特里洛尼和圣詹姆斯区拥有40多平方公里的土地和3000名奴隶。庄园建于1755年左右，目前还存有18世纪牙买加乔治亚式石砌建筑群，以及制糖作坊和水车。

大多数好望庄园游都是通过Chukka这家旅行社(见84页)组织的，他们管理着庄园内的许多设施。因为Chukka负责往来运送邮轮和度假村的游客，庄园游就显得十分匆忙。团队游包括午餐或下午茶，另外Chukka还在庄园组织滑索(US$99)和漂流(玛莎布里河流经这里)。从蒙特哥贝酒店出发的交通费也包含在内。

备受称赞的陶瓷艺术家大卫·平托(David Pinto)的**陶瓷制作室**(pottery studio; ☎954-4635)向公众开放，有陶器作坊供游人一试身手，不过你需要联系总部设在美国的**安德森牧场艺术中心**(Anderson Ranch Arts Center; ☎954-4635, 在美国 970-923-3181; www.andersonranch.org)才可参加相关活动。

宅邸(The Great House)在20世纪90年代初期首次改成了酒店，那时一位美国银行家来牙买加寻找古董，无意间看到了好望庄园。如今四居室的**好望树屋**(Good Hope Treehouse; ☎881-6869; www.goodhopejamaica.com; 标单/双/标三 US$195/270/330; Ⓟ ⊜ ❄ ≋)毫无疑问是牙买加最奢华的酒店之一，在这里你可以亲近大自然，就连建筑学大师弗兰克·劳埃德·赖特(Frank Lloyd Wright)也为之神魂颠倒。天花板很高，实木地板闪闪发光，砌石墙上挂着质朴的牙买加黑人艺术品。

温莎(Windsor)

如果你想开车去科克皮特地区，说实话，不太现实。不过你可以驱车进入好望庄园东南5公里长的狭窄山谷，好好看一下这里的风景。这条道周围是高耸的悬崖，从北端的舍伍德(Sherwood)走最好。马路的尽头在靠近山谷顶的温莎，从这里你可以穿过科克皮特徒步去特洛伊。如果不选择徒步的话，这里也就是在广袤的乡野最远能到的地方了。说实话，荒无人烟的科克皮特地区深处的自然美景在这儿真真切切地展现在了你的面前。

景点

尤赛恩·博尔特老家在舍伍德，舍伍德是温莎前面的最后一个真正的聚居地。在这里随处可见带有博尔特形象的标牌。你也许会碰到他的家人。他的父亲吉迪恩(Gideon)经常在当地酒吧一边闲聊一边玩多米诺骨牌。

值得一游

温莎宅邸

回想一下，你上一次下榻在一间价格合理的殖民地时期宅邸、兼生物研究站是什么时候呢？约翰·萨普于1795年建了**温莎宅邸**(Windsor Great House; ☎997-3832; www.cockpitcountry.com; 1/2/3人 US$40/45/50)，如今它是一个研究中心和客栈，有数间砌石的房间，淳朴自然，有公共浴室(热水另收费US$5)。早餐/午餐/晚餐价格为每人US$7.50/7.50/15。当地的博物学家迈克·施瓦茨(Mike Schwartz)和苏珊·凯尼格(Susan Koenig)偶尔会推出有四道菜的“与生物学家面对面”晚餐活动(US$40 至少4人参加)。一边享受美味可口的食物和葡萄酒一边听着关于牙买加的各种故事，还有什么比这更加惬意的呢？没有路标，沿柏油路走到尽头，路口左转即是。

他的伯母莉莉经营一家酒吧/礼品店，做一些味道一般的咖喱山羊肉。

温莎洞穴 洞穴

（Windsor Caves）这些洞穴很可能不在大多数人旅行的路线上，但这里的50,000多只蝙蝠会吸引人在此停留。出口和入口有数不清的蝙蝠飞来飞去，是引人注目的景点（也有大量的鸟粪）。幸运的是，洞穴在1995年捐给了世界野生动物基金会（the World Wildlife Fund），附带条件是洞穴不能被开发。

从公路徒步1公里可以到达入口，出口需要爬上一个窄窄的岩石路。除了窄窄的入口，你还需要经过一个满是钟乳石的大过道和一个有精巧拱形顶的大洞穴。在雨季，你还能听到玛莎布里河水在地底下流动的声音。

你需要一名当地导游，他们通常在路尽头的**团子商店**（Dango's shop；www.jamaicancaves.org/dango-jamaica）。店的招牌上写着“上帝的爱是燃烧的火焰”。在这里你会找到洞穴看守人马尔泰洛（Martell）或富兰克林·泰勒（Franklyn Taylor，绰号“团子”，Dango）。有人会拿上手电筒或竹火把，带你去老鼠蝙蝠洞（Rat Bat Cave）和皇家扁平洞穴（Royal Flat Chamber）。费用取决于你想在洞穴里走多远以及队伍的大小，预计每人约US$40。

食宿

Miss Lilly's 客栈 $

（☎788-1022；www.jamaicancaves.org/lillys-jamaica.htm；Coxheath；房间带公共浴室 US$40）在温莎以北5公里的Coxheath村，你能找到这家集酒吧、餐馆、客栈和尤赛恩·博尔特礼品店为一体的店，由博尔特热情好客、和蔼可亲的伯母莉莉经营。两个装修简单的房间有一个共用浴室（只有冷水），莉莉会做些可口的红薯，据说尤赛恩正是吃了这个才跑得飞快。

这是个跟当地人认识和闲聊的好地方，这里有博尔特的直系和旁系家庭成员，如果你足够幸运的话，还可能见到飞人本人。博尔特喜欢凑到这里八卦、玩多米诺骨牌和参加一些社会娱乐活动。

到达和离开

沿着从法尔茅斯到玛莎布里河的路可以到达温莎，然后向东跨过大桥后向右拐，沿着南面的山谷就可以进入丘陵地带。小型长途汽车和专线出租车（大约J$120）往返于法尔茅斯和舍伍德康坦特镇（Sherwood Content）。从舍伍德到Coxheath需要步行10分钟（如果你要求的话，出租车会顺道把你放下）沿着那条路再走5公里便到温莎了（步行或在Coxheath搭车）。

内格里尔和西部海岸

包括 ➡

最佳早餐地点

- Just Natural（见159页）
- Pablo's Restaurant（见159页）
- Cafe Goa（见157页）
- Sips & Bites（见160页）

最佳水上活动

- 梅菲尔德瀑布（见165页）
- 蓝洞矿泉（见166页）
- Negril Tree House（见153页）
- 在Rick's Cafe悬崖跳水（见159页）

为何去

如果觉得牙买加北部及东部海岸过于悠闲，那就一路向西好了。那里有绵长海滩及深红的日落，有享乐圣地内格里尔，仿佛让人置身于一个无忧慵懒的独立王国。除了生产甘蔗以及偷偷种植的牙买加顶级大麻以外，西牙买加的存在理由（raison d' être）几乎完全是旅游：沿着整个西部海岸，细长的内格里尔和酒店开发区绵延数十英里。在下列地方，则仍然可以感受到当地宁静的田园腹地生活：被各种旅游交通工具所环绕的美丽沿海飞地卢西、野性而湿润的梅菲尔德瀑布以及狭小的非度假村小海湾。后者像极了1969年前后的内格里尔。内格里尔由嬉皮士建造，人们很少会在这里循规蹈矩。相反，他们都本着真正的嬉皮士精神来此享受生活。加入他们，躺在日光浴床上，放松地享受人生吧。

何时去

内格里尔

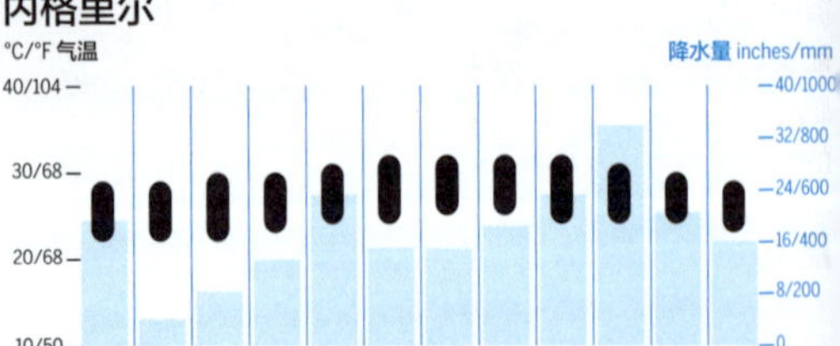

4月至6月 这里不像牙买加其他地方那样潮湿，但有时会有小雷雨。

7月至10月 执行淡季房间价格，阵雨十分常见。

11月至次年3月 阳光充足，晴朗干燥。就天气而言，是待在城里的最佳时间。

内格里尔（NEGRIL）

人口 4200人

从蒙特哥贝向西，当你发现空气开始变得浓厚，到处都弥漫着大麻烟雾，娱乐消遣取代了户外活动，那你就抵达了内格里尔的度假区。20世纪70年代早期，内格里尔被嬉皮士们占领。这里位于全岛的最西部，因最美最长的天然海滩而久负盛名。直至今日，嬉皮士富裕的后代们仍然声称拥有这里的所有权。毋庸置疑，过去40年类似的发展已在内格里尔的历史上留下了浓墨重彩的一笔。内格里尔的商贩十分出名，他们会对所有过往的人兜售毒品、性服务和小玩意儿。但是，并非所有的商业活动都令人困扰：为了保护内格里尔良性的商业环境，一个强大的当地商业团体一直在努力，避免这里变得一团乱。因此，总体来说，这里有即兴的雷鬼音乐会以及光怪陆离的夕阳美景，懒散而轻松。除了匆忙的出租车司机，其他人都过得悠哉乐哉。

无论从地理位置或是地方特色来看，内格里尔都可以被分成两部分。七英里海滩（实际长度是4英里多）处，有不少中端家庭旅馆；而海滩的最北端则有较大规模的低层全包式旅馆。再往南的西区（West End）是内格里尔嬉皮士时代的传奇。在这里，你可以站在高达50英尺的陡峭悬崖上纵身跃入蔚蓝色的大海。在锯齿状的海岸线上，坐落着很多古怪的私人旅馆及餐馆。

除去20世纪70年代前的这个小渔村，内格里尔并没有其他牙买加殖民据点。因此，在海滩及西区之间，这个有名无实的"镇"并不能提供多少真正的牙买加体验。想要尽情地感受当地的风土人情，你还得前往东南方向的特雷热海滩（见187页）。

历史

1959年，内格里尔修建了第一条道路，带动了这个小渔村的发展。后来这里陆续通了电和电话。沉睡的海滨村庄很快成为度假村，备受牙买加人欢迎。国外的嬉皮士和背包客也来到这里。他们住在当地居民家里，或者索性睡在沙滩上，分享大麻和致幻蘑菇。因此，内格里尔有了"逍遥城"的美名。1977年，第一个大型度假村内格里尔海滩村（后改名为欢乐度假村Ⅱ，Hedonism Ⅱ）成立。该度假村对一批相对富裕的人群开放，这些人寻求的是一种地中海俱乐部式的体验。到了80年代中期，内格里尔迎来了旅游业的全面繁荣，一直延续至今。尽情欢乐的传统在3月至4月春假期间依旧盛行，美国大学生们蜂拥而来，在这里举行湿身大赛、饮酒比赛以及各种聚会。

尽管游人如织，但在外籍居民的引领下，度假村形成了一种积极的环保意识。在内格里尔环境保护区域设立了内格里尔海洋公园。公园分为8个休闲区，包括海岸线、红树林、近海水域和珊瑚礁等。一些酒店已经开始实施环保政策，十分令人钦佩。我们希望游客能够喜欢这些度假村，同时也带动整片海滩的环保行为。

景点

七英里海滩（长滩） 海滩

（Seven Mile Beach；Negril Beach；见155页地图）最初，七英里海滩在旅游海报上的宣传标语是："七英里，只有海和你。"但是，这个在20世纪70年代早期只会吸引感官享受者的静谧之地如今却只能存在于记忆中了。

上身裸露的日光浴者仍然在柔和的海浪中半躺在躺椅上，大麻烟的香气依旧随风飘散。但在其他方面，海滩已经发生了巨大的变化。餐馆、酒吧、夜店及任何能想到的水上运动随处可见。这里还有摇曳的棕榈树，清澈的海水以及附近的珊瑚礁，海滩更加美不胜收。有些人甚至认为，这里是加勒比海最美丽的风景区。但如果你只是想要寻找一处清净之地，那还是另寻他处吧。

布拉迪湾海滩 海滩

（Bloody Bay Beach；见155页地图）来这里是明智的选择，没有游乐设施，人也很少。适合希望远离尘嚣、享受安宁的少数游客及当地人。有一个出售小吃和饮料的烤肉小摊，为你提供服务。

内格里尔山丘 山丘

（Negril Hills；见153页地图）一系列低洼的山丘横亘在内格里尔西区内陆。凸起的石灰岩山地上荒芜一片，灌木丛生。在这条通往内格里尔的唯一道路旁坐落着一个个孤零零的小村庄：Whitehall Rd从Sheffield Rd开始，向南通向Orange Hill小村庄。穿过山丘，经

内格里尔和西部海岸亮点

❶ 在**内格里尔**（见147页）附近探索洞穴和珊瑚礁，这里是全岛最佳的水肺潜水场所。

❷ 在**梅菲尔德瀑布**（见165页）附近攀爬光滑的岩石，有时还可以进行激水漂流。

❸ 在**Rick's Cafe**（见159页）观看悬崖跳水者，他们有的勇气十足，有的却胆小怯懦。

❹ 在**七英里海滩**（见147页）欣赏完美日落，火红的余晖洒在白砂糖般的沙子上。

❺ 待在**内格里尔西区**（见154页）的精品酒店中，斜躺在吊床上。

❻ 在**罗灵河公园**（见167页）探索在牙买加最优美、最具神韵的洞穴。

❼ 从**罗德哈尔种植园**（见152页）出发，骑着栗色马，翻越山丘，向内格里尔东部行进。

CARIBBEAN SEA
加勒比海
Cousins Cove
Davis Cove
Negril Marine Park
内格里尔海洋公园
Green Island Harbour
绿岛港
Half Moon Beach
Green Island
Rhodes Hall Plantation
罗德哈尔种植园 7
Orange Bay
Negril Environmental Protection Area
内格里尔环境保护区域
Deep Plane
深海飞机
Bloody Bay
布拉迪湾
Negril Aerodrome
内格里尔机场
March Town
Booby Cay
鲣鸟珊瑚岛
Fish River
Long Bay
Negril Great Morass Game Sanctuary
内格里尔大沼泽地野生动物保护区
Orange Hills
Orange River
Seven Mile Beach (Long Beach)
七英里海滩(长滩)
1 4
A1
Great Morass
大沼泽地
Sands Club Reef
沙滩俱乐部珊瑚礁
Royal Palm Reserve
皇家棕榈保护区
Shark's Reef
鲨鱼珊瑚礁
The Throne
王座洞
Negril Village
内格里尔村
Aweemaway
艾薇马威
5 Negril's West End
内格里尔西区
South Negril Point
3 Rick's Cafe
Negril Environmental Protection Area
内格里尔环境保护区域
Retirement
Retreat
Mt Airy
Negril Lighthouse
内格里尔灯塔
Blue Hole Mineral Spring
蓝洞矿泉
Orange Hill
Negril Hills
内格里尔山丘
Brighton
布莱顿
Homers Cove
Little Bay
小海湾
Negril Marine Park
内格里尔海洋公园
Lost Beach
Southwest Point
CARIBBEAN SEA
加勒比海

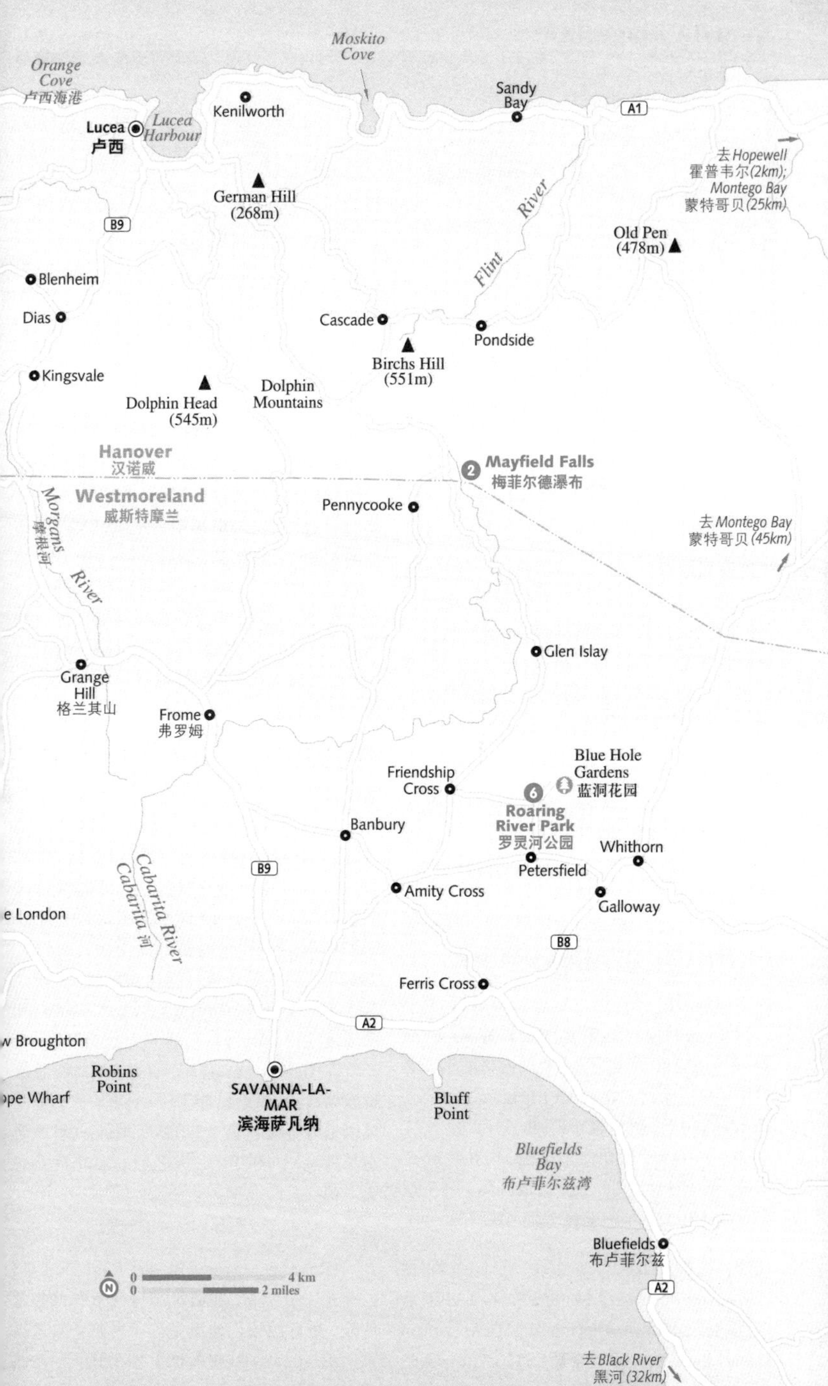

Orange Cove
卢西海港
Moskito Cove
Sandy Bay
A1
Lucea
卢西
Lucea Harbour
Kenilworth
去 Hopewell
霍普韦尔(2km);
Montego Bay
蒙特哥贝(25km)
German Hill
(268m)
Flint River
B9
Old Pen
(478m)
Blenheim
Dias
Cascade
Pondside
Birchs Hill
(551m)
Kingsvale
Dolphin Mountains
Dolphin Head
(545m)
Hanover
汉诺威
Mayfield Falls
梅菲尔德瀑布
Westmoreland
威斯特摩兰
Pennycooke
Morgans River
摩根河
去 Montego Bay
蒙特哥贝(45km)
Glen Islay
Grange Hill
格兰其山
Frome
弗罗姆
Blue Hole Gardens
蓝洞花园
Friendship Cross
Roaring River Park
罗灵河公园
Banbury
Whithorn
Petersfield
B9
Amity Cross
Galloway
Cabarita River
Cabarita 河
e London
B8
Ferris Cross
A2
w Broughton
Robins Point
ope Wharf
SAVANNA-LA-MAR
滨海萨凡纳
Bluff Point
Bluefields Bay
布卢菲尔兹湾
Bluefields
布卢菲尔兹
A2
0 4 km
0 2 miles
去 Black River
黑河(32km)

Negril Village 内格里尔村

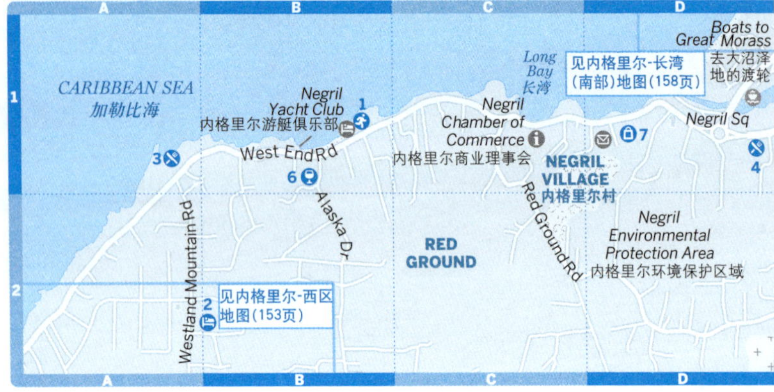

由退休镇（Retirement）向东，道路最终与滨海萨凡纳的A2公路会合。骑自行车探索该景区是最佳选择。

长湾海滩公园 海滩

（Long Bay Beach Park；见155页地图；J$150；⏲9:30~17:00）与七英里海滩南端的海滩相比，这片海滩更为安静，也没那么拥挤。你会看到更多的白糖般的沙子、野餐桌及更衣室。不过，这里杂草横生，算不上景色如画。

鲣鸟珊瑚岛 岛屿

（Booby Cay）这个小珊瑚岛就位于Rutland Point近海处，曾出现在迪士尼电影《海底两万里》中，被当作南太平洋海域的拍摄背景。该岛以一种海鸟——当地的叫法为“鲣鸟”——而命名，因为它们把巢筑在这里。水上运动特许经营者可安排船只，来回需要约US$35。

内格里尔灯塔 灯塔

（Negril Lighthouse；见153页地图；West End Rd；⏲9:00至日落）**免费** 白色的内格里尔灯塔位于内格里尔村（Negril Village）以南5公里处，高约20米，照亮着牙买加的最西端。该灯塔建于1894年，最初使用煤油，现在改成太阳能，每两秒钟闪烁一次。看塔人会十分乐意带你爬上103级台阶，俯瞰整片海岸。

酷爽冒险园 游乐园

（Kool Runnings Adventure Park；见155页地图；☎957-5400；www.koolrunnings.com；Norman Manley Blvd；成人票/儿童票 US$33/22；⏲周二至周日 11:00~18:00；👪）如果你比较喜欢主题公园中的水上娱乐项目，那就来这个占地2公顷的游乐园吧。这里集结了牙买加大雪橇15米落差滑行、里奥布埃诺拉齐河（Rio Bueno Lazy River）漂流等10个不同的游乐项目。有3家餐馆可以选择，孩子们会很容易喜欢上米基船长的椰子岛（Captain Mikie’s Coconut Island）。这里还有大沼泽地（Great Morass）独木舟之旅。

活动

乘船游览

大部分酒店可以预订旅游公司提供的2小时或3小时旅行项目。许多行程包括浮潜和豪饮，最好是按照这个顺序，免得醉醺醺地去浮潜。**Negril Cruises**（见155页地图；☎430-0596；www.negrilcruises.com；Hedonism II；US$30~50）的游艇可以到达欢乐度假村Ⅱ、忘忧情侣度假村（Couples Swept Away）和微风度假村（Breezes），常年大受欢迎。途中经常在Rick’s Cafe停留，游客可以体验悬崖跳水项目。如果不想游泳，乘坐玻璃底的船只可以很好地观赏鱼类和珊瑚。在七英里海滩有几艘船只可供选择，大多数行程花费大约US$35。

骑车

Norman Manley Blvd及West End Rd的交通十分拥挤，在镇上骑自行车变得非常危险。最好的骑行地点是位于内格里尔东南方向的Ocean Dr或内格里尔山丘上。在西

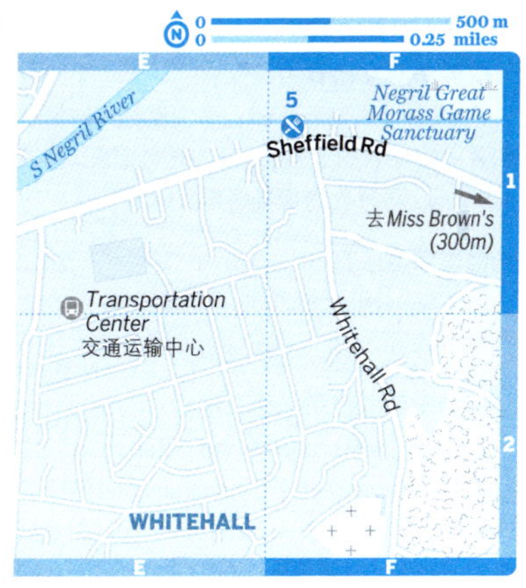

Negril Village 内格里尔村

区有二手自行车租赁处，其中包括**Gas Bike Rental**（见153页地图；☎957-4835；West End Rd）。正常费用为每天US$15。

潜水和浮潜

内格里尔拥有大量近海珊瑚礁和悬崖石窟，浅珊瑚礁区域非常适合潜水新手，中等深度的珊瑚礁区域邻近七英里海滩。这里遍布大量矮小的管状海绵，值得关注。西区有洞穴和隧道，那里的悬崖十分适合夜间潜水。玳瑁海龟在这里很常见。

这里的能见度通常可达30米，海面十分平静。绝大多数潜水区域水深10米至23米，很多地点备受潜在潜水员的青睐。王座洞（the Throne）有15米宽，里面有大量海绵类动物、丰富的软珊瑚、铰口鲨、章鱼、梭鱼及黄貂鱼。艾薇马威（Aweemaway）位于王座洞以南，是一个浅珊瑚礁区，温顺的黄貂鱼在此处栖息。深海飞机（Deep Plane）是水下21米赛斯纳飞机的遗迹。珊瑚和海绵类动物已在飞机内部及四周安营扎寨，吸引了大量鱼类，铰口鲨也在附近游窜。沙滩俱乐部珊瑚礁（Sands Club Reef）位于七英里海滩中间10米深的离岸处。从这里，经由隧道可漂移潜水至鲨鱼珊瑚礁（Shark's Reef），沿途可看到巨大的海绵及柳珊瑚。

七英里海滩的最南端及西区附近最适合浮潜。海滩上的特许经营摊位可租赁面罩及脚蹼，费用约为每小时US$5。大多数水肺潜水供应商也提供浮潜旅行（约US$25），而大多数的全包式度假村均会提供水肺设施。有几家公司提供专业潜水教练协会认证及基础"度假村课程"，地点设在游泳池内。

Marine Life Divers 潜水

（见153页地图；☎957-3245；www.mldiversnegril.com；Samsara Hotel, West End Rd；单/双罐潜水 US$42.50/75）教练会讲英、德两种语言。

Sun Divers 潜水

（见155页地图；☎957-4503；www.sundiversnegril.com；Traveller's Beach Resort；单/双罐潜水 US$50/90）"永远保持愉快"是他们的座右铭。这里对你来说可能是个良好的开始，这里从浮潜到高级公海潜水课程应有尽有。

钓鱼

内格里尔附近水域盛产金枪鱼、蓝马林鱼、刺鲅及旗鱼，钓鱼爱好者可以参加很多精彩活动。**Stanley's Deep Sea Fishing**（见150页地图；☎957-0667；www.stanleysdeepseafishing.com；内格里尔游艇俱乐部；最多4人半日游 US$500，超出游客每位 US$50）提供定制的钓鱼租赁服务。也提供3/4及全日游服务。

想要获得比较另类的体验，可以与当地渔民一同出海。在内格里尔河南岸大桥边搭个讪，或同内格里尔河北岸的渔民聊聊天。

高尔夫球

Negril Hills Golf Club 高尔夫

（☎957-4638；www.negrilhillsgolfclub.com；Sheffield Rd；绿化费 US$58；球杆/高尔夫车租赁费 US$18/35；球童 US$14；⊙7:30~16:00）提供18个洞72杆的课程，位于内格里尔以东5公里

处，毗邻大沼泽地。如果你的球掉到水中，算了吧——鳄鱼很可能会第一时间游过去！这里有一家会所、专卖店及餐馆。

骑马

罗德哈尔种植园 骑马

（☎957-6422；www.rhodesresort.com；骑行共2小时，包含从酒店到场地的时间 US$70起）位于内格里尔以北5公里绿岛（Green Island）上的A1公路旁，组织穿越香蕉种植园进入山丘的骑行服务。

水上运动

通常情况下，内格里尔附近的水域水平如镜，是各类水上运动的理想之地。海滩上有很多特许经营摊位，可租赁喷气式水艇（30分钟 约US$40），海上皮艇、帆板和翻车鱼帆船（每小时 约US$20）。提供滑水（30分钟 US$25）、玻璃底游船（US$15）及香蕉船（US$15）的租赁服务。

团队游

一些旅游经营者提供的短程旅行标准收费如下：圣伊丽莎白区（St Elizabeth parish）东部的黑河沼泽（Black River Moras）和阿普尔顿朗姆酒庄园（Appleton Rum Estate）：约US$85~95、梅菲尔德瀑布：US$65~75、罗灵河：US$60~70。

Caribic Vacations 观光游

（见158页地图；☎953-9895；www.caribicvacations.com；Norman Manley Blvd）内格里尔最大的团队游运营商。也提供前往皇家棕榈保护区（Royal Palm Reserve）的服务。

Clive's Transport Service 观光游

（☎956-2615；www.clivestransportservicejamaica.com）提供可靠舒适的全岛旅游以及机场接送（1~3人 US$50）服务，交通工具是9座小型客货车。在网上填写完表格，Clive公司就会去接你。

JUTA Tours 观光游

（见158页地图；☎957-9197；Negril Crafts Market，Norman Manley Blvd）由牙买加旅行者协会联盟运营。

节日和活动

牙买加海滩文化节 春假

（Jamaica Beachfest；⏲2月至4月）内格里尔著名的春假始于2月下旬，4月初结束，持续6个星期。其特色为现场音乐及纵情狂饮。

内格里尔音乐节 音乐节

（Negril Music Festival；☎968-9356；⏲3月）持续3天的雷鬼及卡利普索音乐节。

雷鬼音乐马拉松和半程马拉松 马拉松

（Reggae Marathon & Half Marathon；☎922-8677；www.reggaemarathon.com；⏲12月）在Norman Manley Blvd上进行的全程马拉松或半程马拉松，伴有音乐。

住宿

总体而言，西区同等标准的海滩房要比酒店贵一些。

七英里海滩

Negril Yoga Centre 度假村 $

（见158页地图；☎957-4397；www.negrilyoga.com；Norman Manley Blvd；双 US$45~91；❄📶）在这里你可以回顾昔日的嬉皮士时代。有质朴而别具神韵的客房和小屋，以及围绕着花园里铺着木地板的露天茅草瑜伽中心。提供2层泰式风格的木屋和砖坯民居小屋；如果装饰再稍微适度一点的话，那么一切都令人赏心悦目。有自制的酸奶、奶酪以及自己种植的豆芽。也提供瑜伽课程（客人 US$10；游客 US$15）。

Travellers Beach Resort 酒店 $

（见158页地图；☎957-9308；www.travellersresorts.com；Norman Manley Blvd；房间 US$76~96；P❄📶🏊）春假期间游客超多，其他时间段比较划算。在中低档范畴，这个家庭经营的度假村是个不错的选择。房间干净舒适，专业程度可以同大型高端度假村相媲美。

Roots Bambo 度假村 $

（见158页地图；☎957-4479；www.rootsbamboo.com；Norman Manley Blvd；野营每人 US$12，房间 US$35，带淋浴双人间 US$60；❄）如果想要静谧环境的话，还是看看其他地方吧。但倘若要开派对，就留下来尽情享受好了。这个

Negril – West End 内格里尔-西区

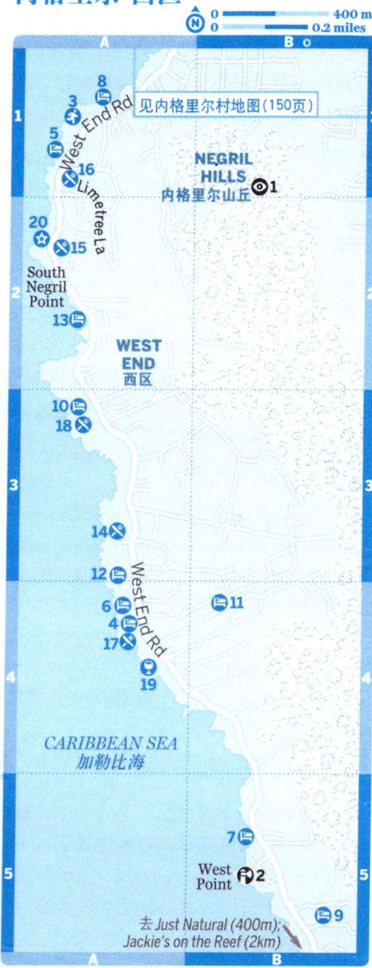

综合场所包括简陋的小屋、露营地及小木屋，每年都会吸引众多中年人及背包客。他们有一个共同的愿望：在沙滩上疯狂。这里定期举行雷鬼音乐会，常年派对气氛浓厚。

★ Negril Tree House 度假村 **$$**

（见158页地图；957-4287；www.negril-treehouse.com；Norman Manley Blvd；房间US$160～170；P ❄ ≋）在Tree House，你能淋漓尽致地感受内格里尔：放松但不奢华，友好却不过度，还有牙买加特有的热情和热心。客

Negril–West End 内格里尔-西区

景点

1 内格里尔山丘 B1
2 内格里尔灯塔 B5

活动、课程和团队游

3 Gas Bike Rental A1
Marine Life Divers .... （见20）

住宿

4 Banana Shout A4
5 Blue Cave Castle A1
6 Catcha Falling Star A4
7 Caves B5
8 Home Sweet Home A1
9 Lighthouse Inn 2 .... B5
10 Rockhouse A3
11 Seastar Inn B4
12 Tensing Pen A3
13 Xtabi A2

就餐

14 3 Dives Jerk Centre A3
15 Ciao Jamaica A2
Ivan's Restaurant & Bar .... （见6）
16 Pablo's Restaurant A1
17 Rick's Cafe A4
Rockhouse Restaurant & Bar ... （见10）
18 Sips & Bites A3

饮品和夜生活

19 LTU Pub A4

娱乐

20 Samsara Cliff Resort A2

房是亮白的六角形圆顶建筑。想体验把脚趾头埋在沙子里的精彩假日，就来这里吧，这里有你想要的一切，沙滩烧烤简直妙不可言。

Rondel Village 度假村 **$$**

（见158页地图；957-4413；www.rondelvillage.com；Norman Manley Blvd；双 US$120～190，1-/2-卧室的别墅 US$250～295；❄ 📶 ≋）这里风情万种。房间均为漂亮的白紫相间小木屋，蜿蜒的游泳池和青翠的天然植物（大多数可食用）环绕在周围。抛开去大度假村的奢望，这里是平静的内格里尔的缩影——轻松、无忧。你可以什么都不做，尽情地享受一整周的美好。这里的服务堪称典范。

Kuyaba
酒店 $$

（见158页地图；☎957-4318；www.kuyaba.com；Norman Manley Blvd；小屋 US$70，房间 US$97，蜜月套 US$106）这家由家庭经营的雅致酒店风格恢宏，提供6间古雅质朴、镶有金银丝的小木屋，配有明亮的加勒比海色彩。这些小屋足够舒适，但更吸引人的是那些复式豪华客房及套房。楼上有特大号床，石木结构的房子配以赤陶土瓷砖地板及现代设计风格，既高雅又帅气。

White Sands
酒店 $$

（见158页地图；☎957-4291，美国 305-503-9074；www.whitesandsjamaica.com；Norman Manley Blvd；房间 US$74~120，单居室公寓/别墅 US$138/540；）这家迷人的酒店提供两种房间：简单而优雅的1居室八角套间以及高档的4室4卫别墅。后者可睡8人，带游泳池。这让它显得十分诱人，整套租赁总是供不应求。还有一个维护良好的怡人花园，让游客可以尽情放松，聆听住在那儿的鹦鹉"朗诵"诗歌。

Beachcomber Club & Spa
酒店 $$

（见158页地图；☎957-4170；www.beachcomberclub.com；Norman Manley Blvd；房间 US$150~175，1居室公寓 US$250~275，2居室公寓 US$350~375；P）这家酒店高效运作，拥有很多间酒店，漂亮大气。露天的海滨餐馆Gambino's烹饪的意大利菜十分可口，还有夜间娱乐节目、网球及水上运动。值得一提的是，这一切并没有给人全包式运营的感觉。所有房间均以中高端酒店标准装饰，采用棕色和米色的风格。套房及公寓内配有小厨房。

Firefly Beach Cottages
酒店 $$

（见158页地图；☎957-4358；www.jamaicalink.com；Norman Manley Blvd；标单 US$133，套和公寓 US$190~250；）不同于诺埃尔·科沃德（Noël Coward）房产（见92页），这里的风格更加简单。简约的小木屋及可爱的粉红色房子里，装饰并不花哨，时常会有海风吹过。在公共区域，你可以看到悬挂在海葡萄间的吊床、简陋的健身器械以及晾干的衣物。一片质朴而天然的景象。

Charela Inn
酒店 $$

（见158页地图；☎957-4277；www.charela.com；Norman Manley Blvd；标单/双/标三 US$170/190/240；P）在无处不在的海滩度假村中，Charela彰显着其独特风格。它的房间大且舒适（很多都是大床房），迷人的庭院里有个游泳池，营造出一种西班牙庄园的氛围。酒店坐落于内格里尔长满蕨类植物的安静海滩上，以其牙买加–法国风味La Vendome餐馆而闻名。

★ Idle Awhile
酒店 $$$

（见158页地图；☎957-9566，美国 877-243-5352；www.idleawhile.com；Norman Manley Blvd；房间 US$230~270，套 US$290~360；P）这里可是治疗师推荐的好地方！Idle Awhile几乎就是内格里尔的缩影：简单而时尚的14间海滨房间、丰盛的早餐、吊床及清晰的日落风景，都让生活变得更加美好。Chill Awhile餐馆及非常棒的忘忧情侣度假村健身中心为酒店带来不少额外利润。

Moondance
别墅 $$$

（见158页地图；☎312-981-6344，美国 800-621-1120；www.moondanceresorts.com；Norman Manley Blvd；别墅 US$700~1900；P）这里是长滩最豪华的别墅，让所有最好的全包式酒店都感到汗颜。可以选择1至5间卧室的别墅，或者1间卧室的蜜月别墅。这里就是你位于热带区域的可爱家园；而以"梦游"为主题的3居室之家看起来更像中世纪的中国宫殿。每位成人每晚只需US$125便可以享受到24小时的全包服务。

Nirvana on the Beach
度假村 $$$

（见158页地图；☎957-4314，美国 716-789-5955；www.nirvananegril.com；Norman Manley Blvd；双小屋 US$160~350）这里十分适合冥想沉思。置身于这家波希米亚风格的雅致精品酒店中，你会感受到一种反主流文化的气息。可以选择1间、2间或3间卧室的小屋，都有统一的优雅和柔和。还有充满活力的热带花园，多彩而又有禅意。

西区

★ Judy House Cottages & Rooms
小屋，青年旅舍 $

（见150页地图；☎957-0671；judyhousenegril.com；Westland Mountain Rd；铺/标单 US$20/25；）这个郁郁葱葱的热带花园位于西区山丘上，可以一览内格里尔的美景。花园中有2间带

Negril – Long Bay (North) 内格里尔-长湾(北部)

有独立厨房的小屋(US$75~85)及额外的5个房间(3个单间及2个宿舍，共享卫生间)，专门针对节省费用的背包客。在这里，奢华不在于镀金浴缸龙头，而是除此之外其他所有的东西。

主人是位名叫苏(Sue)的英国人，她可以称得上是牙买加的资料库。你可以在诚信经营的酒吧及共用的厨房里畅所欲言，或者在花园里的吊床酣睡一会儿。这里是背包客以及任何想要节省费用的旅行者的天堂。

Seastar Inn 酒店 $

(见153页地图；☎957-0553；www.seastarinn.com；Seastar Rd；标单/双含早餐 US$79~99；P ❄ ≈)这个宁静的现代化酒店由一对亲切的加拿大—牙买加夫妇经营。室内装饰高雅，房间铺有漂亮的瓷砖。酒店外面则是茂密的树木及肥沃的土地。阳台上挂着的吊床是个“小麻烦”，你会对它们恋恋不舍。可以为客人提供手机。

Lighthouse Inn 2 客栈 $

(见153页地图；☎957-4052；www.lighthouseinn2.com；West End Rd；单居室公寓 US$70~80，小屋 US$95~140)一家小型的家庭度假村，让人想起内格里尔全盛时期的老派魅力。价格合适，气氛温和风趣，让你有种想要跑去七英里海滩上尽情发泄的冲动。不过，还是稍稍克制一点吧。为满足残障客人的需求，这家客栈下了一番功夫。房间和公寓较为分散但十分温馨。

★ Blue Cave Castle 酒店 $$

(见153页地图；☎957-4845；www.bluecavecastle.com；West End Rd；标单/双 US$60/125；❄ 📶)如果设一个内格里尔“古怪酒店”奖的话，那么这个城堡式酒店一定会是第一名。它坐落于西区的悬崖上，像个犬牙交错的碉堡，抵挡着侵略者。拥有14间超豪华房间及一个私人草地露台，渲染出低调、大气的内部环境。很多回头客都说这里服务周到、无忧无虑。通过滑滑的楼梯可进入一座山洞，里面可以游泳。

Catcha Falling Star 酒店 $$

（见153页地图；☎957-0390；www.catchajamaica.com；West End Rd；单/双卧室的小屋含早餐 US$110~320；🅿@📶）位于悬崖上，拥有独特的西区风格。令人赏心悦目的小屋里装有风扇，包括一些2居室的房间。每一间都以星座命名，房间也真正依照黄道十二宫装饰。在有的房间里，你可以欣赏到热带花卉百花争艳的花园，而另一些则可以远眺蓝色的海洋。早餐可以送到你的阳台。

Home Sweet Home 酒店 $$

（见153页地图；☎957-4478，美国 800-925-7418；www.homesweethomeresort.com；West End Rd；房间 US$189，套 US$249~299；❄🏊）这家引人入胜的酒店拥有十几间房间和两个套房，所有房间均带私人阳台及风扇。房间饰以自然的热带粉彩。出于某些原因，同内格里尔的其他酒店相比，这里的服务效率要高得多。悬崖顶端的酒吧和餐馆、蓝绿色海水之上的水疗中心、多层日光浴阳台是其特色。

Xtabi 酒店 $$

（见153页地图；☎957-0120；www.xtabi-negril.com；West End Rd；房间 US$88~136，小屋 US$222；🅿❄📶🏊）这家别致的休闲酒店自诩为"神灵的会客场"。其客户当然是凡人，但装修摆设真的充满灵气。您可以在房间、简单的花园小屋或崖顶古雅八角海滨平房之中做出选择。如果没有特殊需要，听从安排即可。

Jackie's on the Reef 酒店 $$

（☎957-4997，美国 718-469-2785；www.jackiesonthereef.com；West End Rd；房间或小屋 每人US$175；🏊）这家酒店平静安宁，位于内格里尔环状交叉路口以南11公里处，在William Hogg Blvd十字路口正北面。以"新时代的避风港"为经营理念，注重客人心灵的新生。由天然石材垒建的"圣殿"被分为4个房间，每个房间都有两张纯手工打造的木床、一间室外淋浴及卫生间，位于专属于你自己的私人庭院内。

★ Rockhouse 酒店 $$$

（见153页地图；☎957-4373；www.rockhousehotel.com；West End Rd；房间/单居室公寓/别墅 US$180/220/410；❄📶🏊）西区最为迷人且运营良好的酒店之一。拥有由钉子和石头筑起的豪华圆形建筑（非洲茅屋），单居室公寓则紧紧地依附于小海湾的悬崖边上。装修风格为强烈的加勒比海色彩，简单又不失浪漫，配有带布帘的立柱床。沿着石头小径可以到达俯瞰大海的多层露天凉亭餐厅，那里有内格里尔数一数二的餐馆。

Caves 精品酒店 $$$

（见153页地图；☎957-0269，英国 0800-

内格里尔全包式度假村

尽管内格里尔全包式度假村都不高（建筑要求是必须低于最高的棕榈树，比方说3层的高度），却十分张扬。**欢乐度假村II**（Hedonism II；见155页地图；☎957-5070；www.hedonismresorts.com；Norman Manley Blvd；全包式房间每人 US$620~925；🅿❄📶🏊）是只允许成人入住的度假村。但不久便因其低俗的态度、每周的内衣派对及纯粹的低级趣味而"声名远播"。保守派要当心：在这里通常要裸体（尽管理论上不一定这样做）。**Couples Swept Away**（见155页地图；☎957-4061；www.couples.com；Norman Manley Blvd；全包式每人 US$700；🅿❄📶🏊）是一处集精美别墅和植物园于一身的豪华住宅，情侣在这里可以享受奢华的浪漫。当地人认为那里的综合健身会所很棒，非顾客使用需要收费。牙买加人创建的Sandals酒店在内格里尔分为两家：**Sandals Negril Beach Resort & Spa**（见155页地图；☎957-5216；www.sandals.com；Norman Manley Blvd；全包式房间 $US400，套 US$1000~1250；🅿❄📶🏊）是一家因蜜月情侣著称的度假村；**Beaches Negril**（见155页地图；☎957-9270；www.beaches.com；Norman Manley Blvd；全包式双 3晚 US$2000~3200；🅿❄📶🏊）则像一座城堡，有专为儿童准备的设施。想要更加离奇的体验，试试**Sunset at the Palms**（见155页地图；☎957-5350，美国 877-734-3486；www.sunsetatthepalms.com；Norman Manley Blvd；全包式双 US$1500~2100，套 US$1700；❄📶🏊）🍃体验丛林小屋风格的房间。这是一家全包式度假村，环保意识很强。

688-76781，美国 800-688-7678；www.islandoutpost.com/the_caves/；West End Rd；套含三餐 US$608，全包式小屋 US$920~1865；P ❄ 📶 ≋）牙买加最好的精品酒店之一，也是好莱坞精英们所钟爱的地方，其中一些人还会专门乘直升机前往此地。这里的木质茅草小屋均为纯手工打造，风格独特，坐落于崖顶的葳蕤花园之中，悬崖上山洞遍布。如果钱包够鼓的话，你可以选择配有精致手工雕刻家具、蜡染布料和独款工艺品的房间。许多房间还配有露天淋浴。

Banana Shout
小屋 $$$

（见153页地图；☎957-0384；www.bananashout.com；West End Rd；2/3/4人间小屋 US$200/200/250；P @ 📶）位于崖顶的草地上，欢快的绿色及橙色小木屋处在大海之上，给人一种不同寻常的舒适的归隐感。以牙买加和海地的艺术风格进行装饰，即便是在整个西区，都可以称得上高雅、独特、迷人。沿着外面陡峭的楼梯向下，便可到达一个海蚀洞，那里可以进行日光浴或淡水淋浴。

Tensing Pen
度假村 $$$

（见153页地图；☎957-0387；www.tensingpen.com；West End Rd；房间含早餐 US$160~230，小屋 US$370~720；❄ 📶 ≋）这家宁静隐遁的度假村在内格里尔备受好评，12间茅草小屋占地1公顷。坐落于天然的花园之中，建筑风格与西区密切相关，大部分小屋都是"用柱子装饰的房子"，建在珊瑚峭壁之上。与其他房间明显不同，这些小屋均用精致的竹子和硬木材装点。

就餐

当地美食除致幻蘑菇煎蛋卷和大麻松饼外，还包括红椒腌蟹。意大利面食、比萨及很多不错的素食（被称为I-tal）也很容易找到。很多地方的价格以美元计算，我们只要入乡随俗即可。

七英里海滩

Cosmo's
海鲜 $

（见155页地图；☎957-4784；Norman Manley Blvd；主菜 J$300~1000；🕘10:00~23:00）这家嬉皮风格的海鲜店虽然简陋破旧，却像一座能够刺激你味蕾的孤岛，从万千平淡的全包自助餐大海中脱颖而出。用内格里尔当地话说，Cosmo's就等同于"超棒的海鲜"。不要选择那几张简陋的海滨餐桌。入嘴即化的龙虾及麻辣咖喱海螺辣味十足，美味可口。

Cafe Goa
早餐，牙买加菜 $

（见158页地图；☎957-9519；Norman Manley Blvd；主菜 US$5~16；🕘8:00至深夜）有各式各样的当地早餐，备受嬉皮士族喜爱。这群嬉皮士像是从1973年沉睡后第一次醒来一样。法式烤面包、鸡蛋及薄煎饼是这里的招牌早餐，如果不怕水土不服，可以品尝下牙买加风味的卡拉罗叶煎蛋卷、西非荔枝果及咸鱼。周日有爵士乐队表演，会吸引大批当地人及游客。

Kenny's Italian Cafe
意大利菜 $

（见158页地图；☎957-4032；Norman Manley Blvd；意大利面食/比萨饼 US$8~10；🕘15:00至深夜；📶）新的餐厅经营者依靠这家半室内半户外咖啡厅兼餐馆赢得了广大民众的心。当地鱼配意大利面食和蒸汽泡沫牛奶卡布其诺（在牙买加较为罕见）是其招牌。此外，他们还学会了如何更好地制作比萨饼。装潢质朴而精致。在酒吧里，可以把你的红带啤酒放到一边，品尝一下葡萄酒。

Bourbon Beach
烟熏肉 $

（见158页地图；☎957-4432；www.bbnegril.com；Norman Manley Blvd；主菜 J$300~800；🕘正午至深夜）这里的现场雷鬼音乐会最有名，而波旁威士忌烤鸡也会让你永生难忘。调味酱非常浓厚。在等待表演的空档，来上一杯红带啤酒，十分惬意。

Norma's on the Beach at Sea Splash
牙买加菜 $$

（见158页地图；☎957-4041；www.seasplash.com/normas-restaurant；Norman Manley Blvd；主菜 US$15~32；🕘7:30~22:30）这家餐厅是牙买加久负盛名的诺玛·雪莉（Norma Shirley）美食帝国的内格里尔分店。和金斯敦旗舰店不同，这里并未大肆宣传。在这家时尚的海滩餐馆里，品尝"新世界加勒比菜"需要一定的冒险精神。餐厅供应龙虾、科尼什小型肉鸡、烤鸡意大利面食以及三种颜色的"拉斯特法面食"。

Le Vendôme
法国菜 $$$

（见158页地图；☎957-4648；Norman Man-

Negril – Long Bay (South)
内格里尔-长湾(南部)

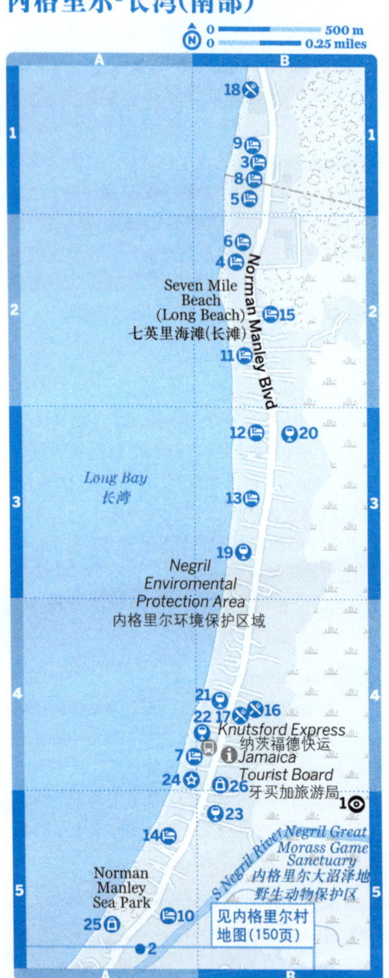

ley Blvd；主菜 US$30~48；⏲7:30~22:00）牙买加—法国创意菜并不只意味着烤羊角面包。你可以坐在赤陶土瓷砖露台上欣赏园林景观、品尝香橙（à l' orange）鸭和勃艮第风味蜗牛以及其他法国经典菜肴，或者咖喱虾和椰奶红鲷鱼等地方菜。高卢人精湛的厨艺配上当地的蔬菜和香料，一切都显得与众不同。

Kuyaba on the Beach 创意菜 $$$

（见本页地图；☎957-4318；www.kuyaba.com；Norman Manley Blvd；主菜 US$18~30；⏲7:00~23:00）"Kuyaba" 在阿拉瓦克语的意思为"庆祝"。日落时分，客人在这里可以品尝创意菜，庆祝的场景每晚也都会上演。这里的创意菜包括搭配芥末和木瓜的螃蟹南瓜饼

Negril – Long Bay (South)
内格里尔 – 长湾（南部）

景点

1 家棕榈保护区 B5

活动、课程和团队游

2 Caribic Vacations A5
JUTA Tours .... （见25）

住宿

3 Beachcomber Club & Spa B1
4 Charela Inn B2
5 Firefly Beach Cottages B1
6 Idle Awhile B2
7 Kuyaba A4
8 Moondance B1
9 Negril Tree House B1
10 Negril Yoga Centre A5
11 Nirvana on the Beach B2
12 Rondel Village B3
13 Roots Bamboo B3
14 Travellers Beach Resort A5
15 White Sands B2

就餐

Bourbon Beach .... （见24）
16 Cafe Goa B4
17 Kenny's Italian Cafe B4
Kuyaba on the Beach .... （见7）
Le Vendôme .... （见4）
18 Norma's on the Beach at Sea Splash B1

饮品和夜生活

19 Alfred's Ocean Palace B3
20 Jungle B3
21 Las Vegas B4
22 Legends Beach Resort B4
23 Sunrise Club B5

娱乐

Alfred's Ocean Palace .... （见19）
24 Bourbon Beach A4
Roots Bamboo .... （见13）

购物

Kuyaba Arts & Crafts Boutique .... （见7）
25 Negril Crafts Market A5
26 Times Square Plaza B4

和芒果酸辣酱配椰子海螺。相比之下，午餐菜单则较为随意：汉堡、烤肉串、美味三明治和超级棒的胡椒虾。

西区

在西区，你会发现尽管一些较好的度假村拥有各国风味的创意菜，但大部分餐馆主要还是提供牙买加的价廉食品。

★3 Dives Jerk Centre 烟熏肉 $

（见153页地图；☎957-0845；West End Rd；四分之一/半只鸡 J$350/600；⊙正午至午夜）这是个不太起眼的棚子，看起来像是随时会被飓风吹倒一样，却提供堪称内格里尔最美味的菜肴。在这里，要一盘嗞嗞作响的铁板龙虾或烟雾缭绕的烤肉，让你的鼻子和味蕾发挥作用，让眼睛享受一场视觉盛宴。要做好等待很久的准备，但这种等待完全值得。之后，刚刚出炉的食物就会摆在你的眼前。

Just Natural 早餐，牙买加菜 $

（☎957-0235；Hylton Ave；主菜 J$400~1500；⊙周一至周五 8:00~20:00，周六和周日 至21:00）烹饪典型的牙买加菜，位于西区最南端。餐桌、树木和叶子纵横交错。早餐十分丰盛，有水果、粥、果汁和鸡蛋。木制的厨房棚子里能做出如此美味的佳肴，还是很令人惊讶的。美好的一天从清晨开始。

Pablo's Restaurant 早餐，牙买加菜 $

（见153页地图；☎845-5108；West End Rd；主菜 J$750~1800；⊙7:00~23:00）厨师会从厨房的窗户里伸出友善的拳头，然后跟你说："尊敬的客人，早上好。"接受完问候，你可以坐下来，期待一下早餐会是什么。Pablo's餐馆再次证明了一点，那就是在牙买加越是普通的餐馆，食物就越好吃，服务员也越友好。这是一个礼貌有加的餐馆。

Sweet Spice Restaurant 牙买加菜 $

（见150页地图；☎957-4621；Sheffield Rd；主菜 J$250~1200；⊙8:30~23:00）在Sheffield Rd上有几家正宗的牙买加餐馆。当地人经常光顾这个亮蓝色楔形护墙板围成的场所，相当低调，但却是他们的最爱。提供地道的牙买加菜，菜量大，价格低。菜单上有咖喱羊肉、咖喱鱼、海螺牛排和胡椒牛排。不提供酒类，但有各式各样的果汁可以尽情享用。

Miss Brown's 咖啡馆 $

（☎957-9217；Sheffield Rd；主菜 US$4~28；⊙6:30至午夜）Miss Brown's几乎是内格里尔最著名的餐馆了。这要归功于它奇特的菜单，都是和蘑菇有关的东西。蘑菇煎蛋卷、蘑菇茶、蘑菇代基里酒……会让人觉得身处幻觉当中。想来这里的话，要确保有能够带你回酒店的值得信赖的司机，否则可能要花上好几小时等车。

Hammond's Bakery 面包房 $

（见150页地图；☎957-4734；Negril Sq；小馅饼 J$150；⊙周一至周四 9:00~18:00，周五和周六 至19:30，周日 至16:00）要是在内格里尔吃到小馅饼，没准儿会是这里供应的。繁忙的面包

不要错过

RICK'S CAFE

这里集酒吧、餐馆和娱乐项目于一体，是一次不可或缺的朝圣之旅。非官方的潜水"表演"在16:00开始，确保自己在此之前抵达吧。铤而走险的当地人以及勇敢的游客从高35英尺的邻近悬崖上跳入蔚蓝的加勒比海。与此同时，游泳池旁，小口啜饮鸡尾酒的人们鼓掌欢呼。晒成褐色的英俊青年们轻松地漫步，享受着美好时光。夕阳西下时，台上的一支二流雷鬼乐队开始演奏，为马马虎虎墨西哥风味干酪玉米片（nachos）、意大利面及各国风味菜肴增添几分滋味。这些都是这里最好的部分了。

Rick's Cafe（见地图153页；West End Rd；主菜 US$20~30；⊙正午至21:00）始于1974年。在70年代内格里尔充满传奇的嬉皮士天堂里，这是第一家像样的饮品店。过去40年，两次大型飓风席卷了这里的悬崖山石，彻底摧毁了Rick's Cafe。如今的咖啡馆是在2004年飓风"伊万"过境后重建而成的。在《加勒比旅游生活杂志》主办的世界酒吧评选活动中，Rick's Cafe位居前十。

店内设有座位。位于历史悠久的小殖民地中萧条的地带，这片地带又名Sheffield Rd。甜甜圈和蛋糕是不错的饭后甜点。

Canoe Bar
创意菜 $$

（见150页地图；☎878-5893；West End Rd；主菜 J$450~1400；⏲7:00~22:00）简单的木质棚子就建在水面上。现场有钢鼓表演。提供附近海里钓上的活鱼，菜肴价格公道、分量足。海浪轻轻地拍打着海岸，在这里一边品尝血腥玛丽一边欣赏日落景观好了。欢迎来到Canoe Bar，这里简直如天堂一般。

Ciao Jamaica
意大利菜 $$

（见153页地图；☎957-4395；www.ciaojamaica.com；West End Rd；意大利面食 US$12~18；⏲15:00~22:00）无论你在世界的什么地方，连续7天吃烤鸡和咖喱羊肉都会让你食欲顿失。在这个时候，尝尝地道的意大利菜会让你的味蕾复苏，是个不错的选择。提供自制的美味意大利面食（还有烤肉）、那不勒斯专属薄皮比萨以及美妙又令人惊喜的甜点。一个晚上下来，这里会让你暂时作别牙买加美食，尽情地用意大利菜满足自己的口舌之欲。

Ivan's Restaurant & Bar
牙买加菜 $$

（见153页地图；☎957-0390；www.catchajamaica.com；West End Rd；主菜 US$15~35；⏲17:00~23:00）Catcha Falling Star酒店的附属餐馆，内格里尔最豪华餐馆之一，堪称西区崖顶的传奇所在。菜单上有创意加勒比菜、菠萝鸡和龙虾，味道都很不错。如果说充满想象力的鸡尾酒是夜晚绝佳的序曲，那么丰富的甜点则是理想的尾声。

Sips & Bites
牙买加菜 $$

（见153页地图；☎957-0188；West End Rd；主菜 J$350~1500；⏲周日至周五 7:00~22:00）这间大型而热情的露天餐馆提供经典的牙买加美食，服务和手艺都堪称一流。与其他牙买加餐馆相比，这里的食物种类更多、口味更好，包括牛尾、咖喱羊肉、浓汁炖龙虾及海螺牛排。想要品尝高档的西非荔枝果和咸鱼早餐，这里是必去的地方。

★Rockhouse Restaurant & Bar
创意菜 $$$

（见153页地图；☎957-4373；www.rockhousehotel.com/eat；West End Rd；主菜 US$15~30；⏲7:30~22:00）在西部地区谈论新式牙买加烹饪时，这家位于悬崖边昂贵又悠闲的餐馆一定会名列前茅。夜晚总是灯火通明。菜单极为丰富，有搭配酸橙和姜的天妇罗、特色意大利面食和西瓜肋排及酸辣芒果熏鲯鳅等每日特色菜。如果赶时间，在路过的时候也要来上一份让人欲罢不能的香蕉冰激凌（Bananas Foster）。

饮品和夜生活

工作之余，人们喜欢畅饮狂舞。在这方面，内格里尔丝毫不亚于金斯敦。几十家酒吧和一家大型夜店让炫动的夜生活持续到深夜。春假期间，欢歌畅饮尤其活跃。当然，更准确的事实是类似的活动从未停止过。

在Sandals Negril、Hedonism Ⅱ、Couples Swept Away及Beaches Negril等高端全包式度假村，如果不是住客，是无法进入他们的迪斯科舞厅（US$25~50）的。一旦能进去，就无须另外付钱，你可以尽情豪饮狂欢，相当划算。

每晚日落时分，沿着七英里海滩，豪饮活动准时开始。很多酒吧都设有酒水打折的“欢乐时光”来吸引游客。在西区的傍晚时分，海滩酒吧一开张，店内酒吧的顾客就会明显减少。

七英里海滩

Alfred's Ocean Palace
酒吧

（见地图158页；Norman Manley Blvd）位于长滩，是晚上生意最红火的酒吧。现场音乐会每周晚上举行3次。

Legends Beach Resort
酒吧

（见158页地图；Norman Manley Blvd）淡淡的老歌、感伤的氛围，你可以在这里度过美好的时光。

Las Vegas
酒吧

（见158页地图；Norman Manley Blvd；⏲周一、周四和周六）正式名称为Risky Business。在春假期间，这个地方会在户外营业。有时花费会达到US$12~15不等，算是贵的了。音响声音很大，响彻海滩。

Sunrise Club
酒吧

（见158页地图；www.sunriseclub.com；Norman Manley Blvd）位于同名的酒店之内，

有个很酷的酒吧。假如你想要远离海滩的喧嚣，此地值得一试。

Jungle 夜店

（见158页地图；Norman Manley Blvd；门票US$5~10；周四至周六 22:00至次日4:00）这是所有户外夜店中唯一一家真正不依附于全包式酒店的地道夜店。Jungle装潢简陋，也不是最文雅的地方，但那里的DJ十分清楚自己该做什么。在旅游旺季，来自迈阿密及纽约的旅游达人经常会喧宾夺主，来掌控打碟台。周四和周六的夜晚最精彩。午夜前一般没有什么活动。

西区

LTU Pub 酒吧

（见153页地图；West End Rd；8:00~23:00）位于狭小但却热闹的提基（tiki）酒吧中心处，是一个舒适融洽的悬崖边栖息场所。日落时分，人们在这里谈笑风生。如果你想在正午来临前来一杯血腥玛丽，LTU是个绝佳的地方。

Mi Yard 酒吧

（见150页地图；West End Rd；24小时）当地人居多，夜猫子们来到该酒吧，通常都会玩到凌晨。在这里，你可以一边大口喝着白朗姆酒一边和拉斯特法里派成员玩多米诺骨牌。

娱乐

内格里尔的雷鬼音乐会堪称传奇，旅游旺季每晚都会有现场表演，也定会邀请某些乐坛大腕出场。很多娱乐场所每周都会轮流推出即兴演出，因此很多人都有机会上台表演。真正大牌歌手的表演通常都会在Samsara Cliff Resort上演（见153页地图；957-4395；www.negrilhotels.com；West End Rd）。

你会看到众多的音乐场所，在那里DJ们播放震撼的音乐，通常是带有欧洲迪斯科风情的雷鬼音乐，喇叭像铁路上的载货车厢一样大。最出名的聚集地点位于内格里尔山丘上，靠近小海湾（Little Bay）。夜幕刚刚降临，很多酒吧都会以雷鬼音乐的老歌（如鲍勃·马利的歌曲）宣告夜生活开始，继而脱离雷鬼风格。

街边的杆子上贴满即将开始的活动信息。费用通常为US$5~10。有些娱乐场所的雷鬼音乐会是免费的。

Bourbon Beach 现场音乐

（见158页地图；957-4405；Norman Manley Blvd；周二、周五和周日）现场雷鬼音乐的最佳地点在七英里海滩，Bourbon Beach偶尔也会举办知名歌手的表演。

Alfred's Ocean Palace 现场音乐

（见158页地图；957-4669；Norman Manley Blvd；周二、周五和周日）这家内格里尔俱乐部是最古老的海滩酒吧之一。表演大约会在22:00开始，一直持续到深夜。

Roots Bamboo 现场音乐

（见158页地图；957-4479；Norman Manley Blvd；周三和周日）每周三由豪斯音乐风格的飓风乐队（Hurricane Band）伴奏，众多音乐家轮流献艺。在强劲的摇滚乐节奏中，游客能够对根雷鬼音乐形成初步的了解。在特定夜晚，大型雷鬼音乐表演会响彻整个海滩。

购物

无论是在海滩上还是沿着West End Rd，到处都能看到当地人在兜售雕刻品、编织帽、吊床、饰品、花边比基尼、T恤衫及其他工艺品，竞争十分激烈。讨价还价是十分有趣的环节。不要被骗去买不需要的商品。沿七英里海滩（真的，人多到走路就会绊到别人），各式各样的小摊随处可见。在那里，你可以买到诸如毛巾、打火机、防晒霜和驱虫喷雾等海滩必需品。

Times Square Plaza 购物中心

（见158页地图；www.timessquarenegril.com；Norman Manley Blvd；周一至周六 9:00~18:00）这是一家潮流品牌购物中心，里面有很多像Tajmahal's、销售古巴雪茄的雪茄世界（Cigar World）等免税店。在这里，你可以不受打扰地随意闲逛，但不能讲价。

A Fi Wi Plaza 工艺品

（见150页地图；West End Rd；周一至周六 9:00~17:00）周边最好的工艺品市场。

Kuyaba Arts & Crafts Boutique 工艺品

（见158页地图；Norman Manley Blvd；9:00~17:00）位于Kuyaba酒店内，有精挑细选出来的工艺品、加勒比艺术品及各式各样的非洲艺术品。

大沼泽地

这片宽3公里的红树林沼泽几乎无法穿行，一直从内格里尔河流南侧延伸至奥兰治湾（Orange Bay），长16公里。这是岛上的第二大淡水湿地，同时也是濒危水鸟的栖息地。

大沼泽地如海绵一般，将内格里尔东侧山丘上的水吸入大海，同时该区域还是人们所急需的淡水水源处。但是通入沼泽的排水管道使水位降低，污水及其他污染物渗透到该地区的浅层地下水位区，一直汇入大海，污染了珊瑚礁和枯竭的鱼类资源。最易接触大沼泽地的方法是**皇家棕榈保护区**（Royal Palm Reserve；见158页地图；☎957-3763；www.jpat-jm.net；成人票/儿童票 US$10/5；⏲9:00~18:00）。木栈道绕着保护区，一圈有1.5公里长。这里有三类独特的沼泽林地——皇家棕榈林、美洲悬铃木林及公牛茅草林。这里是大批蝴蝶、医生鸟（doctorbird）、鹭、白鹭、濒危的长尾黑鹦鹉、牙买加啄木鸟及其他无数鸟类的家。通过两个瞭望塔可以看到红树林之上的景观。

如果驾车的话，沿环状交叉路东侧的Sheffield Rd行驶10分钟，路过高尔夫球场后左转即可。当地旅行社也提供抵达该保护区的服务。想要在保护区外围的大沼泽地探险，可以和有船只的村民协商，他们的船通常停泊在内格里尔村庄东北方向的内格里尔河南侧。2个小时的费用大约为US$45。我们调研时，保护区正处于正式关闭时期。但这也是常事儿，可以提前查询。尽管如此，在有园区员工在场的情况下，找个人作为向导有时也是可能的。

Negril Crafts Market 工艺品

（见158页地图；www.negrilcraftmarket.com；Norman Manley Blvd；⏲黎明至黄昏）位于Plaza de Negril路北。卖家很强势，讨价还价很难。

Rutland Point Craft Centre 工艺品

（见155页地图；Norman Manley Blvd；⏲9:00~17:00）紧邻小飞机场。卖一些质量还过得去的木雕和常见的小饰品，还有零食。做好应对各种销售把戏的准备，也很难讨价还价。

ℹ 实用信息

危险和麻烦

夜晚不要在七英里海滩及西区之间的地方逗留。曾经有游客在经过这一区域时遭到行凶抢劫，且该类事件还会发生。最好避开海滩上黑暗的地方。内格里尔当地居民和警察会在这些区域进行不间断的巡逻，但有时行凶抢劫者依旧防不胜防。夜间请一定要乘出租车出行。

在牙买加，没有哪个地方的商贩会比内格里尔疯狂，他们会贩卖毒品甚至自己。你可以想象一下，他们会无休止地向你推销。通常情况下，你可以用十分坚定的“不”来摆脱他们，但并不总是奏效。内格里尔的商贩都咄咄逼人，十分强悍。倘若他们觉得只要威胁就能让你乖乖地给他们现金，那有些商贩就会对你实行强硬的态度。现在会有警察在海滩上巡逻，以确保游客安全。但根据法律规定，所有牙买加海滩必须允许公众进入，所以无论你喜不喜欢，商贩们都可以自由走动。

在内格里尔你会看到有人在吸大麻，但最近几年便衣警察已逮捕了许多游客。

卖淫服务在当地已是公认的“风景”，短期姘居也已成为该地区的一个“主要项目”。女性游客很可能被一连串精心设计花言巧语所诱导，让你体验一下牙买加男妓的威猛。

紧急情况

警察局（☎957-4268；Sheffield Rd）

互联网资源

内格里尔（www.negril.com）提供很多条目的商业网站。

牙买加内格里尔（www.negriljamaica.com）由内格里尔度假村协会经营。

牙买加内格里尔影像网（Negril Jamaica Videos；www.negril-jamaica-videos.com）一家不错的商业信息网站，提供当地的各种实用信息。

医疗服务

最近的医院位于滨海萨凡纳（见168页）和卢西（Lucea；见164页）城内，都条件一般。

内格里尔医疗中心（Negril Health Centre；☎957-4926；Sheffield Rd；⏲周一至周五 9:00~20:00）政府运营的医疗中心，提供基本的非急诊服务。

内格里尔大药房(Negril Pharmacy;957-4076;Plaza de Negril;周一至周六 9:00~19:00,周日 10:00~14:00)

现金

银行营业时间:周一至周四 9:00~14:00,周五 9:00~16:00;24小时自动柜员机位于Plaza de Negril北侧。尽管很多酒店也提供货币兑换服务,但在银行或民营企业兑换汇率会高一些。需要远离黑市上兑换货币的黄牛,他们会在内格里尔广场附近闲逛。可以在当地人的陪同下前往兑换。

国家商业银行(National Commercial Bank;NCB;West End Rd)

加拿大丰业银行(Scotiabank;957-4236;Negril Sq)位于Plaza de Negril西北方向。提供货币兑换及自动柜员机服务。

邮局

邮局(见150页地图;West End Rd;周一至周五 8:00~17:00)位于A Fi Wi Plaza及King's Plaza之间。

旅游信息

牙买加旅游委员会(Jamaica Tourist Board;见158页地图;9314, 957-4803;Norman Manley Blvd;周一至周五 9:00~17:00)位于时代广场上。与其说它是个信息中心,不如说是个旅游行程预订中介。

内格里尔商业理事会(Negril Chamber of Commerce;NCC;见150页地图;www.negrilchamberofcommerce.com;West End Rd;周一至周五 9:00~16:00)出版年刊《内格里尔指南》(*Negril Guide*)。该指南可以在酒店里或邮局西面的NCC办公室得到。

到达和离开

内格里尔机场(Negril Aerodrome;见213页),位于内格里尔村庄以北11公里处的布拉迪湾(Bloody Bay),隶属于国内特许公司**TimAir**(957-2516;www.timair.net)。"空中出租车"服务为前往蒙特哥贝、奥乔里奥斯、安东尼奥港及金斯敦的人数不多的团体提供特需航班租赁。

很多小型长途汽车及专线出租车每天往返于内格里尔及蒙特哥贝之间。1.5小时旅程的费用在J$350至J$500之间,不过你可能得在卢西换车。从蒙特哥贝的唐纳德桑格斯特国际机场(Donald Sangster International Airport)出发的小型长途汽车及专线出租车也可以前往内格里尔(费用可以商量,预计US$10至US$15)。从**交通运输中心**(transportation center;见150页地图;Sheffield Rd)出发的长途汽车位于内格里尔广场环状交叉路口以东1公里处。

方便舒适的**纳茨福德快运**(Knutsford Express;见158页地图;971-1822;www.knutsfordexpress.com;Norman Manley Blvd)每天有两班长途汽车可到达金斯敦(J$2700),该线路也会在蒙特哥贝(J$1400)、法尔茅斯(J$1700)及奥乔里奥斯(J$2200)停留。车站位于Norman Manley Blvd时代广场对面。

来往于蒙特哥贝及内格里尔有执照的出租车费用约US$80至US$100。在蒙特哥贝,可以联系**牙买加旅行者协会联盟**(JUTA;979-0778)。

当地交通

内格里尔海岸线绵延超过16公里,步行的话会很艰苦。在有些路段你可能得借助交通工具。在七英里海滩最北部,很多高档度假村有通往村庄的班车,西区的不少酒店也同样经营着通往海滩的班车。

幸运的是,在Norman Manley Blvd及West End Rd之间,一直都有小型公共汽车和专线出租车通行。你可以在任何地方招手拦车搭乘。随便两个地点之间的费用都不会超过J$130,他们都可以把你从西区或长滩载到内格里尔广场。

当地的汽车租赁公司包括**Vernon's Car Rentals**(957-4354, 957-4522;Norman Manley Blvd)。旅游旺季,价格在每天US$43左右。

沿着Norman Manley Blvd及West End Rd,有很多地方可以租赁到摩托车(每天US$40~50)、小型摩托车(US$25~35)及自行车(US$10~15)。想要租自行车的话,试试**Wright's Bike Rental**(957-4908;Norman Manley Blvd)。**Dependable Bike Rental**(957-4354;Norman Manley Blvd)同样可以租到小型摩托车。

旅游出租车均是红色车牌。车费标准由政府调控,每3公里大约US$4,但很少有司机使用计价器。上车前要先砍好价。如果小汽车的车牌不是红色,或者车侧面没有标明转乘站点,请不要上去。所在的酒店会为你叫出租车,你也可以通过**JUTA**(957-9197)进行预约。在内格里尔工艺品市场及珊瑚海路广场(Coral Seas Plaza)均有出租车车站。

内格里尔至梅菲尔德瀑布

从内格里尔向东北方向走，A1高速公路可通往特赖尔（Tryall）及蒙特哥贝。该景区内，卢西是唯一一个著名的城镇，而梅菲尔德瀑布则是主要的景点。

绿岛港 （Green Island Harbour）

内格里尔正北方向，A1高速公路环绕着一大片沼泽地——大沼泽地。继续走16公里，经过一个较深的小海湾堤岸后，绿岛港就在眼前。那里独木舟整齐地停靠在灰色浅薄稀疏的沙滩堤岸上。很多往返于内格里尔及卢西之间的小型公共汽车及专线出租车在绿岛港均设有站点。

绿岛港以西3英里处的**半月湾**（Half Moon Beach；☎957-6467；www.halfmoonbeachjamaica.com；通票 US$5；⏲8:00~22:00）是一个美丽宁静的沙滩，备受当地人及旅游家庭的青睐。在这里，你能感受到内格里尔带给游客的那份最原始的魅力。不过，谈到这里，我们也可以提一下曾用作走私大麻的附近废弃飞机跑道，那是该景区的另一道原始风景。作为内格里尔海洋公园（Negril Marine Park）的一部分，庞大的珊瑚礁就在离岸不远处，这里没有机械作业的船只。裸体主义是允许的。海滩上，有5座简单却十分宽敞的**小屋**（cabins；☎957-6467；小屋 US$65），在2013年重新整修过。邻近的茅草餐馆里有龙虾烧烤及酒吧，店家还会提供船只带你去海湾里的小岛一游。那是个令人神往的宁静之地。

罗德哈尔种植园（Rhodes Hall Plantation；☎957-6883；www.rhodesresort.com）位于绿岛港西南方向3公里处，是一座风景如画的种植园，那里种植着220公顷以椰子为主的水果。此外，园内还有几个茅草屋顶的酒吧及一个餐馆。餐馆后面的小海滩十分具有吸引力，富含矿物质的温泉汩汩冒泡，美不胜收！沿着海滩向西，你会看到一片红树林，牙买加鳄鱼有时喜欢在那里晒太阳。游客可以骑马，2小时US$70。这个淳朴可爱的乡村地势平坦，天然的溪流水景穿织其间，骑马游览是最佳方式。

倘若你预算充足，可以租下附近那所高雅精致的别墅：**Cliffhouse**（☎美国 896-956-6076；www.cliffhousejamaica.com；Cousin's Cove；每周 US$4000；P ❄ 📶 🏊）。绿岛港路边有很多卖烟熏香料的小摊。

> **值得一游**
>
> **布莱尼姆（BLENHEIM）**
>
> 这个位于距戴维斯湾（Davis Cove）6公里的内陆小村庄是民族英雄、牙买加第一任总理亚历山大·布斯塔曼特的出生地。每年8月6日，为纪念布斯塔曼特，这里都会举行仪式。他出生时那3间淳朴的木质棚屋已重建，如今成为**亚历山大·布斯塔曼特爵士博物馆**（Sir Alexander Bustamante Museum；☎956-3898；门票 J$250；⏲9:00~17:00）。有关这位英雄生平的纪念物都摆放在里面。后方是公厕及野餐区。

卢西（Lucea）

人口 7500人

在内格里尔与蒙特哥贝中间，卢西（昵称Lucy）是个不错的小港口，那里三面环山，游客可以步行到达任何地方，非常具有吸引力。快速地逛完一圈，你绝对会被吸引。

在这个曾经繁忙的港口上，随处可见加勒比地方特色的旧石灰岩—木质建筑——华而不实的木制装饰、临街护墙楔形板及宽阔的阳台。这里的历史可以追溯到18世纪中期，尽管四处弥漫着一股凌乱的气息，但这里却是一个保存完好的历史名镇。据说，正因为卢西的这种沧桑的历史氛围，使它成为多部电影的拍摄地，其中包括《冰上轻驰》（*Cool Runnings*）及《梦回藻海》（*Wide Sargasso Sea*）。**Hanover Historical Society**（☎956-2584；Watson Taylor Dr；⏲周六 14:00~16:00或预约）很好地再现了城镇的原貌。

景点

亚历山大·布斯塔曼特爵士广场 历史遗址

（Sir Alexander Bustamante Square）布斯塔曼特广场的中心是一个小喷泉，对面便是严肃庄重的法院。注意法院旁边那辆1932年制造的古董消防车。该镇复原的**法院**（☎956-

2280; Watson Taylor Dr)有石灰石制成的栏杆，由科林斯式石柱支撑的钟楼位于护墙楔形板构成的顶层之上。这个钟出现在卢西实际上是个美丽的错误——1817年，它本来是应送到加勒比圣卢西亚岛（St Lucia）的。从那以后，它从未出现故障，一直运转良好。广场东侧是Cleveland Stanhope market，每个周六都是一片繁忙的景象。

汉诺威区教堂 教堂

（Hanover Parish Church; Watson Taylor Dr）尽管这所修建于1725年的教堂在建筑层面上表现平平，但它里面有几个十分有趣的纪念碑。其中一个是围墙墓地的一部分，可以说是对卢西曾经作为充满活力的犹太社区的见证。从这里出发，绕过布斯塔曼特广场步行向北，卢西最具历史韵味的房子尽现眼前，很多已经破旧不堪。穿过卢西港口向东远眺，你的视线会定格在风景优美的海岬上，还能看到山顶的教堂。

汉诺威博物馆 博物馆

（Hanover Museum; ☎956-2584; Watson Taylor Dr; 门票 J$150; ⊙周一至周四 8:30~17:00，周五 至16:00）从汉诺威区教堂向西200米处的一条小路走就能到汉诺威博物馆。它是一座古老的警察军营中一栋不起眼的建筑。展品包括囚犯物品、一个木制浴缸、各式各样的盆、铅块及度量衡。但这里十分荒芜，过去曾经发生过手工艺品文物被盗事件。

Headland 地标

教堂远处的海岬上坐落着Rusea中学。这座庄严肃穆的红砖建筑是乔治亚风格的，修建于1843年，曾被作为军营。在Rusea中学不远处，夏洛特堡垒（Fort Charlotte）的遗址如今已杂草丛生，俯瞰着海峡。它以英国国王乔治三世的妻子——夏洛特工后命名。墙上的炮眼如今仍是这座八角形堡垒引以为傲的地方。

食宿

镇上还有其他地方可供选择，但宣传力度不够，大多数人还是倾向于前往内格里尔或蒙特哥贝。

Global Villa Hotel 酒店 $

（☎956-2916; www.globalvillahotel.com; Hwy A1; 房间 J$3800~4700; ❄📶）A1公路上行至卢西以西8公里处就到了Global Villa酒店。该酒店房间以现代标准建造，有百叶窗及瓷砖地面。拉游客的公共汽车会在这里稍作停靠，人们可以喝点东西或者去下洗手间。这里的小餐馆提供牙买加食物，十分丰盛，相当不错。

Chilli' s Cocktail Bar 牙买加菜 $

（Mosely Drive; J$400~700; ⊙正午至22:00）在卢西，并没有什么太精细的美食可供游客品尝。来Chilli' s吧，拉把椅子加入当地人的行列，祈祷胡椒牛排和鲷鱼也会出现在当天的菜单上。

实用信息

卢西医院（Lucea Hospital; ☎956-2233/2733; Fort Charlette Dr）位于汉诺威区教堂后的海岬上。有急诊科。

警察局（Police Station; ☎956-2222; WatsonTaylorDr）位于亚历山大·布斯塔曼特爵士广场内。

加拿大丰业银行（☎956-2553; Church St; ⊙周一至周四 8:30~14:30，周五 至16:00）位于城镇中心，面对着环形交叉路口。

到达和离开

长途汽车、小型长途汽车及专线出租车会从市场对面的空地抵离卢西。卢西是往来于蒙特哥贝与内格里尔之间的长途汽车中转站，你可以在这里转车。从卢西通往蒙特哥贝或内格里尔的长途汽车费用约为J$250。小型长途汽车或专线出租车的费用约为J$300至J$350。

梅菲尔德瀑布（Mayfield Falls）

牙买加境内有如仙境般的瀑布，这个国家也因此闻名。但是，或许除了波特兰区境内的瑞奇瀑布（Reach Falls）外，没有哪个瀑布可以同梅菲尔德瀑布相媲美。这里浑然天成，游人罕至，是一处绝佳的自然景观。关键是，在梅菲尔德很少看到旅行社成车地把游客从蒙特哥贝或内格里尔拉到这里，因为常规路线基本不会把梅菲尔德安排进行程里。这里很少会看到特别吵闹的场面，如果有的话，也是为数不多的商贩而已。

与伊苏瀑布（YS Falls）等牙买加西部其他大型瀑布相比，梅菲尔德瀑布流速要平稳得多。你可以攀登到高处的水流里，逆流而上

1小时都不必担心被水冲走。这个刺激的大冒险还包括其他亮点：1个高台跳水池、在过隧道的水下游泳、1块“亲吻石”以及被称为“洗衣机”的漩涡。河流另一侧土地的归属权属于两个不同的家庭，这就意味着你可以进行选择。分别是**House-a-Dread**（Glenbrook；⌚9:00~17:00）和被称为**原生态梅菲尔德瀑布**（Original Mayfield Falls；☎792-2074；www.mayfieldfalls.com；Glenbrook；⌚9:00~17:00）的地方。两家的价格和设施都差不多，但House-a-Dread远足行程的起点在河流偏下游，因此线路较长。进入瀑布景区的费用为：每位成年人US$15，每位儿童US$10。凉鞋是必备品，提供租赁服务，每双US$6。导游通常都十分出色，他们会从你那里收取小费（根据服务种类抽取10%~20%）。均提供储物柜、就餐和简易的卫生间兼更衣室。

从A1上，经由瀑布区，从Moskito Cove走内地道路。道路尽管有路标，但十分复杂，还有很多岔口；一定要先问清楚路再走。从特赖尔或霍普韦尔（Hopewell）经由Pondside也可抵达梅菲尔德瀑布，也可以在滨海萨凡纳北转，沿着一条非常崎岖的路走到Banbury或Amity Cross上即可抵达（约24公里）。

内格里尔至滨海萨凡纳

如今，旅游业沿威斯特摩兰（Westmoreland）南岸缓慢地发展起来，而滨海萨凡纳是唯一进行进口交易的城镇。道路由滨海萨凡纳开始，在平原上呈扇形铺展开来。这片较为平整的山区上几乎种满了甘蔗，Cabarita河流为甘蔗提供水源的同时，也在下游河段滋润了一片沼泽。这里渔业发展良好，少量鳄鱼依旧存活于人迹罕至的区域。当地有种鱼类叫作“God-a-me”，它能够在潮湿、阴暗少水的地方存活。小型船只可在该河流内通航达19公里。在湿地区域，你可以很清楚地看到稻田，这些稻田起初由乘船而来在甘蔗种植园工作的印度工人开垦。

小海湾及周边（Little Bay & Around）

Retirement东南方向，沿着一条被侵蚀得非常严重的辅路弯曲向下，便会到达**Homers Cove**。当地人称之为“布莱顿海滩”（Brighton Beach）。其正东方向便是小海湾，与美丽的海滩及宁静的浴场交相辉映。小海湾到处萦绕着一股悠闲的感觉，同内格里尔未开始商业化之前一样。拉斯特法里派和其他牙买加人依赖渔业及其创业智慧，在动荡的家园中无忧无虑地生活。如果想要有所交流，你可以和他们谈谈。该景区以雷鬼音乐及雷鬼乐巡回乐团备受人们的喜爱。

在内格里尔与小海湾之间，你会先经过**Orange Hill镇**。该镇以大麻种植和分销中心闻名。如果你只是来走马观花地逛逛，绝不会想到这里居然还有这种玄机。问下周围的人如何前往**侏罗纪公园**（Jurassic Park；⌚10:00至日落）**免费** 哦不，这里没有真的迅猛龙！但你会看到由当地名人丹尼尔·伍尔考克（Daniel Woolcock）全情雕铸的巨大铁铸恐龙雕塑。找到巨大的铁制霸王龙1号，就能看到入口了。

倘若你想继续对小海湾做一番探寻，可能会找到海边的**住宅**。它现在是私人住所，鲍勃·马利同他的一个女朋友曾在那里居住过。富有想象力的人们将住宅旁边的泉水取名为**鲍勃·马利泉**（Bob Marley's Spring），这个传奇人物曾在那里进行沐浴。

小海湾东侧，一片红树林沼泽蔓延开来，再远处是捕鱼区域**Hope Wharf**及一片称之为**Lost Beach**的狭长银白色沙滩。鳄鱼及海龟随处可见。海豚及座头鲸长年在近海区域活动。

蓝洞矿泉 灰岩洞

（Blue Hole Mineral Spring；☎860-8805；US$10；⌚9:00~23:00）这个灰岩洞在这片风景区中独具特色。蓝洞矿泉作为旅游景点刚刚开发，很多设施才刚开始修建。我们调研时，这里正在修建一家酒店。如果你在Rick's Cafe的悬崖上没能鼓起勇气玩高崖跳水（没什么好丢人的），那在这里你可以再试试看。在这个灰岩洞内来个30多英尺的跳水或借助梯子向下，可以进入清爽的地下矿泉水区。

当地杂技潜水员会表演一系列娱乐活动。附近有个游泳池和做烟熏烤肉的酒吧/餐馆，味道十分不错，你在那儿待1到3个小时不成问题。

小海湾小屋

小屋 $$

（Little Bay Cabins; ☎588-6700; www.littlebaycabins.com; Beach Rd; 标单/双 US$109/129; @）想要完全从内格里尔喧嚣的环境中抽离，那就沿着海岸到这个"幸福的天堂"吧。在这里，你可以远离城市的世俗和吵闹，同当地拉斯特法里派成员一起净化心灵，追寻信仰。它就建在小海湾水面上。

弗罗姆（Frome）

弗罗姆地处牙买加甘蔗产区的中央，位于富饶的冲积平原上。该景区内的**弗罗姆蔗糖加工工厂**（Frome sugar-processing factory; ☎955-6080）占支配地位，位于滨海萨凡纳北部及格兰其山（Grange Hill）南部、B9公路上。始建于1938年，该工厂当时成为全国劳工暴力纠纷事发地。20世纪30年代经济大萧条时期，很多小型工厂被西印度群岛蔗糖公司收购。曾经，来自全岛各地的失业者涌入这里寻求工作。尽管公司允诺工人们1天工资为1美元，但实际却付给雇佣的男工人1天15美分，女工仅为10美分。工人们为争取较高工资进行罢工，愤怒被积累起来，暴力事件频发。工人集体在甘蔗地里纵火，警察同他们交火时射杀了4人。整个岛屿在那时都冲突不断。这种局面在工人领袖亚历山大·布斯塔曼特的斡旋下得以平息。在其领导下，该岛首个大规模劳工工会及有组织政党成立。

工厂门北侧的一个十字路口处竖立着一块**纪念碑**，其碑文如下："谨代表牙买加全体工人向工人领袖亚历山大·布斯塔曼特及1938年勇敢参与斗争的工人们致敬。"提前预约的话，工厂可以安排免费参观。

弗罗姆也有两座极具吸引力的教堂，包括融合了日耳曼风格的**圣巴拿巴英国国教教堂**（St Barnabas Anglican Church）。

罗灵河和蓝洞（Roaring River & Blue Hole）

如果你想找个地方，以短暂地逃离于内格里尔无忧无虑的生活，那就来位于**罗灵河公园**（洞穴团队游 成人票/儿童票 US$15/8; ⊙8:00~17:00）吧。在里面或周围的洞穴逛上一两个小时，你的愿望就可实现。这个公园并不属于梅菲尔德瀑布。这个自然景区的矿泉从布满凤眼兰及水百合的草地上喷涌而出，有些矿泉流经石质沟渠，如同蓝绿色的璞玉。通向悬崖的台阶正对着地下通道的入口，一眼望下去望不到底。地下通道里有电灯笼可以照明，但你只能在同该景点有合作的导游陪同下才可以进入洞穴。地下通道里，带扶手的小路通向长满石笋和钟乳石的洞穴。带上你的游泳装备，在洞穴渗出的矿泉或穴外深不见底的蓝洞里小坐一下。角落里，没有恶意也不会对你造成伤害的大蝙蝠随处可见。

到达之后，你会看到官方指南上面告诉你售票处的方向，还有通向公园和洞穴周围的路。不要搭理外面冒充导游的黄牛。

穿过村庄，小路继续向上延伸大约1公里便到达**蓝洞花园**（Blue Hole Gardens; ☎955-8823; www.jamaicaescapes.com; 门票US$10）蓝洞花园是个灰岩洞，在景观花园的萦绕下景色迷人。花园里种满了姜火炬及蝎尾蕉类植物。该洞属个人所有，价格也相当昂贵。但你仍然有机会舀起碧蓝的河水，看水中的鱼儿畅游。沿公路上行400米即到了罗灵河的发源地，那里的水从厚重的枝叶下泛着泡沫流淌开来。汩汩流淌的溪边花园中，有两所非常淳朴但迷人的**小别墅**（☎401-5312; www.jamaicaescapes.com/villas/bluehole/bluehole.html; 小别墅 US$40~80），可以称得上是反主流文化生活方式的典范。这里在2013年换了主人，小别墅都重新经过粉刷，所以价格可能会有所改变。饿了的话，就去**Lovers Café**（主菜 US$3~8; ✍）吧。那里的素食宴、塔法里教菜肴、果汁及花草茶小有名气。

罗灵河位于什鲁斯伯里庄园（Shrewsbury Estate）内，彼得斯菲尔德（Petersfield，滨海萨凡纳东北方向8公里）主交叉路口以北约2公里处。可以在滨海萨凡纳或Petersfield搭乘长途汽车，距离一样（J$150，约1小时1班）。从那里开始，经过甘蔗地的路变得坑坑洼洼，要么步行要么骑车下行，但都得出身大汗。从Petersfield乘坐出租车或轮船均可抵达罗灵河（J$100）。

内格里尔的旅游公司会组织前往罗灵河的团队游（约US$75）。

滨海萨凡纳（Savanna-la-Mar）

人口 20,000

滨海萨凡纳是牙买加西部最大的城镇，同时也是威斯特摩兰区的首府。但是，"萨凡"除去购物，实际景点并不多。购物区主要分布在长达2公里的主街Great George St上。当地犯罪率极高，饱受诟病，所以在街上一定要格外小心，天色渐黑后也不要外出走动。在Great George St上有几家加油站。专线出租车及小型公共汽车在那里聚集，将乘客载往内格里尔、蒙特哥贝或者向东更远的黑河。

景点

滨海萨凡纳堡垒　知名建筑

（Savanna-la-Mar Fort; Great George St）堡垒位于Great George St下方，由英国殖民主义者建造，但是并未完工。在最初修建的时候，它的有些部分就已经塌陷进湿软的土地。这个废弃的残骸如今形成一个小水湾，当地人在里面游泳。一个专门卖蔬菜及当地鱼类的市场每天都非常热闹，商贩们都在地上摆摊。

法院　知名建筑

（Courthouse; Great George St和Rose St交叉路口）最有趣的建筑当属始建于1925年的萨凡法院了。那里有座生铁铸成的喷泉，喷泉上刻着"保持人行道干燥"。但在当地人看来，这几个字并没有什么深刻的含义。

圣乔治区教堂　教堂

（St George's Parish Church; Great George St和Murray St交叉路口）这座正对着法院的教堂始建于1905年。它外表普通，但内部有一架庄重的捐赠于1914年的**管风琴**。

曼宁学校　知名建筑

（Manning's School; Seaton St）位于城镇最北端靠近环状交叉路口处，叫作"Hendon Circle"的建筑是帅气的曼宁学校。建于1738年，以威斯特摩兰种植者托马斯·曼宁（Thomas Manning）命名。

食宿

在Great George St上的市场，你可以买到鲜鱼及其他产品，但卫生条件堪忧。此外，廉价的烟熏香料及食品摊就位于萨凡中心。

Lochiel Guest House　客栈 $

（☎955-9344; Sheffield Rd; 房间 US$35）位于城镇以东2公里处的A2上，是一栋由石头和木材建成的古老宅邸，远远望去赏心悦目。房间十分气派，但里面略显破败。所有房间均配有实用的家具，私人浴室里还有热水提供。考虑到你没有别的选择的情况下，这个地方还算可以。否则就得去布卢菲尔兹（Bluefields，东南方向17公里）或者内格里尔（向西29公里）了。

Tan Tan Top Tasty Pastry　面包房 $

（7 Great George St; 小馅饼 J$120~150）来这里可以品尝到牙买加特色小吃——一块小馅饼外加些许甜品，是个从交通中心快速经过时简单填饱肚子的好地方。

实用信息

警察局（☎918-1865; Great George St）位于法院旁边。

邮局（☎955-9295; Great George St; ⏰8:00~17:00）

滨海萨凡纳医院（Savanna-la-Mar Hospital; ☎955-2133; Barracks Rd; ⏰24小时紧急情况服务）位于小镇东北方向的A2上。

丰业银行（☎955-2601; Great George St; ⏰周一至周四 8:30~14:30，周五 至16:00）

到达和离开

沿A2/B8行驶的长途汽车、小型长途汽车及专线出租车往返于蒙特哥贝（J$350，1.5至2小时）及内格里尔（J$300，45分钟）之间。**纳茨福德快车公司**（☎971-1822; www.knutsfordexpress.com; Dunbar Mall）经营的长途汽车十分舒服，去往蒙特哥贝的车（J$1200）1天1趟，路过曼德维尔（J$1600）前往金斯敦（J$2400）的车1天2趟。

南部沿海和中央高地

包括 ➡

最佳餐饮

- Little Ochie（见195页）
- Jack Sprat Café（见192页）
- Smurf's Cafe（见191页）
- Jake's Country Cuisine（见192页）

红带啤酒最佳畅饮处

- Frenchman's Reef（见192页）
- Pelican Bar（见192页）
- Little Ochie（见195页）
- Manchester Arms Pub（见185页）

为何去

牙买加的西南部地区对外岛的游客来说就像一个秘密天堂，科克皮特地区（Cockpit Country）的天然屏障将其与喧嚣的北海岸隔绝，当地社区非常珍视他们自然原始状态的海滩，这里也因而没有进行旅游开发。特雷热海滩（Treasure Beach）得天独厚，让人心旷神怡，此前在牙买加经历的一切都会被抛诸脑后。这里还有茵茵的绿草、遍地的牛群、安全的乡间小道和宁静的弯月沙滩。

圣伊丽莎白区（St Elizabeth parish）的农村是牙买加主要的产粮区，种植了许多农作物，被称作是“牙买加的面包篮”。但肥沃的农田很快被黑河周边湿地和高山环绕、偶有游人涉足的曼德维尔（Mandeville）高地小镇所取代。该地区最著名的景观是黑河、伊苏瀑布（YS Falls）和阿普尔顿朗姆酒庄园（the Appleton Rum Estate），主要接待从内格里尔和蒙特哥贝的度假地组团前来一日游的游客。

何时去

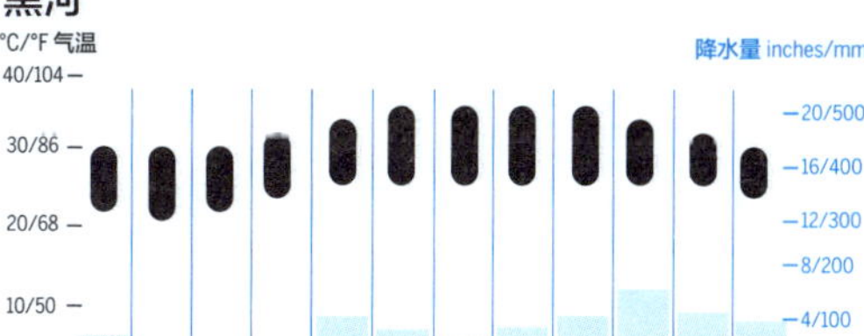

1月 阿坤鹏马龙人节是以加勒比黑人文化为主题、最引人注目的庆祝活动之一。

12月至次年4月 旅游旺季，因为此时没有飓风、雨水较少、海面较平静。

6月至8月 夏天也是到这儿旅游的不错时机；价格下降，天气相对干燥。

南部沿海和中央高地亮点

❶ 看渔民在荒废的**葫芦湾海滩**(见188页)上修补他们的渔网。

❷ 在**特雷热海滩体育公园**(见193页)欣赏一场当地板球比赛。

❸ 乘小船探寻牙买加最长的河流——**黑河**(见174页),观赏生活在红树林生态系统中的鳄鱼。

❹ 在保存完好的马龙人小镇——**阿坤鹏村**(见180页)聆听古老的山羊角(abeng)之声。

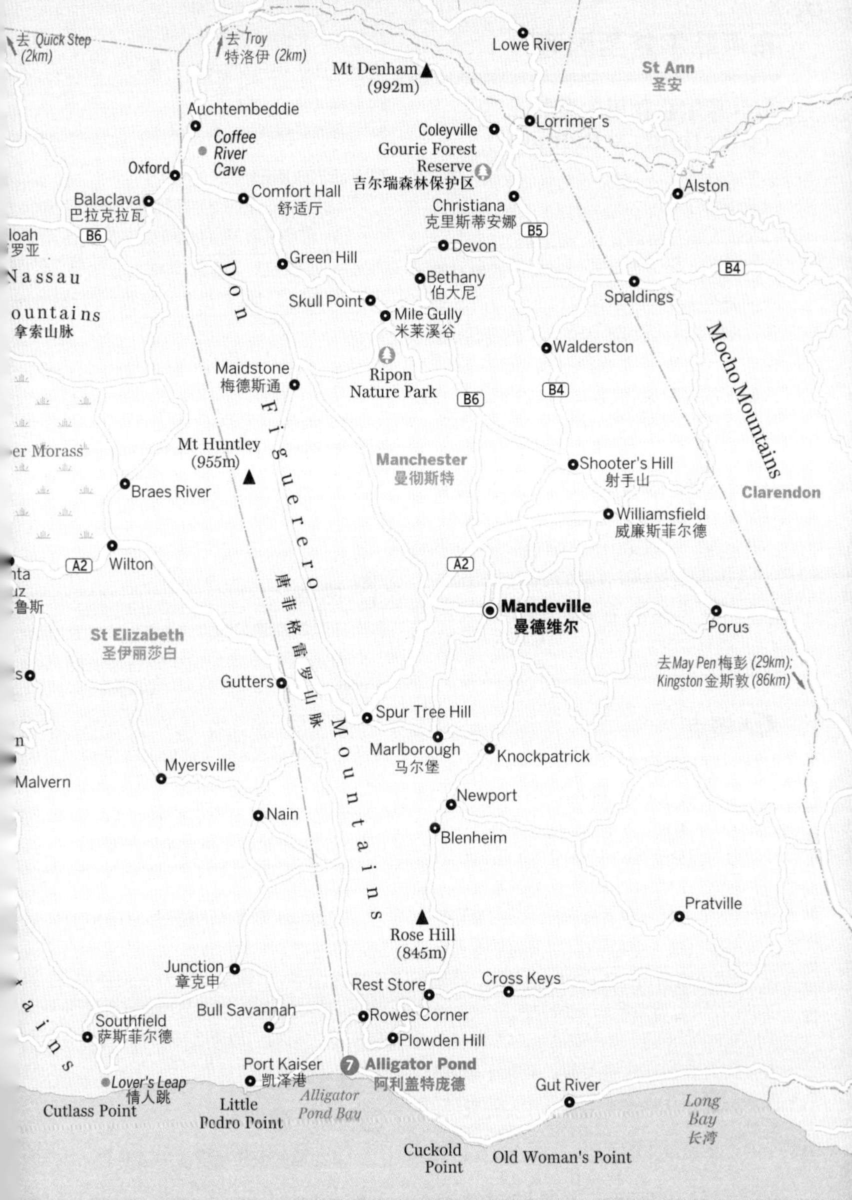

5 通过溜索，滑翔于壮观的**伊苏瀑布**（见179页）之上。

6 深入了解该岛最大的朗姆酒厂**阿普尔顿朗姆酒庄园**（见179页），品鉴朗姆酒。

7 在阿利盖特庞德的牙买加最好的海鲜餐厅**Little Ochie**（见195页）品鉴河鱼，并能观看鱼儿从打捞上岸到成为餐桌佳肴的全过程。

布卢菲尔兹至黑河

布卢菲尔兹和贝尔蒙特（Bluefields & Belmont）

布卢菲尔兹（名字意为蓝色旷野）位于威斯特摩兰区（Westmoreland parish）南部，这个地名起得恰如其分：放眼望去，便是群山之上的大片浅蓝色天空和海浪层涌拍打礁石滩的蓝色港湾。1519年时这个地方叫奥里斯坦（Oristan），是西班牙在牙买加的第一批殖民地之一；布卢菲尔兹湾（Bluefields Bay）为西班牙的探险家、英国的海军中队及海盗提供了安全的停泊之处。1670年，恶名远扬的海盗亨利·摩根（Henry Morgan）从布卢菲尔兹湾出发到巴拿马城劫掠，后来的"摩根船长朗姆酒"就是用他的名字命名的。现在，布卢菲尔兹（人口2560）和与其相邻的贝尔蒙特（人口2880）是两座安静的小城，住着渔民、游客、各色艺术家、外籍人士和从海外回国的人。最后提到的这两类人是被山区里兴起的建筑业吸引而来的。

景点

彼得·托什纪念碑 纪念碑

（Peter Tosh Monument；Hwy A2；门票J$1000；⏲不定）许多纪念碑都表明了一种政治立场，雷鬼音乐巨星彼得·托什的纪念碑也不例外，这座纪念碑屹立于距布卢菲尔兹南部1公里的贝尔蒙特海滩路上。正如托什唱的那样，当地人争取的事情就是"使其合法化"。你可以猜出"其"指的是什么，如果不能的话，可以看看所有刻画拉斯特法里教徒（Rasta）的壁画，这些壁画上的人物都拿着巨大的大麻烟卷和庞大的大麻叶子，最吸引眼球的是托什坟墓上的锡安山（Zion）红眼狮子。

坟墓的后面是一个花园，不过这里并未种植牛至叶（oregano）。这里十分休闲，游客极少。而与之对比鲜明的是，在九英里，跟托什同时代的鲍勃·马利墓前却是人头攒动。此地由托什家族经营——他90多岁的母亲在2013年去世前一直以此为生。这里的管理员会向你收费，之后会一边带你简单参观一边评论托什的政治立场（"我像是一支烟，这就是为什么我们说要使其合法化"）。在10月中旬会举办一年一度的彼得·托什生日庆典，这是当地非正式的庆祝活动，人们会现场演奏原生态的雷鬼音乐，直到深夜。

布卢菲尔兹宅邸 古迹

（Bluefields House）菲利普·戈斯（Philip Gosse）是他所生活的时代里最伟大的博学者之一：他既推广了水族馆又改进了其样式，还是详细精彩地再现牙买加鸟类的插图画家。从布卢菲尔兹警察局向里走，就是他的故居，虽已成废墟，因其历史价值仍值得一游。看一看《牙买加鸟类插画集》（*lustrations of the Birds of Jamaica*）和《一个自然学家旅居牙买加》（*A Naturalist's Sojourn in Jamaica*）的作者曾经生活过的地方吧。这儿有一棵可爱的面包果树，据说是该岛上的第一棵。

海滩

布卢菲尔兹海滩公园 海滩

（Bluefields Beach Park；HwyA2；⏲8:00至日落）从Winston Jones Hwy（A2）延伸而来，这个海滩上是一片白沙，就像一条缎带包围着深蓝色的海水；这片美丽的海滩常被外国游客所忽略，而当地人很乐意在周末前来休闲。每到傍晚和周末，你就会看到许多小吃摊，特色是现捕的鲜鱼和供应充足的红带啤酒。

贝尔蒙特海滩 海滩

（Belmont Beach）事实上，有两个小的贝尔蒙特海滩，但是其中一个有太多岩石不适于休憩，另一个则是渔船的主要停泊点。据说，如果天气晴朗、海水清澈的话，你就可以游得远一些，也可以浮潜或猎鱼。大部分住宿地都会出租所需的设备。

团队游

来此地的游客可以参加当地的一日游和远足，景点包括伊苏瀑布、黑河大沼泽地、伊普斯威奇洞穴（Ipswich Caves）和阿利盖特庞德等。

Natural Mystic Tours 自然游

（☎851-3962；www.naturalmystic-jamaica.com）由一个德国人经营；带团（用英文和德文介绍）游览整个岛屿。

Nature Roots 自然游

（☎955-8162，384-6610；www.natureroots.de）与丛林巫师布莱恩（Brian the Bush Doctor）一块儿出海、一块儿去丛林，或者待在他那可爱的小屋里。

Shafston Tours 自然游

（☎869-9212；www.shafston.com；Shafston Estate Great House，Bluefields）是户外旅行的好选择，比如划皮划艇（每人 US$50）和徒步。

食宿

说到食物，你可以在所列出的任何一个住宿地就餐。抽时间到 Scott's Cove体验一下纯正的牙买加鱼和bammy（油炸木薯煎饼）也是很值得的。

Retro Roots Cabins 小屋，住宅 $

（☎876-521-0682；www.retrorootscabins.com；Belmont；小屋标单/双 US$25/50，宅邸每月 US$5000；P 📶 ❄）在海对面的贝尔蒙特小村庄里，Retro Roots是一种新颖的经营模式，把房间做了有趣的分割：两个简单又实用的小木屋，前有游廊，还有一座功能齐全、拥有8间房子、自带游泳池的宅邸，以满足那些想要在这里留住1个月以上的团体。一个新的现场烧烤店即将开业，会推出烤海鲜和烤肉。

Shades Cottage 家庭寄宿 $

（☎441-1830，955-8102；www.shadescottage.com；Belmont；房间 US$30~35；📶）由热情友好的拉斯特法里教徒Bigga（"大块头"）经营（见到他的时候，你就会明白这个绰号了），在Shades Cottage你会住在一个由邻近的房子组成的"庭院"里，围绕着一个酒吧，酒吧里提供新鲜的食品和冰啤酒。房间简单干净；不要奢望是什么豪华旅馆。该地吸引着年轻的游客和长住的外国人。

Nature Roots 家庭寄宿 $

（☎955-8162，384-6610；www.natureroots.de；Belmont；房间 US$25~30）Nature Roots是与其同名的旅行社的大本营，房间外有个大庭院，住在这里轻松惬意，离海滩很近（约50米远），空气中弥漫着慵懒、恬淡的气息。

South Sea View Guest House 客栈 $

（☎963-5172；www.southseaviewjamaica.com；Whitehouse；不带/带空调 US$70/90；❄ 🏊）发挥一下想象力，眼前的景色足以跟希腊群岛媲美，四周的白墙素雅洁净，天空是淡淡的蓝色，微风徐徐吹来。房间现代新潮，有柔软的特大号床、热带风情的壁饰和供你消磨时光的有线电视。它位于贝尔蒙特西南部14公里远的怀特豪斯镇（Whitehouse）。

Shafston Estate Great House 客栈 $$

（☎869-9212；www.shafston.com；全包式标单/双 US$100/160；P 📶 🏊）位于山顶上，拥有绝佳海景，俯瞰海岸线延伸至滨海萨凡纳（Savanna-la-Mar）。这座老式的宅邸是"全包式旅店"，岛上其他同类旅店都不能与之

值得一游

方特山海滩公园及野生动物保护区

方特山海滩公园（Font Hill Beach Park；成人票/儿童票 J$350/175；⏲9:00~17:00）位于斯科特湾（Scott's Cove）东南方向，占地约13平方公里，由牙买加石油公司拥有，自从该企业发现其最初开采的近海石油不复存在时，它就丝毫没有再污染这里的自然风光。两个金沙滩（由一条小路连接）周围围绕着礁石，是浮潜和游泳的好去处。海豚会光临海湾，海龟在产卵季节也会来到这个海湾里。这里有一家小咖啡馆兼酒吧，还有更衣室、野餐摊位、排球、木栈道、一个不起眼儿的游客中心和码头。也提供骑马观光项目。

只有由导游陪伴，你才能游览野生动物保护区，但是这是非常值得的，因为导游会详细讲解牙买加西南部独特的沼泽丛林海滨生态系统。这里有低矮的刺槐、洋苏木灌木丛，靠近海岸的地方有一片迷宫般交错相连的水池和湿地，里面有一两百只美国鳄鱼（因为大型建筑工程的影响，它们从南海岸其他地方被转移到这里，更加需要保护了）。在这里观鸟是极好的，因为这里有一群秃顶的鸽子、嘎嘎叫的黑嘴鸭、水雉、苍鹭和鹈鹕。

相比。在正宗的庄园别墅里，有各种档次装修精致、宽敞的房间可选；有些还带浴室。

如果想要更加便宜的住所，在新建区域内还有12间简单却可爱的房间，房间里有纱窗和铺着瓷砖的男女共用浴室。注意：这里并非什么奢华的度假村；相反，这更是一个乡村风格的牙买加之旅。一定要看日落。

从A2到这里，需要走布卢菲尔兹警察局对面的泥土路，然后穿过这条颠簸之路，再爬3公里陡峭的山路。

★ **Bluefields Villas** 别墅 **$$$**

（☎美国 1-877-955-8993；www.bluefieldsvillas.com；Hwy A2，Bluefields Bay；每周US$6440~10 828；P❄📶🏊）精致讲究已经不足以形容这6幢私人别墅了，它们散布于布卢菲尔兹湾周围，提供全套的服务（厨师、保洁员、男管家等），就算玛丽·安托瓦内特（法王路易十六的王后）来了也会感到满足。这6栋别墅都有游泳池和奢华的家具，其中3幢甚至还有自己的私人小岛。别墅的大小不等；有些适于4人居住，最大的能住13个人。

享受着组织得井井有条的游览、私人保姆和不会让你错过任何精彩的绝佳服务，你定会收获一个值得用一生来回忆的假期。

购物

Studio Black 工艺品，艺术品

（☎459-9918；www.studioblack-jamaica.com；Hwy A2；⊙9:00~17:00）注意：不要对这个艺术气息浓厚的拉斯特法里小屋视而不见，自1977年以来，小屋就一直与飓风、狡猾的司机以及贝尔蒙特其他一切做斗争；这里简直太棒了，不容错过。由一个和蔼可亲的当地艺术家耶和华·卡洛（Jah Calo）经营，这里到处都是充满拉斯特法里形象的独一无二的艺术品和雕塑。卡洛描绘了许多当地的壁画，包括彼得·托什纪念碑（见172页）上的一些图案。

这个商店位于穿过贝尔蒙特的海岸公路（A2）上。商店的装饰多彩多姿，你很容易找到。

到达和离开

A2是经过布卢菲尔兹和贝尔蒙特的唯一一条公路，长途汽车可以根据你的要求在这两个城镇的任何一个地方停车；否则它们可能就将你拉到布卢菲尔兹"广场"上，这是一块开阔平地的中心位置，有一个小便利店。

长途汽车和小面包车会频繁地（白天每小时1班）沿着海岸公路（A2）驶往滨海萨凡纳（J$200，1小时），再从那儿到蒙特哥贝和内格里尔，但是要尽量在傍晚之前就出发：你肯定不想被困在滨海萨凡纳，特别是天黑以后。

在其反方向（东南）大部分长途汽车都会经过黑河（J$350，1.5~2小时），从那里你可以坐长途汽车或出租车到特雷热海滩或曼德维尔，也可以继续前行至梅彭（May Pen），在那里你一定可以找到去金斯敦的交通工具。明确地说，滞留在黑河还是不错的。

黑河（Black River）

人口 4230

作为圣伊丽莎白区的首府及该区最大的城镇，黑河镇（又称布莱克里弗）具有丰富的热带能源。在这些方面，黑河像是一个大城市，但却也不是个繁华大都会。同时这里也不是一池沉睡的死水——黑河镇位置虽然偏僻，但是这里也有熙攘纷繁之声。而在喧嚣之外，乔治亚式建筑斑驳剥落的墙皮在流水般倾泻的阳光下透露着一股优雅的古旧气息。与该镇同名的黑河静静地流淌，河面油光滑亮，时有短吻鳄出没和坐满好奇游客的船只来往。尽管大部分游客都选择住在附近的特雷热海滩，但也有一些人会把这个镇当作去游伊苏瀑布和阿普尔顿朗姆酒庄园的歇脚地。

该镇的乔治亚式建筑证明了这里19世纪时的繁荣，当时黑河镇出口当地的洋苏木，用于纺织业的普鲁士蓝染料就是从洋苏木中提取的。当地人骄傲地指出，Waterloo Guest House早在1893年就成为牙买加最早用上电的房子。不过很遗憾，时光荏苒，当年吸引富人的赛马场和温泉已经不复存在。

景点

黑河历史建筑 历史建筑

（Black River Heritage Buildings）其中最值得一看的建筑是黄砖的**圣约翰教区教堂**（Parish Church of St John the Evangelist；Main St

Black River 布莱克里弗(黑河)

和North St交叉路口)，建于1837年。从外面看，这像是一个亮黄色的超市。木制的门廊和宏伟的阳台为建筑平添了几分庄重。后面公墓里的坟墓可以追溯到17世纪。向西两个街区是带门廊的法院和市政府，都有高大的柱子，除此之外，还有一个普普通通的罗马天主教堂，天主教在牙买加并非有影响的教派。

这里两个最令人印象深刻的建筑都是酒店。1894年建的**Invercauld Great House & Hotel**和**Waterloo Guest House**，都在Main St的西边，它们具有典型的牙买加本土建筑风格；遮阴的木制游廊和花哨的装饰使你感觉应该在这种地方戴上狩猎帽，颐指气使地点上一杯雪利酒。

High Street 街道

尽管它与牙买加的其他High St一样喧闹混乱，但是黑河的High St两边是有廊柱的乔治亚式木屋，在强烈的阳光下都显得破旧、暗淡，使得这条街道有一种恰如其分的混乱无序感。街道的东端是**Hendricks Building**(2 High St)，建于1813年，是英国加勒比式建筑的典型代表。

其东边紧接着的一座旧铁桥是观看美洲鳄的好地方，这些鳄鱼都等着旅客从河边泊位上扔下的食物。拖网渔民一到桥的南边就

Black River 布莱克里弗（黑河）

景点

1 法院 ... A1
2 Hendricks Building ... C2
3 Invercauld Great House & Hotel ... A1
4 圣约翰教区教堂 ... B1
5 罗马天主教堂 ... A1
6 市政府 ... A1
7 Waterloo Guest House ... A1

活动、课程和团队游

8 Irie Safaris ... C1
9 J Charles Swaby's Black River Safari ... C2
10 St Elizabeth River Safari ... C1

住宿

11 Spring Garden Hotel ... C2
Waterloo Guest House ... （见7）

就餐

12 Cloggy's on the Beach ... D3
13 Produce Market ... B1
Waterloo Guest House ... （见7）

立刻抛锚，从那里你可以看到鱼被拖上岸然后运往码头。

海滩

Heavy Sands 海滩

大多数外国游客还没有发现这一大片黑沙滩。不要在河口附近游泳——鳄鱼喜欢在那里聚集。在海里会比较安全，但是要当心潮水，因为周围很可能会没有人。与之相邻接的是Parottee Beach。

团队游

许多游客来黑河镇的主要原因就是游览黑河，全包式度假村组织的一日游因而大受欢迎。大量船只聚集在黑河东岸的旧仓库旁边，等着将人们载到大沼泽地长满藤蔓的内部。沿着如同长满青苔的浮油带一般的河流前行，一路都有人陪伴，但没人能保证你一定能看到野生动物。当然，你很可能会看到生长在沼泽中的白鹤和苍鹭，它们像翼手龙（pterodactyls）般掠过河岸，还有长着刀状喙、用嘴当鱼叉叉鱼的蛇鹈（anhinga），当然还有鳄鱼。因为常有游客前来，这些爬行动物变得驯服温顺，另外，他们的个头还很小。一些经营者会让游客下河与鳄鱼同游，并坚称这是安全的。如果你要在此游泳的话，需自行承担风险。

J Charles Swaby's Black River Safari（☎965-2513, 965-2086；游览 US$19；⏲团队游 9:00, 11:00, 12:30, 14:00和15:30），位于桥北河流东侧，提供乘Safari Queen号船60~75分钟的游览项目。这是一家经营历史最长的旅行社。Hendricks Building后的**St Elizabeth River Safari**（☎965-2229, 965-2374；⏲团队游 9:00, 11:00, 14:00和15:30）和位于汽车站东南码头区的**Irie Safaris**（☎965-2211；Riverside Dr；⏲团队游 每90分钟1次 9:00~16:30）提供相似的团队游项目，价格也差不多。Irie Safaris也安排该区域的皮划艇旅行，强烈推荐您尝试一下。在写这本书的时候，团队游需US$20~30；由于汽油价格不稳定，游览价格可能在短时间内上下浮动。

如果想要一次相对自由（而且更加真实的）的旅行，你可以轻松地雇到导游，带你坐独木舟或船到达上游，来回需要US$50~60。你可以在桥附近或者在特雷热海滩的任何地方找导游。如果你想继续待在特雷热海滩，可以雇一条船往返（US$75），其中包括在Pelican Bar中停以及沿黑河而上的旅程。

正午游最适合观看鳄鱼；清晨游和傍晚游较适合观鸟。戴一顶帽子和一些驱蚊剂。

住宿

Spring Garden Hotel 酒店 $

（☎876-965-2361；14 Crane Rd；标单/双 J$4000/7000；P ❄ 📶）这个最近刚刚翻新改名的海滩边旅馆从黑河的主街溜达几步就到了，有了它你就有了在去特雷热海滩的路上在城里短暂停留的借口了。房间简朴，但刚粉刷过，最重要的是干净。大海近在咫尺，还有定期开放的酒吧和餐馆。

Waterloo Guest House 酒店 $

（☎965-2278；44 High St；房间US$40~50；P ❄ 🏊）Waterloo是牙买加第一个通电的地方，具有英属加勒比的建筑风格，优雅但已破败。如果住在这里，你也许并不会欣赏枯树和坏掉的设施，房间里的人们会大声喊"给我个新的"。事实上，在上次我们考察时，主建筑中的房间都被关闭了。在跳进游泳池之前要小心一些，因为里面可能没有水。此处仅适于手头紧又不挑剔的游客。

Idlers' Rest Beach Hotel 酒店 $$

（☎965-9000；www.idlersrest.com；房间US$100起；P ❄ 📶）如果不去特雷热海滩，这里值得一来，离城镇不远，Idlers' Rest由一个友好的律师经营，是一个雅致的精品屋，其装饰混合了现代时尚家居、加勒比色彩和泛非洲艺术，让人感觉轻松自在。海风吹来，房间里非常凉爽。你可以一边看海豚在浪尖嬉戏，一边在海滩上漫步。

就餐

Hendricks Building里有一个超市，另一个从这里往北100米。你可以在户外的**市场**（Market St；⏲日出至日落）买水果、蔬菜和肉类。

Waterloo Guest House 牙买加菜 $

（44 High St；主菜 J$300~900；⏲7:00~

22:00）Waterloo里有像其宾馆一样破旧的餐馆，殖民地风格的酒吧有点俗艳，看起来好像是出自格雷厄姆·格林的小说。来这里喝杯酒或者吃个每家餐馆都能做得出的烤奶酪三明治还是可以的。

Cloggy's on the Beach 海鲜 $$

（☎634-2424；www.cloggysonthebeach.webs.com；22 Crane Rd；主菜 J$600~2000；⏰正午至22:00）这个海滨餐馆是你在黑河镇的就餐首选；这里有轻松的氛围、各式美酒以及绝佳的食物，能全方面满足你的需求。有时这里会举行许多人参加的牙买加式音乐派对；跟酒保问一下具体情况。先来一杯海螺汤开一下胃，再来一些美味的新鲜龙虾。

实用信息

黑河医院（Black River Hospital，☎965-2212/2224；45 Main St）位于城镇以西1公里处。

警察局（Police Station，☎965-2232；North St）

邮局（Post Office，☎965-2250；⏰8:00~17:00）紧挨着警察局西边。

加拿大丰业银（Scotiabank，☎965-2251；6 High St；⏰周一至周四 8:30~14:30）

圣贝丝药店（St Bess Pharmacy，☎634-4526；1a Brigade St；⏰周一至周六 8:30~19:00）

到达和离开

黑河镇是长途专线出租车的枢纽站，从那里出发去往各个方向，目的地包括圣克鲁斯（J$180）、怀特豪斯（J$100）和特雷热海滩（J$250）。在怀特豪斯转车到布卢菲尔兹和贝尔蒙特。小型长途汽车开往蒙特哥贝（J$250~J$300）和滨海萨凡纳（J$200）。客运中心在市场后边、河的西边。专线出租车从Main St和North St交叉路口的停车场进出站，而开往特雷热海滩的专线出租车在靠近High St和Market St拐角处有一个单独的发车点。

南科克皮特地区（SOUTH COCKPIT COUNTRY）

圣伊丽莎白是牙买加最干燥的地区，部分原因是崎岖的科克皮特区将圣伊丽莎白与特里劳尼区（Trelawny parish）以凸起的岩石相连，阻挡了来自南海岸海洋的降雨。南科克皮特地区与北科克皮特地区一样美丽、崎岖和偏僻，这里可能是寻找独特的、正在消失的马龙人文化的好去处。通向山里的道路很少，山中人口稀少，大部分居民从事自给农业，在山谷深处种植大麻。我们警告你不要试图寻找种植大麻的地方；贸然前往可能会丢掉性命（更多信息见227页）。在拿索（Nassau）山脉和科克皮特地区之间是宽阔的西罗亚（Siloah）山谷，里面种满了甘蔗。

你可以从特洛伊（Troy）村庄徒步进入科克皮特区深处（见142页），然后从北部出来。

昆特斯中部（Middle Quarters）

这个小村庄在A2公路上，距黑河北13公里，是个小的美食中心。首先，远近闻名的一点是街头商贩多是女性，她们站在街边叫卖可口麻辣的胡椒虾，在这些地区人们会将“shrimp”说成“swimp”。胡椒虾就在路边的烤架上烘烤。虾都是用虾网捕来的，人们沿袭着悠久的西非传统，用劈开的竹子编制虾网。大约J$300就能买满满一袋的胡椒虾。妇女们能说会道，擅于推销，因为很多摊贩都有亲戚关系，所以不要因为没买哪家的而感到内疚。

慢跑、蹦跳，做一切能让你再次感到饥饿的事情，因为现在你就要品尝一下牙买加卡车司机的最爱了：在A2公路通向伊苏瀑布的岔路上那家**Howie's Healthy Eating**（☎378-8714；A2 Hwy；主菜 J$200~500；⏰24小时），在你住的城镇里有非常棒的24小时营业的路边小饭店或者经济小吃店吗？如果有的话，就来Howie's尝试一下同样氛围的牙买加风格餐馆吧。厨师会在支在柴火上噗噗沸腾的大锅里做菜。从大量的汤类、杂烩、炸鱼、咖喱山羊肉，当然还有大份“swimp”中挑选你爱吃的吧；炸鸡也能成为一顿大餐——即使常有卡车从旁边呼啸而过。

如果你想要快速减掉你新增的体重，那就顺便游览一下**Bubbling Spring**（☎850-1606；A2 Hwy；门票 US$15；⏰8:00~18:00），位于昆特斯中部以南1.5公里处，在A2公路上。凉爽、略含碳酸的泉水注入长长浅浅的

不 要 错 过

竹林大道

两边是高耸参天的竹子，形成一条林荫拱道，拍出照片来一定很美。百万片叶子在风中沙沙作响，让人备感安宁、舒心，在昆特斯中部和Lacovia之间的A2公路上，有一段4公里长的区域都被浓密的百年老树龙头竹（Bambusa vulgaris）所遮蔽，这是牙买加数量最大的竹子种类。竹林大道凉爽又美丽，是停下来吃个椰子果冻的完美之地，再配点从昆特斯中部买来的胡椒虾，很是惬意。在Lacovia，请当地人帮忙找一下**twin tombs**（靠近德士古），根据当地的说法，有两个年轻人在1738年的决斗中丧命，被埋葬在此。其中一个死者的身份已经确定：托马斯·乔丹·斯宾塞（Thomas Jordan Spencer），是马尔堡公爵的后裔，也是戴安娜王妃和丘吉尔的远祖。班次不多的小型长途汽车将Lacovia与黑河和圣克鲁斯连接起来，但是开车去那里会更好；这能为曼德维尔之旅锦上添花。

水池中。如果你是自驾游的话，这会是一个中途休息的好地方，但是如果你要乘公共交通工具到这里的话，对这个地方可能不会特别有感觉。在附近的摊位能买到简单的牙买加食物。

圣克鲁斯（Santa Cruz）

人口 7000

圣克鲁斯是一个繁忙的集镇，也是牙买加西南部最重要的商业中心。黑河镇可能是圣伊丽莎白区的中心，但由于圣克鲁斯经济实力雄厚，被认为是更为重要的城镇。不幸的是，它并没有太多吸引力。圣克鲁斯当年曾是马和骡子的交易中心，主要供给英国驻军。现在每到周六仍有家畜集市。总体上看，当地的铝土矿促进了该镇的飞速发展。

对于普通游客来说，这里没有特别值得看的东西，不需要长时间逗留。但停下来吃顿饭或者买点东西还是不错的。该镇也是一个重要的交通枢纽。

Hind's Restaurant & Bakery（☎966-2234；Santa Cruz Plaza, Main St；主菜US$1~6；⏲周一至周四 7:30~17:00，周五和周六 7:30~19:00）这里出售烘焙食品，是一家干净普通的小店，能够享用红烧羊肉和咖喱山羊肉等牙买加食品的地方。**Paradise Patties**（Shop 30, Beadles Plaza, Main St）售卖素食和牛肉馅饼，价格便宜（J$100以下）。**Fruity's**（Shop 27, Philip's Plaza, Main St）提供可口的甜筒冰激凌。

在主街上有一家**加拿大丰业银行**（☎966-2230；77 Main St；⏲周一至周四 8:30~14:30，周五 8:30~16:00）。

圣克鲁斯是公共汽车、小型公共汽车和来往于金斯敦、曼德维尔和黑河的专线出租车的主要停靠点。它们往返于位于圣克鲁斯东端A2公路上的客运中心。**Knutsford Express**（www.knutsfordexpress.com）长途车来往于曼德维尔（J$800，45分钟）和滨海萨凡纳（J$1000，1.25小时）的途中也会在此停靠。

玛戈蒂（Maggotty）

人口 1400

玛戈蒂是一个容易被忘记的城市，不过名字却令人难忘，它位于西罗亚谷的西端、黑河镇的一个拐角处。当地人觉得这是个生活节奏缓慢无趣的地方，但对于寻访伊苏瀑布和阿普尔顿朗姆酒庄园的人们来说又是一个生气勃勃的大本营。另外，玛戈蒂是距离黑河峡谷最近的地方，黑河峡谷是丛林中的一个岩石山谷，28条美丽的瀑布和随处可见的天然游泳池点缀其中。顺便提一下，这个名字是传教士雷夫·约翰·哈奇起的，他以他在英国的出生地命名了玛戈蒂。

景点

苹果谷公园 公园

（Apple Valley Park；☎487-4521, 894-5947；www.applevalleypark.com；成人票/儿童票J$450/350；⏲每天 10:00~17:00 需提前预订）苹果谷公园由帕特里克·李（Patrick Lee）和其华裔家人经营，是绿色环保理念和社区旅游的典型代表。这个公园里有一座18世纪的房子、一片整修好的湖和一个人工水池，还有一个一直延伸到黑河峡谷的瀑布和游泳潭的森林保护区。你可以在公园里划独木舟和脚踏船，或者徒步走到森林里，还可以垂钓或点餐，所有的这些事情都是轻松愉快的体验。

此处的美景是来之不易的，要知道这里曾经是一个破败不堪的铝土矿废墟。帕特里克·李和当地的雇工恢复了这个区域的自然生态，随之也促进了周边的经济。正因为这一背景，我们没有在意地面上一些明显的磨损。这个169公顷的自营天然公园只有预约才开放，所以要提前打电话。公园的主人还经营着从玛戈蒂老火车站出发的、由拖拉机牵引的小型公共汽车。

食宿

Apple Valley Guesthouse 客栈 $

（每人露营/铺/双 US$5/15/20）经营苹果谷公园的华裔牙买加人——帕特里克·李和露西尔·李（Lucille Lee）夫妇在城南的一座18世纪的红顶宅邸里还有一些铺位和包房。在本书调研期间，房子正在整修。到苹果谷公园时，打听一下那边的房子是否可住。

Happy Times Restaurant 牙买加 $

（☎963-9807；Shakespeare Plaza；主菜J$300~500；⏰周一至周六）这个餐馆提供简单但精心准备的饭菜，包括咖喱羊肉、鲷鱼（snapper）、咖喱鸡和黄烩猪肉。

到达和离开

公共交通工具的班次较少，仅有往返于曼德维尔（J$200）和黑河（J$180）两地的少数车辆停靠，上下车的地点在玛戈蒂北端的莎士比亚广场（Shakespeare Plaza）对面。

阿普尔顿朗姆酒庄园（Appleton Rum Estate）

在到达这里之前，你就能闻到从**阿普尔顿制糖庄园和朗姆酒厂**（Appleton Sugar Estate and Rum Factory，☎963-9215；www.appletonrumtour.com；工厂游览和朗姆酒品尝US$25；⏰周一至周六 9:00~15:30，节假日不开放）飘来的糖浆酵母味，它位于玛戈蒂东北1公里处、西罗亚山谷（Siloah Valley）的中央。这是牙买加最大同时也是最老的酿酒厂，该厂从1749年就开始调配阿普尔顿朗姆酒了。

45分钟的酿酒厂之旅会告诉你，糖浆是如何从甘蔗中提取出来，然后发酵、蒸馏、储存以制造出加勒比特有的烈性朗姆酒的，你可以在约翰·雷酒馆（John Wray Tavern）品尝一下。大约有17种酒——包括酒精含量高得要死的特烈朗姆酒——都能拿来品尝。不出所料的是，备货充足的礼品店因游客而生意兴隆，在旅行的过程中，游客们变得没那么拘谨了，这是可以理解的（顺便说一下，在旅行结束后，你会得到一瓶赠品，所以不要喝得太醉！）

每个牙买加的旅行社都可以让你坐上一辆旅游车，往返于阿普尔顿酿造厂（在参观完17种朗姆酒之后，“返”的部分就会特别有趣）。另外，从玛戈蒂到那里最容易了；酿酒厂在其东部1公里处，乘出租车往返大约需要J$500。

伊苏瀑布（YS Falls）

牙买加以其瀑布为傲，综合考量你出行的性价比来说，这个国家最美的瀑布当属瑞奇瀑布（Reach Falls）和南海岸瀑布，两个不分上下，伊苏瀑布——共有8个**小瀑布**（☎997-6360；www.ysfalls.com；成人票/儿童票US$17/7.50；⏰周二至周日 9:30~15:30，节假日不开放），悬挂于石灰岩悬崖边上，周围是茂盛的丛林，充满着伊甸园般的能量。如果你清晨在这里漫步的话，在瀑布周围挤满游客之前，空气中会有一种自然的神秘气息。伊苏瀑布的水——why-ess；瀑布是因这里原来的土地所有者得名的，他们是大农场经营者约翰·耶茨（John Yates）和理查德·斯科特（Richard Scott）——看起来就像是深绿色的水上面覆盖着一条项链般白色的水流，从36米的高处喷薄而下，中间会凸出的岩石将其断开形成一个个清凉的水塘。

如果你特别想去，你可以顺竹影成荫的水域而下，经过5个小急流，需花US$6；根据水流量，这大概需要30分钟。如果你更有勇气的话，就乘着树冠状的**滑索**（成人票/儿童票US$30/20）飞速而下，或者直接在当地泉水补给的水池里泡一泡。

一辆拖拉机牵引的小型公共汽车会将游客们载到瀑布，在那里你会看到野餐场地、一个树屋和水池边的一个摇摆秋千。当心：漩涡是很凶猛的，特别是在雨后瀑布倾泻而下的时候。有一条石楼梯小路通向瀑布上游。然而这里却没有储物柜，所以在戏水时，你需要看管好自己的东西。凭门票可享受导览，这里还有一个礼品店和一个便宜的餐馆。

几乎每一个牙买加的旅行社（和一些旅馆）都提供到伊苏瀑布的旅行，但是如果想在众多游客之前到达，你可以自己开车去（或者包租一辆出租车），这样你就可以恰好在景区开放时到达。

伊苏瀑布的入口就在B6通往玛戈蒂的交叉路口北边。从A2走（如果你开车的话，这条路更顺畅），岔道就在昆特斯中部1.5公里处；从这里，你需要往北开5.5公里到达瀑布。在B6上，公共汽车从玛戈蒂的莎士比亚广场出发经由伊苏瀑布。在A2，公共汽车、小型公共汽车和专线出租车会将你放在到伊苏瀑布的交叉路口，从那里你可以走着到瀑布，或者打一辆到伊普斯威奇（Ipswich）的定向专线出租车，要求在瀑布（J$80~100）下车。

阿坤鹏村（Accompong）

人口3000/海拔448米

马龙人和他们的遗产组成了牙买加民族史的一个重要章节，但是事实上真正存留在岛上的马龙社区很少。阿坤鹏村是以马龙英雄卡乔哥哥的名字命名的，内嵌于科克皮特地区西南部的外缘，是牙买加西部唯一一个保存下来的边区村落。仅凭这里独特的文化传承，这个村庄就值得一游。但是这里也是探索科克皮特地区的好地方，以“Me No Sen, You No Come”（无影无踪）闻名，该地区的地形崎岖坑洼，与马龙人勇猛的战争一样，对马龙人的独立起到了重要作用。

这个村庄表面上仍享受着自治权，由无记名投票选举出来的一个陆军上校领导，为期5年。这个陆军上校任命和监督一个委员会，来这里游览时自我介绍被看作是正宗的传统礼仪（一到这个村庄里，你就应该被引到他面前，但如果没有的话，就四处打听一下吧）。

景点和活动

如果你自己开车来到阿坤鹏村的话，很快就会有当地人跟你搭讪，主动提出带

不要错过

阿坤鹏马龙人节

在许多方面，阿坤鹏村最好的风景就是……恩，阿坤鹏村。这个村庄在政治上是自治的；尽管当地的Coromantee语已经消失、年轻人对当地礼仪知之甚少，但阿坤鹏村依然让人感觉与牙买加的其他地方不同。当地人会骄傲地告诉你，阿坤鹏村没有犯罪活动、没有警察、没有税收，尽管他们可能有些夸大其词，但是与牙买加的其他定居点相比，这个小镇确实感觉比较安静，尽管它可能一点儿都不平静。感受阿坤鹏村独特魅力的最好时间就是在阿坤鹏马龙人节期间，每年的1月6日举行。这个时间被许多牙买加人称之为“马龙新年”，但是事实上，它标志着马龙人卡乔（Cudjoe）与大英帝国于1739年签署的和平协议。该协议条款保证了马龙人获取了重要的人身自由权和15,000英亩土地用以建设他们自己的家园；但一个记录上的错误将说好的土地减少到了1500英亩，现在仍然是这一带某些冲突的根源。马龙人节庆祝阿坤鹏村形式上的独立，大家载歌载舞，击鼓奏乐（门特乐是牙买加的民间音乐），饮用当地特有的补药补酒，欢聚一堂，不亦乐乎。这是一个非洲—加勒比传统色彩浓厚的节日，人们讲故事、唱歌、击鼓，还呼唤基督教以前的魂灵，这可能是许多人在他们一生中会看到的古老非洲与新世界最质朴的融合（在巴西某些地方以外）。伴随着令人崇敬的芒果树（Kindah Tree）的传统游行，节日期间达到高潮，在那里，会有一道特别准备的马龙菜，未加盐与调料的猪肉搭配着甘薯；之后（因为，毕竟这还是牙买加）通宵的音乐晚会将持续到凌晨。在1月7日11:00左右，你将看到一个完全不像牙买加的寂静的阿坤鹏村。

你游览村庄；在写这本书时，此服务的价格是US$20，包括了这里提及的一切景点，Peace Caves除外。试着找一下**塔克科尔**（Tackie，☎864-4462），一位出色的当地导游，他还将自己的房子出租作为家庭寄宿。

阿坤鹏村以一个小小的集会场地（Parade Ground）为中心，在这里，基督教长老教堂俯瞰着一座纪念马龙领导者——卡乔的小型纪念碑[靠近它的是伦纳德·帕金森（Leonard Parkinson）雕像，另一位为马龙自由而战的人]。纪念碑对面，**阿坤鹏社区中心和博物馆**（Accompong Community Centre & Museum）是一扇真实再现非洲—加勒比世界的文化窗口：马龙时期谷贝鼓（goombay drums）、步枪、剑、篮子以及其他古器物与阿散蒂（Ashanti）艺术品和泰诺人（Taíno）的工具摆放在了一起。游览还包括参观马龙墓地、一个小的香草园、Bickle Village——散布着传统茅草屋顶的住宅、被称为Kindah Tree的树——一棵庄严神圣的芒果树，社区的老年人会在这里聚集。

有几家旅行社提供到周边美丽乡村的服务，其中包括需一小时艰苦跋涉才能到达的**Peace Caves**（大约 US$60），卡乔就是在这里与英国签署了1739年和平协议。

团队游

特雷热海滩和曼德维尔的许多酒店、蒙特哥贝和内格里尔的几家酒店可以帮你联系到阿坤鹏村的旅行社。

Original Trails of the Maroons 文化游

（☎475-3046；www.jamaicanmaroons.com）这是一个国外旅行者与当地阿坤鹏社区之间绝佳的生态旅游组合。它提供到阿坤鹏村的文化旅游，也与当地导游一起安排到崎岖的科克皮特地区的旅游。

Sun Venture Tours 文化游

（☎960-6685，408-6973；www.sunventuretours.com；30 Balmoral Ave，Kingston 10）基于金斯敦的一个很棒的旅行社，它专门组织牙买加偏僻地区的文化及环保之旅。

食宿

牙买加的大部分居民都会提供为你安排住宿的服务，价格为US$20～30；另外再稍加一点餐费。

Mystic Pass Villas 客栈 $

（☎770-3680；房间 US$50～60；P）考虑到阿坤鹏村地处偏僻地区，这些简单却又维护良好的小屋，茅草屋顶、木质地板，就成了相当豪华的住所了。这里还可以洗上热水澡，让自己得到休息，恢复体力，如果你外出远足的话，自己住还是物有所值的。

Maroon Restaurant 牙买加菜 $

（主菜 J$300～400；⌚9:00～21:00）是阿坤鹏社区两个很棒的餐馆之一，热衷于就地取材，将传统食物和附近采摘的新鲜原料简单搭配在一起烹制。

购物

当地的手艺人仍然在这里制作谷贝鼓（goombay drums）。当你进入阿坤鹏村时，这些——还有药草、葫芦瓢和山角羊（abengs）——会在红绿相间的工艺品小店里出售。手工雕刻的谷贝鼓是盒状的，上面覆盖着山羊皮，声音洪亮，非常好。一个大鼓会让你至少花费 US$150。

到达和离开

专线出租车从玛戈蒂的莎士比亚广场出发（J$200），你需要在那里换乘以到达黑河。如果你自己开车的话，从玛戈蒂出发的路线标识非常清楚，但是道路却坑坑洼洼、蜿蜒崎岖。慢点开反而更好，因为花椰菜色的山脉绵延不绝、美不胜收。

特洛伊及周边（Troy & Around）

在小居民点巴拉克拉瓦（Balaclava）东北3公里处，B6向东南延伸通向曼德维尔；另一条公路B10向北延伸，通向与特里洛尼区相邻的特洛伊。因为你会穿过一些惊险的峡谷，道路与科克皮特地区陡峭的路面相连，所以后者会是一次刺激的驾车经历。

特洛伊深扎在山谷底部，被大片的甘蔗地所围绕，是通向科克皮特地区的东南大门。这里也是甘薯种植中心，它们生长在整个山谷中分隔出的高流道中。当地人现在仍然在使用圣西拉斯教堂（St Silas Church），该教堂有蓝色波纹铁屋顶，因此值得一看。

Auchtembeddie位于特洛伊南5公里，是探洞者的好去处，他们会前往科菲河洞穴（Coffee River Cave），该洞穴以一些宏伟的落石和许多蝙蝠闻名。该地区的旅游业还完全没得到开发，但是当地导游会陪同你，价格可以商量。

一条泥土路从特洛伊北3公里处通向泰尔（Tyre），一个科克皮特边缘上的小村庄。在泰尔远处，道路消失于灌木遮蔽的小径中，一直通向温莎（约21公里）。不要单独走这条路，因为有几条岔路，很容易迷路。

若要找一个导游，请联系**Jamaican Caves Organisation**（www.jamaicancaves.org）。

克里斯蒂安娜（Christiana）

人口 8430

克里斯蒂安娜是西部高地农业甘薯的中心产地，位于曼德维尔北16公里，海拔900米，这里有绵延的山脉和浅谷，是个宜人的城镇。

18、19世纪德国的农民曾在这里定居，一些当地人的肤色和坐落在蜿蜒的主街北端的摩拉维亚教堂（Moravian church）说明了这一事实。19世纪，克里斯蒂安娜成为一个度假地，为欧洲的高官显贵和躲避平原酷暑的金斯敦人所青睐。现在，克里斯蒂安娜成为探索伊苏瀑布和阿普尔顿朗姆酒庄园的一个好基地。

这是一个相当安静的地方——农民们睡得很早，大约4:00或5:00起床，如果你厌烦了牙买加平常的喧闹，这里会让你神清气爽。即便如此，小贩们会在星期四到这里出售农产品，届时你若在这里，你会很难开车穿过这个城镇，因为道路太拥挤了。这个景象值得一看。

漫步于克里斯蒂安娜，你会感觉自己站在了比利牛斯山（Pyrenees）或哥斯达黎加（Costa Rican）的高地上。空气新鲜，白云飘浮在溪谷和松树上，高山绵延起伏。这里是种植爱尔兰土豆、可可豆、甘薯和咖啡豆的重要中心，采摘时节你会看到妇女们拿着篮子在田间穿梭，摘樱桃红的咖啡豆。

景点和活动

克里斯蒂安娜谷底 山谷

（Christiana Bottom）在这里停留的主要原因是发现美丽的河岸谷底，它位于城镇的下面，是一个闪闪发光的瀑布的基底。清澈的水充满了两个灰岩洞，让人神清气爽，它们被统称为蓝洞（Blue Hole）。你可以从克里斯蒂安娜中心徒步到这儿，不过河流的下游会泥泞湿滑（虽然长满苔藓和蕨类植物的道路不好走，但这真的很美）。

走那条从国家商业银行开始向东延伸的道路，距此地3公里。在第一个路口向左拐，之后到第二个路口还向左拐，再穿过草地；如果迷路了，当地人会很乐意为你指明方向。

古尔瑞森林保护区 自然保护区

（Gourie Forest Reserve；日出至日落）这里有异常繁茂的松树，还有生长在科克皮特地区坚硬地面上的桃花心木（mahogany）和瑞香科灌木（mahoe），位于克里斯蒂安娜西北3公里处，靠近Coleyville。这个公园分布着远足小径，最为引人注目的是，它拥有牙买加最长的洞穴系统之一。已经有两条路被探索出来通往古尔瑞洞穴，但是这是一次高水平的洞穴探险；向Hotel Villa Bella要一名导游。

你会看到宏伟的柱子、狭窄的裂缝和一条冰河，头顶上是不足30厘米的通风口。最好在干燥的天气到古尔瑞，因为这时候不太可能洪水泛滥。你还应带好暖和的衣服；水冰凉透骨。

从克里斯蒂安娜到这里，需要在无线电塔处爬山（西南），无线电塔就在向西通往Coleyville和特洛伊的交叉口南部。在一个Y型交叉路口左拐，然后在下一个Y型交叉路口右拐，顺着绿铁丝围栏走。路况不是很好，但是如果开个两驱车，谨慎前行的话，也是可以到达的。

食宿

主街上有许多不起眼的餐馆和糕点店，包括口碑一直不错的**Juici Patties**（964-2568；Lewis Plaza, Main Street；小馅饼J$150起）。

Hotel Villa Bella 酒店 $

（☎964-2243，在美国 888-790-5264；www.hotel villabella.com；房间 US$72~96；P）坐落在Sedburgh的一座山上，位于城镇南端，是一幢迷人、舒适的别墅，它就像从前的一个贵妇人，还保留着原来的红木地板，现在有点咯吱作响，还有维多利亚和德科风格的家具和装饰。礼貌的服务与复古优雅的家具相得益彰。

房间并非全如这般瑰丽，比较简单，但是仍然很可爱。Villa Bella也提供价格合理的用餐体验——牙买加菜、日本菜、中国菜一应俱全。有时也会提供下午茶。

到达和离开

从金斯敦和曼德维尔出发的专线出租车和小型公共汽车都会经过克里斯蒂安娜（J$120）；从曼德维尔你可以到达南部沿海和中央高地的其他重要城市。去往蒙特哥贝和奥乔里奥斯，需要乘专线出租车向北到阿尔伯特镇（Albert Town，J$100），然后换乘。

曼德维尔及周边

曼德维尔（Mandeville）

人口 48,000 / 海拔 628米

曼德维尔能让你脱身于牙买加熙攘、有时略带瑕疵的海岸。曼城是一个凉爽的内陆城镇，即使穿梭于其繁忙的街道后，你也不会因炎热而体力不支。你还能享受一下牙买加人日常的生活——没有iPad、没有随处可见的拍照游客。尽管城镇中心还很喧闹，有穿校服的小学生们玩猫捉老鼠，也有出租车飞驰而过，但是曼德维尔的郊区却呈现出一派优美、安宁的景象，令人神清气爽。臭克·乔治亚（Mock Georgian）宅邸和修剪整齐的花园成为金斯敦企业家和在国外掘金的回国者的第二个家。曼德维尔本身没有重要的景点，那些想从一个不同（牙买加的）角度观赏岛屿的人们，最好把此地当成是一个旅行休息站。在脏乱的商场里吃一个小馅饼，观看一场户外的掷骰子比赛，或者只是和繁华中心广场的当地出租车司机、店员或拉斯特法里派信徒闲聊。欢迎来到真正的牙买加，mon!

历史

曼德维尔建于1816年，刚开始是逃离平原酷暑的殖民地种植园主的避难所。19世纪，该城镇发展成为一个金斯敦富人们的度假村，吸引着来自其他殖民地区的士兵和英国退休人员。一些早期的侨居者将此处建成了乳品业、柑橘和甘椒生产中心。牙买加特产的无籽柑橘——欧塔尼克柑（ortanique），最先于20世纪20年代在这里问世，并且大量种植。

北美铝土矿公司加拿大铝业公司曾与1940年在这里开办过工厂（2000年将工厂卖给了一家瑞士公司，嘉能可国际公司）。相对较高的工资水平吸引了受过良好教育的牙买加人，给这个城镇带来了中产阶级的聪明才智。

景点

马歇尔农庄 宅邸

（Marshall' s Pen；☎904-5454；Mike Town Rd；门票 US$10；⏲提前预约）是中央高地上最令人印象深刻的历史景点之一，马歇尔农庄宅邸有一个故事，该故事将牙买加从泰诺时期，经过殖民主义到废除殖民主义、独立，一直到现在的历史浓缩在一起。还有，这是个观鸟的好地方。

泰诺人曾经在这里居住过，考古挖掘仍然能发现他们的手工艺品。这座石木宅邸本身建于1795年，可追溯到牙买加的第一任英国教长。纵观其历史，这里已经成为咖啡种植园和畜牧场（所以称之为Marshall' s Pen）。这里的120公顷地为牙买加主要的鸟类学者安·海恩斯·萨顿（Ann Haynes-Sutton）所有，她是一位环境科学家。

该建筑的外部非常漂亮，园林围绕着石雕的西班牙式窗户。宅邸内部同样引人注目，蜂巢状镶木板的房间里满是古董、皮革装订的书、泰诺时期的手工艺品、历史原创艺术品和许多其他博物馆级别的物件，有很多来自日本和中国（这可能是该岛上亚洲艺术的最好收藏）。你只能通过预约参观这个小型博物馆。

马歇尔农庄非常适合观鸟：有100多种鸟记录在案，牙买加当地的鸟有27种，其中的25种就在这里。有组织的观鸟旅行通常会把住

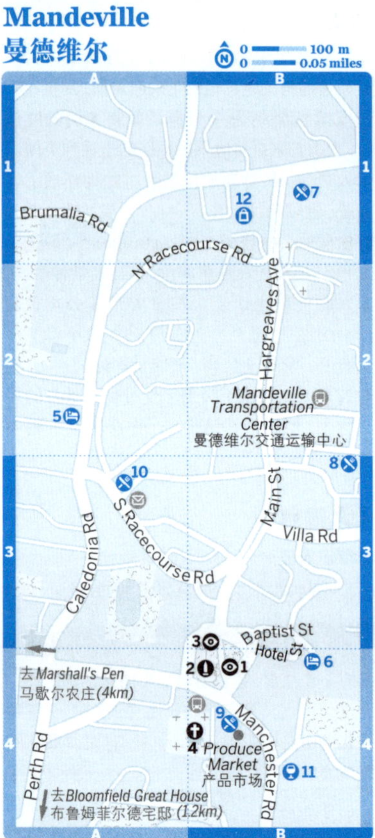

Mandeville 曼德维尔

景点

- 1 塞西尔·查尔顿公园 B4
- 2 纪念碑(战争纪念碑) B4
- 3 曼德维尔法院 B3
- Rectory教区牧师的住宅 (见3)
- 4 圣马可教堂 B4

住宿

- 5 Golf View Hotel A2
- 6 Mandeville Hotel B4

就餐

- 7 A Little Pastry Place B1
- 8 Little Ochie B3
- Manchester Arms Pub & Restaurant (见6)
- 9 Produce Market B4
- 10 Star Grill A3

饮品和夜生活

- 11 Vineyard B4

购物

- 12 Bookland B1

宿安排在这里。如果你想要游览这里，需要提前打电话。

到达此地，需走Winston Jones Hwy（A2）旁边的Oriole Close，在城镇中心西北约5公里[交叉口有一个萨默塞特采石场（Somerset Quarries）的标志]。在Nightingale Dr 处左转，然后走约100米，就在Mike Town Rd上；宅邸的入口——一个无标记的石门——在路右边400米处。记得带着驱虫剂。

塞西尔·查尔顿公园 广场

（Cecil Charlton Park）这一小片英式“绿地”，也被称为曼德维尔广场，使小小的科茨沃尔德（Cotswold）村感觉像是城镇中心——想象一下科茨沃尔德绿地上到处都是挥手叫出租车、出售产品及玩刮刮卡的人们。北部是曼德维尔法院，广场上最古老的建筑。1817年由奴隶用琢下的石灰石建成，大厦前面是马蹄铁楼梯和多立克柱式支撑的上升门廊。教区牧师的住宅连着法院，于1820年完工，是城镇中最古老的住宅。

南部是一个产品市场和一座纪念碑——以纪念在两次世界大战中死去的牙买加人。

圣马克圣公会教堂（St Mark's Anglican Church）位于塞西尔·查尔顿公园的南部，建于1820年。这座教堂哥特式风格浓厚，使其在同时期建造的其他牙买加教堂中十分显眼。这座建筑仍然是曼彻斯特的教区教堂。

布鲁姆菲尔德宅邸 宅邸

（Bloomfield Great House；☎962-7130；bloomfield.g.h@cwjamaica.com；8 Perth Rd；⏰周二至周六 正午至22:00）这座完美的古宅屹立于山顶上，在城镇中心西南部一条非常蜿蜒的道路尽头。这座两层建筑采用的是传统加勒比风格，多亏了一些精良的整修，现在它仍然熠熠发光。它大约有170年的历史（具体时间不详），刚开始是咖啡庄园中心，之后是柑橘种植园、养牛场和乳品厂。现在，它是牙买加最好的美术馆之一，也是最佳餐馆。

该美术馆的作品多出自牙买加顶级艺术家之手，曼德维尔的许多富人和当地的侨居者经常光临此地。你看到的大部分作品都是可购买的；如果你想买比原创作品便宜的艺术品，这里有一个礼品和工艺品店，出售木制品、印刷品及各式各样的物品，它们要比牙买加普通纪念品商店里卖的东西更加有趣。入口在曼彻斯特大学（Manchester College）南200米处，在马路对面十字路口处。从城镇中心走过去很方便。

团队游

Jack Mandora Tours 观光游

（☎530-6902；www.real-jamaica-vacations.com/jack-mandora）这些团队游由附属旅行社Real Jamaican Vacations组织，它为小团队（1~4人）定制了特别的旅行套餐，价格合理（一日游 US$150）。当地的**Allison Morris**（☎965-2288），是个聪明诙谐的人，一旦介绍起她挚爱的家园，就能滔滔不绝地讲几个小时，还提供钢鼓课程；她的网站对该岛作了出色的介绍。

住宿

Golf View Hotel 酒店 $

（☎962-4477；www.thegolfviewhotel.com；51/2 Caledonia Rd；标单 US$70~90，双 US$75~95，套 US$110；P❄@📶🏊）这栋格局不规则、会议型的酒店有60个奇特的房间，以混凝土庭院里的一个小游泳池为中心。这栋建筑给人一种干净、略微不食人间烟火的感觉，但是房间属中档标准，比较合人心意。室内的装饰相当现代；有4根帷柱的床非常舒适，竟然还有一个高尔夫球场景观，真是出乎意料。

Kariba Kariba Guest House 客栈 $

（☎962-8006/3039；1 McKinley Rd；房间含早餐 US$50）位于城镇中心北部，Kariba是一座美丽的、用散石砌成的建筑，由一对非常友善的英裔牙买加夫妇经营。无可否认的是，其室外和大厅要比真正的房间更有吸引力，房间水平中等，但是员工为接待客人做出了很大努力。客栈的所有者会向你指出通往自然景观的小径，也会带你开始一段定制的旅行。

在Brumalia Rd上向西行进800米；右转（北）到McKinley Rd，再走1公里到与A2环城公路的交叉口。客栈就在右边。

Mandeville Hotel 酒店 $$

（☎962-2460/9764；www.mandevillehoteljamaica.com；Hotel St；房间 J$8100，套 J$9975；P❄📶🏊）这家值得信赖的酒店建于1875年（是岛上最古老的建筑之一），经营良好，房间宽敞，格局设施基本一致、有一个不错的餐馆酒吧，还有热情友好、脚踏实地的员工。它主要是为牙买加商人和度假者服务，在这个小镇，旅游业虽然不是主业，但你也能很好地融入他们。

就餐

在塞西尔·查尔顿公园南边的市场上可以找到生鲜农产品。

A Little Pastry Place 咖啡馆 $

（59 Main St；小吃 J$150~350）喝杯咖啡提提神，吃个甜甜圈让心情好起来，或者参加当地达芳宅邸的音乐节放松一下。

Manchester Arms Pub & Restaurant 牙买加菜 $

（Mandeville Hotel, Hotel St；主菜 J$500~1500；⏰16:30~23:00）Manchester Arms想全力打造一种牙买加酒吧的氛围，但是却收效甚微。菜单包括定价过高的牙买加菜和西餐，但是这里的环境却让人身心愉悦，特别是周三晚上举行的池边烧烤。每月的最后一个星期三是牙买加之夜（Jamaica Night），会有牙买加食物和娱乐活动，包括门特乐队现场表演。

Star Grill 牙买加菜,各国风味 $$

（☎632-3834；20 South Racecourse Rd；主菜 J$700~3000；⏰周一至周四 10:00~22:00，周五和周六 10:00~23:00，周日 正午至20:00）不要急着给曼德维尔最新的餐馆下结论。给人的第一印象是，它看起来像是一个现代普通的快餐馆，但是上楼窥探一番，你就会发现这里的与众不同。菜单上有牙买加菜和各国风味，比如油炸玉米粉饼（一种墨西哥食品），服务像其装饰一样让人眼前一亮，人们之间对话主要使用方言。

Bloomfield Great House Restaurant & Bar　创意菜 $$

(8 Perth Rd; 主菜 J$800~2200; ⊙周一至周六 正午至22:00)位于布鲁姆菲尔德宅邸中，是牙买加上好的餐馆之一，提供加勒比创意菜，尽管与其环境不太协调。但是这仍然掩盖不了它的光芒：卡拉萝宽面、夹着墨西哥辣椒的大虾、菲力牛排(filet mignon)以及人们公认的岛上最好的炸鱼薯条；不过没有豌豆泥。

Little Ochie　海鲜 $$

(☎625-3279; Leaders Plaza; 主菜 J$500~2000; ⊙11:00~23:00)在阿利盖特庞德的众多鱼馆中，这家Little Ochie的分店很棒。当然没有总公司棒，但是，我们没有人能臻于完美。菜单上是以传统的牙买加方式加工的海鲜，环境不大清爽，不如公交站旁边的那家姊妹店。

饮品和娱乐

新婚夫妇和老年人经常到这里，这个城镇以此闻名，你应该能猜到这个地方会有多么令人兴奋了吧。Manchester Arms有一个安静的英式小酒馆，开到很晚，而布鲁姆菲尔德宅邸周五晚上会有现场音乐会。

Vineyard　葡萄酒吧

(Manchester Rd; ⊙周一至周四 16:30至午夜，周五 16:00直到最后一人离开)与曼德维尔一样时尚，有发光的小碟子，当然还有一份不错的酒单。

购物

Bookland　书店

(Manchester Shopping Plaza; ⊙周一至周六 9:00~17:00)想在牙买加的小镇里找一个像样的书店不容易，曼彻斯特广场上的Bookland就是难得的一个，它以其百科全书式、摆放整齐的加勒比小说区和大量有关鲍勃·马利及其遗产的书而著名。

实用信息

丰塔纳药店(Fontana Pharmacy, ☎962-3129; Manchester Shopping Plaza; ⊙周一至周四 9:00~20:00，周五和周六 9:00~21:00，周日 10:00~17:00)

曼德维尔医院(Mandeville Hospital, ☎962-2067; 32 Hargreaves Ave)

警察局(☎962-2250; Park Cres)

邮局(见170页地图; ☎962-2339; South Racecourse Rd; ⊙周一至周五 8:00~17:00)

丰业银行(Scotiabank, ☎962-1083; Ward Ave和Caledonia Rd交叉路口; ⊙周一至周四 8:30~14:30，周五 8:30~16:00)

到达和当地交通

牙买加的每个重要城镇几乎都有通往曼德维尔的直达长途汽车、小型长途汽车和专线出租车。大部分长途汽车、许多小型长途汽车和专线出租车都抵离交通中心，紧邻Main St。其他的抵离中央广场的市场附近。环岛的**纳茨福德快车**(Knutsford Express, www.knutsfordexpress.com)每天都有车开往该岛的主要城镇的班车，包括金斯敦(J$1600)、蒙特哥贝(J$2000, 4小时)、圣克鲁斯(J$1400, 1小时)和滨海萨凡纳(J$1600, 2.5小时)。

射手山(Shooter's Hill)

射手山始于威廉斯菲尔德西北3公里

值得一游

高山咖啡工厂

在Winston Jones Hwy(A2)尽头，曼德维尔东北部海拔低于300米的地方有个叫威廉斯菲尔德(Williamsfield)的村，在这里你可以免费参观高山咖啡工厂(High Mountain Coffee Factory; ☎963-4211; Winston Jones Hwy; 含饮品游览 US$10; ⊙周一至周五 10:00~16:00，需提前预订)。工厂和行程都很小，但是整件事情非常吸引人，特别是旅行团导游介绍如何分类、品尝、包装及出口(主要是到日本)咖啡的环节。整个地方的味道闻起来好极了。当然，参观完之后，你可以买几袋新鲜的咖啡(还有苏格兰红帽辣椒酱)。

处，稳步爬升至克里斯蒂安娜，山体陡峭（海拔430米）。透过中途的瞭望台可以观赏到绝美的风景。路的西边、一个山丘上面是摩拉维亚人（Moravian）建造的**米斯巴教堂**（Mizpah Church），顶部是一个德式四面钟。

如果你在世界上其他地方的牙买加餐馆里用过餐，你一定会看到几瓶皮卡贝巴辣酱。如果你曾经想知道这种东西是在哪里制成的，不要再想了，来**皮卡贝巴工厂**（PickapeppaFactory；☎603-3439/3441；www.pickapeppa.com；团队游 J$200；⏲周一至周四 9:00~15:00）看看，在射手山山脚下的B6公路上。该工厂提供30分钟的游览，需预订。说实话，这里真没有多少好看的，只是工人们搅拌大锅，里面有慢火煨炖的青葱、芒果、辣椒和一些其他原料——我们得给你提个醒，好吃得要死，会馋死人的。（开玩笑！）

米莱溪谷及周边（Mile Gully & Around）

米莱溪谷村庄建在一个从曼德维尔向西北延伸的山谷中，位于唐菲格雷罗山（Don Figuerero）草木丛生的北面背风处。B6公路从射手山向西北延伸，在暗绿色的草原上蜿蜒曲折、起起伏伏，草原上点缀着木棉树，石墙和矮树篱纵横交错。

在米莱溪谷往西约1公里的头骨处（Skull Point），你会在与伯大尼（Bethany）交叉口处看到一座19世纪蓝白相间的警察局和法院，甚是威严，另外还有一个独具神韵的废弃火车站遗迹。头骨处这个名字与警察局没有关系，而是来自当地的教堂——或者至少是那座教堂的遗址。这个地方真是让人毛骨悚然，一片腐败之象，到处都是废墟，蝙蝠成群出没。当地人认为，在此被斩首的奴隶詹姆斯·奈特（James Knight）的鬼魂可能常常在此处游荡（我们到达这里的时候，人们真的会从他们的车里朝我们大喊，让我们小心恶鬼——幽灵）。

伯大尼山路比较陡峭，沿此路攀爬你会到达伯大尼摩拉维亚教堂（Bethany Moravian Church）——一座建于1835年简单的灰色石头建筑，方方正正地屹立在山路中部，山谷景色绝美，引人注目。这座教堂经常大门紧闭，内部简单，但拥有一架华丽的管风琴。另一座美丽的教堂——圣西蒙圣公会教堂（St Simon's Anglican Church）——坐落于米莱溪谷6公里处的舒适厅（Comfort Hall）草地间的山腰上，参天大树向天空伸展开来，挂满了“老人胡须”地衣。

B6公路南边是简陋的拿撒勒摩拉维亚教堂（Nazareth Moravian Church），坐落于唐菲格雷罗山山顶，在梅德斯通（Maidstone），它在牙买加灌木丛区和在美国大草原上看起来一样舒服。成立于1840年，梅德斯通是牙买加已解放和预先规划的“自由村庄”之一，是一个处在城市规划与社会政策交叉点的早期试点区。梅德斯通于每年的8月1日庆祝解放节，届时会有门特乐队、Jonkanoo庆典、五花柱和四对方舞。

沿海船和专线出租车经由米莱溪谷在B6公路上曼德维尔和玛戈蒂（Maggotty）之间运行。如果你从曼德维尔开车出发，沿着B6公路继续向西行驶8公里后，可以到达米莱溪谷和一个丁字路口。在这个路口向北约1.5公里处（右侧），通往巴拉克拉瓦（Balaclava）方向，有一个非常危险的地点：你会爬上一座小山，而这座小山会吸引你加速前进。不幸的是，一个无标记的铁路穿过山顶，之后紧接着有个急转弯。慢点开车！

特雷热海滩及周边

黑河东南部阳光普照，受到圣克鲁斯山脉（Santa Cruz Mountains）的阻挡，这里常年无雨，因此没有北海岸繁茂的草木。相反，你会看到梦幻般美丽的半荒漠，有许多多刺植物，几乎可以与东非酷热相媲美。刺槐和仙人掌俯瞰着芦荟篱笆包围的青葱地。这个地方还未受到观光旅游业的入侵。在这里你可以享受慵懒、朴实无华的热带地区生活，而这在其他牙买加海滨是不太可能找到的。

之前提到的圣克鲁斯山脉将该平原分成了南北两部分，此山倾斜延伸入海，在情人跳处陡降520米。

特雷热海滩（Treasure Beach）

厌倦了特雷热海滩的人可能缺少一些基本的生命力——比如活力。欢迎来到牙买加的一个独特、极为传统的地区，不费吹灰之力，你在这里可以拥有所有加勒比体验的精髓。蜿蜒的乡间小道、没有犯罪和妓女、绝美的人迹罕至的海滩、没有度假地的噱头（至今仍然如此），最重要的是——有一个自豪的、深谋远虑的本地社区，它关注可持续性发展，并且孕育出一种和谐、成熟的文化。完美得有些不真实吗？一点也不。漫步到当地新建的体育公园，一场板球比赛正在如火如荼地进行中，或者沿着人迹罕至的弗伦奇曼斯海滩散步，那里的渔民更有可能让你帮忙将船停到岸边，而不是卖给你一个不值钱的小玩意。

特雷热海滩是4个海湾的总称——比利湾（Billy's Bay）、弗伦奇曼斯湾（Frenchman's Bay）、葫芦湾（Calabash Bay）和大湾（Great Bay，也称为大佩德罗湾，Great Pedro Bay）。据说在19世纪，有苏格兰海员在特雷热海滩附近遭遇海难，这就解释了当地人口中皮肤白皙、红发碧眼人的来源。这一地区的居民以其强烈的团体精神而闻名。像特雷热海滩妇女组织（Treasure Beach Women's Group）和特雷热海滩基金会这样的团体将本地人和外地人团结在一起推进住房、教育和本土文化工程。这里文化蓬勃发展，艺术家、诗人和其他杰出人物陆续到此地定居。

活动

历史悠久、航海的渔民众多，难怪特雷热海滩会成为出海的好地方。预订旅行的最好时间是清晨或午后，中午可能会起风。在月光照耀的夜晚，你可以来到银色的海滩，享受迷人的海滨之旅。

广受欢迎的划船游览会经过鹈鹕酒吧（Pelican Bar）、黑河大沼泽地、阳光岛（Sunny Island）和小奥奇（Little Ochie），后两个地方都在阿利盖特庞德附近。从弗伦奇曼斯海滩，船长兼渔夫**丹尼斯·亚伯拉罕斯**（Dennis Abrahams；☎965-3084，435-3779；dennisabrahams@yahoo.com）提供日落游览，用摩托艇将游客送到大佩德罗断崖（Great Pedro Bluff）和比利湾（Billy's Bay），还提供捕鱼以及到鹈鹕酒吧和黑河大沼泽地旅行的服务。这里推荐的其他船长还有**伦·戴利**（Allan Daley；☎366-7394，423-3673），**Teddy Parchment**（☎854-5442）和**约瑟夫·布朗**（Joseph Brown；☎847-1951，376-9944）。到鹈鹕酒吧的旅行费用约为US$35，到黑河的旅行费用为US$70。记住，汽油价格的变化也会引起旅行费用的变化。

在特雷热海滩每个拥有船只的人都会以某种方式进行捕鱼，说服某人带你去布网下线还是比较容易的。或者你可以在Jake's Hotel预订一个钓鱼之旅（见191页），他们提供鱼竿和鱼饵。能捕捉到的常见鱼有石斑鱼、无鳔石首鱼和鲷鱼。大部分酒店都愿意用它们准备晚餐。

海滩

几个捕鱼海滩上都零星分布着一些游客，因距离主要住宿地的步行距离较近，所以很有吸引力。水上运动还未流行起来，但是海浪很适合人体冲浪。当心，有时一些景区海滩会发生恶性回潮。

如果从大湾向东行进，穿过大佩德罗断崖（大约要走20分钟；问问方向），你会看到绵延的山脉，青草悠悠，这里有高大的仙人掌、海鸟、稀少（若有的话）的人口和牛道。日光好像与这里田园式的海滨景色融为一体，当地人称之为后海滨（Back Seaside）。

弗伦奇曼斯海滩 海滩

从特雷热海滩酒店（Treasure Beach Hotel）向东到杰克鲱鱼（Jack Sprat's），这里是最中间的海滩。一棵地标性的梧桐树俯瞰着这片海滩，一直以来都吸引着对其作品精益求精的诗人、画家和木雕家的注意力。夕阳西下，像该地区的其他人一样，当地船长聚集于此。这里是安排到鹈鹕酒吧或黑河的旅行的最佳之地。

杰克鲱鱼海滩 海滩

（Jack Spratt Beach）在Jake's Place的西部边缘，颜色鲜艳的木制渔船被拉到沙滩上，总是会有一两个渔夫在那里修补渔网。这是游泳最安全的海滩。

葫芦湾海滩 海滩

（Calabash Bay Beach）葫芦湾海滩在杰克

鲱鱼海滩的东边，那里有几家海滩餐馆提供朗姆酒——如果你幸运的话——还能尝到一些基本的家常菜，以鱼类为主。

老码头海滩 海滩

（Old Wharf Beach）最私人的海滩，但任何辛苦来到此地的人都可以去游览。

大湾海滩 海滩

（Great Bay Beach）大湾海滩在特雷热海滩的最东边，那是一个美丽的乡村地区，既有农田又有海滩。在这个特雷热海滩最落后的区域，主要的企业还是渔民合作社。

团队游

特雷热海滩的每个酒店都能帮你介绍它们自己推荐的导游。

Treasure Tours 观光游

（965-0126；www.treasuretoursjamaica.com）组织南海岸周围及整个岛的团队游。

节日和活动

卡拉巴什国际文学节 文学

（Calabash International Literary Festival；965-3000；www.calabashfestival.org；五月底）在Jake's Hotel举办的一个大胆、广受欢迎的文学节，受到国内外文学界的关注。

住宿

特雷热海滩一直都有新的别墅出租。一些风格奢华、高档，而另外一些则更加简朴实用，对团队和家庭来说物有所值。更多细节请查看www.treasurebeach.net、www.jamaicaescapes.com和www.treasuretoursjamaica.com。这里列出的所有酒店都有停车场；参考价为旺季价格。

★ Nuestra Casa Guest House 客栈 $

（965-0152；www.billysbay.com；双US$50；）Nuestra Casa华丽辉煌。这座漂亮的房子由可爱的罗杰和他的母亲莉莲经营，他们和他们的牙买加员工待客非常热情。

这个悠闲的客栈有一个美丽的干旱植物园，建在多孔的岩石中，一条宽阔的走廊，摆满了摇椅。房间个性化十足，装饰新奇、独特（也很智能化；手边的图书太棒了）。

Southview Hotel 酒店 $

（876-965-0654；www.southviewhoteljamaica.com；房间 US$30~80；）远离主要海滩区并非一定是弱势，何况一条美丽、蜿蜒的小路通往Southview，这条路穿过乡村的丰美草原，上面有许多正在吃草的牛儿和山羊。该酒店的主要优点就是服务——愉快的业主会竭力帮助你——包括晚饭之后来海滩接你。

在肥沃的花园里长满了果树，酒店还有2个游泳池，部分使用风力发电。

Ital Rest 客栈 $

（473-6145，421-8909；www.italrest.com；房间 US$50）装修得当，温馨烛光使这里变得特别浪漫。两间精致的全木茅草小屋是这里的特色。夕阳西下，你可以与信奉拉斯特法里教的业主闲逛，然后跟爱人一块回到烛光映照的房间休息。所有房间都配有卫生间，楼上的房间里还有一个很棒的晒台。厨房设施是公用的。

Waikiki Guest House 客栈 $

（345-9669，965-3660；标单/双 US$25/50）位置！位置！位置！这个客栈物美价廉，紧邻弗伦奇曼斯海滩。房间简单、干净。没什么特别的，也没什么可抱怨的。二楼是个双层的Waikiki奇特混凝土塔（比它听起来还要美），简直棒极了。你可以站在小阳台上，欣赏太阳沉入大海。

Waikiki还有一个一室一厅的小屋、两个两层小屋和一个三室一厨的房子。

Golden Sands Beach Hotel 酒店 $

（965-0167；www.goldensandstreasurebeach.com；房间 US$55~70，三室公寓 US$165~215；）Golden Sands是特雷热海滩几个传统酒店之一，对于那些不喜欢宾馆的拥挤，或者感觉预订一栋别墅或私人住宅花费大量时间的人来说，这里是一个不错的选择。有多种类型的房间：一些有吊扇，一些拥有海景，而一室和三室的小屋也配有空调和电视，都非常干净实用。

Shakespeare Cottage 客栈 $

（965-0120；www.marycroteau.com；房间带有公用/独立浴室 US$20/50，单间公寓 US$70；）这家客栈简单廉价，有5个房间，里面都有

Treasure Beach 特雷热海滩

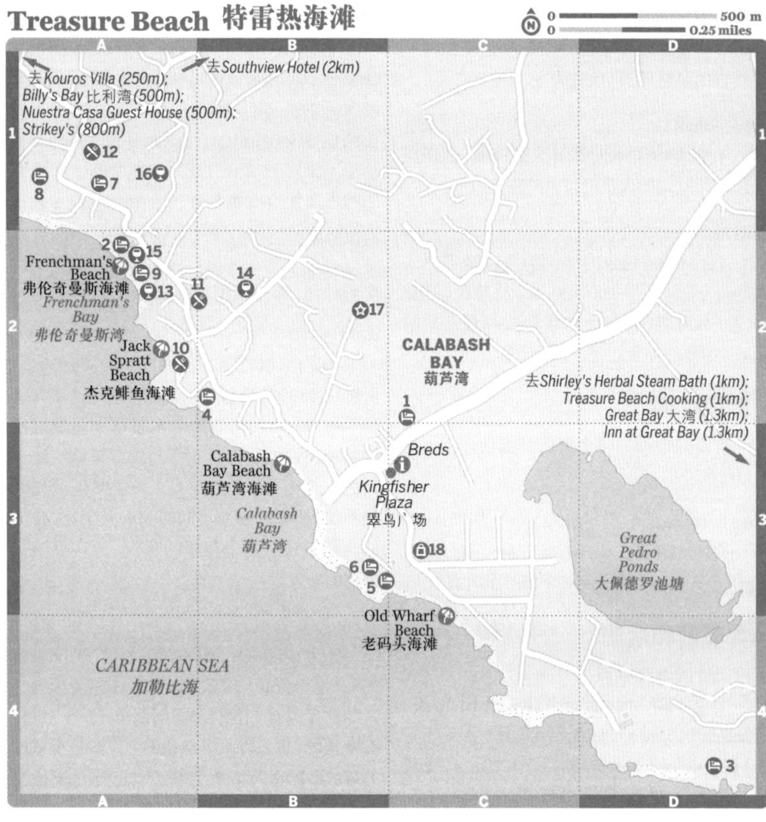

风扇和只供应凉水的浴室。有一个公用厨房。建筑本身没有多少特色，却深受背包旅行者的喜爱，所以这里的社会氛围很好。

Bay Villa 别墅 $

（837-0430; bayvillaja@yahoo.com; 双US$50, 8人别墅 US$170; ）这座舒适宜人的红顶房子位于特雷热海滩中心，在翠鸟广场（Kingfisher Plaza）对面，离海滩很近。房间是标准牙买加式的：瓷砖地面、干净的墙壁、廉价的家具和友好的员工，他们能帮你安排当地更多的旅行。

Kudeyha Guesthouse 酒店 $$

（Old Wharf Rd; US$70~110; ）特雷热海滩住宿唯一的共同点是它们都很棒——但是原因各不相同。这里设施较新，距海滩很近，拉斯特法里教主题风格，3间套房非常完美，配有独立浴室和咖啡机，其中一间甚至配有小厨房。提供用有机肥料培植的、烹调时不加盐的蔬菜餐，配以从菜园里采摘的佐料。

Treasure Beach Hotel 酒店 $$

（965-0114; www.jamaicatreasurebeachhotel.com; 双花园景/海景 US$108/132; ）这栋格局不规则的老房子点缀着棕榈树，坐落在山坡上，俯瞰着海滩，有许多质量中等的房间，包括宽敞、奢华的海滨套房，里面有特大的四柱床和微风阵阵的天井。酒店里有Yabba Restaurant，前台可以为你介绍当地的一些团队游和活动。

Inn at Great Bay 酒店 $$

（876-848-3818; 标单/双 US$60/100; ）这个小型酒店是大湾地区的经济实惠之

Treasure Beach 特雷热海滩

住宿

1 Bay Villa......C2
2 Golden Sands Beach Hotel......A2
3 Ital Rest......D4
4 Jake's Hotel......B2
5 Kudeyha Guesthouse......B3
6 Marblue Villa Suites Boutique Hotel......B3
7 Shakespeare Cottage......A1
8 Treasure Beach Hotel......A1
9 Waikiki Guest House......A2

就餐

10 Jack Sprat Café......A2
Jake's Country Cuisine......（见4）
11 Pardy's......B2
12 Smurf's Cafe......A1

饮品和夜生活

13 Eggy's Bar......A2
14 Fisherman's Nightclub......B2
15 Frenchman's Reef......A2
16 Wild Onion......A1

娱乐

17 Treasure Beach Sports Park......B2

购物

18 Treasure Beach Women's Group......C3

选，有8个房间，其中2间有小厨房和2张双人床。楼上的房间有海景，几个海滨就餐点非常近，你都能闻到炸鱼的味道。

Marblue Villa Suites Boutique Hotel 精品酒店 $$

（☎840-5772，848-0001；www.marblue.com；Old Wharf Rd；小套房 US$111~122，套房 US$255~275；）是牙买加最时尚的精品酒店之一，经营有方、热情好客，为顾客提供贴心的服务和极致的奢华。5间一居室别墅套房的家具都是由其业主设计的，分别是设计师阿克塞尔（Axel）和安德里亚·维希特里希（Andrea Wichterich）。每个阳台套房都可以欣赏到壮丽的海景。每周都会举行一次烧烤晚会、两个引人注目的游泳池、美味佳肴和一个水疗/冥想室。残疾旅行者可以无障碍入住。

★Jake' s Hotel 酒店 $$$

（☎965-3000，在英国 020-7440-4360，在美国 800-688-7678；www.jakeshotel.com；房间 US$150~395；）如果你没来过Jake's，你就没有真正到过特雷热海滩。这个格调浪漫的精品酒店几乎具备了这一区域的一切——如烹饪课（US$35）、瑜伽课（9:00；US$20）和马赛克工作坊。这家酒店由詹森·亨塞尔（Jason Henzell）经营，他是电影导演佩里·亨塞尔（Perry Henzell）的儿子，佩里曾经于1972年执导过《不速之客》，反响巨大。

设计独特的房间没有电视，但是其风格却高端大气。

Kouros Villa 别墅 $$$

（☎965-0126；www.villa-kouros.com；每天 US$550，每周 US$3600；）称得上是牙买加的圣托里尼岛（Santorini）。Kouros包括一个粉刷雪白的希腊岛风格的宅邸，集聚于悬崖上，有屋顶平台、晒台、封闭庭院，浪漫气息浓厚。房间简单、通风好——却也奢华，正如最浪漫的爱琴海村庄的房屋一样。位于弗伦奇曼斯海滩和比利湾之间的途中。

就餐

★Smurf' s Cafe 牙买加菜 $

（☎483-7523；餐 J$300~700；⏲6:30~13:00）Smurf' s是特雷热海滩最不可思议的传奇。表面上是一个全天开放的瓶装酒商店，由轻型建筑用砖建成，主打肤浅低俗的蓝精灵主题。但其实这是一个只在早上开放的咖啡馆，提供牙买加最好的早餐，并烘烤、调制彼岸西雅图最可口、易上瘾的咖啡。不要因弄脏的、有凹痕的咖啡壶而退却，尽情享受王牌早餐吧。

Strikey' s 牙买加菜 $

（Billy' s Bay；主菜 J$400~800；⏲11月至次年4月 每天 16:00~22:00）一家季节性餐馆，由精力充沛、热情友好的Chris Strikey经营，他在美国和Jake' s place曾经是一名专业厨师，秘密配方和手工烤制的烤肉是这家低调餐厅的镇店之宝。食物绝妙：牙买加人的最爱，家常做法，令人垂涎欲滴，特别是烤肉。

Pardy's

咖啡馆 $

(☎326-9008; 主菜 J$300~500; ⊙周一至周六 7:00~15:00)位于横穿弗伦奇曼斯湾的主干道上，Pardy's提供一些可口早餐和午餐风格的食物：早上是可爱的卡拉萝煎蛋、薄烤饼、法式吐司和不限量的自制蜂蜜，或者易消化的三明治。

★Jack Sprat Café

创意菜 $$

(☎965-3583; 主菜 US$7~20; ⊙10:00~23:00)在Jack Sprat's，海鲜和比萨都是餐桌必备，他们都敢把新鲜的龙虾放入他们意大利式厚馅饼中。对很多人来说，这里是美好友谊的开始，在梦幻之地升温：烛光餐桌旁边是几近完美的半月形沙滩，内部采用波希米亚风格，极好地融合了复古雷鬼音乐的海报和古老唱片封面。招牌菜是自制的蟹肉饼和无酵饼(bammy)。招牌饮品是美味的水果冰沙。

Jake's Country Cuisine

创意菜 $$

(☎965-3000; 主菜 US$5~27; ⊙7:00~23:00; ✎)这个氛围独特的餐馆在与其齐名的酒店里，是半边敞开木制装潢，提供精致可口的饭菜，昏暗的灯光下播放着流行音乐——你也可以在天井里就餐。根据当地菜园里生长的和市场新鲜的食物，菜单每天都有变化。Jake's对素食者非常友好，而肉食者也会感到同样自在舒适。

特色菜肴包括南瓜汤、烤羊、酿蟹和餐后甜点巧克力蛋糕。

饮品和夜生活

夜晚，特雷热海滩似乎是一个沉睡之地，但是当地的酒吧派对会一直持续到深夜，直到最后一人离开。Jake's Hotel有一小时的游泳池鸡尾酒派对，而Jack Sprat Café会举行小型音乐会、诗歌朗读和露天电影。

★Pelican Bar

酒吧

(Caribbean Sea; ⊙10:30至日落) Pelican Bar可能是牙买加最著名的饮品店：一个茅草屋建在离海岸1公里的水中沙洲上，你可以欣赏到几米之外海豚在海浪上翻滚，顺便喝一杯红带啤酒提提神。这个木桩上的小饭馆是牙买加——也可能是全世界——享受饮品最为舒服的地方。

单是去那里乐趣多多：雇佣一个当地船长(一般收费约为US$40)，如果你想就餐，他可以提前打电话订餐。这对想在那里就餐的人来说是很重要的(主菜US$5~15)，但坦白来讲，这虽然新奇但不是必要的——在陆地上你会得到更好的食物。来这里喝啤酒最好了(或者朗姆酒，如果你喜欢)。客户有流连忘返的游客，也有回头客渔民，他们在这里玩多米诺骨牌游戏、打电话、看板球比分或者与扬扬自得的业主开玩笑，消遣时光。在喝啤酒的间隙，或者你点的龙虾、小虾或鱼等大餐上来之前，你可以尽情跳到水中游个泳。

Frenchman's Reef

酒吧

(☎965-3049; www.frenchmansreeftreasurebeach.com; Frenchman's Bay; ⊙8:00~23:00)四个字：红带啤酒——牙买加的珍品。任何别的东西都是次要的，尽管草莓奶昔还不错。日落之时，常常会有现场音乐演奏。

Eggy's Bar

酒吧

不在主干道上，位于弗伦奇曼斯湾附近，日落时来Eggy's最好；特雷热海滩上的每个人，不管是当地人还是游客，都会聚集于此喝啤酒、欣赏日落、分发鱼雷大小的大麻烟卷。

Fisherman's Nightclub

酒吧，夜店

(⊙正午至深夜)在一条土路上，Jake's Hotel附近，Fisherman's包含一家敞开的木制酒吧，人们可以在里面玩多米诺骨牌游戏、观看板球比赛，在后面有一个颇具吸引力的雷鬼音乐酒吧，里面有一个摇摇晃晃的舞台和强大的音响设备，你可以在这里尽情放松。

特雷热海滩基金会

特雷热海滩基金会(☎965-3434, 965-0748; www.breds.org; Kingfisher Plaza)或者Breds(brethren的缩写)——致力于培育社区的传统自豪感、体育、卫生和教育，代表了特雷热海滩社区、侨民和(牙买加国内外的)股东在当地旅游业之间的合作关系。其工作包括重建破旧的房屋、赞助一只足球队和一只篮球队、为当地学校引进计算机实验室以及为海上遇难渔民的孩子们提供教育。

不要错过

特雷热海滩的社区板球

在没看到之前你会对此有所耳闻；皮革包着柳木，砰的一声落在地上，随即是一阵轻柔的欢呼声。对于一个板球爱好者来说，这一经典场景无须再多解释。对于那些不知LBW（击球员犯规用腿截球）规则或者如何打"外曲线球"的人，欢迎欣赏这一牙买加文化的主要组成部分。生活节奏缓慢、谦逊安静的特雷热海滩可能一开始就是板球之城，2012年特雷热海滩体育公园及其板球椭圆形体育场开幕时，民众都非常兴奋。伴随着诙谐的评论和雷鬼音乐，比赛会在周日下午举行。想要边享用一杯冰爽的红带啤酒，边与熟知板球的当地人攀谈，公园里可爱的隔板亭是一个理想去处。温柔地询问他们，他们甚至可能会向你解释LBW规则。

Wild Onion 夜店

（⏲8:00~次日2:00）位于弗伦奇曼斯湾，Onion有宽敞的舞池和台球桌，吸引着当地人和游客们。

☆ 娱乐

★ 特雷热海滩体育公园 运动场

（Treasure Beach Sports Park；见191页地图）免费 这是当地社区的标志性建筑，于2012年开放，包括网球场、几个足球场和一个椭圆形板球场，后者可是当地的骄傲。寻找当地海报以了解接下来的赛事，或者去Jack Sprat Café里咨询一下。

购物

人们不会专门来特雷热海滩购物，但是说实话，这是购买一些独特牙买加纪念品的好地方。在Smurf's Cafe早餐小屋的女士出售她可口的微烤牙买加咖啡，每袋J$1000，Jack Sprat Café的礼品店出售《不速之客》这一流行怀旧电影的海报，而**特雷热海滩妇女组织**（☎965-0748；Old Wharf Rd；⏲周一至周五 9:00~15:00，周六 9:00~13:00）经营一个工艺品店，出售用蜡染色的布、葫芦瓢和老码头海滩上的其他物品。

ℹ 实用信息

更多网上信息，请查询www.treasurebeach.net。这里没有银行服务国外游客，但是在葫芦湾（Calabash Bay）的翠鸟广场（Kingfisher Plaza）有一个24小时自动柜员机。

Breds（☎965-9748；Kingfisher Plaza；⏲9:00~17:00）非官方的信息中心。

警察局（☎965-0163）在葫芦湾和Pedro Cross之间。

ℹ 到达和离开

从蒙特哥贝、内格里尔或金斯敦没有到特雷热海滩的直达车。Jake's Hotel现有自己的飞机场。人们希望，这里最终会有公共国内航班，但是现在仅有私人包机在这里着陆——直接联系Jake's询问票价，至少需要几百美金。

从黑河出发的私人出租车需要约US$20，从曼德维尔出发需US$40~50。大部分酒店和别墅安排从蒙特哥贝转车，需US$100。

乘专线出租车或小型长途汽车，你可从黑河到达特雷热海滩（J$250）；从曼德维尔出发，你需要乘坐专线出租车到达章克申（Junction）或圣克鲁斯（J$150），然后再乘一辆出租车到达特雷热海滩（J$200）。

大部分住宿都可以帮你租用小汽车和摩托车，在安静的道路上，这很流行。如果自己开车，从黑河走A2公路到圣克鲁斯，然后往南转，有很多路标，顺着走就可以到Jack Sprat's。

ℹ 当地交通

要想四处逛逛寂静的特雷热海滩，可以骑自行车；大部分酒店和客栈都会便宜出租。有一条主干道连接着所有的海滩，还有一些小牛道和土路。

从Jake's Place到比利湾大约需要30分钟，从大湾到Jake's Place也需要30分钟。散步去也很好！

情人跳（Lover's Leap）

圣克鲁斯山到海岸的坡度不太缓和，

特雷热海滩的宝贵经历

烹饪课：准备当地风味小吃，比如bammy（炸木薯薄饼）、西非荔枝果、咖喱山羊和烤肉。Marblue Villa可以组织小班课（参见191页），而想要参加更全面的课程，可以尝试厨师罗迪·德雷克（Roddy Drake）开办的**特雷热海滩烹饪**（☎457-5885；www.treasurebeachcooking.com）。

圆月夜宴：**Jake's Hotel**（参见191页）会在附近的农场组织一个特殊的餐桌宴会，费用US$90，包括交通费。

SPA：最著名的当属Jake's Hotel的**Driftwood Spa**。同样受欢迎的还有大湾的**Shirley's Herbal Steam Bath**（☎965-3820；洗澡和按摩US$70~90）。

骑自行车：在寂静的乡村小道、在车流量最小的和风景如画的沿海道路上骑行，在牙买加没有比这里更好的地方适合骑自行车了。一些酒店出租自行车，价格约为每天US$15。

电影之夜：特雷热海滩没有电影院，但是电影会在**Jack Sprat Café**（参见192页）的户外屏幕上播放，时间是每周四晚19:00。

体育运动：在新的**特雷热海滩体育公园**（参见188页）会看到一些人在做运动。周日下午适合板球运动，有定期的拳击和网球比赛。

但是在**情人跳**（☎965-6577；门票 US$3；⊙10:00~18:00），萨斯菲尔德（Southfield）东南1.5公里，山脉直接倾泻入海，落差达到500多米。这个岬角的风景如世界末日一般，非常适合摄影，顶上是一个红白环绕的太阳能灯塔。

在远远的低处，海浪拍打着凸起的岩石，冲刷着Cutlass Beach。你可以徒步走下来，需要1小时的跋涉，成群的北美野山羊自鸣得意，用嘲笑的眼光盯着你，使得跋涉更加艰辛。

情人跳是以两个年轻的奴隶命名的，他们可能于1747年在这里自杀身亡。传说，女奴隶的主人贪恋女人的美色，于是安排把她的情人卖到另一个庄园。这对恋人听说这一阴谋后，就一起逃跑，最终被困在悬崖处，他们在那里选择了跳崖自杀。现如今，他们殉情的地方已经建起了儿童游乐场、纪念品店、小型博物馆和餐馆，但是这个伤心故事依旧打动人心。

在距情人跳1.5公里处（沿着标志），你会看到壮丽的**Ocean Breeze Hotel**（☎965-6000；www.oceanbreezejamaica.com；Southfield；房间 园景/海景 US$34/51），有23个明亮的热带房间、一个餐馆、游泳池和花园——好好欣赏这里的美景吧。

阿利盖特庞德（Alligator Pond）

牙买加是外国人的度假胜地，但是牙买加人去哪里放松呢？如果你来自金斯敦或周围地区，你很可能会开车前往阿利盖特庞德，坐落于圣克鲁斯山和唐菲格雷罗山两座陡峰之间的山谷脚下。这与外国游客的包价旅游同样好，但是它却有一种独特的牙买加度假氛围，让人不得不爱。

小村庄位于深蓝的海湾后面，靠着沙丘。主干道上覆盖着风积沙。每天早上，当地妇女都会聚集在深色的沙滩上，讨价还价购买渔夫运来的海货，渔夫多彩破旧的独木舟排在了长长的海岸上。当地年轻人在木板上冲浪。在所有这些低调的魅力中，来这里的主要原因可能是经历牙买加最好的用餐体验：Little Ochie。

景点和活动

Sandy Cays离海岸约32公里，周围是白沙滩。鳄鱼礁（Alligator Reef）非常适合浮潜和轻便潜水，从海岸乘船20分钟可以到达；你要和当地的船长约定一次短途旅行，他会收取你US$30~40的费用。

在阿利盖特庞德西，你可能会在凯泽港（Port Kaiser）看到起重机，那里是岛上重要的矾土矿运输港口。

食宿

Sea-Riv Hotel 酒店 $

（☎360-7609，450-1356；房间 US$25~

40; P ≋)如果你需要在阿利盖特庞德留宿，尝试一下在黑色沙滩上的这家酒店，靠近河口。有18个带风扇的普通房间，还有水上运动和一些消息灵通的导游。

★Little Ochie 海鲜 $$

（☎965-4449；www.littleochie.com；主菜 J$800~2000；⏲8:00至最后一个客人离开）Little Ochie是一个烹饪奇迹，即使有很多人慕名而来，它也不会全部卖光。坐落于一片不太整洁却很浪漫的海滩上，它还使用着木炭黑的厨房，将长久不变的菜单潦草地写在黑板上，尽管从1989年其员工从1个变成了30个。秘诀是什么？用的鱼非常新鲜，你可以亲自捕捉——如果你有时间。

如果你没有时间，就从渔夫带来的鱼中挑选，然后决定你想要如何烹饪。熏烤做法通常很好，但是可能很辣。也有很多人喜欢烤龙虾和清蒸鲷鱼。真的是“特别喜欢”。Little Ochie是牙买加几个真正的目标餐馆之一，成为阿利盖特庞德的一号景点，没有它，阿利盖特庞德就没这么活跃。牙买加人从金斯敦开车过来就是为了美餐一顿；品尝一下这里的龙虾，很快你就会知道他们这样做的原因了。

ℹ 到达和当地交通

小型长途汽车和专线出租车往返在阿利盖特庞德和金斯敦的Beckford St交通中心（约J$500），也会从曼德维尔出发经由Gutters（约J$400）。从特雷热海滩出发的路线更加复杂，你需要在萨斯菲尔德转乘专线出租车。特雷热海滩的酒店和客栈经常会提供到Little Ochie的“团队游”，往返费用约为US$50。

了解牙买加

今日牙买加

前去牙买加参观，你很可能只是手中握着一杯朗姆鸡尾酒躺在沙滩上，在壮观的日落场景之后继续回味落日余晖，除此以外很少有其他事情可做。这的确非常吸引人（说句实在话，我们自己已经体验过很多次了），不过再深入探索一下，你会发现牙买加远比你想象中更有趣、更令人兴奋和复杂。

最佳电影

《不速之客》（*The Harder They Come*，1972年）影片讲述了一位衣衫褴褛且粗鲁无礼的坏孩子来到金斯敦变成罪犯的故事，堪称配乐最好的电影。

《马利》（*Marley*，2012年）经典的纪录片电影，讲述了雷鬼乐巨星鲍勃·马利的生平和音乐创作方面的故事。

《好音乐来了》（*Better Mus Come*，2013年）广受好评的电影，影片围绕20世纪70年代牙买加帮派问题展开。

《债与命》（*Life and Debt*，2001年）影响力非常大的纪录片，讲述了全球化对牙买加经济的影响。

最佳刊物

《夜间女人之书》（*The Book of Night Women*，2009年）这是一本扣人心弦的书，马龙·詹姆斯著，讲述了种植园中由女性领导进行反抗的传奇故事。

《勇士盖尔》（*Lionheart Gal*，1986年）一本十分有趣的短篇小说集，书中展现了很多方言以及妇女生活的方方面面。

《玫瑰庄园里的白女巫》（*White Witch of Rose Hall*，1928年）赫伯特·德利瑟（Herbert de Lisser）著，是一本经典的哥特式惊悚小说，以殖民时期的牙买加为背景。

全球地位

今日的牙买加越来越不指望依赖其旧日的统治者英国了，取而代之的是将其重心转向美国。牙买加已不再仅仅是全包式度假村宣传册里强烈推荐的那个小小的热带天堂了。21世纪，这个发展中国家虽然面临诸多挑战，但仍紧紧抓住时代赋予的机遇不断发展自己。陷入困境的经济局势则意味着越来越多的牙买加人（他们中大多数人都受过高中以上教育）正在加入移民的行列。2013年，来自牙买加侨民的汇款数额几乎占据了该国经济总量的20%。

和很多发展中国家一样，牙买加也把目光投向了中国，总理波西娅·辛普森-米勒一直热衷于寻求与中国政府更为紧密的经济联系，其中最大的一个项目就是山羊岛（Goat Island）基础设施建设计划，不过该项目一直以来都颇受争议。金斯敦附近的波特兰湾保护区（Portland Bight Protected Area）是牙买加最大的保护区，该项举措旨在将此地区变成一个巨大的转运港和物流中心。项目支持者和反对者激烈辩论的声音中，引申出的关键问题就是对全球化的不满：经济发展和环境保护是不能共存的吗？从该计划中受益的是民众、政府还是企业？牙买加对这些问题所找到的答案将是决定自身未来发展的关键。

轰动一时的庭审案件

2014年的上半年，在金斯敦市中心发生的一起事件闹上了法庭，整个牙买加都深受其影响。在过去的十年中，威比兹·卡特尔（Vybz Kartel）曾是牙买加最受欢迎却又名声不佳的雷鬼音乐明星，他因谋杀自己的助理克莱夫·利扎尔·威廉姆斯而被裁定有罪。

这次审判的用时在牙买加历史上史无前例，可以与美国的辛普森案件相提并论。审判如同一面镜子，映照出社会上看客们的偏见。教徒们谴责舞厅缺乏道德体系的维护，认为有必要重拾基督教美德标准。在上流社会眼中，普通人因为威比兹明星DJ的身份而忽视了他身为犯罪头子的身份，这是因果报应。而生活在贫民窟的人们则认为这是对英雄的错误惩罚，却让腐败的政客和警察免受责罚。

在这短暂的瞬间，似乎牙买加现代生活中存在的所有不安因素都浮出了水面。

赛道上的骄傲

2012年是牙买加脱离英国宣告独立的50周年纪念日，举国欢庆，这一年是让人感到十分高兴的一年。适逢在伦敦，牙买加在国际舞台上再次展现了自己大步向前迈进的实力，尤塞恩·博尔特以及谢莉·安·弗雷泽·普莱斯带领牙买加田径团队在奥运会上争得荣誉。他们获得的奖牌凸显了周年纪念这个珍贵时刻的重要性，同时证明了国家虽小，但其影响力也可以是举足轻重的。虽然牙买加因颇有传奇色彩的运动员阿萨法·鲍威尔以及罗尼卡·坎贝尔·布朗在药检中呈阳性而形象受损，不过博尔特和弗雷泽·普莱斯在2013年再次大放异彩，他们在莫斯科世界锦标赛上赢得了6枚金牌。牙买加的骄傲在于他们的竞技实力不容小觑，不过看到两位奥运金牌英雄倒下也难免震惊和失望。

牙买加人的交谈方式

牙买加人通常都十分热情。他们全力以赴面对生活的态度常常是吸引游客来这里的原因（偶尔也会吓到他们）。如果想听有趣的方言，最简单的方法就是与一位牙买加人谈论政治。大多数牙买加人，包括看似靠不住的拉斯特法里教派信徒在内，对牙买加发生的新闻都有自己精辟鲜明且又有根有据的看法，即便是乐观派也会满腹牢骚。

在这座岛上，关于如何解决事情，每个牙买加人都有不同的看法。不过游客依然很受普通牙买加民众的重视。旅游业（在这一产业上牙买加曾是全球化的先驱）是该国经济的第二大组成部分，并且证明了一个事实：尽管面临挑战，牙买加民众仍决心将自己的岛屿与世界共享。

人口：**293万**

GDP：**US$251.3亿**

人均GDP：**US$9000**

公共债务：**GDP的123%**

通货膨胀率：**9.4%**

失业率：**16.3%**

每100个牙买加人中

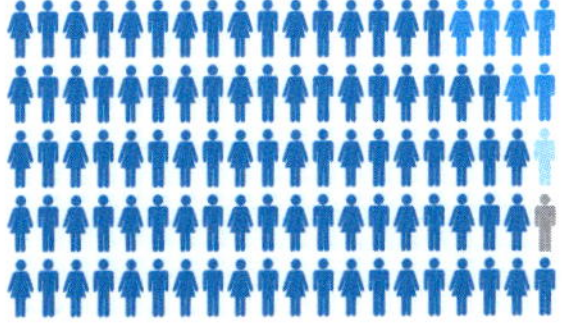

92个是黑人
6个是黑白混血种人
1个是印度人
1个是其他种族

信仰体系

（占人口百分比）

新教教徒	罗马天主教教徒	耶和华见证人派	拉斯特法里派	其他	无信仰
64.8	2.2	1.9	1.1	8.8	21.3

每平方公里人口数

≈10人

历史

经历过占领、殖民和种植园奴隶主制度的牙买加，其历史处于西方殖民主义前沿地带。种植糖料作物以及奴隶制使得该岛短暂地成为英国最富有的殖民地，不过抵抗英国的殖民统治则让牙买加民众树立了一种国家认同感，从而导致改革并走向独立的道路。300多年的殖民统治在这座岛上留下了至今难以磨灭的印记，而不同肤色人种间的差别和独立后产生的种种社会问题使得贫民之间针锋相对。然而，热情洋溢且坚韧不拔的牙买加人民让这座岛屿及其本土文化如此生机勃勃，让你对他们能拥有更美好的未来充满信心。

林水之乡

早在哥伦布航行发现加勒比海地区之前，这里就已经有人居住，最初是一批批来自南美的登陆者。最著名的就是阿拉瓦克人（Arawaks），随后在公元700~800年间，泰诺人（Taínos）成为第一批在“林水之乡”（泰诺人对该岛的称呼）定居的人。

这些泰诺人都是农民和船员，生活在大酋长领地，并且不断提高陶艺、雕刻、纺织和造船技能。泰诺人十分崇拜诸神，认为他们能控制雨水、阳光、风以及飓风。这些神明以动物、人类形象的zemes为代表。

他们用棉花或捣烂的树皮纤维做成衣服，佩戴着骨头、贝壳以及从河里淘来的金子做成的首饰。虽然泰诺人留存至今的手工艺品相对较少，不过他们流传给世界的作物如烟草、山药、木薯以及菠萝，则具有革命性的意义。

消遣娱乐：《牙买加莫兰特贝起义》（*The Morant Bay Rebellion*）一书的作者是加德·厄曼，这场起义当时遭到了英国当局的严厉镇压，作者深入探索了此次起义产生的根源以及起义导致的政治后果。

哥伦布和西班牙人的殖民地

克里斯托弗·哥伦布在他第二次寻找新大陆的航行中于1494年登上此岛，他从圣格洛里亚湾（现称圣安斯贝）上岸，与生活在迪斯卡弗里贝沿岸地区的泰诺人有了第一次接触。哥伦布虽没有在此地逗留，但他声称该岛为西班牙所有并将其命名为圣地亚哥（Santo Jago）。

大事年表

公元700~800年	1494年	1503年
泰诺人在这个岛上定居并称它为“Xaymaca”，意思是“林水之乡”。	哥伦布首次登陆牙买加，他将这里叫作圣地亚哥。随后该岛变成他的私有财产。	哥伦布第四次返回牙买加，他坚信自己能够开辟出前往亚洲的航路。然而，他的船只破旧不堪最终损毁，他和船员被迫搁浅。

1503年哥伦布返航时，他那艘维修不善的船只沉没，带来了灾难性的后果。他和船员们几乎一年的时间都流落在外，饱受疾病和营养不良的折磨。最终，两名船长乘一艘独木舟划行240公里抵达伊斯帕尼奥拉岛，得到了其他探险航队的救援。

此后牙买加成为哥伦布的私有财产，1506年去世时他将该地传给了儿子迭戈（Diego）。迭戈在今天的奥乔里奥斯附近建立了一个名为新塞维利亚的首府，并任命了一位总督。

第一次与欧洲人接触之后的30年里，泰诺人一方面受到欧洲人带来的疾病的侵袭，一方面被迫成为采挖金矿的劳动力，其人口数量迅速减少。因此，西班牙人开始从西非进口奴隶。

1534年，南海岸建立起了新殖民点西班牙镇。然而，墨西哥和秘鲁新殖民地所带来的巨额财富分散了西班牙的注意力，牙买加成为往返于西班牙和中美洲之间的船只补给地，渐渐受到冷落。

参观圣安斯贝附近的梅马塞维利亚宅邸和遗产公园，那里是岛上的第一个西班牙殖民地遗迹。

牙买加的民族英雄

独立后，牙买加表彰了7位民族英雄，他们在塑造民族认同感方面作出了卓越的贡献。为了纪念他们，牙买加在金斯敦修建了民族英雄公园，还将他们印在了货币上。

➡ 保罗·伯格（Paul Bogle，1820~1895年）于1865年发起抗议，之后发展成为莫兰特贝起义。

➡ 亚历山大·布斯塔曼特（Alexander Bustamante，1884~1977年）是一位激进的工会会员，他创立了牙买加工党，并在牙买加独立后成为首任总理。

➡ 马科斯·加维（Marcus Garvey，1887~1940年）是泛非主义的主要支持者，而且还是黑人权利运动之父。

➡ 乔治·威廉·戈登（George William Gordon，1820~1865年）身兼律师、议员、后解放运动拥护者的角色，是一位穷人权利的有力倡导者。

➡ 诺曼·曼利（Norman Manley，1893~1969年）创立了人民民族党，在该自治岛独立之前成为第一任首席部长。

➡ 马龙人南妮（Nanny of the Maroons，1686~1733年）18世纪领导向风群岛马龙人发动起义的领袖。根据民间传说，她拥有魔力。

➡ 萨缪尔·沙普（Samuel Sharpe，1801~1832年）是一位奴隶同时还是浸信会的执事，他因领导1831年的“圣诞节起义”而被处以绞刑。

1517年

西班牙人将西非奴隶带到岛上竞价出售以替代泰诺人，由于欧洲人带来的疾病以及他们的残暴统治，导致泰诺人的人口数量锐减。

1643年

牙买加遭到英国海盗威廉·杰克逊（William Jackson）的劫掠，引发了人们对西班牙殖民地安全问题的质疑。

1655年

英国政府从西班牙人手中夺取牙买加，西班牙人撤退到古巴。

1670年

按照《马德里条约》，西班牙政府将牙买加割让给英国。两国同意在对方领地上停止贸易活动。

牙买加国家遗产信托(Jamaica National Heritage Trust，见226页)的牙买加历史以及遗产指南涵盖了该岛上所有重要遗址。

英国人入侵

1655年5月10日，8000名士兵乘坐38艘船只组成远征军在防御较弱的牙买加登陆，这是奥利弗·克伦威尔"西部大设计"的一部分，目的是打破西班牙的贸易垄断，让英国人在加勒比海地区积累财富。

英国人不仅要跟西班牙的忠实拥护者作战，还要与那些西班牙战争中获释的奴隶及出逃者作战。游击战持续了好几年，直到1660年的里奥布埃诺(奥乔里奥斯外围)战役，西班牙剩余武装力量被最终消灭。

截至1662年，该岛上有4000名殖民地居民，其中包括流放的罪犯以及作为契约劳工抵达此地的苏格兰和威尔士贫民。位于西班牙镇海湾对面的罗亚尔港成为该岛的首府，贸易经济开始慢慢地成型和发展。

海盗时代

整个17世纪，英国都在与法国、西班牙、荷兰频繁交战。英国政府资助海盗，助其俘获敌军船只、袭击他国殖民地，他们还将掠夺物上交给英国国王。这些海盗们结成了海岸同盟，他们热衷于海盗生活，逐渐成长为一支强大而又残暴的部队，让整个安的列斯群岛的殖民者颇为担忧。

1664年，牙买加总督托马斯·奥德福特爵士邀请海岸同盟前来保卫牙买加，并将罗亚尔港作为他们的基地。他们的数量如同天文数字般迅速增长，10年内罗亚尔港成为牙买加最大的城市——一个罪恶与繁华共存的地方。

当英格兰和西班牙最终和解，海盗剩余的日子就不多了。大自然出手镇压了他们。1692年6月7日，一场巨大的地震袭击了罗亚尔港，整座城市倒坍沉入大海。2000多人(该城1/3的人口)丧生，幸存者逃到刚刚建立的金斯敦，他们认为地震是来自上帝的惩罚。

《牙买加人民的故事》(*The Story of the Jamaican People*)的作者是菲利普·舍洛克和黑兹尔·贝内特，该书对牙买加的历史进行了新的解读，书中避开了从帝国的角度看待问题，而是转向非洲，寻求理解该岛复杂文化的钥匙。

蔗糖和奴隶制

欧洲人长期以来都十分喜好甜食，种植蔗糖(由非洲奴隶种植)使得牙买加成为英国最富有的殖民地，并为工业革命提供了资本。

种植园主在他们的甘蔗园上建造起高高的"宅邸"，这在乔治王朝时代非常盛行。种植园主过着十分懒散的生活，不过他们大部分是外居地主，在伦敦还组织了强大的蔗糖游说团。很多种植园主都沉溺于酒精，并与奴隶发生性关系，一些混血后代获得了解放。这些获得解放的混血后代被称为

1692年

罗亚尔港在地震后滑入大海，造成2000多人死亡。次年，为代替该港，金斯敦建立。

1700年

牙买加的每位英国殖民者至少拥有5名奴隶。奴隶制的实行为英国创造了巨大的财富，但奴隶却付出了惊人的代价。

1720年

臭名昭著的海盗"印花布杰克"拉克姆在罗亚尔港被处以死刑，他的尸体悬挂在拉克姆珊瑚礁上方的一个笼子里。

1760年

一位名叫泰科的逃亡奴隶在圣玛丽区发动起义，但却遭到当地马龙人等人的残酷镇压。

"自由有色人种",他们被赋予特殊权利,而且通常会被送去英国学习。

种植园既是农场也是工厂,种植甘蔗顺便炼糖。副产品糖蜜则制成廉价的朗姆酒用于出口。制糖工作十分辛苦,一些种植园主悉心培养自己的奴隶,但大部分还是诉诸暴力、采用恐吓的手段迫使人们屈服。极端的残忍手段最终受到了约束,不过种植园社会依旧是鞭子说了算。

大多数奴隶在种植园工作,其他一部分则成为家佣。在不多的自由时间里,奴隶们会耕种自己的小块土地,还可以在市场上出售农产品。到1800年,奴隶已达30万,数量远超自由人,二者之间的比例达到了20:1。

马龙人的抵抗

殖民地的生活从未安稳,殖民者担心奴隶会发动起义。第一次大型起义发生在1690年的克拉伦登区,逃跑的奴隶与西班牙人释放的奴隶后裔相联合,组成两个强大的队伍,他们被称为马龙人。向风群岛的马龙人住在偏远的蓝山地区,而背风群岛的马龙人则定居在几乎无法通行的科克皮特地区。他们偷袭种植园并吸引了很多逃亡奴隶加入其中。

1832年5月23日,萨姆·沙普在被执行死刑前说道:"我宁愿死在绞刑架上也不要生活在奴隶制下,"这句话成为名言常被后人引用。

殖民地的部队与马龙人之间展开了几次旷日持久的战役,蓝山地区的马龙人由南妮领导,科克皮特地区则由卡乔领导。在茂密的森林群山中,传统的英国军事战术无法施展作用,不过却非常适合马龙人开展伏击式的游击战。然而经过了十年损失惨重的战争后,英国的军队占了上风。

大西洋奴隶买卖

大西洋奴隶买卖又被称为"三角贸易"。欧洲商人携带商品航行到西非用以交换奴隶。虽然国内的奴隶制在很多非洲社会早就存在,不过欧洲人的需求(以及枪支等交易商品)将非洲国家变成了资产倒卖的地方。他们大量买进奴隶,贪得无厌,而这些奴隶往往来自距离贩卖奴隶的港口千里之遥的偏僻部落。

商人们将数百名带着镣铐的奴隶塞进他们的船舱。历时两至三个月的航程中,大约每8个奴隶中就有1个丧命。奴隶被贩卖换取蔗糖,然后又出口到欧洲,这就是贸易利润的第三个来源。

在奴隶贸易存在的那段时间里,大约有1200万名奴隶被带到美洲,其中大约有150万名奴隶最后到了牙买加。

1814年	1834年	1845年	1865年
牙买加蔗糖的产量达到顶峰,价值3400万英镑。18世纪下半叶和19世纪上半叶期间,牙买加成了世界上最大的蔗糖生产国。	大英帝国全面废除奴隶制,导致牙买加经济发生混乱。	为了填补因奴隶制废除造成的劳动力缺口,3万名印度人作为契约劳工被带到牙买加。	保罗·伯格领导的莫特兰贝起义遭到了英国当局的残酷镇压。

1739年3月，英国军队与卡乔签署了一份和平协议，承认马龙人的自主权并给予他们1500英亩土地。作为交换，马龙人同意追捕逃亡的奴隶并将他们交还给种植园，同时协助英国军队平息起义。一年后，蓝山地区的马龙人（现在由夸奥领导）签署了一份类似的协议。直到今天，马龙人依然实行半自治的管理模式。

反抗与改革

梅维斯·坎贝尔的著作《牙买加的马龙人》(*The Maroons of Jamaica*)中认真研究了马龙人的起源，将其当作一种文化现象。作者还研究了马龙人持续到19世纪晚期的演变历程。

托马斯·克拉克森以及威廉·威尔伯福斯和其他废奴运动发起者领导了一场旷日持久的运动，这直接导致英国于1807年废除了奴隶贸易，不过奴隶制本身依旧保持不变。牙买加在1831年爆发了圣诞节起义，使反抗成为焦点。

萨缪尔·沙普是一位受过教育的奴隶，而且还是一位没有神职的传教士。受到这位“前辈”人物的影响，多达两万名奴隶摧毁了种植园并杀死他们的主人。此次起义遭到了暴力镇压，400名奴隶因此被绞死。但此次冲突中的暴行使得英国废奴主义者发出的声音更加得到重视。1834年，英国议会最终通过了反对奴隶制的法律条文，解放了大英帝国统治下的奴隶。

奴隶制经济开始向有偿劳动模式进行转变，不过这种转变却导致了经济混乱。大多数奴隶拒绝接受庄园提出的无法解决温饱的工资，而是选择自谋生计。对现状的绝望加之遭受的不公平待遇，使得人们积压的愤怒最终在1865年的莫兰特贝起义中爆发。

莫兰特贝起义

19世纪60年代，圣托马斯区浸信会有一位名叫保罗·伯格的黑人执事，他鼓动大家反抗地方当局在解放黑人后的种种不公。他得到了乔治·威廉·戈登的支持，乔治是一位混血种植园园主而且身兼议员职务。

1865年10月11日，伯格和他的支持者们游行到莫兰特贝法院，抗议法院对一位流浪汉因非法侵入而进行审判。游行接着演变成一场骚乱，法院和镇中心遭到摧毁。随着农村地区爆发骚乱，当局悬赏重金缉拿他的人头，伯格出逃却被马龙人抓获，他在此前遭到烧毁的法院被处以绞刑。戈登在金斯敦被捕，一个非法法庭对他进行审判并最终判处绞刑。

总督爱德华·艾尔下令对反抗者进行严厉报复。他还发布戒严令，439人被武断地处死，1000多间房屋被烧毁。艾尔的举动随后引发了英国政府对他的不满，他的职位以及牙买加众议院的各项权利遭到剥夺，使该岛变成了直辖殖民地。

1907年	1930年	1938年	1941年
1月14日金斯敦发生大地震导致多处倒塌，造成了大范围的破坏，800多人遇难。	海尔·塞拉西（Haile Selassie）加冕成为埃塞俄比亚的皇帝，他鼓励拉斯特法里教在牙买加的发展。	诺曼·曼利成立了牙买加第一个政党——人民民族党，他与布斯塔曼特产业公会协同合作，一起让工人阶级成为牙买加政党关注的焦点。	“二战”期间，成千上万的牙买加人民自愿参军为英国而战。

“来吧，理货员先生，算算我的香蕉有多少……”

1866年，美国船长乔治·布施来到牙买加，装载了数百串香蕉运到了波士顿，获取了非常可观的利润。他迅速回到安东尼奥港并鼓励大量生产香蕉，很快他的出口业务得到了蓬勃发展。船长洛伦佐·道·贝克在西部也跟着效仿，成立了联合水果公司。10年内香蕉贸易得到迅速发展。1927年，香蕉的生产量达到了顶峰，那时有2100万串香蕉用于出口。

为了支付向南前往牙买加的费用，香蕉贸易商还鼓吹牙买加是个多么美妙的岛屿，以便顺便搭载乘客前往牙买加。从此，香蕉出口贸易催生了旅游业，并使其持续发展而且日益繁荣。

国家的诞生

20世纪30年代经济大萧条期间，蔗糖和香蕉的销量锐减，引发了大范围的经济困难。1938年罢工和暴乱频频发生。在一片喧嚣声中，颇有魅力的劳工领袖亚历山大·布斯塔曼特以及他的布斯塔曼特产业公会走进了人们的视野。同年，他的表兄诺曼·曼利成立了牙买加第一个政党——人民民族党（PNP）。

他们各自为经济和政治领域的改革发起活动，使工人阶级融入政治生活，并且保障宪法改革。由于不满工会的行动，布斯塔曼特于1943年成立了牙买加工党（JLP）。

一年后，新宪法授予民众选举权并举行牙买加第一次选举，代表牙买加工党的布斯塔曼特当选。由数个英国殖民地组成的西印度群岛联邦刚刚建立，牙买加曾短暂附属于该联邦，不过在1962年8月6日，牙买加最终获得完全独立。英国国旗被牙买加的新国旗所替代，由明亮的黑色（代表人民）、绿色（代表大地）和金色（代表太阳）3种颜色构成。

曼利和西加的时代

布斯塔曼特和曼利创立的政党主宰了独立后的牙买加政治格局。70年代中期，曼利的儿子迈克尔带领人民民族党朝民主社会主义方向进行改革。他的税收政策旨在为社会服务体系提供资金，却导致外资不再注入牙买加，资本大范围外逃。1976年选举之前，各派系就实行开放城市这一方案彼此之间展开激烈攻击。在争议不断的紧急状态下，人民民族党以较大优势赢得此次大选。

美国政府对牙买加向社会主义国家转变充满敌意，撤回援助并声称

马修·帕克的著作《种植蔗糖的马龙人》（*The Sugar Barons*）扣人心弦地介绍了英国在加勒比海地区建立的奴隶帝国，该书以牙买加为中心展开叙述。

《过去的片段》（*Pieces of the Past*; www.jamaica-gleaner.com/pages/history）汇集了关于牙买加历史的多篇专题论文。

1943年
亚历山大·布斯塔曼特成立牙买加工党（JLP）。

1944年
新颁布的宪法引入普选，当地政府组织了第一次选举。

1962年
牙买加独立并成为英联邦成员之一。

1963年
在牙买加音乐史上，斯卡音乐发展到顶峰，克莱门特·多德（Clement Dodd）开始录制鲍勃·马利和哭泣者乐队（Wailers）的唱片。

托尼·休厄尔的著作《加维的孩子们：马科斯·加维留给世人的财富》(*Garvey's Children: The Legacy of Marcus Garvey*)一书提出，黑人民族主义的崛起受到了民族英雄马科斯·加维的鼓舞。

要推翻牙买加政府。当地经济（尤其是旅游业）开始急剧下滑。牙买加工党和人民民族党之间的暴力摩擦不断升级，直到最终商议停火才算告一段落。1978年4月，一场名为“同一种爱”的演唱会庆祝此次停火，鲍勃·马利让曼利和工党的爱德华·西加相互握手以示团结。然而，在筹备1980年选举的过程中有近800人遇害，最终西加胜出此次大选。西加向自由市场和国际货币基金组织打开国门，并成为里根政府的坚定盟友。

1989年的选举相对来说比较和平，“主流现实主义家”曼利再次掌权。他于1992年卸任并将职位传给了他的副手珀西瓦尔·詹姆斯·帕特森，后者是牙买加历史上第一位黑人总理。

人民民族党的年代

人民民族党领导人帕特森在1993年和1997年选举中获胜。1999年春天，政府宣布汽油税上调30%后牙买加全国范围内爆发了骚乱。金斯敦和

振兴强大的民族！

马科斯·加维于1887年8月17日出生于圣安斯贝一个工人阶级家庭。从哥斯达黎加、巴拿马和英国游历回来后，他开始笃信自我改良，并于1914年成立了全球黑人进步协会，旨在“联合世界上所有的黑人同胞建立一个完全属于他们自己的国度”。当时牙买加的中产阶级大多不接受他的理念，1916年加维移居到美国并受到当地人的热烈欢迎，他在纽约还建立了全球黑人进步协会的分支机构。全球黑人进步协会推动了黑豹运动的诞生，从而为民权运动的发展铺平了道路。加维是一位天才演说家，他创立了一份名为《黑人世界报》(*Negro World*)的周报，并建立了一个有着众多追随者的组织，他们的口号是“同一个上帝！同一个目标！同一种命运！”

加维创立了黑星航运公司，这是一家轮船企业，目的是最终召集所有的黑人回到非洲。由于经营不善，这家公司最终倒闭了。加维最伟大的成就在于他向后殖民时期的黑人群体灌输了一种自尊自豪感：“只有振兴我们强大的民族，人们才能如愿以偿！”

美英政府认为加维是一位十分危险的煽动者并密谋反对他，1922年他们以可疑的邮件欺诈罪名逮捕了他。他在亚特兰大联邦监狱服刑两年后被驱逐出境回到牙买加，随后建立了具有改良主义性质的人民政党。那时候牙买加还不存在普选，选举人民政党领导人时他未能获得足够的选票。1935年他启程前往英国，并于1940年在贫困交加中离世。

他的遗体于1964年被送回牙买加，安葬在金斯敦代表国家荣誉的民族英雄公园。20世纪70年代雷鬼音乐的出现掀起了一波加维主义的新浪潮。

1966年

加勒比之行的第二站，海尔·塞拉西皇帝在机场受到了将近10万名拉斯特法里教拥护者的热烈欢迎。

1976年

筹备选举的过程中，牙买加两个政党之间局势紧张，拥护各自的帮派在街上公然交火。政府宣布进入紧急状态。

1978年

一场名为“同一种爱”的和平音乐会在金斯敦举行，鲍勃·马利归国表演，10万人参加了这场音乐会。为了表达对这场音乐会的敬意，两党宣布停火。

1980年

牙买加工党的爱德华·西加当选为领导人，他开始改革牙买加的外交政策，与古巴断绝交往，把自己定位成里根政府的朋友。

蒙特哥贝遭到的袭击尤为严重，那里的甘蔗田被人点燃。经历了3天的纵火和抢劫后，牙买加政府取消上调税收。

筹备2002年选举时，由于犯罪集团挑起事端以期控制选举地盘，同时从选举获胜一方给予的大量财物中获利，西金斯敦的暴力事件数量飙升至新高。敌对的政治帮派将该地变成战区，居民被迫逃离，学校、企业甚至金斯敦的公立医院也被迫关闭。

2004年，飓风“伊万”在前往开曼群岛的过程中掠过牙买加，造成了大范围的破坏，爱德华·西加（仍作为反对党领导人代表牙买加工党）在政坛掌权30多年后宣布离任。两年后，总理帕特森卸任后由波西娅·辛普森-米勒接任，这是牙买加第一位女性总理，同时她还是迈克尔·曼利的门生。“波西娅妈妈”最初深受民众欢迎，不过这位由人民民族党培养了18年的选举者却让该党颇为失望。在2007年选举中，工党的布鲁斯·戈尔丁当选，他接手的牙买加面临着各种情况：高犯罪率、高文盲率以及森林砍伐和过度开发对环境造成的破坏。

牙买加欠下外资银行的债务超过US$8000亿。《债与命》（*Life & Debt*）是斯蒂芬尼·布莱克（Stephanie Black）导演的一部纪录片，本片正是从债务这一颇具吸引力的角度入手进行拍摄。

从杜杜什到今天

2009年，政治斗争和团伙犯罪达到顶峰，美国政府要求引渡因贩卖枪支毒品遭到指控的克里斯托弗·科克（绰号“杜杜什”）。科克是支持人民民族党的“蒂沃利花园”贫民区的犯罪首领，也是牙买加最有权势的人物之一。引渡这一请求最初遭到拒绝，后来在美国政府的压力下牙买加当局最终同意抓捕科克。2010年5月，警察和军队组成一支联合力量对颇具争议的蒂沃利地区发动突袭，此次行动造成了大约74人死亡，其中包含很多旁观者以及其他所谓法外处决的受害者。杜杜什在逃亡了1个月后被捕随后引渡回美国。他被判处23年监禁，现正在美国服刑，他的离开使得贫穷的蒂沃利地区出现了权力真空的状态。

大卫·霍华德拍摄的《金斯敦》（*Kingston*）十分引人入胜，片中探索了首都金斯敦从西班牙统治时期一直到近代的历史。

2011年，波西娅·辛普森-米勒重新当选为总理。地理政治方面的千变万化反映出她领导下的牙买加政府对中国的关注度不亚于美国，并利用牙买加存在已久的中国社区吸引更多来自中国政府的投资。稳定发展的政治局势以及在奥运会田径项目上获得的成功使得牙买加面貌焕然一新，从而振兴了旅游业的发展。然而外债问题长期存在，2013年政府不得不毕恭毕敬地向国际货币基金组织寻求重组贷款。牙买加人民仍需要用他们引以为傲的毅力和良好的幽默感来面对新世纪的诸多挑战。

2004年

至少15人死于飓风“伊万”，内格里尔遭受的打击尤为严重。香蕉树遭受了极大损失，次年香蕉出口量下降了68%。

2006年

人民民族党的波西娅·辛普森-米勒当选为牙买加首位女性总理。

2008年

在北京奥运会上，短跑运动员尤塞恩·博尔特在100米和200米比赛项目上打破世界纪录，并与牙买加男队一起在400米接力赛项目上打破世界纪录。

2010年

帮派成员与牙买加警察、军队发生武装对峙后，蒂沃利花园贫民区的犯罪首领克里斯托弗·科克被引渡回美国。

牙买加文化

让我们来说说爱牙买加的那些陈词滥调吧：吸着大麻的拉斯特法里主义教徒，来自金斯敦贫民窟的蛮悍小子，沉闷的雷鬼音乐气氛以及歌词低俗的舞厅音乐，一个接着一个！我们并不是在说这些成见不存在，但在探索牙买加这种文化时我们会发现，它与该岛的地理环境一样千变万化。牙买加生来就时常动荡不安，既错综复杂又激动人心，它既像蓝山咖啡那样平和舒畅，也像高度白朗姆酒那样激动人心。

"多种渊源，一个民族"

这句国家格言反映出牙买加文化遗产的多样性。牙买加人来自不同国家，包括作为奴隶贩卖到这里的很多西非人，以及英国人、苏格兰人、爱尔兰人和德国人，同时还有西班牙裔和葡萄牙裔犹太人和"叙利亚人"（指带有黎凡特血统的人），而在奴隶解放后作为契约劳工来到这里的中国人和印度人也包含在内。

牙买加以种族和谐大熔炉自称。然而，从种植园时代开始，自身认同的不安感就已然存在。殖民时期的阶级界限遗留问题对社会分化产生了巨大影响，而这与肤色差异紧密相连。皮肤较白的牙买加人更有可能获得一份好工作，皮肤漂白因而成为一种常见现象。中产阶级一直试图将自己与生活在棚户区的那些人撇清关系。牙买加独立后，民众希望幻灭，因而对白人产生种种不满，这在社会贫困群体中表现得尤为明显。

牙买加人民可能是你见过最为亲切友善的：吃苦耐劳、乐于助人、彬彬有礼而又十分谦逊。然而，在这贫富差别鲜明的社会中，奴隶制和种族主义留下的紧张记忆继续引发潜在的无政府主义情绪。那些在贫困线上挣扎的牙买加人在谈到这个"热带天堂"时语气里充满了不屑。

牙买加人民热爱辩论或"推理"。他们喜欢有力地表述自己的观点，通过让人困惑的椭圆式迂回和意识流式的联想将意见上的分歧变成滔滔不绝的辩论。

牙买加人民的讽刺本领绝对大名鼎鼎。这种自嘲式的幽默已经成了一种逃避阀门，人们借此隐藏真实的感受。在这样一个难以谋生的国家里，"没有问题"（'everyt' ing irie）的确可以看作是一种黑色幽默。

帕托阿语

牙买加人讲帕托阿语时，通常他们会省略"h"（把"house"说成ouse），并把它们加到你想不到的地方（如把"emphasize"说成hemphasize）。牙买加人通常还会将"th"中的"h"省略；因此，"thanks"变成t'anks。"The"这个单词通常读成de，"them"读成dem。有时他们也会省略"w"，如在ooman（woman）中。

住在牙买加

牙买加被归类为中等收入国家，中产阶级所占比例不大却举足轻重，他们普遍都受过良好教育，富有自主创业精神，且经常跟英美国家有密切来往。

尽管如此，很多牙买加人住在极度贫困的地区，要么是在农村，那里的农夫、渔民或种植园劳力拼尽全力也只能勉强糊口；要么是在金斯敦的贫民窟和棚户区通过收废品度日。没有受过正规教育很难获得工作机会，而接受教育收费不菲，所以很多收入较低的牙买加人你争我抢，

牙买加的同性恋憎恶症

20世纪90年代，布珠·班顿（Buju Banton）发行了歌曲《再见博姆》（*Boom Bye Bye*），成为大受欢迎的舞厅音乐，这首歌曲显然是为了庆祝一桩男同性恋者谋杀案，因而成为国际头条新闻。从那时起，牙买加就获得了一个不雅称号——世界上最憎恶同性恋的国家之一。2013年在蒙特哥贝舞会上变性少年德韦恩·琼斯（Dwayne Jones）被私刑处死，更加坐实了这一称号。

借用舞厅音乐表达对同性恋的憎恶，这不过是牙买加社会中更深层面的一个反映。在这个极度信仰基督教的国家，同性恋被鼓吹成反圣经的一种罪行，经常被看作是从西方殖民国家引进过来的，而这对该国社会自身结构来说是一种威胁。

憎恶同性恋引发的暴力事件非常普遍，从言语以及身体上的虐待，再到反对女同性恋而采用"纠正性取向强奸"，此类事件比比皆是（在这样一个国家，针对妇女的性暴力行为司空见惯，实在是令人悲哀）。尽管2007年《雷鬼音乐慈悲法案》（Reggae Compassionate Act）旨在将舞厅音乐中表达憎恶同性恋的元素去掉，但"基佬"（batty man）、"拉拉"（fish）这样的贬义词仍然在使用。对年轻的男同性恋者来说，无家可归的问题尤为突出，他们经常遭到家人的排斥。牙买加是世界上前列腺癌发病率最高的国家，有传闻说，去进行直肠检查会被冠上同性恋的帽子。

尽管如此，牙买加的同性恋、双性恋及变性者群体正日益受人瞩目而且颇为果敢自信，从成立**牙买加同性恋和双性恋论坛**（www.jflag.org）和**牙买加公民素质**（www.qcjm.org）这类组织，到开展运动旨在废除1864年颁布的鸡奸法，该法律规定肛交为犯罪。虽然遭遇了一些基督教组织的阻碍，社会对待同性恋的态度仍在不断发生改变。喜剧演员基思·拉姆齐（Keith Ramsey，绰号"Shebada"）采用更为大胆出位的表演手法广受欢迎，男同性恋的时尚潮流也影响了极度男性化的舞厅音乐世界里的表演家们。与牙买加很多事情一样，对于同性恋的憎恶要比表面看起来更为复杂。

就是为了获得一份工作机会。牙买加的人均收入仅为US$4390（相当于J$371,615），很多牙买加人都依赖在国外生活的家人给他们汇款。

宗教和信仰

牙买加声称是这个世界上每平方公里拥有教堂数量最多的地方。虽然大多数外国人都将这座岛屿与拉斯特法里教联系在一起，不过80%以上的牙买加人认为自己是基督徒。

> 牙买加的谚语是对自身文化遗产和方言充满自豪的一种庆祝方式。例如："牛在长，鼻孔也在长。"（So cow a grow so him nose hole a open），大致可以译成"活到老学到老"。

基督教

周末的时候，经常可以看到大人和孩子们手拿《圣经》、身穿最好的衣服走在乡村道路上。在这个国家，每座教堂似乎都充满了正义，结合恫吓、威胁的古老布道方式仍旧受到青睐。教会对牙买加社会和经济造成的影响之大，怎么强调都不为过。

最受欢迎的教派是牙买加圣公会（Anglican Church of Jamaica），以及基督复临安息日会（Seventh-Day Adventists）、五旬节会（Pentecostals）、浸信会、卫理公会（Methodists）和天主教会。

复兴主义

在奴隶获得解放实现伟大复兴后，牙买加几个教派通称为复兴教，在

一种独特的词汇

拉斯特法里教21则信条中，其中一条就是相信上帝存在于每个人的身上，这二者是等同的。通过使用表明"我和我"的这种人称代词，这则信条将神明与个体相结合。"我"是本我或真正的内在神明，这就把每个人放在了相同平台上了。因此，"我和我"可以意味着"我们"、"他和她"、"你们和他们"（人称代词"我的宾格"可以看作是一种从属关系，个体作为"宾语"的接受者）。

拉斯特法里主义的信仰者把英语这门语言看作一种服务奢华淫靡的工具，目的是"压迫"黑人。他们认为这门语言本身是带有偏见的，这就使得其词汇掺入了晦涩难懂的意图和含义，而这"对牙买加人的说话方式"产生了深刻影响。

此期间很多黑人皈依基督教。复兴教派几个最重要的分支是犹太复国主义教（Zionism）和波可癫狂教（Pocomania，也叫作Pukkumina）。前者以《圣经》为中心，而后者则与祖先崇拜有关。

复兴教派信仰的核心是灵魂独立于躯体而存在，可以寄居在无生命的物体身上并与人类进行交流。

复兴教派举行仪式的特点是：教徒身着长袍来回走动、诵经、击鼓、用方言讲话并保持神灵附体的状态。这些仪式在指定的场地举行，由一位"牧师"或"教母"主持，将灵魂的旨意解释给教徒听。

复兴教中的卡米那（Kumina）宗教仪式与非洲的宗教仪式最为贴近，它将祖先灵魂的召唤与采用对唱诵经的方式结合，同时还融入了复杂的鼓乐节奏和舞蹈，而现在已经越来越罕见了。

巴里·舍瓦纳斯（Barry Chevannes）所著的《拉斯特法里派宗教运动：根与意识形态》（*Rastafari:Roots and Ideology*）和由罗伯特·罗斯金德（Robert Roskind）所著的《拉斯特法里之心：同一种爱旅途》（*Rasta Heart: A Journey Into One Love*）都十分值得关注，书中阐述了牙买加教徒最常谈起的教义。

拉斯特法里教

与雷鬼音乐一样，蓄着长发辫的拉斯特法里教徒也是牙买加的代名词。该教派在20世纪30年代开始发展，逐渐成为穷人、牙买加黑人寻求满足感的一种表达方式，马科斯·加维宣扬"重回非洲"的热忱推动了该教派的壮大。

拉斯特法里教的核心观念认为，非洲人是流离失所的以色列十二支派中的一支。牙买加是巴比伦支派，他们的命运被流放在一块根本无法重塑的土地上。如同一则预言中说的那样，在1930年，拉斯特法里教加冕的阿西比尼亚皇帝（海尔·塞拉西）成为埃塞俄比亚国皇帝和救世主，引领黑人从流放之地回到他们的精神家园——福地锡安。

对很多（即便不是全部）拉斯特法里教徒来说，吸食大麻是一件圣事，可以增强"推理"能力，从而获得智慧和内在的神性。分析《圣经》的经文是一项非常重要的传统，有助于理解社会中生活奢华淫靡的那些人所造成的腐败影响。越来越多的长发辫则源自犹大狮鬃的典故。

尽管该宗教存有好战思想，不过它却宣扬爱和非暴力，信徒严格按照《圣经》的行为准则生活，推崇的生活方式与《旧约》传统教义相符。一些拉斯特法里教徒是禁酒主义者，他们不吸烟而且有着严格的食谱，这些素食主义者只吃用有机肥料培植且烹调时不加盐的蔬菜。而其他像是拉斯特法里教派十二支派的教徒们则吃肉饮酒。

牙买加的小犹太社区是新大陆上最古老的。请登录www.ucija.org获取更多有关金斯敦附近犹太社区会堂的信息。

牙买加的体育财富

如果有任何一个牙买加人比鲍勃·马利在世界上的知名度更高，那他一定是尤塞恩·博尔特。他是目前世界上跑得最快的人，在2008年北京奥运会这一世界舞台上大展雄风，获得了100米和200米短跑两枚金牌，4年后的伦敦奥运会上再次获得同样佳绩。短跑运动员谢莉·安·弗雷泽·普莱斯在这两场奥运会上同样斩获女子百米大战的冠军。

牙买加是个痴迷板球运动的国度，快投手科特尼·沃尔什（Courtney Walsh）和击球手克里斯·盖尔（Chris Gayle）都十分受人尊敬。牙买加国家板球队是西印度群岛球队的一员，2011年在世界杯板球赛上挺进四强，2012年在第20届世界杯板球赛上获得冠军。牙买加板球运动赛事在金斯敦的萨宾娜公园举行，国内以及国际的板球锦标赛和新一轮的加勒比英超板球联赛也在这里举行。

足球是牙买加第二大体育运动。牙买加国家足球队在1998年世界杯上成功入围资格赛，这极大促进了足球这一运动项目的发展，不过此后他们没有再次入围。位于金斯敦的国家体育馆举办激烈的国际足球赛事。

女性的命运

在那些熟谙舞厅音乐歌词的外人看来，牙买加社会显然是大男子主义横行，但妇女通常倾向于坚强而独立（40%的家庭中，妇女是唯一挣钱养家的人）。通常这种精神可以理解成自信，在现任总理波西娅·辛普森-米勒的身上尤为明显。牙买加女性在学校里的成绩和识字率要比牙买加男性高得多，中产阶级的女性十分受人尊重，她们的职业表现与北美和欧洲的同行不相上下。她们中大多数人的薪资都极低，但妇女占到牙买加劳动力的46%。

牙买加妇女人生的阴暗面就是性暴力事件的激增。据统计数据显示，1/4的女性在生活中遭遇过强迫性行为。在牙买加有47%是计划外怀孕，而且它还是青少年怀孕率最高的国家之一，除非有医学理由，否则堕胎仍旧违法。

雷鬼音乐

《雷鬼路线》（*Reggae Routes*）一书配有大量插图；如果想探索这座岛上的音乐文化，韦恩·陈（Wayne Chen）和凯文·奥布莱恩·张（Kevin O'Brien Chang）所著的《牙买加音乐的故事》（*The Story of Jamaican Music*）是必读之书。

牙买加艺术

文学

多年来，犹如幽灵般的奴隶制历史以及与宗主国英国之间道不明的关

奥比巫术和米亚尔巫术（OBEAH & MYAL）

牙买加有自己的巫术体系，依据的习俗来源于西非，类似海地的伏都教（Vodou）或古巴的萨泰里阿教（Santería）。相对于奥比巫术的“黑巫术”而言，米亚尔巫术基本上可以算作是“白巫术”了。巫术大部分是在乡村地区使用，巫师通过召唤能够驱散诅咒、带来好运或让你的伴侣对你忠诚，通过使用大量草药、粉末（包括骨灰）、特殊形状的蜡烛和带有能量的戒指来实现他们的目的。

实施巫术主要是为了召唤恶魔或灵魂。牙买加人相信人死后九天灵魂会在世间飘荡，在此期间灵魂可以被召唤出来行善或作恶。很多牙买加人依然遵循九夜习俗（即人死后的9个夜晚会举行“守夜”），确保死者的灵魂离开后前往天堂。守夜可能会是大型聚会，还会配备音响系统。

召唤恶魔时会将圆形的瓶子环绕成圈，上面点上蜡烛，举行仪式。圆圈的入口或是“门”要用弯刀或大刀装饰，圆环里面会装满食物祭奉灵魂，而且还有用粉笔标注的符号。

不信教的人会认为奥比巫术是迷信，纯属无稽之谈，不过大家都知道最近的奥比巫术店在哪里，当地的报纸经常会发表有关“恶魔”的搞笑故事。在很多牙买加人的家里你会发现奥比巫术的符咒，它依然强有力地影响着这个国家的精神。

金·罗宾逊(Kim Robinson)和彼得里内·阿切尔·斯特劳(Petrine Archer Straw)合著的《牙买加艺术》(*Jamaica Art*)图文并茂，探讨了这座岛屿艺坛的演变。

系一直萦绕着牙买加文学。最著名的也许就是赫伯特·德利瑟写的经典哥特式恐怖小说《玫瑰庄园里的白女巫》(*White Witch of Rose Hall*)，该书讲述了凶手安妮·帕尔默的故事，她是玫瑰庄园里的一位邪恶情妇。

安东尼·温克勒(Anthony Winkler)所著的小说在反映牙买加人的生活时因眼光独特犀利而出名，最为著名的是《疯子》(*The Lunatic*)、《恶魔》(*The Duppy*)和《家族宅邸》(*The Family Mansion*)。

金斯敦的大街小巷同样成为罗杰·梅斯(Roger Mais)颇有勇气的小说背景，著名的有*The Hills Were Joyful Together*和《兄弟》(*Brother Man*)。奥兰多·帕特森(Orlando Patterson)的小说《西西弗斯的孩子们》(*The Children of Sisyphus*)则从拉斯特法里主义信仰者的角度出发，同样探寻那些艰苦地带。

最近几年，一大批牙买加女性作者的作品广受关注。其中有克里斯汀·克雷格(Christine Craig)所著的《薄荷茶》(*Mint Tea*)、帕特里夏·鲍威尔(Patricia Powell)所著的《我的死亡宣判》(*Me Dying Trial*)、米歇尔·克利夫(Michelle Cliff)所著的《阿本，回头看看身后的土地》(*Abeng*, *Land of Look Behind*)和瓦内萨·斯彭斯(Vanessa Spence)所著的《道路阻断》(*Roads Are Down*)。

牙买加文坛目前活跃的明星作家包括著有《舞蹈课》(*Dancing Lessons*)的奥利芙·西尼尔(Olive Senior)、著有《一无所有》(*For Nothing At All*)的加菲尔德·埃利斯(Garfield Ellis)、著有《沃纳最后的女人》(*The Last Warner Woman*)的凯·米勒(Kei Miller)、著有《夜间女人之书》(*The Book of Night Women*)的马龙·詹姆斯以及著有《胡拉坎》(*Huracan*)的戴安娜·麦考雷(McCaulay)。

各种类型的方言组成的配乐诗弥补了文学与表演之间的距离。路易丝·贝内特(Louise Bennett)所著的《诗选》(*Selected Poems*)和林顿·约翰逊·奎西(Linton Kwesi Johnson)所著的《我的革命友人弗伦》(*My Revolutionary Fren*)都是重要作品。

电影

对很多人来说，牙买加经典电影始于《不速之客》(*The Harder They Come*, 1973年)，主演吉米·克里夫(Jimmy Cliff)扮演了一位生活在金斯敦贫民窟"粗鲁小子"的角色。《微笑的橘子》(*Smile Orange*, 1974年)讲述了度假村一位忙碌的服务员林戈(Ringo)的故事，即使在今天看来，其主题也不过时。《摇滚乐歌手》(*Rockers*, 1978年)是另一部用音乐作为推进的电影，尖锐地讲述了牙买加人改编的《偷自行车的人》(*The Bicycle Thief*)，影片由诸多雷鬼音乐明星担任主演。

《疯子》(1991年)根据安东尼·温克勒的小说改编而成，这部电影采用幽默的方式探索了该岛的性禁忌。

里克·埃古德(Rick Elgood)1997年拍摄的电影《舞厅音乐皇后》(*Dancehall Queen*)讲述了一个苦苦挣扎的街头小贩偿清债务的故事，最终通过雷鬼音乐摆脱了在金斯敦穷街陋巷的生活，该片广受各国观众欢迎。牙买加最卖座的电影是克里斯·布朗(Chris Browne)于2000年拍摄的犯罪片《第三世界的警察》(*Third World Cop*)，影片中老朋友们跨越法律的两面，彼此之间必须相互妥协。《牙买加黑帮》(*Shottas*, 2002年)

卡米那

牙买加最著名的剧团是国家舞蹈剧团，在金斯敦的小剧院演出时，会将卡米那动作融合到演出中。

紧随其后，讲述了两个金斯敦罪犯试图在美国碰运气的故事。《唯一的爱》(*One Love*, 2003年)讲述了信仰拉斯特法里主义的音乐家和牧师女儿之间颇有争议的浪漫爱情故事，探索了牙买加的社会分裂。

目前在牙买加影坛能够呼风唤雨的人物是导演斯托姆·索尔特(Storm Saulter)，他制作的电影关注社会冲突，吸引了很多崇拜者，其中最为著名的是2013年拍摄的《好音乐来了》(*Better Mus Come*)，该片围绕20世纪70年代牙买加帮派的问题展开，是过去十年中加勒比地区最受好评的电影之一。

当前牙买加配音诗里最令人激动的声音来自穆塔巴鲁卡(Mutabaruka)。要了解他的作品，阅读他写的诗，请登录www.mutabaruka.com。

视觉民族主义的诞生

从传统来讲，英国的潮流趋势以及殖民时代的审美品位塑造了牙买加的艺术，不过在20世纪20年代，牙买加学院里的当地艺术家开始形成自己的风格，而这种风格是由牙买加人的现实生活所塑造的。主要分为两大流派：留学海外的艺术家为一派，从“直观角度”描绘岛屿主题的为一派。

牙买加独立运动的领导人诺曼·曼利的妻子埃德娜是一位颇有灵感的雕塑家，她提倡原汁原味的牙买加艺术风格，成为引领变革的关键推动人物。通过《黑人觉醒》(*Negro Aroused*, 1935年)和《波可癫狂教》(*Pocomania*, 1936年)等众多开创性作品，将非洲人和牙买加人的原型相结合，融入蕴含深刻民族精神的个人构想中。曼利为潜能无限的牙买加艺术开创了令人振奋的先例。在基层，曼利组织了免费的艺术课程和培训课程，激励越来越多具有绘画天分的人，并将他们组织起来。

这片沃土孕育了3位伟大的牙买加画家。在金斯敦金碧辉煌的理发店里，自学成才的艺术家约翰·邓克利(John Dunkley)被曼利“发掘”。凶险的热带雨林中阴森森的景色、永无止境的道路、鬼鬼祟祟的爬行动物和啮齿类动物——他画中的构思与这个国家的历史创伤产生共鸣。与此相反，阿尔伯特·休伊(Albert Huie)的作品中则注重复杂的细节和美感，描绘远离他那充满纷争的家乡金斯敦、犹如田园诗般的乡村梦幻景色。大卫·波廷杰(David Pottinger)更多地植根于周围环境，他的主要兴趣是城市风景。他描绘的繁华城市生活揭露了对贫困的沉思，同时也暗含了生命不屈不挠的精神。

当代牙买加视觉艺术领域的重要人物目前包括画家埃博妮·帕特森(Ebony Patterson)和摄影师马文·巴特利(Marvin Bartley)。这两位与金斯敦的埃德娜·曼利视觉和表演艺术学院有密切联系，该学院依然是牙买加艺坛的一个重要熔炉。牙买加视觉艺术会举行非常不错的年度活动，场面十分热烈，包括前卫金斯敦节和在国家美术馆举办的牙买加艺术双年展。

蒂莫西·怀特(Timothy White)的作品《揭竿而起》(*Catch a Fire*)依然收录在鲍勃·马利的自传中。与之相对的就是凯文·麦克唐纳(Kevin Macdonald)2012年拍摄的优秀专题纪录片《马利》(*Marley*)。

音乐

很少有地方能像牙买加那样用音乐来定义自己。多谢鲍勃·马利，雷鬼音乐从这座岛出发征服世界，帮助牙买加树立了一个永久品牌，它对全球文化的影响巨大，与这座岛屿的狭小规模完全不成比例。事实上，除了雷鬼音乐之外，牙买加还有很多音乐类型，一直忙碌不停的录音室就是证明。按人均来计算的话，牙买加是世界上创作者录制音乐作品数量最多的国家。或者就像帕托阿语谚语说的那样，“We likkle but we talawah”(我们虽小，但我们很强大)。

热门歌曲播放表

雷鬼音乐

《007（棚户区）》[007（*Shanty Town*）]德斯蒙德·德克尔（Desmond Decker）和王牌乐队（the Aces）

《塞拉西一世的照片》（*Picture of Selassie I*）哈里·基尔（Khari Kill）

《合法》（*Legalize It*）彼得·托什（Peter Tosh）

《唯一的爱》（*One Love*）鲍勃·马利和哭泣者乐队

《冷酷的拉斯特法里教徒》（*Cool Rasta*）海普顿斯乐队（The Heptones）

《不速之客》吉米·克里夫

《巴比伦河》（*Rivers of Babylon*）旋律派乐队（The Melodians）

《传递大麻烟斗》（*Pass the Koutchie*）坚钻乐队（The Mighty Diamonds）

《时髦金斯敦》（*Funky Kingston*）图斯和梅塔尔斯合唱团（Toots & the Maytals）

《这是爱吗》（*Is This Love*）鲍勃·马利和哭泣者乐队

舞厅音乐

《我是谁》（*Who Am I*）宾尼·曼（Beenie Man）

《女作家与谋杀案》（*Murder She Wrote*）查克·戴莫斯和普利耶斯（Chaka Demus and Pliers）

《无花果树》（*Sycamore Tree*）雷迪·索（Lady Saw）

《忙起来》（*Get Busy*）肖恩·保罗（Sean Paul）

《叮呤呤》（*Ting-A-Ling*）沙巴·兰克斯（Shabba Ranks）

《在我节奏下》（*Under Me Sleng Teng*）韦恩·史密斯（Wayne Smith）

《真遗憾》（*It's a Pity*）塔尼娅·斯蒂文斯（Tanya Stephens）

《拉响警报》（*Ring the Alarm*）特诺尔·苏（Tenor Saw）

《克拉克》（*Clarks*）威比兹·卡特尔（Vybz Kartel）、疱普坎（Popcaan）和加沙·斯利姆（Gaza Slim）共同演绎

《咚咕咚咕哉》（*Zungguzungguzeng*）黄人乐队（Yellowman）

简史

现代牙买加音乐始于门特的民乐，不使用电声乐器。20世纪60年代初，融合了卡利普索小调、爵士乐和蓝调音乐之后发展成为斯卡音乐，这是当时那个年代牙买加第一个流行音乐形式。在此演变过程中，出现了慢拍摇滚乐，在20世纪70年代形成了重低音雷鬼音乐，这种类型的音乐最终横扫之前所有音乐形式。舞厅音乐要比之前的音乐类型节奏更快、更适合现场，一直持续到今天，它依然主宰着牙买加当代乐坛。这些音乐风格都是截然不同的，它们不断地相互融合，彼此之间相互借鉴，是牙买加音乐真正的魅力所在。

卡洛琳·库珀（Carolyn Cooper）所著的《声音碰撞：详尽的舞厅音乐文化》（*Sound Clash: Jamaican Dancehall Culture at Large*）是探索当代牙买加音乐主导形式的重要作品。

根雷鬼音乐

鲍勃·马利在他一首名为《特伦奇小镇》（*Trench Town*）的歌中问道，牙买加的什么好东西来自贫民窟？他这样做就是在挑战基于阶级划分的牙买加社会，社会上的少数精英统治着被剥夺了公民权的民众。当然，音乐本身包含传递出的骄傲与精神救赎的信息就是答案，正如雷鬼音乐脱离了牙买加这块区域征服了世界那样，在这个过程中，鲍勃·马利成为真正的全球偶像。

鲍勃·马利曾是哭泣者乐队的成员，该乐队成立于20世纪60年代，当时斯卡音乐和慢拍摇滚乐方兴未艾。在雷鬼音乐新声音向更加广阔的风格

演变时，创作人比如李·佩里（Lee Perry，绰号“刮痕”）、克莱门特·多德（Clement Dodd，绰号“考克松先生”）起到了关键作用。与此同时，拉斯特法里教开始复苏，随后1966年海尔·塞拉西一世访问牙买加，激发了牙买加音乐的灵魂。出生于牙买加的克里斯·布莱克威尔（Chris Blackwell）是小岛唱片公司的创始人，通过鲍勃·马利签约哭泣者乐队，克里斯将雷鬼音乐介绍给世界观众。

雷鬼音乐并不是只有马利。他原来的乐队队友彼得·托什和邦尼·韦勒都成了大明星，加入到了德斯蒙德·德克尔（Desmond Dekker）、丹尼斯·布朗（Dennis Brown）、柏宁·斯皮尔（Burning Spear）以及格雷戈里·艾萨克斯（Gregory Isaacs）的明星行列。然而最近几年，自从舞厅音乐接任成为牙买加国内最热门的音乐以后，根雷鬼音乐得到复兴，比如音乐家Chronixx、Protoje和Jah9带回了一些拉斯特法里教的观念，用以振兴新世纪的音乐流派。

舞厅音乐文化

现代牙买加音乐毫无疑问是舞厅音乐：重低音的节奏下迅速唱出歌词。舞厅音乐可以简单地说成牙买加人的说唱乐，因为节拍的形式、它们的结构和歌词之间细微的差别与牙买加过去的音乐有着很深的渊源。

20世纪70年代末期兴起了一种新的音乐类型，DJ们如黄人乐队、独行侠（Lone Ranger）和乔西·威尔士（Josey Wales），他们手握麦克风，通过更快更数字化的节拍爆发出高能量的节奏。此时牙买加处于动乱时期，音乐相应地远离政治意识，更向享乐主义的方向转变。整个现场的焦点是音乐设备和DJ之间的“音乐碰撞”，让民俗音乐专辑相互斗乐，从而赢得观众的喜爱并提高他们的知名度。

到了20世纪90年代，像沙巴·兰克斯等音乐家成功转型为享誉全球的舞厅音乐明星，不过布珠·班顿、宾尼·曼、邦蒂·基勒（Bounty Killer）和西兹拉（Sizzla）等明星则因歌词称颂暴力和厌恶同性恋而遭到指责。在公开商定签署“和平协议”之前，绰号“世界头头”（World Boss）的威比兹·卡特尔与马瓦多（Mavado）之间长期结仇，并在街头制造了很多流血事件，臭名昭著。2014年，威比兹·卡特尔因谋杀助理而被裁定有罪。对舞厅音乐文化的批评越来越稀奇古怪，而这是牙买加新闻的重要组成部分。虽然如此，舞厅音乐依然占据主流地位，尚恩·保罗（Sean Paul）和孔申斯（Konshens）早已跻身为国际明星，而查姆（Cham）和汤米·李（Tommy Lee）等表演家则在国内大受欢迎。

感受牙买加音乐

也许很多人都没有想到，牙买加并没有太多现场音乐表演。这里大多都是音响播放的音乐。很多职业音乐家经常前往度假酒店演奏雷鬼音乐，从而赚取旅行团游客的钱。如果你身处金斯敦，观看乐队演出最好的地方之一是Red Bones，这里一周会有几次非常棒的现场音乐演出。还要睁大眼睛留心海报，也许会有其他地方举办的临时演唱会广告。还有一些雷鬼音乐节也非常棒，最著名的就是每年7月在蒙特哥贝举办的雷鬼音乐节，以及每年1月在圣安斯贝举办的Rebel Salute音乐节。2月是指定的“雷鬼音乐月”（部分在6号举办，以纪念鲍勃·马利的生日），届时牙买加全国各地会举办众多现场音乐会，金斯敦尤甚。

摆臀舞

舞厅音乐标志性舞蹈动作（只限女性）就是摆臀舞。摆臀舞的动作有弯腰以及像做体操那样旋转臀部和头部。男性则叫“daggering”，即在舞池上表演模拟性交的粗俗动作。过分正经的人不适宜参与。

聆听《雷鬼音乐50周年金色庆典》（*Reggae Golden Jubilee*），其中有斯卡音乐、慢拍摇滚乐、根雷鬼乐和舞厅音乐，讲述了牙买加音乐的故事。这张唱片共有100首曲目，是为了庆祝牙买加独立50周年而在2012年发行的怀旧唱片，由前任总理（和专辑制作人）爱德华·西加（Edward Seaga）汇编而成。

如果你想欣赏舞厅音乐，有很多俱乐部可供选择，不过目前最让人振奋的是在金斯敦举办的露天聚会。无论是音响系统、配以雷鬼音乐的即兴演讲、街头时尚表演还是舞蹈，都无可匹敌。问一下当地人，特别是你所住酒店或客栈的工作人员，他们会告诉你哪里可以找到最好的派对和热闹的活动。不要被这座城市的不良名声吓跑，各项活动总体情况良好，社区会有警察维持治安。不过派对很晚才会开始，不要幻想在午夜前就来参加。

牙买加音乐术语表

测试唱片（dubplate）	一种流行音乐的特制版本，专门用来特别放大音响系统的声音，尤其是在乐器撞击发出铿锵声音的时候
舞厅音乐（dancehall）	旋律较快、以节奏为主导的雷鬼音乐，目前是牙买加最流行的音乐形式
配音（dub）	一种雷鬼音乐的次类型，更强调使用混响装置、复奏和其他音乐制作技术，加入“配音”器乐和声乐部分
詹克努狂欢游行（jonkonnu）	一种起源于西非和巴哈马的狂欢巡游，特别用来庆祝圣诞节
门特（mento）	传统的民间音乐，先于现代牙买加音乐类型的产生。采用原声乐器弹奏：吉他、小提琴、班卓琴、鼓和伦巴箱（rhumba box，一种带有金属按键的木箱）
雷鬼乐（ragga）	是舞厅音乐的别称，不过在英国比在牙买加更常用
雷鬼音乐（reggae）	牙买加最著名的音乐，一般会在4/4拍时加入一个明显的低音。在第二和第四个节拍时会加入吉他演奏（通常如此）。因为发出“叮铃……叮铃”的声音被称为“斯坎克舞曲（skank）”
节奏（riddim）	不仅仅指“节奏”，同样还指器乐类型的歌曲，节奏和贝斯还要配合音乐主持人的说唱。这种流行音乐的节奏如野火一般迅速传播
慢拍摇滚乐（rocksteady）	融合了斯卡音乐和雷鬼音乐的一种音乐类型，其特点是低音效果强劲，声音圆润柔和
根雷鬼（roots reggae）	雷鬼音乐的一个分支，重点放在拉斯特法里教信徒的精神层面和社会变革上
流行音乐节目主持人（selector）	基本上就是指DJ（selector直译为选择者，意思就是他们“选择”节奏）
斯卡音乐（ska）	一种独特的牙买加音乐类型，融合了蒙托音乐、卡利普索小调和美国蓝调音乐，重音部分和弱拍强劲
低俗（slackness）	这个词可以用来指任何一种低俗的东西（尤其与性有关），它通常被用作形容词来修饰舞厅音乐的歌词
索卡音乐（soca）	融合了灵魂乐和卡利普索小调
音响系统（sound system）	使用大型麦克风的移动迪斯科舞台或者派对，比如舞厅音乐派对。音响系统通常有特定的名字、声音类型以及拥趸
配以雷鬼音乐的说唱（toasting）	派对上，音乐主持人会按照节拍开始说唱。有充分的证据表明，这就是现代说唱乐和嘻哈乐的起源

梅塔尔斯乐队（The Maytals）1968年发行了一首歌，名为《做个雷鬼音乐人》（*Do the Reggay*），这是首次使用“雷鬼”这个术语的专辑之一。在此之前的音乐被称为慢拍摇滚乐。

牙买加风景

值得注意的是，牙买加这座岛屿和牙买加这个国家之间有着显著的不同。牙买加这个国家实际上是一群岛屿，而牙买加这座主岛占据了其国土的绝大部分。群岛中的其他小岛叫作沙礁，除了其中一些作为当地渔民临时工作之用，其他都无人居住，包括罗亚尔港以南的罗亚尔港沙礁（比如珊瑚岛），西南部160公里之外的重要垂钓区——佩德罗浅滩（Pedro Banks），还有远离东海岸的莫兰特群岛（Morant Cays）。

群岛

牙买加总面积为10,991平方公里（基本相当于美国康涅狄格州全州或者英国威尔士一半的面积），是加勒比地区第三大岛屿，也是官方语言为英语的最大岛屿。大安的列斯群岛（Greater Antilles）是加勒比海中位于最西端的岛屿，而牙买加岛就是其中之一。

牙买加“本岛”的边缘是一条狭窄的海岸平原，只有南部沿岸是宽广的平原地区。山构成了岛屿的脊梁，由西逐渐上升，直到东部的蓝山为止到达顶点，其最高点可达2256米。这座岛屿被120条河流分割，其中有很多河流一年大部分时间都是旱河，但是大雨之后就会恢复生机，甚至引发了巨大的洪灾，毁坏道路。海岸边的红树林、湿地保护区和高山云雾森林共同构成了小型的独特生态系统，岛上极其丰富的野生动植物就生活在其中。

洞穴

岛屿表面的2/3是由松软、多孔的石灰岩（珊瑚、蛤蜊和其他海洋生物

旅行建议

- 在历史遗址或者自然景区，一定不要取走任何诸如贝壳、植物或其人工制品之类的物品当作“纪念品”。
- 紧随前人足迹。徒步旅行时，一定要走指定的步行道。自然栖息地通常很容易被侵蚀，有些游客偏离了常走的道路，就会打扰那里的动植物。
- 不要触摸或者站在珊瑚上。珊瑚十分敏感，如果被浮潜者或者潜水者触碰，极易死亡。同理，乘船者一定不要在珊瑚上抛锚，而应使用系泊浮筒。
- 从废物的产生量、噪音水平、能源消耗和当地文化等方面进行考量，尽量光顾那些行为方式比较环保的酒店、旅游公司和商户。
- 许多当地社区都只能从牙买加巨额的旅游收入中获得微薄的利润。自己多学习一些关于社区旅游的知识，考虑如何亲身参与其中。尽可能雇佣当地的旅游向导。
- 尊重社区。多了解所在区域的习俗，支持当地对于保护环境和传统文化所做出的努力。

的骨骼沉积）构成的，有些地方厚度达几英里，表面上则覆盖着富含铝土矿（铝的主要来源）的红黏土。水和软岩之间持久的相互作用造就了牙买加的洞穴，成为地下探险爱好者的绝佳去处，详情请见31页。

动物

鸟类

仅就各式各样的色彩和叫声而言，鸟类绝对是牙买加主要的动物景观。牙买加生活着超过255种鸟类，其中26种是这里独有的，还有一些则在抵离北美洲的迁徙途中经过此处。

牙买加的国鸟是“医生鸟”，也叫作红嘴长尾蜂鸟（red-billed streamertail）。这是一种当地的蜂鸟，羽毛是闪闪发光的祖母绿色，黑色的头部滑如丝绒，上面还有紫色的羽冠，鸟喙长，尾羽弯曲。红嘴长尾蜂鸟的形象在岛上随处可见。加勒比地区共有16种蜂鸟，牙买加有其中的4种。

双腿细长、羽毛雪白的牛背鹭（cattle egret）无所不在，红头美洲鹫[turkey vulture，又称“约翰乌鸦”（John crows）]也是如此，并且这种鹫还出现在很多谚语中。牙买加人把猫头鹰称为patoo，人们将其视为死亡的预言者。牙买加有两种猫头鹰：鸣角鸮（screech owl）和当地特有的灰林鸮（brown owl）。这里还有4种当地特有的鹟（flycatcher）、啄木鸟和许多稀有品种的鸽子。

在遍布的沼泽地中，观鸟者可以见到鹭（heron）、秧鸡（gallinule）和不计其数的其他水鸟。还可以看到鹈鹕（pelican）潜进水中捕鱼，成群的军舰鸟（frigate bird）在海岸上空翱翔，蔚为壮观。

就观鸟而言，牙买加定会使你得偿所愿；更多相关信息请见30页。

哺乳动物

牙买加的哺乳动物很少。野猪和野生山羊数量不多，仍然在偏僻的荒野中游荡，但本土的唯一一种哺乳动物却濒临灭绝。这种牙买加鼠兔[或称硬毛鼠（hutia）]是一种体型较大的褐色啮齿动物，类似豚鼠。因为栖息地的减少，这种群居的、昼伏夜出的动物仅生活在牙买加东部的偏远地区。

猫鼬（mongoose）是你最有可能见到的一种哺乳动物，平时就在马路上来回乱窜。1872年人们从印度引进猫鼬来对付蔗田里的老鼠。然而不幸的是，事实证明猫鼬更喜欢吃蛇，而蛇恰恰是老鼠的天敌，因此现在人们已把猫鼬视为“害虫”。

科克皮特地区

如果你喜欢洞穴探险，可以参考艾伦·芬彻姆（Alan Fincham）的《地下牙买加》（*Jamaica Underground*），书中详细介绍了科克皮特地区的地下情况。

两栖动物和爬行动物

在牙买加栖息着很多两栖动物和爬行动物。最大的当属美洲鳄（牙买加语中称其为“短吻鳄”），它们生活在南部沿海，不过在内格里尔周边的大沼泽地和邻近的河流中也能见到。原本这种鳄鱼数量很多，然而21世纪后出现了猎巨兽的猎人，使其数量下降，现已成为保护动物。在黑河，观看鳄鱼的河流探险生意兴隆。

牙买加拥有24种蜥蜴，其中就包括牙买加鬣蜥（Jamaican iguana）。这种蜥蜴生活在赫尔希尔山（Hellshire Hills）偏远的死水中，生存举步维艰。经常可以看到壁虎吸盘的脚扒在天花板上。当地的封建迷信趋向避开壁虎，但是如果有它们在，你住的宾馆房间里就会少些虫子。

牙买加有5种蛇，都是无毒的。很大程度上是由于猫鼬的肆虐，这5种蛇都濒临灭绝了，而且原本存在的第六种蛇——黑蛇（the black snake），也因为猫鼬而彻底消失了。其中最大的是牙买加虹蚺（Jamaican boa），也叫作黄蛇，这种大蟒（当地人叫作nanka）能够长到2.5米长。

这里有17种蛙和1种蟾蜍。与众不同的是，牙买加特有的14种蛙类都没有蝌蚪这个阶段，而是极小的蛙直接由卵逐渐成长为成蛙。在牙买加各处你都能听到口哨蛙（whistle frog）的叫声，真是名副其实。虽然这种蛙十分聒噪，其实它的体型比一颗葡萄还小。

观鸟者可以参阅《牙买加的鸟类：摄影图鉴》(*Birds of Jamaica:A Photographic Field Guide*)，作者为奥黛丽·唐纳(Audrey Downer)和罗伯特·萨顿(Robert Sutton)。詹姆斯·邦德的《西印度群岛的鸟类》(*Birds of the West Indies*)是可供严肃观鸟者参考的另一本经典著作，这本书曾以《西印度群岛鸟类图鉴》(*Peterson Field Guide to Birds of the West Indies*)的书名出版过。

昆虫

牙买加有蚊子、蜜蜂和胡蜂（wasp），但是大多数虫子是无害的。有一种褐色的金龟子（scarab beetle）名叫“消息虫”，它飞起来就像失控了一般，如果撞到人身上，当地人视之为将有重要消息到来的征兆。菱形的“臭虫”绝对名副其实，因其恶臭而闻名。萤火虫（firefly，又叫blinky或peeny-wally）同样很常见。

牙买加拥有120种蝴蝶和种类繁多的蛾，其中21种为当地特有的品种。最为惊艳的蝴蝶当属巨凤蝶（giant swallowtail，学名Papilio homerus），翼展长达15厘米。巨凤蝶仅生活在约翰克罗山的高海拔地带以及蓝山的东侧（且科克皮特地区数量较少）。

海洋生物

珊瑚礁沿着北部海岸分布，那里的珊瑚礁几乎是连续不断的，其中很大一部分集中在数百米的海岸之内。

超过700种鱼类在珊瑚礁之间游进游出，包括隆头鱼（wrass）、鹦嘴鱼（parrotfish）、鲷鱼（snapper）、鲣鱼（bonito）、石首鱼（kingfish）、宝石鱼（jewelfish）和许多种其他鱼类。小鱼会被梭子鱼（barracuda）、巨石斑鱼（giant grouper）和大海鲢（tarpon）吃掉。经常能看到鲨鱼，不过大多数都是不会伤人的铰口鲨（俗称“护士鲨”）。再远一些，深水区域就是旗鱼（sailfish）、枪鱼（marlin）和蝠鲼（manta rays）的天下了。

3种濒临灭绝的海龟：绿蠵龟（green sea turtle）、玳瑁（hawksbill sea turtle）和蠵龟（loggerhead sea turtle）都会把卵产在未经开发的沙滩上，而这样的沙滩已经为数不多了。

西印度海牛（West Indian manatee）是一种腼腆温顺的动物，曾经在岛屿周边十分普遍，然而如今在牙买加水域中仅有100只左右存活了下来，大多数生活在南部海岸长湾上的沼泽中。

大自然保护协会(www.nature.org/wherewework/caribbean/jamaica)一直是保护蓝山和约翰克罗国家公园的重要机构。

植物

牙买加是一座真正的花园，约有3582种植物品种（包括237种兰和550种蕨），其中至少有912种是当地所特有的。尽管岛上的大部分地区都因为农业需要被开垦了，但尤其是内陆，仍然有大片绵延的土地上还保有人类定居后几乎未曾侵扰的植物群。或许最著名的当地植物就数多香果（allspice）了，这也是许多牙买加调味料的基础。

引进牙买加的植物有：1858年经由位于伦敦的英国皇家植物园（Kew Gardens）带到南美洲的簕杜鹃（bougainvillea）；1778年从西非引进的荔枝果，现已成为牙买加的早餐主食；1782年从毛里求斯引进的芒果。面包果是1793年由布莱船长（Captain Bligh，因邦蒂号上的哗变而闻名）带到

蝴蝶

如果你被牙买加美得摄人心魄的蝴蝶所深深吸引的话，可以找来A Avinoff和N Shoumatoff所著的《牙买加蝴蝶的注释大全》(*An Annotated List of Butterflies of Jamaica*)读一读。

这里的，那时当作给奴隶食用的作物。面包果的当地近亲有可可、腰果和木薯，这些植物原产于中美洲和西印度群岛。一种原产于牙买加的菠萝是夏威夷菠萝的祖先（这种水果甚至出现在了牙买加战袍的盾形徽章上）。

不用说，把大麻（ganja，即marijuana）种植在偏远地区的高大植物下是为了躲避牙买加国防军的直升飞机。收获季节是8月末至10月。大麻早先是由工人从印度带到岛上来的，而拉斯特法里派人士会告诉你，这种植物最初种在埃塞俄比亚国王所罗门的墓穴旁。

树种

牙买加的国花是深蓝色的愈创木（lignum vitae）花，这种树的木材在木刻匠中需求量很大。国树是高红槿（blue mahoe），其木材中有漂亮的蓝绿色的条纹。你也要留心看朱红色的"火焰树"（又叫作"非洲郁金香树"）花朵盛放的壮观场面。

墨水树（Logwood）于1715年引进此岛，在干旱地区自然生长，并且能产出一种深蓝色的染料。当地树种包括紫檀木、棕榈、红木、丝绸木棉（silk cotton；传说是妖精或者鬼魂的栖息之所）、雪松和乌木；最后两种树在过去的两个世纪中数量急剧减少。在过去的十年里，森林砍伐导致牙买加超过1/3的流域环境恶化。

国家公园

牙买加初期的公园系统包括4个园区：蓝山和约翰克罗国家公园、蒙特哥贝海洋公园、安东尼奥港海洋公园和内格里尔海洋公园。

占地780平方公里的蓝山和约翰克罗国家公园是牙买加最大的国家公园，包括蓝山和约翰克罗山中的森林保护区，生物多种多样。两座海洋公园都位于景区附近，致力于保护和管理珊瑚礁、红树林以及靠近海岸的海洋资源。

这里还有几处其他的荒野地区，保护程度各不相同，比如波特兰湾保护区（Portland Bight Protected Area）。

有人提议将科克皮特地区建成一座国家公园，却遭到了当地马龙人的强烈反对，因为他们担心政府权威的加强会侵害他们来之不易的自主权。

环境问题

如今，泰诺族称为"Xaymaca"（意即"木水之乡"）的这座岛屿面临着严峻的环境问题。几个政府机构整合成国家环境与规划局，并与位于

壮观的红树林

像蜘蛛网一样密布的红树林生长在牙买加海岸，对于海岸的保护至关重要，此外还为无数海洋生物和两栖动物提供了繁育场所。红树林作为海洋和陆地之间的一道屏障，保持了牙买加海岸的完整性。据估计，由于农耕开发、景区开发、木材砍伐、人类定居和污染而对红树林的破坏，每年造成8000万吨表层土遭到侵蚀。对于栖息地的破坏显然也引发了生态灾难的连锁反应：随着红树林的死亡，很多重要渔业的繁育地也消失了。因此，国家环境与规划局（www.nepa.gov.jm）和当地社区组织通力合作，已经在全国确立了十多处红树林生态恢复区。可以查阅该部门的网站获取更多信息。

Mona的西印度群岛大学合作研究环境问题，不失为迈出了积极的一步。但是在牙买加，自上而下制定和推行相关政策的过程可能极为缓慢，而这个国家的环境保护问题已刻不容缓。

20世纪90年代中期，牙买加的森林退化率为每年5%，位居全球之首。尽管如今人们对于环境问题的认识逐步增强，这种威胁仍然存在。主要由于栖息地的减少，许多牙买加当地特有的野生动植物正濒临灭绝，其中包括美洲鳄、牙买加虹蚺、牙买加鬣蜥、鼠兔、绿鹦鹉和巨凤蝶。

开采铝土矿是岛上仅次于旅游业的第二大盈利产业，被视为造成牙买加森林砍伐的罪魁祸首。铝土矿只能通过露天开采，这就需要大规模破坏森林和表土。采矿企业开辟的通路之后又被伐木工、烧煤工和粑山药的商贩所利用，使他们在指定的矿区以及周边获取树木，从而扩展了森林砍伐的范围。迫于当地的压力，将科克皮特地区开放为铝土矿（以及石灰石）开采地的企图暂时被制止了。森林砍伐也危及蓝山的部分地区，那里的农民砍伐树木是为了清出土地，种植能获得利润的咖啡作物。就在本书付印之时，环境保护团体正在抗议一项牙买加和中国的合作项目，这项极有争议的项目意在将富含珊瑚和红树林的波特兰湾保护区开发成为一座造价15亿美元的货物转运中心。

国家环境与规划局设立了保护区资源保护项目（Protected Areas Resource Conservation Project, PARC），肩负着促进牙买加人生态意识、管理国家公园和保护区的重大使命。

在号召公众关注生态问题上，以下组织同样走在了前列：

➡ **科克皮特地区**（Cockpit Country; www.cockpitcountry.com）

➡ **牙买加环境保护基金会**（Environmental Foundation of Jamaica; ☎960-6744; www.efj.org.jm; 1B Norwood Ave, Kingston 5）

➡ **牙买加保护和发展信托基金会**（Jamaica Conservation & DevelopmentTrust; ☎960-2848; www.jcdt.org.jm; 29 Dumbarton Ave, Kingston 10）负责管理、监督蓝山和约翰克罗国家公园。同样提供导游及线路建议。

➡ **牙买加环境保护信托基金**（Jamaica Environment Trust; ☎960-3693; www.jamentrust.org; 58 Half Way Tree Rd, Kingston 10）

➡ **牙买加洞穴组织**（Jamaican Caves Organisation; www.jamaicancaves.org）

➡ **牙买加北部环境保护协会**（North Jamaica Conservation Association; ☎973-4305; http://n-j-c-a.yolasite.com; Runaway Bay）

如果想以对生态环境负责的方式游览科克皮特地区，请参阅特里洛尼区南部环境署的网站www.stea.net。

生存指南

出行指南

签证

自2014年4月10日起，中国公民赴牙买加旅行停留30日之内不需要签证。但由于国内暂无直飞牙买加的航班，若选择从美国、加拿大转机，则仍需办理美、加签证。

现金

- 牙买加的货币单位是牙买加元“jay”，采用和美元一样的符号（$）。
- 银行发行的牙买加货币面值为J$50、J$100、J$500、J$1000和J$5000（罕见）。酒店和贵重物品的报价往往是以美元为单位的，美元在当地的流通率很高。
- 商业银行在全岛都有分行。重要城镇的银行都设有外币兑换亭。
- 大多数城镇都有24小时可用的自动柜员机，能连接到Cirrus或者Plus等国际银行网络。在一些较偏远的地区，可以去加油站寻找自动柜员机。
- 旅行支票可能派不上用场，兑换现金时还会额外收费。
- 整座岛上都可以使用大银行的信用卡，不过在一些当地商店之类的地方可能就行不通了，即使是在金斯敦也是如此。

小费

通常酒店和餐馆的小费大约是10%。有些酒店会把10%至15%的服务费自动加在账单里。因此要仔细查看你的账单。

有些全包式度假村严格执行不收小费的政策。

除金斯敦以外，旅游出租车司机常会要求小费，不过并不是必需的；牙买加旅行者联合会（Jamaica Union of Travelers Association）的专线出租车不收取小费。

电源

使领馆

如果你的国家未在下列之中，可以在大金斯敦地区电话簿的黄页上查询大使馆和高级专员公署（Embassies & High Commissions）一栏。

- **中国大使馆**（☎927-3871；jm.china-embassy.org/eng/，8 Seaview Avenue，Kingston 10）
- **美国大使馆**（☎702-6000，非办公时间 702-6055；http://kingston.usembassy.gov；142 Old Hope Rd，Kingston）；领事馆（☎953-0602，952-5050；Unit EU-1，Whitter Village，

Ironshore）

海关条例

➡ 乘客可以携带免税商品进入牙买加，数量仅限"可供个人使用的合理范围内"。

➡ 你有可能（尽管这种可能性很小）需要出示证明，以示笔记本电脑等贵重物品（尤其是电子产品）仅供个人使用；否则会对你征收进口税。

➡ 了解更多信息请见**牙买加海关**（www.jacustoms.gov.jm）。

旅游信息

牙买加旅游局（JTB；www.visitjamaica.com）在全世界的重要城市都设有办事处。你可以索要地图和资料，包括酒店的手册，但是这些办事处不能提供预约服务。

营业时间

下列均为牙买加的标准时间，特殊情况会注明。要注意这个国家的周日近乎歇业。

银行 周一至周五 9:30～16:00。

酒吧 通常正午开始营业。牙买加人出门都很晚。尽管有些俱乐部和饮酒场所声称有固定的营业时间，但许多地方还是会等到最后一位顾客摇摇晃晃地离开才关门，或者干脆取决于店主的心情。

商店 周一至周五 8:30～16:30。

餐馆 早餐：黎明至11:00；午餐：正午至14:00；晚餐：17:30～23:00。

商店 周一至周五 8:00或9:00至17:00，周六 9:00至正午或17:00，周四和周五的夜间购物直到21:00。

住宿

淡季（夏季）通常是4月中旬至12月初；旺季（冬季）则指一年中的其他时间，此时酒店价格将上涨40%甚至更多。全包式套餐通常要求3天起住。

全包式度假村

下面列出的全包式度假村的价格是基于不对外公布的"门市价"或"标准价"，仅供参考（注意：对于一价全包的度假村，我们会在价格中标注"全包"）。根据预订渠道和季节的不同，以及每天都会推出的"当日特价"，你很可能节省不少钱。

主要的全包式度假连锁机构如下：

Couples（www.couples.com）

Riu（www.riu.com）

Sandals（www.sandals.com）

露营

牙买加在露营方面并不发达，并且在大多数的野外场所露营也不安全。许多经济型旅馆只收取少许费用就允许你在他们的草地上支起帐篷。有些旅馆甚至出租帐篷，也有淋浴、厕所和洗衣设施。

客栈

许多客栈价格便宜，而且还是和当地人打成一片的好地方。房费中通常包含早餐。有些客栈提供像家庭住户一样的房子，有些则与酒店别无二致。

租用别墅

牙买加拥有数百栋私人别墅可供出租。仅有最简单设施的经济型套间价格低至每周US$100。一些更高级的别墅价格从每周US$750～10,000不等。夏季价格最多能够降低30%。需要预付一大笔押金（通常是25%或者更多）。可以尝试下列网址：

Airbnb（www.airbnb.com）出租住宅、公寓以及别墅的。金斯敦的房源尤佳。

牙买加别墅和公寓协会（☎800-845-5276，北美 773-463-6688；www.villasinjamaica.com；2706 W Agatite, 2nd Fl, Chicago, IL）

牙买加珍宝（☎北美877-446-7188；www.jamaicantreasures.com；14629 SW 5th St，Pembroke Pines，FL）

气候

沿海地区一向比较温暖，尽管气温随着海拔的升高会稳步下降，但即使在蓝山上，平均温度也可达到18℃（64°F）或者更高。年均降雨量为1980毫米（78英寸），但

住宿价格区间

除非另行说明，下列价格区间均指旺季时欧式设计的旅馆（房间中带有浴室）中一间双人间的价格，另外价格中包含强制征收的6.25%～15%的一般消费税（GCT）。

$	低于US$90（J$9400）
$$	介于US$90～200之间（J$9400～20,800）
$$$	高于US$200（J$20,800）

是牙买加境内雨量分布十分不均，东部海岸的降雨量比其他地区高出许多。无论是雨季还是旱季，一年中随时有可能下雨，且通常是短时间内大雨倾盆，之后便雨过天晴。牙买加位于加勒比地区的“飓风带”之中。官方将飓风季定义为6月1日至11月30日之间；8月和9月更是飓风高发期。

地图

牙买加旅游局出版了一份名为《探索牙买加》（*Discover Jamaica*）的公路地图（比例尺为1：350,000）。不过其中没有地形信息。

最好的地图是希尔德布兰特（Hildebrandt）的《牙买加》（比例尺为1：300,000）以及国际旅游地图和书籍出版社（ITMB Publishing）的地图（比例尺为1：250,000），在网上可以找到，在旅游书店也能买到。

最精确的地图要数**测量局**（Survey Department；☎922-6630；23 1/2 Charles St，PO Box 493，Kingston 10）出版的《牙买加地形测量图》（*Jamaica Ordnance Survey*）。

电话

牙买加的国家代码是☎876。如果从中国拨打牙买加的电话，拨打001-876+7位数的当地号码。从其他地方则可拨打你所在国家的国际拨号代码，然后拨打☎876以及牙买加当地号码。

在牙买加拨打同一区的号码时，只需直接拨打当地号码即可。区与区之间打电话，拨打☎1+当地号码。我们只列出了牙买加7位数的当地号码。

手机

你可以把你自己的手机带到牙买加（GSM或CDMA）。要清楚漫游费是非常贵的。如果你的手机能解锁，可以从两家当地手机运营商之一购买一张当地的SIM卡（US$20左右，含话费）：**Digicel**（☎888-344-4235；www.digiceljamaica.com）或**Lime**（☎888-225-5295；www.timeforlime.com.jm），或者可以直接买一部便宜的手机。无论哪种方式，你都需要用身份证办理。销售的预付充值卡面值从JS$50到J$1000不等，在许多加油站和百货商店都能见到。

上网

Wi-Fi在牙买加的酒店里越来越普及了，但是在农村地区上网仍然受到限制。如今大多数城镇图书馆都提供网络（30分钟US$1），不过你会发现只有一两个服务终端，因此可能需要等待很久。大部分城镇都拥有至少一家经营场所可供你使用网络。牙买加商户并不擅长维护（或者创办）自己的网站，所以不要太指望旅行前在网上查阅到相关资料。

网络资源

雷鬼音乐舞厅（Dancehall Reggae，www.dancehallreggae.com）这里是查阅岛上最新的音乐场所信息的好地方。

《新闻集锦日报》（Jamaica Gleaner；www.jamaica-gleaner.com）是岛上最值得信赖的报纸，也是获取新闻的最佳来源。

牙买加国家遗产信托基金组织（Jamaica National Heritage Trust；www.jnht.com）是了解牙买加历史和遗迹的绝佳向导。

牙买加黄页（Jamaica Yellow Pages；www.jamaicayp.com）网上便捷版本的牙买加电话簿。

孤独星球（Lonely Planet；www.lonelyplanet.com/jamaica）有关于牙买加旅游简明扼要的介绍，还有很受欢迎的荆棘树（Thorn Tree）电子公告栏、旅行消息和完备的网上商店。

游览牙买加（Visit Jamaica；www.visitjamaica.com）。

> **网上预订酒店**
>
> 欲了解孤独星球丛书作者的更多评论，可以访问http://lonelyplanet.com/hotels/。你会看到见解独到的评论，以及最佳住宿推荐。最棒的一点是，你还可以在线预订。

时间

牙买加（GMT-5）不使用夏令时，比北京时间（GMT+8）晚13个小时。

厕所

这里公共厕所很少，即使有，最好也能不用就不用。大多数餐馆都有厕所，但是很多都会要求你消费后才能使用。

旅行安全

牙买加旅游局(Jamaica Tourist Board; ☎热线 929-9200; www.visitjamaica.com; 64 Knutsford Blvd)出版了一本口袋大的小册子,名为《假期实用提示》(Helpful Hints for Your Vacation),其中就包括有关安全旅行的很多简明提示。非紧急情况下,你也可以拨打热线请求帮助。

实用信息

➡ **报纸**《新闻集锦日报》是一份高质量的报纸;它的竞争对手是《牙买加观察家》(*Jamaica Observer*)。

➡ **电视和收音机** 这里有30家电台和7个电视频道;大多数酒店都有卫星电视。

➡ **度量衡** 米制和英制度量衡都在使用。距离的单位是米和公里,汽油的单位是升,但是咖啡(以及大麻)经常按磅销售。

➡ **吸烟** 2013年起,禁止在公众场所吸烟(包括酒吧和餐馆)。

犯罪

1978年,冲击合唱团(The Clash)曾在牙买加政治动荡时期游览过那里,于是在歌曲《安全的欧洲家园》(*Safe European Home*)中唱道:"我很想作为游客留下来,但可受不了枪战。"人们对在这个国家旅行安全性的态度似乎自那之后就没有什么改观。

牙买加的谋杀率是加勒比地区最高的,不过近期这一数据处于下降之中。由于黑帮组织的问题,诸如西班牙镇和金斯敦某些地方最好还是不要去了,但是针对游客的犯罪已经大幅下降,绝大多数游客都安然无恙地享受着他们的假期。

对在这里旅游的建议其实就是常识:夜间在酒店里锁好门窗,驾车时将车门反锁。在酒店里,不要给任何无法证明其身份的人开门。如果你想租一幢位置比较偏僻的私人别墅或者小屋,提前确认是否配备了安保设施。

离开所住酒店时,尽量少携带现金。把其他物品放到酒店的保险箱里,不要炫耀你的贵重物品(尤其是智能手机)。

最后,虽然小心谨慎是明智之举,重要的是也不要对牙买加的声誉过于忧虑。许多游客太过担心以致不敢来这里旅游;而真正来到这里的游客临走时却会发现,他们不仅没经历什么恐怖事件,还留下了不错的印象。

毒品

大麻(ganja,也叫marijuana)在牙买加随处可见,遇到药贩子向你兜售大麻几乎是不可避免的事。可卡因同样在很多地方都能见到(牙买加是哥伦比亚——美国一线的主要中转站),还有致幻的野生蘑菇。毒品贸易的全球化无疑加剧了牙买加的黑帮暴力。

尽管毒品在牙买加十分普遍,对其文化也有重要影响,但牙买加对吸毒贩毒这种严重违法行为的惩罚是很严厉的。全副武装的持枪警察设置路障,随机检查车辆,在这里是常事。然而他们的职业

毒品之旅?

有些游客很想寻找大麻,而那些想要避开大麻的游客也免不了被动地吸上一口。一定会有兜售大麻的人接近你,无论这个人是"推搡、使眼色"的推销者,还是在街头舞会派对上把大麻放在糖果和朗姆酒旁边公开销售的小贩。有些当地品种的大麻劲儿特别大,有报道说游客曾遭受过这种大麻的副作用,尤其是一种大麻制的蛋糕,对身体十分有害。

尽管我们听小道消息说有去大麻种植园的酒庄式"品尝"之旅,但如果你在牙买加的偏僻地区徒步旅行时途经大麻田,一定要离得远远的。运气好的话,你发现的也许只是某户人家自己种的私田。牙买加人极度保护这些秘密地点,因此他们很可能会大声(或许还可能带些攻击性地)呵斥你离开那里。不走运的话,你看到的也许是黑帮种植的大麻田——而这种情况的严重后果怎么说也不为过了。

道德实在无法保证，这种“突袭”——或者就是敲诈——通常是用来增收的一种手段。机场的毒品检查尤为严格。

但是，2014年6月，牙买加的司法部长宣布，政府将改革其毒品相关法律，因此携带少于57克（2盎司）大麻变成了不需逮捕、但可传唤的违规，并且因宗教、科研和医疗原因使用毒品可以减轻或免予处罚。相关法律草案已于2014年9月起草，计划于2014年年底可获议会批准，旅行前请确认此信息。

骚扰

通常旅行者遇到最大的问题就是人数众多的推销者了（大部分都是男性），他们不断骚扰游客，在主要景区内及其周边尤为严重。推销者就是那种以投机为生的人，而作为游客，你正给他们提供了挣钱的最好机会。

回绝不需要的推销时要礼貌但坚定；千万别不理不睬，因为这会被视为是一种侮辱。软磨硬泡、死缠烂打是他们成功的关键，想把他们打发走可不是件容易的事儿，会让人身心俱疲。推销者通常特别缠人，寄希望于你会为了摆脱他们而买点什么。可以装作你是来自非英语国家的游客（极少牙买加人会讲克罗地亚语）。如果他们还继续骚扰你，可以寻求旅游警察或当地警察的帮助。

法律事宜

牙买加有关毒品和酒驾的法律执行得十分严格。不要因为你是个外国人就指望获得宽大处理。牙买加的监狱可是非常严酷的。一旦被捕，要坚持行使你的权利，打电话给金斯敦的大使馆求助。

带孩子旅行

全包式度假村特别符合家庭需要，拥有众多令人印象深刻的儿童娱乐设施。许多酒店规定幼儿可在父母房间里免费住宿或者给予优惠价；如果事先通知，很多酒店还会配备保姆。越来越多的景区和高级酒店设有免费的儿童游乐中心。

如果不住在家庭度假村而是住酒店的话，提前准备好一些必需品不失为一种好办法，比如带栏婴儿床、儿童床、保姆和婴儿食品等。许多牙买加的租车机构并不提供儿童安全座椅。内格里尔、奥乔里奥斯和蒙特哥贝可能是最适合孩子游玩的城市，这三个城市都有很多适宜儿童玩耍的景点和活动，特别是邓斯河瀑布（奥乔里奥斯城外）、Kool Runnings水上公园（内格里尔）、阿夸索尔主题公园（Aquasol Theme Park，蒙特哥贝）。三个城市里都有骑马活动。

有些疫苗儿童和孕妇忌用，所以旅行前请咨询你的医生。尤其要注意，不要饮用自来水或者食用任何可疑的食品和饮料。推荐使用洗手液（牙买加很多地方都有）。在公共场所哺乳或多或少是种忌讳，但并不违法。

孤独星球出版的《带孩子旅行》（*Travel with Children*）将为你介绍更多关于筹备家庭旅行的内容。

残障旅行者

牙买加基本上没有为残障旅行者提供什么优惠政策。一些有用的资源如下：

残疾人理事会（☎922-0585；www.mlss.gov.jm；4 Ellesmere Rd, Kingston 5）

残疾人国际（☎268-461-1273；www.dpinorthamericacaribbean.org；PO Box W1529, Potters Main Rd, St John's, Antigua）

同性恋旅行者

金斯敦有同性恋社交场所，但通常都是非公开的，因为牙买加总体上是一个不接受同性恋的社会。法律上禁止男人之间的性行为，最高可能判处长达10年的监禁。许多雷鬼音乐舞厅中所播放的巨星演唱歌曲的歌词，都可以视为他们反对同性恋的仇恨宣言。反同事件几乎从未被判刑，并且执法时也往往站在同性恋的对立面。

不过，同性恋也不必推延游览这座岛屿的计划。在游客众多的地方，你会遇到态度更开明，甚至欢迎同性恋旅行者的酒店，其中包括全包式旅馆。但是在公众场所还是低调谨慎为宜，应避免公开表露情感。

欲了解更多信息，请见209页方框内文字“牙买加的同性恋憎恶”。

牙买加同性恋观察（Gay Jamaica Watch；http://gayjamaicawatch.blogspot.com）

J-FLAG（www.jflag.org）

紫色天台（Purple Roofs；www.purpleroofs.com/caribbean/jamaica.html）特意注明了对同性恋者友好的牙买加酒店。

女性旅行者

许多牙买加男人的行为以及态度可能会让女性旅行者震惊，他们经常表达对于女性平等或女权概念的鄙视。尽管如此，女性在牙买加社会中还是起到了关键作用。

如果你现在单身，牙买加男人可能会认为你是来这座岛上寻找另一半的。你若予以否认，很可能会招致令人疲惫不堪的追求，试图让你改变心意。但如果任由这种调情发展下去，你礼貌性的接受就会被当成是默许的标志。一定不要因怕伤害对方的感情而转弯抹角。

强暴事件在牙买加并非罕见，偶尔还会涉及女性游客。独自旅行的女性在离开沙滩后，着装谨慎端庄些可以减少不必要的关注。女性应避免夜间独自步行，也不要一个人去偏远的地区旅行。

健康指南

医疗服务及费用

牙买加多数的主要城市和大型城镇中都有合乎标准的医疗服务，但在农村地区则很难找到。大多数旅行者会发现这里的医疗保健质量与他们自己的国家无法相提并论。若想找一位优秀的当地医生，最好去问问你所住酒店的管理人员或者联系你们国家在金斯敦或蒙特哥贝的大使馆。

无论你有没有旅行健康保险，许多医生和医院都希望你用现金付账。如果遭遇到危及生命的健康问题，你可能希望被送到一个医疗水平一流的国家进行救治。由于这种情况会花费好几万美元，出发前一定要确认一下你的保险中涵盖了这一项。

很多药店的药品供应充足，但有些重要的药物也许不能保证一直都有。旅行前一定要携带足够的处方药。

蠓

蠓“no see ums”在英文中又叫“midge”，是一种咬人的小昆虫，生活在水边。雌性蠓吸血，虽然它们咬得不疼，但是却非常痒。蠓常在水域、水塘旁成群出现。若要免受其扰，应喷洒驱虫剂，并绕开它们聚集的区域，因为这些虫子不会飞到距离它们生活水域太远的地方。

旅途腹泻

牙买加大部分区域的自来水都是经过处理的，饮用起来是安全的，但在一些偏远的农村地区，为安全起见还是不要直接饮用，除非经过煮沸、过滤或者化学物质消毒（使用碘片）。只食用煮熟或者去皮的新鲜水果或蔬菜；要留意有些乳制品可能包含未经消毒的牛奶；吃路边小摊贩卖的食物时一定要精挑细选。如果遇到腹泻，一定要保证多补充流质食物，最好是含很多糖和盐的口服补水溶液。

E.沃克尔（E Walker）所著的《健康旅游指南》（*ABC of Healthy Travel*）以及保罗·S.奥尔巴赫（Paul S Auerbach）所著的《户外活动用药》（*Medicine for the Outdoors*）也是极有价值的参考资料。

网络资源

孤独星球(www.lonelyplanet.com)是查询资料的首选。

MD Travel Health(www.mdtravelhealth.com)免费提供每个国家的旅行健康建议，内容完整，且每日更新。

世界卫生组织(www.who.int/ith)出版了一本极好的书，名为《国际旅游与健康》(*International Travel and Health*)，这本书每年都会进行修订，并可以在网络上免费阅读。

工作

牙买加允许游客入境的条件是他们“不得在岛上从事任何形式的工作”。如果有牙买加的公司资助，专业人员可以获得工作许可，不过临时工作很难找。

饮用水

整座岛上的饮用水总体上来说是安全的，一些最偏远的农村地区除外。不过最安全的还是坚持饮用瓶装水，到处都能买到。最好避免食用冰，尤其是那种街上小摊叫卖的名叫bellywash、snocones或者skyjuice的冷饮——就是一种淋上香甜果汁的刨冰甜筒。除非你确定当地的水源没有被污染，否则不要饮用。在牙买加的穷乡僻壤，刷牙最好用纯净水，不要使用自来水。

交通指南

到达和离开

入境

在金斯敦和蒙特哥贝机场的入境大厅预计要等待一会儿。通常现场只有两三位移民局官员处理大批乘客的入境手续，而且一般每隔几分钟就会有航班抵达，使得移民局官员的工作量大大增加。

护照

所有进入牙买加旅行的人都需要持有护照，从入境之日算起护照的有效期需为6个月以上。

飞机

机场和航空公司

牙买加的国际机场位于蒙特哥贝和金斯敦。关于航班抵达和起飞的信息，可致电机场询问，也可浏览其网站或直接与航空公司联系。

唐纳德桑格斯特国际机场（Donald Sangster International Airport，简称MBJ；☎952 3124；www.mbjairport.com）大多数国际游客会抵达蒙特哥贝以北3公里处的桑格斯特国际机场。牙买加旅游局（JTB）在入境大厅里设立了一个信息亭。入境手续办理处附近有一个24小时开放的货币兑换。你一出关，就有一个交通信息服务台，设有旅游公司、酒店和租车公司的办事处。另外，还有一处专门等候出租车的区域。邻近的航站楼则为国内航班提供服务。航站楼之间没有人行道相连，不过可以乘坐接驳车。

诺曼曼利国际机场（Norman Manley International Airport，简称KIN；☎924-8452；www.nmia.aero）位于金斯敦市中心东南方向大约11公里处，同样运营国际航班。入境大厅里有牙买加旅游局的办事处，在出关之前有一个货币兑换处。当你走出机场大厅时，会看见一家银行、汽车租赁亭和正规出租车的预约点。

牙买加有提供优质服务的国际航空公司，其航班飞往的城市横跨北美洲和欧洲，还有两个国内航空公司和一个区域性航空公司即加勒比航空公司（Caribbean Airlines）。

牙买加航空公司（Air Jamaica；☎922-3460；www.airjamaica.com）金斯敦（☎888-359-2475；4St Lucia Ave）；蒙特哥贝（☎922-4661，888-359-2475，美国 800-523-5585；9 Queen's Dr；⏰周一至周五 8:30~16:30）

加勒比航空公司（Caribbean Airlines；☎744-2225；www.caribbean-airlines.com）金斯敦

气候变化和旅行

任何使用碳基燃料的交通工具都会产生二氧化碳，这是人为导致气候变化的主要原因。空中旅行耗费的燃料以每公里人均计算或许比汽车少，但其行驶的距离却远很多。飞机在高空中所排放的气体（包括二氧化碳）和颗粒同样对气候变化造成影响。许多网站提供“碳排量计算器”，以便人们估算个人旅行所产生的碳排量，并鼓励人们参与减缓全球变暖的旅行计划，以抵消个人旅行对环境所造成的影响。Lonely Planet会抵消其所有员工和作者旅行所产生的碳排放影响。

(☎800-744-2225; 7 Trafalgar Rd, 金斯敦)

牙买加航空(Fly Jamaica; ☎656-9832; www.fly-jamaica.com)

海路

牙买加是乘船游的热门目的地，主要是客轮，不过也有游艇。乘坐货船抵达也是一个选择。

至于加勒比地区的地形图和航海图，可以联系**Bluewater Books & Charts**(☎800-942-2583; www.bluewaterweb.com)获得。**美国国家海洋和大气管理局**(National Oceanic & Atmospheric Administration; ☎888-990-6622; www.nauticalcharts.noaa.gov)出售美国绘制的加勒比地区的航海图。

邮轮

每年有超过800,000位乘客乘坐游轮航行到牙买加，牙买加因此成为世界上最大的邮轮目的地之一。大多数船只会在四五个港口停留，有时会待一晚，其他时候只停留几个小时。跟团全包式旅行是最典型的邮轮度假。大多数邮轮沿途风景都十分优美，不过乘客在岛上停留的时间有限，体验岛上生活的机会也不多。通常中途只在奥乔里奥斯、蒙特哥贝或法尔茅斯停留一天参观港口。

下船

可以有选择地参加邮轮的陆上游览，参观岛上的重要景点。不过，通常是走马观花，游客很难真正与当地人接触。此外，在为这些旅行团支付的费用中，相当大的份额给了组织者，而不是贡献给当地经济。如果你自己去旅行，可能会获得更加丰富的文化体验。如果你想参观该岛，可以考虑雇佣一位当地的出租车司机，他的讲解会让你更加了解当地的情况，从而使你的游览更加丰富多彩。可以逛一下主城区的大街小巷，去一些小店看一看，在当地的餐馆吃上一顿，从街边小摊上买一些纪念品，或者前往人迹罕至的地方转一转。可以参观一些小店并与店主聊一聊，买点当地的朗姆酒和其他纪念品，而不是在船上买这些东西。这样一来，你的消费将有助于推动当地经济的发展（而且在此过程中还可以省钱）。

私人游艇

有很多游艇提供从北美前往牙买加的旅行。一抵达牙买加，你必须在蒙特哥贝、金斯敦、奥乔里奥斯或安东尼奥港办理报关和入境手续。此外，你还需要在每个停靠港办理报关手续。游艇停靠的主要港口有:

埃罗尔弗林码头(Errol Flynn Marina, ☎993-3209, 715-6044; www.errolflynnmarina.com; 安东尼奥港, GPS N 18.168889°, W -76.450556°)

蒙特哥贝游艇俱乐部(☎979-8038; www.mobayyachtclub.com; Montego Bay Freeport, GPS N 18.462452°, W -77.943267°; ⏲10:00~22:00)

牙买加皇家游艇俱乐部(☎924-8685; www.rjyc.org.jm; Norman Manley Dr, 金斯敦, GPS N 17.940939°, W -76.764939°)

当地交通

飞机

有4个国内机场：位于金斯敦的**庭森朋机场**(Tinson Pen Aerodrome, Marcus Garvey Dr)，位于奥乔里奥斯附近的**伊恩弗莱明国际机场**(Ian Fleming International Airport; ☎975-3101)，前身为博斯科贝尔机场(Boscobel Aerodrome)，**内格里尔机场**(Negril Aerodrome; ☎957-5016)和位于安东尼奥港的**肯·琼斯机场**(Ken Jones Aerodrome, ☎913-3173)。蒙特哥贝的**唐纳德桑格斯特国际机场**(MBJ; ☎952-3124; www.mbjairport.com)有一个国内航站楼，紧邻国际航站楼。几步之外就有牙买加快运航空(Air Jamaica Express)的接驳车服务。

在金斯敦，大多数国内航班起降庭森朋机场，位于市中心以西3公里处，不过与诺曼曼利国际机场(Norman Manley International Airport)的国内跑道之间有40分钟的车程。

牙买加的航空公司

牙买加面积很小，国内航班显得没多大必要，不过**TimAir**(☎952-2516; www.timair.net; Domestic terminal, Donald Sangster International Airport)提供包机服务。它在蒙特哥贝与金斯敦、内格里尔之间以

及奥乔里奥斯和安东尼奥港之间提供包机服务，不过价格贵得离谱。两名乘客的费用大约是US$320起。乘客越少则费用越高，乘客越多则费用越低。

直升机

你自己可以从**牙买加定制度假和团队游机构**（☎979-2021; www.jcvtt.com; 19 Austin Ave, Mt Salem, 蒙特哥贝; 团队游每人 US$460起）租一架直升机用作交通工具或是用于个人旅行。团队游从蒙特哥贝、内格里尔和奥乔里奥斯启程离开。

自行车

在大多数大型度假地可以租借到山地自行车和“沙滩车”（车胎比较宽的自行车，适合在沙滩上骑行；每天US$10~30）。在高速公路干道以外，路况很糟糕，并且牙买加的司机对骑行者不那么体贴。如果想在地形险峻的地方骑行游览，记得带上你自己的山地车或多功能自行车。

公共汽车和公共交通工具

旅行时乘坐公共交通探索牙买加是个不错的方法。四通八达的交通网络几乎连接了每一座村子，并且有多种交通工具可供选择，从标准的公共汽车到私营出租车，还有小型公共汽车和专线出租车。

对那些喜欢冒险的游客来说，如果不介意车里没有空调以及司机开车横冲直撞，也不介意与其他乘客摩肩接踵、亲密接触乘坐公共汽车是游览牙买加最便宜的交通方式。通常没有固定的时间表，司机认为满员了就开车，乘客们都挤在一起，极少考虑舒适性。清晨（8:00之前）以及17:00左右是上下班高峰期，出租车和公共汽车会迅速满员。周日的时候，可供选择的公共交通工具比较少。

公共汽车、小型公共汽车和专线出租车都会在每个城镇的交通车站发车和抵达，车站通常在主要的市场附近。当地人可以引导你找到合适的车辆，前窗上方（公共汽车如此）或车身两边会标记有目的地。

公共汽车和小型公共汽车由**交通运输和工程部**（☎754-2584; www.mtw.gov.jm; 138 Maxfield Ave, Kingston 10）负责管理。

公共汽车

由于道路狭窄蜿蜒，牙买加的大型公共汽车很少。全岛只在沿线的主要交叉路口处设立公共汽车站，不过，除了大城市以外，一般你可以在任何地方招呼过往的公共汽车停下。你想下车的时候只需喊一声“有人要下车”！售票员通常会回应道：“这就让你下车！”

有一个例外，**纳茨福德快运公司**(Knutsford Express; ☎971-1822; www.knutsfordexpress.com; 18 Dominica Dr, New Kingston Shopping Center parking lot)的公共汽车空间大、舒适而且带空调，值得坐一下。前往的目的地包括金斯敦、奥乔里奥斯、法尔茅斯、蒙特哥贝、内格里尔、滨海萨凡纳、Sant Acruz和曼德维尔。参考票价与运行时间：金斯敦到奥乔里奥斯（J$1600; 3小时）和金斯敦到蒙特哥贝(J$2450; 5小时)。可以在网上订票，有学生、老人和儿童的优惠票价。

小型公共汽车

私营小型公共汽车也被称作是“过山车”，是牙买加地区公共交通系统中的传统交通工具。该国所有主要城镇以及几乎每个村子都有小型公共汽车。

有执照的小型公共汽车车牌是红色的，上面有公共客运车辆（public passenger vehicle）首字母的缩写（PPV）或有一个牙买加旅行者协会联盟（Jamaica Union of Travelers Association，缩写为JUTA）的标志。牙买加旅行者协会联盟的公共汽车只为游客提供。小型公共汽车没有固定的时间表，乘客坐满时就会出发。它们通常超载，而且司机开车简直像是寻死。

专线出租车

这种公用出租车是最普遍

> **费用**
>
> 乘坐公共交通工具十分便宜。公共汽车和小型公共汽车每50公里的费用是J$100左右，专线出租车每50公里的费用是J$150~250，10分钟左右的短途收费J$100。在本书撰稿期间，以较长的旅程为例，从金斯敦前往安东尼奥港（2小时）的小型公共汽车费用为J$450。

的公共交通工具，可以到达这个国家的任何地方。它们就像小型公共汽车一样运营，沿着规定路线行驶的时候会让尽可能多的乘客上车，直到挤满为止。它们非常便利而且也很便宜，是环游该岛的一种简便方法。到城镇的汽车站去赶车（坐满时车会开走），或者在路上招呼它们停车，然后告诉司机你想在哪儿下车就行。如果你乘坐了一辆空车，尤其是在车站的时候，你可能会被问到是否想租下这辆车，如果你只想支付普通票价而不是包车，那么一定要搞清楚。

大多数专线出租车是白色丰田花冠旅行车，上面的车牌是红色的。前门应该标有"Route Taxi"的字样，不要和有执照的出租车搞混了，二者十分相似不过后者收费较高。不要乘坐任何没有红色车牌的出租车。

小汽车和摩托车

汽车协会

当你的车出现问题时，没有全国性的道路救援组织可以让你打电话寻求帮助。大多数租车机构的服务电话会24小时开通，以防出现抛锚和其他紧急情况的发生。如果你的车抛锚了，只能让当地技工处理比较小型的维修工作。如果在没有授权的情况下进行维修，那么租车公司会拒绝赔付维修费用。如果你找不到电话或维修服务站，可以向警察求助。绝对不能把你的车钥匙交给陌生人。

驾照

如果想在牙买加开车，必须有一个有效的国际驾照（International Driver's License，简称IDL）或由你本国颁发的通用执照，有效期至少为6个月。

燃料和备件

很多加油站大约在19:00关门。乡村地区的加油站通常周日关门。本书撰稿时，每升汽油的价格约为US$1.20/J$125。虽然大一点的城镇有越来越多的现代化加油站接受信用卡支付，不过大多数加油站只接受现金。

租赁

牙买加有几家大型国际汽车租赁公司以及几十家当地汽车租赁公司在运营。当地的黄页电话号码簿上列有汽车租赁公司的电话。

国际出租公司

Avis（www.avis.com.jm）；唐纳德桑格斯特国际机场（☎952-0762）；诺曼曼利国际机场（☎924-8542）

Budget（www.budgetjamaica.com）唐纳德桑格斯特国际机场（☎952-3838）；诺曼曼利国际机场（☎924-8762）；奥乔里奥斯（☎974-1288; 15 Milford Rd）

Hertz（www.hertz.com）唐纳德桑格斯特国际机场（☎979-0438）；诺曼曼利国际机场（☎924-8028）

牙买加机场汽车租赁（Jamaica Airport Car Rental; www.jamaicaairportcarrental.com）当地汽车租赁公司的交流中心。

Thrifty（☎952-1126; www.thrifty.com；唐纳德桑格斯特国际机场）

国内租车公司

通常当地的租车公司比国际连锁的租车公司提供的日租价格要更优惠，不过有些车辆磨损的情况比较严重。

声誉较好的汽车租赁公司包括以下几家：

博蒙特汽车租赁公司（Beaumont Car Rentals; www.beaumont-car-rental.com）金斯敦（☎926-0311; 56C Brentford Rd）；蒙特哥贝（☎971-8476; 34 Queens Dr）

加勒比汽车租赁公司（Caribbean Car Rentals; ☎974-2513，北美 877-801-6797，英国 0800-917-9904; www.caribbeancarrentals.net; 31 Hope Rd, 金斯敦）

岛屿汽车租赁公司（Island Car Rentals; www.islandcarrentals.com）唐纳德桑格斯特国际机场（☎952-7225）；金斯敦（☎926-8012; 17 Antigua Ave）；诺曼曼利国际机场（☎924-8075）；北美（☎866-978-5335）

费用

旺季时每日费用大约US$45（J$4000）起，有时可能高达US$150（J$12,700）甚至更多，根据具体车辆而定；淡季时费用较为便宜。有些公司会提供没有距离限制的租车服务，而其他一些公司会有限制，超过一定的公里数会额外收费。大多数公司会要求支付最少US$500（J$40,000）作为保证金，不过也可以刷信用卡预授权。保管好所有文书的复印件。租车者必须年满21岁（一些公司只租借给年满25岁或以上年龄的人）。

预订

你可以到达牙买加后再预订汽车，不过旺季时最好提前预订。在你抵达之前要再次确认。

签约前，要仔细检查车辆上的凹痕和划痕。在你把车开走之前要对每个痕迹做好记录；如果之前没有做过记录，那么很有可能会因为极其轻微的划痕而向你收费。不要忘记检查点烟器和内部开关，车上经常会没有。

何种车型

大多数租车公司出租的车型是时尚的日本轿车。大型车在牙买加狭窄蜿蜒的道路上行驶会更安全。一些公司还会出租四轮驱动车，如果你想在主干道之外行驶的话，强烈推荐你租借这种车。

手动挡的车更合适，因为坑洞和到处乱跑的鸡会随时冒出来，那么这时就需要频繁换挡和瞬间换挡。记住要用你的左手换挡。即便你对此比较陌生，也很快会领会这个窍门。

保险

要事先检查一下你目前用的保险或信用卡在国外驾驶时是否适用。所有的租车公司都会建议你购买不计免赔保险，发生事故或损毁的情况下能减轻你的责任。

路况

从现代化的多车道公路到几乎无法通行的小径，牙买加全部囊括。你会见到路况非常好的道路上标有字母"A"。标有"B"的路段通常比较狭窄而且坑坑洼洼，不过一般租借的汽车还是能通行的。次要道路，尤其是蓝山地区和科克皮特地区的那些路，则如地狱般可怕。如果你想离开主干道驾驶，那么很有必要选择一辆坚固的四轮驱动车。

主要干道上的标识比较清楚，如果你离开主干道则很少见到指示标志。很多B级道路在地图上没有标注。在地图上看起来是30分钟的路程实际上可能需要花几个小时。通常没有指示急转弯、陡坡或正在施工的标志。此外，晚上很多道路夜间照明很糟糕，或者根本就没有照明。

公路冒险

牙买加人一旦坐在方向盘后面，就彻头彻尾变了个样——原本不紧不慢的人变成了世界上最粗鲁而且最有攻击性的危险司机。车子飞速穿过城镇，司机之间还进行鲁莽而又愚蠢的竞赛。要格外小心并且驾驶的时候要采取防御措施，尤其在晚上，迎面驶来的车要么没有车灯要么开着刺眼的远光灯（不知为什么，从未有第三种情况）。要常常按喇叭，尤其是在驶入盲区的时候。

交通规则

- 总是靠左行驶。
- 牙买加法律规定必须扣上安全带。
- 车速限制在50公里/小时至80公里/小时之间，全岛因地而异。

搭便车

搭车在牙买加十分常见，不过由于公共交通价格不是一般的便宜，很少有游客会在路边伸手搭车。

搭车在世界上任何一个国家都并非绝对安全，我们不建议这样做，尤其是在牙买加，很多坏人伺机从没有经验的游客身上占便宜。决定搭便车的游客应该要明白，他们看似冒了个小险，后果却可能很严重。如果你选择冒这个险，最好结伴而行，并且让人知道你打算去哪里，这样才会比较安全。

当地交通工具

船

在我们调研时，当地已经宣布建造一辆往返于奥乔里奥斯、蒙特哥贝和内格里尔之间的新游船，有望于2015年年中开始投入使用。

公共汽车

金斯敦的**市公交系统**（Jamaica Urban Transport Co Ltd；☎749-3196；票价 J$100；⏲5:00~22:00）运营梅赛德斯-奔驰和沃尔沃品牌的公共汽车车队。这些公共汽车只在正规站点停车。费用为J$100，不过学生、儿童、残疾乘客和退休人员享受半价。

小型摩托车和摩托车

有几十家公司经营摩托车和小型摩托车出租业务。任何一个度假小镇都能租得到。这些公司要比汽车租赁公司宽松得很多，你甚至不需要出示你的驾照。如果你驾驶摩托车经验不足，最好还是租一辆小型摩托车，要好驾驭得多。小型摩托车的费用为每日US$35~50（J$3000~4000），摩托车的费用为每日US$45~60（J$4000~5000）。请注意，押金可能会很高。

牙买加的路况十分危险，始终要戴头盔。

出租车费用

以下是通常所需的费用，前提是每车最多乘坐4人：

路线	费用
金斯敦至蒙特哥贝	US$200
金斯敦至奥乔里奥斯	US$100
金斯敦至安东尼奥港	US$100
蒙特哥贝至奥乔里奥斯或内格里尔	US$100
诺曼曼利国际机场至金斯敦（住宅区）	US$35
唐纳德桑格斯特国际机场至蒙特哥贝	US$10

出租车

有执照的出租车被称为“合同车”，这种车有标着字母PPV的红色车牌（没有这种车牌的车则是没有执照的）。它们的价格比较高，不过你和其他乘客平摊费用的话还是支付得起的。

牙买加旅行者协会联盟（Jamaica Union of Travelers Association，简称为JUTA；☎957-4620；www.jutatoursjamaica.com）管理全岛的出租车，并且几乎专门面向旅游业务。黄页上列有其他出租车公司。

交通管理部门已经依据距离的远近规定了固定费用（当地人和游客所付费用不同，游客支付较多）。有执照的出租车会在车里面贴上费用表。出租车都应该装有里程计表，不过许多出租车并不使用。

幕后

说出你的想法

我们很重视旅行者的反馈——你的评价将鼓励我们前行，把书做得更好。我们同样热爱旅行的团队会认真阅读你的来信，无论表扬还是批评都很欢迎。虽然很难一一回复，但我们保证将你的反馈信息及时交到相关作者手中，使下一版更完美。我们也会在下一版特别鸣谢来信读者。

请把你的想法发送到**china@lonelyplanet.com.au**，谢谢！

请注意：我们可能会将你的意见编辑、复制并整合到Lonely Planet的系列产品中，例如旅行指南、网站和数字产品。如果不希望书中出现自己的意见或不希望提及你的名字，请提前告知。请访问lonelyplanet.com/privacy了解我们的隐私政策。

声明

气候图表数据引用自Peel MC, Finlayson BL & McMahon TA (2007) ‘Updated World Map of the Köppen-Geiger Climate Classification’, *Hydrology and Earth System Sciences*, 11, 1633-44。

封面图片：邓斯河瀑布，奥乔里奥斯，Franz Marc Frei/Alamy ©。

本书部分地图由中国地图出版社提供，其他为原书地图，审图号GS（2015）193号。

关于本书

这是Lonely Planet《牙买加》的第7版。本书的作者为保罗·克拉默和布伦丹·塞恩斯伯里。前两个版本的作者为安娜·卡明斯基、亚当·卡林和理查德·克洛斯。

本书为中文第一版，由以下人员制作完成：

项目负责 李小坚

内容统筹 谭川遥

翻译统筹 肖斌斌 沐昀

翻　　译 杨彬 徐立乐 李庆庆 范梦栩 孙平 崔晓彤 郭玮 袁舒增 肖萌 张春明 王萍

内容策划 王菁（本土化内容） 刘维佳

视觉设计 李小棠 刘赫

协调调度 丁立松

责任编辑 杨玲 廖恬

特约编辑 徐丽娟 葛晓倩 徐维

地图编辑 马珊

制　　图 刘红艳

流　　程 李晓龙

终　　审 石忠献

排　　版 北京梧桐影电脑科技有限公司

感谢马俊、陈诗为本书提供的帮助。

索引

000 地图页码
000 图片页码

地图图例

景点

- 海滩
- 鸟类保护区
- 佛教场所
- 城堡
- 基督教场所
- 孔庙
- 印度教场所
- 伊斯兰教场所
- 耆那教场所
- 犹太教场所
- 温泉
- 神道教场所
- 锡克教场所
- 道教场所
- 纪念碑
- 博物馆/美术馆/历史建筑
- 历史遗址
- 酒庄/葡萄园
- 动物园
- 其他景点

活动、课程和团队游

- 人体冲浪
- 潜水/浮潜
- 潜水
- 皮划艇
- 滑雪
- 冲浪
- 游泳/游泳池
- 徒步
- 帆板
- 其他活动

住宿

- 住宿场所
- 露营地

就餐

- 餐馆

饮品

- 酒吧
- 咖啡馆

娱乐

- 娱乐场所

购物

- 购物场所

实用信息

- 银行
- 使领馆
- 医院/医疗机构
- 网吧
- 警察局
- 邮局
- 电话
- 公厕
- 旅游信息
- 其他信息

地理

- 棚屋/栖身所
- 灯塔
- 瞭望台
- 山峰/火山
- 绿洲
- 公园
- 关隘
- 野餐区
- 瀑布

人口

- 首都、首府
- 一级行政中心
- 城市/大型城镇
- 镇/村

交通

- 机场
- 过境处
- 公共汽车
- 缆车/索道
- 自行车路线
- 轮渡
- 地铁
- 单轨铁路
- 停车场
- 加油站
- 出租车
- 铁路/火车站
- 有轨电车
- 其他交通方式

路线

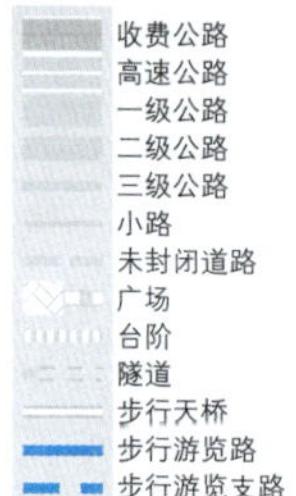

境界

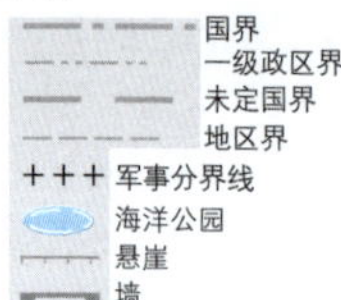

水文

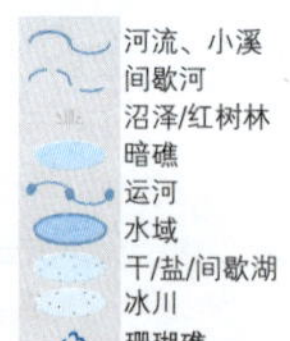

地区特征

- 海滩/沙漠
- 基督教墓地
- 其他墓地
- 公园/森林
- 运动场
- 一般景点(建筑物)
- 重要景点(建筑物)

注：并非所有图例都在此显示。

我们的故事

一辆破旧的老汽车，一点点钱，一份冒险的感觉——1972年，当托尼（Tony Wheeler）和莫琳（Maureen Wheeler）夫妇踏上那趟决定他们人生的旅程时，这就是全部的行头。他们穿越欧亚大陆，历时数月到达澳大利亚。旅途结束时，风尘仆仆的两人灵机一闪，在厨房的餐桌上制作完成了他们的第一本旅行指南——《便宜走亚洲》（*Across Asia on the Cheap*）。仅仅一周时间，销量就达到了1500本。Lonely Planet 从此诞生。

现在，Lonely Planet 在墨尔本、伦敦、奥克兰、德里和北京都设有公司，有超过 600 名员工及作者。在中国，Lonely Planet 被称为“孤独星球”。我们恪守托尼的信条：“一本好的旅行指南应该做好三件事：有用、有意义和有趣。”

我们的作者

保罗·克拉默（Paul Clammer）

统筹作者；金斯敦、蓝山和东南沿海；奥乔里奥斯、安东尼奥港和北部海岸 保罗·克拉默已经为超过25本Lonely Planet旅行指南撰写过稿件，他还在土耳其、摩洛哥等许多国家当过导游。他早年曾是一名分子生物学家。海地首都太子港地震后，他在那里生活了一年，而牙买加也一直位列他的旅行清单。在这次调研之旅中，克拉默得到的最重要的教训之一就是：如果在金斯敦的贫民区参加街头舞会派对，畅饮朗姆酒，到凌晨4点还没回去，那就别指望第二天还能写出多少酒店评论了。

更多有关保罗的信息，请登录
lonelyplanet.com/members/paulclammer

布伦丹·塞恩斯伯里（Brendan Sainsbury）

蒙特哥贝和西北沿海；内格里尔和西部海岸；南部沿海和中央高地 布伦丹出生于英国的汉普郡，虽在安全的欧洲长大，却逐渐对牙买加产生了兴趣；他从青少年时期起就酷爱朋克雷鬼，一生挚爱板球。20世纪90年代，他住在伦敦的典型牙买加社区布里克斯顿，进一步激发了他对牙买加的好奇心。布伦丹欣然接受了Lonely Planet的邀约，从他常去的古巴南下90英里，体验内格里尔的落日和特雷热海滩的美丽和慵懒。自那以后，他爱上了红带啤酒和蓝山咖啡，并且每说一句话都要在结尾加上一句“yah mon！”

更多有关布伦丹的信息，请登录
lonelyplanet.com/members/brendansainsbury

牙买加

中文第一版

书名原文：*Jamaica*（7th edition，Oct 2014）

图书在版编目（CIP）数据

牙买加 / 澳大利亚 LonelyPlanet 公司编；杨彬等译 . -- 北京：中国地图出版社，2015.2
书名原文：Jamaica
ISBN 978-7-5031-8592-2

Ⅰ．①牙… Ⅱ．①澳… ②杨… Ⅲ．①旅游指南 – 牙买加 Ⅳ．① K975.49

中国版本图书馆 CIP 数据核字（2015）第 024434 号

出版发行	中国地图出版社
社　　址	北京市白纸坊西街 3 号
邮政编码	100054
网　　址	www.sinomaps.com
印　　刷	北京华联印刷有限公司
经　　销	新华书店
成品规格	197mm × 128mm
印　　张	7.75
字　　数	422 千字
版　　次	2015 年 2 月第 1 版
印　　次	2015 年 2 月北京第 1 次印刷
定　　价	49.00 元
书　　号	ISBN 978-7-5031-8592-2/Z·217
审 图 号	GS（2015）193 号
图　　字	01-2015-0405

如有印装质量问题，请与我社发行部（010-83543956）联系

Lonely Planet
（公司总部）ABN 36 005 607 983
Locked Bag 1, Footscray, Victoria 3011, Australia
电话：+61 3 8379 8000
传真：+61 3 8379 8111
联系：lonelyplanet.com/contact